W0338396

Bernd Ingmar Gutberlet
Irrtum! 50 Mal Geschichte richtiggestellt

Grandios gescheitert. Misslungene Projekte der Menschheitsgeschichte
Der Maya-Kalender
Die neuen Weltwunder
Die 33 wichtigsten Ereignisse der deutschen Geschichte
Die 50 größten Lügen und Legenden der Weltgeschichte
Die 50 populärsten Irrtümer der deutschen Geschichte

Titel in der Regel auch als E-Book erhältlich

Bernd Ingmar Gutberlet

IRRTUM!

50 Mal **Geschichte richtiggestellt**

Mit Zeichnungen von Krisztina Bradeanu

LÜBBE

MIX
Papier aus verantwortungsvollen Quellen
FSC® C014496

Dieser Titel ist auch als E-Book erschienen

Originalausgabe

Dieses Werk wurde vermittelt durch Aenne Glienke, Agentur für Autoren und Verlage, www.aenneglienkeagentur.de

Copyright © 2013 by Bastei Lübbe AG, Köln

Textredaktion: Matthias Michel, Wiesbaden
Umschlaggestaltung: Guter Punkt, München
Umschlagmotiv: © corbis/James O'Brian
Satz: Dörlemann Satz, Lemförde
Gesetzt aus der Weis Standard
Druck und Einband: GGP Media GmbH, Pößneck

Papier: holzfrei Schleipen – Werkdruck, der Cordier Spezialpapier GmbH

Printed in Germany
ISBN 978-3-431-03881-1

5 4 3 2 1

Sie finden uns im Internet unter: www.luebbe.de
Bitte beachten Sie auch: www.lesejury.de

Inhalt

Vorwort

Geschichte ist viel lebendiger, als man meinen möchte. Das hat nicht nur damit zu tun, dass sie in Film und Fernsehen, auf Jahrmärkten und in Romanen ein ausgesprochen beliebtes Thema ist – ob verruchte Papstdynastie oder mittelalterliche Kurtisane, ob das Grandhotel der Kaiserzeit oder der Bürgerkriegspräsident. Geschichte ist, entgegen aller Vorurteile, auch deshalb lebendig, weil immer wieder vermeintliche historische Tatsachen revidiert werden müssen. Immer wieder nämlich stellen Historiker gewohnte Wahrheiten über vergangene Ereignisse auf den Prüfstand – und das Ergebnis ihrer Forschungen wirft das Bild einer historischen Persönlichkeit, eines Ereignisses oder einer ganzen Epoche komplett über den Haufen. Solche Erkenntnisse haben es aber mitunter schwer, aus dem Elfenbeinturm der Forschung nach außen zu dringen – weil sich Wissenschaftler selten an ein breites Publikum wenden, aber ebenso, weil der Abschied von gewohnten Wahrheiten schwerfällt.

In zwei Büchern habe ich Irrtümer und Legenden, Fälschungen und Verschwörungstheorien über die Geschichte bereits behandelt – und stieß auf großes Interesse. Vor allem *Die 50 größten Lügen und Legenden der Weltgeschichte* (Lübbe, 4. Aufl. 2010) erschien in vielen Auflagen und Sprachen und hat breite Resonanz hervorgerufen. Da das Interesse am Thema ungebrochen ist und die Geschichte lebendig bleibt, also immer wieder von Neuem alte Gewissheiten fallen, liegt nun ein drittes Buch vor. Wie immer stützt sich das Buch auf die Forschungsergebnisse von Historikern weltweit, ohne die ein solches Kompendium nicht möglich wäre.

Ein weiteres Mal geht es quer durch die Epochen, von der Jungsteinzeit bis in die jüngste Vergangenheit, durch viele Länder und Themen, durch ganz unterschiedliche Arten von Irrtümern. Dabei ist nicht nur spannend und lehrreich, wo vermeintliche Wahrheiten verabschiedet werden müssen. Ebenso interessant sind die Einblicke in Ursache und Entstehung der Geschichtsirrtümer und -verfälschungen – für ein besseres Verständnis von Geschichte.

Bernd Ingmar Gutberlet
September 2013

In der Frühgeschichte der Menschheit herrschten die Frauen im Matriarchat – IRRTUM!

Die Geschichte wurde über Jahrhunderte fast ausschließlich von Männern und damit aus deren Perspektive geschrieben. Das ist längst inakzeptabel, und die feministische Geschichtswissenschaft hat wertvolle Impulse geliefert, um die daraus entstandenen Defizite ab- und aufzuarbeiten. Überhaupt leisten neue Zweige der historischen Forschung immer wieder Wertvolles: Sie richten den Fokus auf Übersehenes und stoßen neue Diskurse an, erweitern mit bisher vernachlässigten Perspektiven den Blick, heben unerwartete Schätze aus Archiven und beleben die historische Diskussion. Gift für jede Wissenschaft sind allerdings Ideologie, die sich aus den akademischen Debatten mit dem Ende des Kalten Krieges keineswegs verabschiedet hat, und Wunschdenken, das in rätselhaften Funden willige Objekte mutwilliger Interpretation findet. So manche neue Forschungsrichtung schießt im ideologisierten oder euphorisierten Erkenntniseifer übers Ziel hinaus. So steht es auch mit der Theorie vom Matriarchat. Die besagt, bei wechselnder Zutatenliste und schwankender Akzentsetzung, in vorgeschichtlicher Zeit habe die Menschheit gewaltfrei und klassenlos in einer vom weiblichen Prinzip bestimmten Gesellschaft gelebt, mit einem nie mehr erreichten Maß an emotionaler Kompetenz und dem Kult um eine »Große Göttin« als religiöser Begleitung. Dass eine klare Definition fehlt, macht die Sache gleichzeitig kompliziert und öffnet sie für eine inhaltliche Bestückung je nach Gusto. Umstritten ist beispielsweise die Frage, ob es sich beim Matriarchat um ein Herrschaftssystem gehandelt habe, was der Begriff nahelegt, oder ob es sich um ein herrschaftsfreies, harmonisch wirkendes weibliches Prinzip handelte, dem zumeist die Verwirklichung paradiesischer Zustände zugeschrieben werden. Wie auch immer: Das patriarchalische System, das bis heute die Geschicke der Welt bestimmt, habe sich erst danach entwickelt und der Menschheit mehr Unheil als Gutes gebracht: Hierarchien, Gewalt, Kriege, Unterdrückung, Zerstörung. Den Frauen bescherte das Ende des weiblichen Prinzips als Gesellschaftsform Entwicklungen wie sexuelle Unterdrückung, Hexenverfolgung, verkrüppelte eingebundene Füße oder Genitalverstümmelung und anderes mehr. Meist fällt die Bilanz recht klar aus: matriarchalisches Paradies, patriarchalische Hölle.

Als Urheber der Matriarchatstheorie gilt allerdings ein Mann: Johann Jakob Bachofen. Der Baseler Jurist, überaus produktive Altertumsforscher und wohlhabende Privatgelehrte veröffentlichte 1861 eine umfängliche Schrift mit dem Titel *Das Mutterrecht. Eine Untersuchung über die Gynaikratie der alten Welt nach ihrer religiösen und rechtlichen Natur.* Bachofen war zwar ein ausgesprochen eigenwilliger Denker, aber keinesfalls progressiv, sondern sogar unverhohlen chauvinistisch: Er machte unmissverständlich klar, dass er die Entwicklung vom Mutter- zum Vater-Prinzip als Fortschritt zum Besseren ansah. Von der hetärischen Phase lästerlicher Unzucht und der amazonischen Phase des Kriegs gegen die Männer fand die Frau ihre Bestimmung als Mutter in der beginnenden Ackerbauphase der Menschheit.

Die Entstehung der Idee vom Matriarchat entstand zu einer Zeit, als mit Charles Darwins Forschungen und Funden prähistorischer Menschheitszeugnisse die alte biblische Chronologie von 6000 Jahren Menschheitsgeschichte vollends unhaltbar geworden war und sich neue Zeiträume der Vergangenheit ergaben, die der Füllung harrten. Zu einer Zeit außerdem, in der die Geschlechter- und Familienordnung streng patriarchalisch ausgerichtet war, prägnant mit dem Philosophen Feuerbach ausgedrückt: »Der Mann ist der Kopf, das Weib der Bauch der Menschheit.« Vordergründig war dieses Modell noch intakt, tatsächlich aber begann es allmählich aufzubrechen. Nicht nur die sich beschleunigende Industrialisierung, Verstädterung und Modernisierung zeigte Wirkung, die Frauen begannen, sich ihrer Beschränkungen bewusst zu werden und sie zu hinterfragen. Und mochte Bachofen sein Buch auch nicht als Munition der frühen Frauenbewegung verstanden haben, so diente seine Theorie über die Urgesellschaft gleichwohl alsbald eben diesem Zweck. Zahlreiche Schriftsteller und Schriftstellerinnen, berühmt und unbekannt, bezogen sich in der ersten Hälfte des 20. Jahrhunderts auf Bachofen, darunter berühmte Männer wie Thomas Mann, Rainer Maria Rilke und Walter Benjamin. 1931 erschien die Abhandlung *Weltgeschichte der Steinzeit* des österreichischen Vorgeschichtlers Oswald Menghin, der sich zur Matriarchatstheorie ebenso bekannte wie zur Kulturkreistheorie und zur Notwendigkeit spekulativer Methoden zum Erkenntnisgewinn. Zur Attraktivität der Theorie trugen neben völkischen allerlei pantheistische oder mystische Lehren bei, wie sie damals Konjunktur hatten.

Nach dem Zweiten Weltkrieg erfuhr die Mutterrechtstheorie in der zweiten Frauenbewegung eine kraftvolle Renaissance, weil damit dem Alltagskampf gegen die Macht der Männer gleichzeitig eine historische Tiefenschärfe und eine Zukunftsvision zur Seite gestellt wurden – ein wichtiges identitätsstiftendes Moment der Bewegung. Attraktiv erwies sich die Lehre vom vorzeitlichen Matriarchat auch für den esoterischen oder spirituellen New-Age-Feminismus des späteren 20. Jahrhunderts sowie für die Autorinnen prähistorischer Romane, die der matriarchalen Kultur eine Bühne bauten und die These enorm popularisierten – und daran mitunter gut verdienten. Schließlich erhielt die Theorie sozusagen wissenschaftliche Weihen, als Marija Gimbutas, eine US-amerikanische Archäologin und Anthropologin litauischer Herkunft, in mehreren Büchern ein friedlich-feminines prähistorisches Europa beschrieb, das der Großen Göttin huldigte, bis das Patriarchat die Idylle zerstörte. Sie war nicht die einzige Wissenschaftlerin, die sich nach 1945 des Themas Matriarchat annahm, aber eine seiner entschiedensten Fürsprecherinnen.

Verschiedene Aspekte haben die Herausbildung der Matriarchatstheorie begünstigt, vor allem Zeitgeistströmungen unterschiedlicher Art. Aber natürlich konnte die Theorie eines geschichtlichen Phänomens nicht ohne jede Belege im luftleeren Raum erblühen. Glücklicherweise fanden sich archäologische Hinweise, die sie zu stützen schienen, sowie Wissenschaftler, die darin sekundierten. Dabei geht es vor allem um prähistorische Fruchtbarkeitskulte, stark sexualisierte Frauendarstellungen und Zeugnisse der Megalithkultur im mediterranen Raum und im Nahen Osten, die in diesem Sinne ausgelegt werden konnten. Einen Beweis für die Existenz eines vorzeitlichen Matriarchats haben Prähistoriker zwar nie erbringen können, aber wer die These vertreten wollte, profitierte davon, dass archäologische Funde, also materielle Überreste vergangener Kulturen, ihr Geheimnis oft nicht von allein mitteilen. Ihre Einordnung muss daher entweder durch andere Hinweise bestätigt werden oder rein spekulativ erfolgen. Die vorgeblichen Beweise für die Existenz eines Matriarchats waren in der Tat freihändig mit der richtigen Bedeutung zu füllen, mögen die durchaus schlüssigen Erklärungen viele Laien auch überzeugt haben.

Die »Beweisstücke« lassen sich in wenige Gruppen unterteilen. Quer durch Europa kann man in zahlreichen frühgeschichtlichen Museen kleine Venusstatuetten aus Kalkstein, Lehm oder Elfenbein bestaunen, die aus der Altsteinzeit stammen und mehrere Zehntausend Jahre alt sind. Die Fundorte erstrecken sich von Frankreich bis nach Sibirien, wobei die westeuropäischen Frauenfiguren eher dick, die sibirischen eher dünn geraten sind. Am berühmtesten ist die 1908 gefundene Venus von Villendorf in Oberösterreich, allen gemeinsam aber ist die unverwandte Darstellung vor allem von Scham und Vulva. Sie werden als Kunstobjekte einer matriarchalischen Gesellschaft interpretiert, mal als Verherrlichung des weiblichkosmischen Prinzips, mal als Muttergöttin. Nur: Dass steinzeitliche weibliche Figuren der Fruchtbarkeit huldigen, ist so naheliegend, wie es ein bestimmendes weibliches Prinzip eben nicht beweist. Selbst die Annahme, es handele sich um Abbildungen von Göttinnen, ist weder Beweis für eine große Muttergöttin – fast alle Religionen verehren Göttinnen – noch für die Abwesenheit männlicher Gottheiten. Nimmt man die Bildquellen unserer Zeit, könnte man in Unkenntnis des Drumherums bezüglich der Bedeutung der Frau auf eine ähnlich gewagte Auslegung verfallen. Ebenso gut könnte es sich also bei den Venusfigurinen um frühe pornographische Darstellungen handeln, was in der Forschung durchaus als möglich gilt.

Ähnlich steht es mit den Megalithgräbern als markante Überbleibsel der Jungsteinzeit. Sie als Darstellungen der weiblichen Vulva anzusehen, ist zwar eine mögliche Interpretation, aber keineswegs eine zwingende – und selbst dann wäre es noch kein Beweis für die Existenz eines Matriarchats oder eines vorherrschenden weiblichen Prinzips. Insgesamt stützt sich die Matriarchatsforschung auf Symbole, die sich durchaus auch ganz anders als im Sinne einer vorzeitlichen frauengestützten Gesellschaft interpretieren lassen. Selbst das Vorzeigeobjekt der Matriarchatsforschung, die jungsteinzeitliche Ansiedlung Çatalhöyük in Zentralanatolien, hält einer kritischen Beurteilung nicht stand. Der englische Archäologe James Mellaart, der in den 1960er-Jahren erste Ausgrabungen durchführte, erkannte darin eine matriarchale Siedlung ohne ausgeprägte Rangunterschiede, in der die Große Göttin verehrt wurde, weil sie den Menschen den Weg in Sesshaftigkeit und Ackerbau gewiesen habe. Aber auch er interpretierte überaus eigenwillig und offenbar so, wie es ihm zupass kam, denn seine Beschreibung des Lebens in Çatalhöyük ist erkennbar darauf ausgerichtet, matriarchalische Strukturen und einen weiblichen Fruchtbarkeitskult ausmachen zu können. Die Freiburger Archäologin Juliane Hummel nannte die Vorstellung von einer matriarchalischen Siedlung Çatalhöyük »ein hohles Wunschgebilde«, das auf Spekulationen beruht. Trotzdem sind Mellaarts Interpretation nicht nur begeisterte Matriarchatsfans gefolgt, sondern auch mancher Fachkollege. Dasselbe gilt für eine angebliche matriarchalische Gesellschaft im Kreta der Bronzezeit, die schon Bachofen ausgemacht hatte. Doch der wichtigste Vertreter für das kretische Matriarchat war Arthur Evans, verdienter britischer Archäologe und erbitterter Konkurrent des Troja-Entdeckers Heinrich Schliemann. Er grub seit Beginn des 20. Jahrhunderts den Palast von Knossos aus und gilt als Entdecker der minoischen Kultur auf Kreta. Bei allem Verdienst tat er der Wissenschaft mit seinen eigenwilligen Interpretationen, die bis heute als Nachweis eines Matriarchats auf der Mittelmeerinsel immer wieder herangezogen werden, keinen guten Dienst, denn auch seine Auslegungen sind überaus subjektiv. Und was schließlich die Vorstellung einer zutiefst friedlichen, gewaltlosen Gesellschaft betrifft, so steht dem ein reicher Fundus an Steinzeitskeletten entgegen, die eindeutige Gewaltspuren aufweisen.

Seriös betriebene Archäologie konnte also einen Schlüssel zum Nachweis des Matriarchats bislang nicht liefern, aber auch die Anthropologie und die Ethnologie helfen nicht weiter. Als weiteren Beweis der Matriarchatstheorie wurden nämlich Erkenntnisse über Matrilinealität und Matrilokalität angeführt. Ersteres bezeichnet eine weibliche Abstammungslinie, bei der die Familienzugehörigkeit sich allein aus der mütterlichen Abstammung ergibt. Letzteres bezieht sich auf den Wohnort einer Familie, der in matrilinear organisierten Gesellschaften der Heimatort der Frau, nicht des Mannes ist. Nur sind solche Strukturen abermals kein Beweis für ein ausgewiesen matriarchalisches System, weil dazu mehr gehört als Familienstruktur, außerdem kommen sie nur vereinzelt vor. Die Matriarchatsforschung folgt aber dem Postulat einer universalen Menschheitsgeschichte, die überall auf der Welt eine matriarchale Phase hervorgebracht haben soll. Die seriöse Wissenschaft hingegen hat eine solche Universalgeschichte der Menschheit längst zu den Akten gelegt, weil die Vielfalt der Entwicklungen in archäologischen Zeugnissen überaus reich belegt ist. Und schließlich: Wäre die Welt von einst matriarchalisch gewesen – wo sind dann Hinweise auf den Umbruch zum männerzentrierten System, der doch grundlegend und dramatisch gewesen sein müsste? Die Religionswissenschaftlerin Cynthia Eller bezeichnet den Mythos vom Matriarchat als ein Kartenhaus, das zwar einige belastbare Karten aufweist, als Ganzes aber nur durch zweifelhafte, also unbeweisbare Bauteile standfest ist. Entfernt man diese tragenden Elemente – die sich bei genauer Betrachtung als bloße Vermutungen und Wunschdenken erweisen –, fällt das Konstrukt vorzeitliches Matiarchat in sich zusammen.

Leiden oder Verdruss an der eigenen Gegenwart hat in der Menschheitsgeschichte immer wieder Einzelne veranlasst, nach tröstlichen Vergangenheiten Ausschau zu halten. Als der römische Geschichtsschreiber Tacitus seine Gegenwart der römischen Kaiserzeit als stetigen Niedergang wahrnahm, verfasste er seine Schriften über die Römische Republik mit dem klaren Blick auf eine bessere Vergangenheit. Die Vertreter von Humanismus und Renaissance beschworen am Ende des Mittelalters, das sie als dunkle Epoche verachteten, die Grandeur der lichten Antike und wollten sie wiedererstehen lassen. Und als der Pionier der Maya-Forschung Eric Thompson sich einen Reim auf die Geschichte des mittelamerikanischen Volkes und ihre vom Regenwald überwucherten Ruinenstädte machen wollte, identifizierte er sie unter dem Eindruck des kriegsversehrten Europa als friedliebendes Göttervolk, was sich später mit der Entzifferung ihrer Schrift als völlig haltlos erwies. Ganz ähnlich erging es dem Begründer der Matriarchatstheorie Bachofen, der als konservativer Baseler Patrizier der stürmischen Moderne wenig abgewinnen konnte und das Grausen bekommen hätte im Wissen, was von feministischer Seite aus seinem Buch alles erwachsen würde. Für die Mär vom einstigen Matriarchat gilt zudem, dass sie der Frauenbewegung ein Unterfutter liefern konnte und im Rückgriff auf eine vermeintliche Geschichte Frauen eine Zukunftsperspektive eröffnen sollte. Das Anliegen ist zwar statthaft, aber ob diesem Anliegen die pseudohistorische Grundierung in haltlosen Theorien einen guten Dienst erweist, muss bezweifelt werden.

Die Steinkreise von Stonehenge sind ein vorzeitlicher Computer – IRRTUM!

Es ist eines der bekanntesten Bauwerke der Menschheitsgeschichte und *die* Ikone der Steinzeit: Stonehenge, die Formation mehrerer Steinkreise aus riesigen Monolithen in Südengland, nur 130 Kilometer von der hochmodernen Metropole London entfernt. Wer Stonehenge besucht, kann sich seinem rätselhaften Zauber nicht entziehen, selbst Abbildungen strahlen noch eine magische Faszination aus. Und die wird durch die Tatsache genährt, dass bis heute nicht zweifelsfrei geklärt werden konnte, unter welchen Umständen und zu welchem Zweck Stonehenge errichtet wurde. Schon die Frage, wie Vorzeitmenschen ohne große technische Hilfe meterhohe, tonnenschwere Monolithen über weite Strecken bis zu ihrem Bestimmungsort transportieren, bearbeiten, aufstellen und überaus exakt ausrichten konnten, blieb lange unbeantwortet.

Stonehenge wurde in der Jungsteinzeit in mehreren Bauabschnitten errichtet und ist heute nicht mehr vollständig. Es besteht aus in mehreren konzentrischen Kreisen angelegten Gräben und Erdwällen von insgesamt rund 115 Metern Durchmesser, in deren Mitte riesige, vier Meter hohe Steine aufgerichtet wurden. Besonders bekannt ist die Ansicht des äußeren Steinkreises von knapp dreißig Meter Durchmesser, der einstmals aus dreißig Pfeilersteinen bestand, die mit aufliegenden Tragsteinen verbunden wurden. Reste davon sind noch vorhanden und ermuntern dazu, sich das Originalbauwerk intakt vorzustellen: ein schwebender Kreis, tonnenschwer. Aus einem anderen, bläulichen Stein bestehen die nur rund zwei Meter großen Bauteile des zweiten Kreises, der wiederum ein inneres Hufeisen umschließt, das ursprünglich aus fünf Steinpaaren von bis zu sieben Metern Höhe bestand, die je einen

Deckstein trugen. Auch davon sind nur noch Reste erhalten. Sodann gibt es noch mehrere Einzelsteine außerhalb der Kreisformationen, aber noch innerhalb der Wallanlagen, sowie außerhalb den berühmten Heel Stone, über fünf Meter hoch und unbearbeitet.

Seit mehreren Tausend Jahren existiert Stonehenge, das unter den zahlreichen Zeugnissen der steinzeitlichen Megalithkultur das bei Weitem bekannteste ist. Bevor sich moderne Wissenschaftler daranmachten, Forschungen an- und mehr oder weniger plausible Theorien aufzustellen, beschäftigte der Ursprung des magischen Rundbauwerks die Menschen schon über viele Jahrhunderte. Um 1135 notierte der englische Chronist Geoffrey von Monmouth, Bauherr sei im Jahr 485 der berühmte Zauberer Merlin gewesen – einem Geringeren wollte man die enorme Leistung nicht zutrauen. Zweifel wurden bald geäußert, aber die Geschichte blieb auf lange Zeit im Gespräch. Auch als römischer Tempel wurde Stonehenge angepriesen, außerdem als Krönungsort der dänischen Könige Englands, als phönizisches Bauwerk oder als keltische Kultstätte, in der die Druiden ihre Rituale durchführten. Für die Annahme, Stonehenge könne erheblich älter sein, als diese Vermutungen nahelegen, bedurfte es der Revision der christlichen Zeitvorstellungen vom Alter der Menschheit sowie der entstehenden Wissenschaften, in diesem Fall der Archäologie. Deren Forschungen ergaben, dass die Steinkreise über lange Zeit genutzt, wieder aufgegeben oder zumindest vernachlässigt wurden, um dann wieder in veränderter Form in Gebrauch genommen zu werden.

Abgesehen von drei Holzpfählen, die möglicherweise zu rituellen Zwecken bereits vor bis zu 10000 Jahren ein Stück entfernt aufgestellt wurden, begannen die Arbeiten an Stonehenge um 3000 v. Chr. mit der Aufschüttung eines Walls mit einem Radius von 55 Metern – leuchtend weiß dank des hiesigen Kreidebodens und damit weithin sichtbar. Innerhalb des Kreisrunds stellte man vermutlich Holzpfähle auf. Um 2500 v. Chr. wechselte das Baumaterial von Holz zu Stein, außerdem wurde die Anlage nunmehr in nordöstlicher Richtung auf den Sonnenaufgang der Sommersonnwende ausgerichtet, wenn der längste Tag des Sonnenjahres beginnt. Dafür wurden etwa 85 jeweils rund vier Tonnen schwere Blausteine aus Westwales herbeigeschafft – über eine Strecke von knochenbrecherischen 250 Kilometern. Wie genau das vonstattenging, ist nicht bekannt, aber vermutlich nutzte man Wasserwege, wo es ging, und bewältigte den Rest wie im Fall der ägyptischen Pyramiden auf Schlitten, die man über Holzpfähle als Transportwalzen zog.

Ungefähr ein Jahrhundert später, noch bevor die Blausteine der Planung entsprechend aufgestellt waren, ergänzte man abermals mit neuem Baumaterial und errichtete den Kreis der Vier-Meter-Steine mitsamt Abdeckung sowie das innere Hufeisen. Auch da ist unklar, wie die Decksteine in die Höhe gelangten, vermutlich mittels eines in die Höhe wachsenden Holzgerüsts unter dem Bauelement. Die Blausteine erhielten ihre endgültige, heute in Resten erhaltene Formation als Kreis und Hufeisen schließlich um 2000 v. Chr.

Was hat es mit diesem rätselhaften Bauwerk auf sich? Wer entschloss sich vor Tausenden von Jahren zur aufwendigen, Generationen dauernden Errichtung dieser Steinkreise, für die man in großer Entfernung das Material beschaffen musste? Und wozu diente das Ensemble den Steinzeitmenschen, die doch ansonsten – so will es zumindest das Klischee – in Höhlen ums Feuer saßen und sich mit Fellen dürftig bedeckten? In den Sechzigerjahren des 20. Jahrhunderts machte das Buch eines Astronomen Furore, der das Rätsel Stonehenge entschlüsselt haben wollte. Gerald Hawkins diagnostizierte mithilfe von Berechnungen, die er auf seinem IBM-Computer anstellte, einen prähistorischen Kalender, der die Menschen von Stonehenge zu steinzeitlichen Vorfahren moderner Astronomen machen würde, ja eine steinzeitliche Rechenmaschine zur Voraussage von Mondfinsternissen, also ein astronomischer Vorzeitcomputer. Prompt jubelte ein IT-Unternehmen in seinen *IBM News*: »Am Ende wussten die verrückten alten Druiden doch, was sie da taten.« Von der Fachwelt musste sich Hawkins hingegen harsche Kritik gefallen lassen – man wies ihm schlampige Arbeit nach, offenbar hatte er die Ergebnisse seiner Untersuchung kreativ seiner These angepasst. Hawkins fütterte seinen Computer weiter, stieß auf weitere vermeintliche Zyklen, die Stonehenge zu berechnen imstande sei, und befand noch 2002, unbeirrt aller Kritik, Stonehenge sei mehr als ein ritueller Treffpunkt oder ein architektonisches Wunder, sondern enthalte astronomische und mathematische Informationen, wie sie nach gängiger Ansicht erst ein Jahrtausend später den Griechen zur Verfügung gestanden hätten. Er gehört damit in die zweifelhafte Gesellschaft des Schweizer Gastronomen Erich von Däniken, der alle möglichen vermeintlichen oder tatsächlichen Rätsel auf der Welt ohne jeden Beweis für seine Theorie der Außerirdischen nutzbar macht. Allerdings vermutete der Pseudowissenschaftler Däniken als Bauherren von Stonehenge keine vorzeitliche Intelligenzija, sondern, wenig verwunderlich, Außerirdische.

Es ist kaum anders als im Mittelalter, als die Erklärungsnot Merlin oder die Druiden ins Spiel brachte: Auch in der Moderne sind vermeintliche Fachleute schnell bei der Hand, Rätsel durch grandiose und sensationelle Thesen scheinbar zu lösen. Bei vielen modernen Menschenkindern, die sich inmitten von Konsumvielfalt und Technologie, von Werteverlust und Sinnarmut nach Orientierung sehnen, fallen solche Herleitungen auf fruchtbaren Boden, weil daraus eine beruhigend ursprüngliche Menschenexistenz zu sprechen scheint – so wie die Esoterik unserer Zeit von einem in sich geschlossenen System abhängig ist, das alles zu erklären verspricht, um eine kuschelige Parallelwelt anzubieten. Oft aber würde schon genügen, wenn sich wissenschaftliche Erkenntnisse über kleine Forscherkreise hinaus verbreiten und so Bauernfänger entlarven würden.

Archäologen sind gewohnt, bei allem Eifer immer wieder vor Rätseln zu stehen. Das liegt in der Natur der Sache, weil ihre Funde umso weniger mit anderen Zeugnissen abgeglichen werden können, je älter sie sind. Die Steinzeit kann mit Schriftquellen nicht dienen, der Großteil physischer Hinterlassenschaften ist längst verrottet, und was übrig blieb, kann ein irreführender, weil zufälliger Ausschnitt sein – auf jeden Fall ist er oft nicht eindeutig zu erklären. Theorien sind zwar zulässig, müssen aber auf solider Grundlage erstellt werden. Und auf einer solchen Grundlage kann man Stonehenge einen rituellen Charakter zuschreiben und vermuten, dass beim hier vollzogenen Ritus dem Sonnenaufgang zur Sommersonnenwende eine besondere Bedeutung zukam. Deshalb den Erbauern und Nutzern von Stonehenge moderne Fähigkeiten anzudichten, führt allerdings ebenso in die Irre wie Außerirdische zu bemühen, nur weil man Steinzeitmenschen für Wesen knapp oberhalb der tierischen Existenz ansieht, deren Sprache den Namen kaum verdient und deren Horizont sich auf Jagd und Nahrungssuche beschränkt. Die Menschen der Jungsteinzeit waren fortschrittlicher, als der neuzeitlich-überhebliche Blick ihnen zugestehen will. Aber man muss doch bezweifeln, dass sie die Notwendigkeit erkannten, mit komplizierten Rechnungen und einem Apparat namens Stonehenge Mond- und Sonnenfinsternisse vorauszubestimmen. Die Sache dürfte einfacher, aber kaum weniger faszinierend sein.

Stonehenge wurde in der Jungsteinzeit gebaut, als sich der Übergang vom Nomaden- zum sesshaften Leben vollzog, weil man begann, Ackerbau und Viehzucht zu betreiben. Damit kam festen Orten nun eine größere Bedeutung zu, und man betrieb größeren Aufwand als zuvor, um Ritualorte zu gestalten. Steinzeitliche Religion dürfte kosmisch ausgerichtet gewesen sein, sich also auf Grundlage von Natur- und Himmelsschau entwickelt haben. Als die Menschen sesshaft wurden, wurde auch der Jahreszyklus interessanter, weil man den Gang der Gestirne von einem markierten Platz aus kontinuierlich beobachten und daraus wertvolle Schlüsse ziehen konnte – etwa für Aussaat oder Ernte, aber auch zu rituellen Zwecken. Man kann auch annehmen, dass Stein als beständigstes Material symbolisch für Ewigkeit stand, mit Kraft assoziiert wurde und auch deshalb für die berühmten Monolithgräber und für Stonehenge Verwendung fand.

Stonehenge war ein religiöses, kultisches Monument, das als Grab- und Opferstätte sowie Versammlungsort diente. Für die Ausrichtung hatten die Menschen des Neolithikums ebenso religiöse Gründe. Den sichtbaren Himmelskörpern kam in der Vorstellungswelt der Jungsteinzeit besondere Bedeutung zu, weil sie rätselhaft waren und weil sie das Leben strukturierten – allen voran die Sonne, die den Tag und den Jahresablauf bestimmte, aber ebenso der Mond mit seinem Zyklus. Ein vorzeitlicher Computer oder steinzeitlicher Kalender aber ist Stonehenge nicht gewesen. Die britische Archäologin Jacquetta Hawkes fasste 1967 in einer Kritik an den Thesen Hawkins' zusammen: »Jedes Zeitalter hat das Stonehenge, das es verdient – oder begehrt.«

König Kroisos war der reichste Mann seiner Zeit – IRRTUM!

Reich wie Krösus – das ist noch heute ein sprichwörtlicher Ausdruck für Geld im Überfluss, für sagenhaften Reichtum. Zweieinhalb Jahrtausende nach dem Leben und Wirken des Mannes, auf den der Vergleich zurückgeht, weiß noch immer jeder, was damit gemeint ist, denn in vielen Sprachen hat es der antike König ins Vokabular geschafft. Aber schon bei der Zuordnung des Namens hapert es, denn mehr als das Etikett, der reichste Mann seiner Zeit gewesen zu sein, ist selten bekannt. Und war Kroisos, der lydische König des 6. vorchristlichen Jahrhunderts, wirklich reicher als alle anderen?

Die historische Landschaft Lydien liegt in Kleinasien am östlichen Mittelmeer, im Westen der heutigen Türkei. Zur kurzen Zeit seiner größten Ausdehnung reichte das lydische Imperium von der Ägäis bis an die Westgrenze des Perserreiches (östlich von Ankara), vom Marmara- und Schwarzen Meer im Norden bis zur Mittelmeerküste im Süden beim heutigen Antalya. Vermutlich war die Entwicklung ähnlich der in Griechenland: Kleinere Herrschaftszentren bildeten sich heraus, aus denen die Siedlung Sardes (östlich des heutigen Izmir) hervorstach und eine Vormachtstellung in Lydien errang. Mit dem lydischen König Gyges im 7. Jahrhundert v. Chr. geht die Geschichte vom Vagen und Legendenhaften ins Handfestere, Nachweisbare über. Gyges errang mit gewaltsamen Methoden, die Umstände sind nicht ganz klar, den Thron und regierte mehrere Jahrzehnte lang. Er begründete die dritte und letzte lydische Herrscherdynastie der Mermnaden, die ihr Land zwischen der griechischen Welt im Westen sowie Assyrern und Persern im Osten zu positionieren suchten. Zahlreiche Erwähnungen der Geschichtsquellen umliegender Regionen belegen, wie die Mermnaden durch diplomatische und militärische Aktionen von sich reden machten.

Seine Blüte erlebte das Königreich Lydien unter König Alyattes (ca. 610–560 v. Chr.) und seinem Sohn Kroisos (ca. 560–541 v. Chr.), die sich als Herren über das westliche Kleinasien durchsetzten. Verbunden damit war eine Ausdehnung des Reiches, das nun ungefähr sechsmal größer war als Attika, das Herrschaftsgebiet des Stadtstaates Athen. Sardes scheint in dieser Zeit einen Zustrom von Menschen erlebt zu haben, die Hauptstadt wurde massiv befestigt, internationaler Handel florierte wie nie zuvor. Lydien profitierte dabei nicht zuletzt von seiner günstigen Lage an wichtigen Handelsrouten und vom natürlichen Goldreichtum des Landes. Berühmt und bei gegnerischen Heeren ungeheuer gefürchtet war die lydische Kavallerie. Auch die Kunst erlebte einen Aufschwung, aus ihr spricht der rege kulturelle Austausch eines kosmopolitischen Reiches mit Griechenland, Ägypten oder den Assyrern. Insbesondere bei den Griechen waren die Lyder für Musik und Tanz beliebt und geschätzt. Die große Zeit endete jedoch bereits mit Kroisos, der als erfolgsverwöhnter Eroberer den Bogen überspannte und an seinem Übermut kläglich scheiterte. Zunächst gelang ihm, was seine Vorgänger mit Ausnahme seines Vaters Alyattes nicht vermocht hatten: Er zwang die griechischen Städte der kleinasiatischen Mittelmeerküste dauerhaft zu Tributzahlungen.

Dass Kroisos es so überaus dauerhaft zum Status des sprichwörtlich reichsten Mannes überhaupt gebracht hat, verdient jedoch genauere Betrachtung. Wie andere antike Herrscher war der Lyder durchaus sehr reich, zumal er davon profitierte, dass sein Land viel Gold aus Flüssen (vor allem aus dem Paktolos, heute Sart Çayı) und in Bergwerken förderte. Auch die Siege über die kleinasiatischen Griechenstädte und die daraus erwachsenden Tributzahlungen und Steuerleistungen sowie erfolgreiche Feldzüge nach Osten zur Ausdehnung des Reiches bis zur Grenze des Perserreiches am Fluss Halys (Kızılırmak) vermehrten sein Einkommen. In seinen in der ersten Hälfte des 5. Jahrhunderts v. Chr. verfassten *Historien* berichtet der Vater der Geschichtsschreibung Herodot von einem Besuch des Atheners Solon am Hofe des Kroisos, der sich wegen seines Reichtums für den glücklichsten aller Menschen hielt. Doch Solon, einer der sieben Weisen Griechenlands, fährt dem stolzen König mächtig in die Parade, als er ihm auf die Frage, wieso er ihm darin nicht zustimme, antwortet: »Ich sehe wohl, dass du sehr reich und ein großer König bist. Deine Frage aber kann ich nicht beantworten, bevor ich nicht weiß, ob dein Leben bis zu Ende glücklich gewesen ist. Der Reichste ist nicht glücklicher als der Arme, der nichts hat als sein tägliches Brot, wenn es ihm nicht vergönnt ist, seinen Reichtum bis an sein Lebensende zu genießen. (...) Vor seinem Ende aber dürfte man nie sagen, dass einer glücklich wäre, sondern höchstens, dass es ihm gut ginge.«

Vor allem aber war Kroisos gemessen am Reichtum anderer Herrscherkollegen doch nur ein vergleichsweise kleiner Fisch, besonders die persischen Könige, die über ein ungleich größeres Reich geboten und auf ganz andere Ressourcen zurückgreifen konnten, übertrafen ihn um ein Vielfaches. Dass es aber gleichwohl Kroisos war, der es als Inbegriff von Reichtum bis in den modernen Sprachgebrauch schaffte, hat aller Wahrscheinlichkeit nach einen anderen Grund: Lydien führte als erstes Land das Münzgeld ein, also geprägte Geldstücke, die wegen ihrer Gold-Silber-Legierung nach dem griechischen Wort für Bernstein auch Elektronmünzen genannt werden. Vor allem aber mit ihrem Namen »Kroiseiden« verweisen sie auf den berühmten König. Lydische Münzen verbreiteten sich durch den Handel weit in der antiken Welt, sie waren als verlässliches Zahlungsmittel geschätzt. Auf ihnen prangte neben Stier und Löwe das Siegel des Kroisos. Seine Münzen trugen also die Kunde vom lydischen Reichtum in die Welt und machten den vermeintlich unermesslich reichen König sprichwörtlich. Der reichste Mann seiner Zeit aber ist er nicht gewesen.

Übrigens erwies sich auch, dass sein Leben trotz der erfolgreichen Jahre alles andere als glücklich ausging: Als habe sich Solons doch eher philosophische Mahnung in bare Münze verwandelt, verlor Kroisos nicht nur durch einen schicksalhaften Vorfall seinen Sohn Atys, obwohl ihm das im Traum geweissagt worden war und er alle erdenklichen Vorsichtsmaßnahmen zu seinem Schutz ergriffen hatte. Auch seinen politischen Untergang und das Ende seines Reiches musste er erleben, denn unglücklicherweise legte er es darauf an, das mächtige Perserreich niederzuzwingen. Ob ihn allein Eroberungsdrang dazu bewog oder familiäre Bindungen zum benachbarten medischen König, der sein Schwager war und gegen den Perserkönig Kyros II. eine Niederlage erlitten hatte, ist nicht ganz klar. Wie auch immer: Bevor er das Wagnis einging, befragte er immerhin diverse Orakel der Mittelmeerwelt nach seinen Erfolgsaussichten. Zwei ähnlich lautende Weissagungen, nämlich wenn er den Grenzfluss Halys überschreite, werde er ein großes Reich zerstören, legte er in seinem Sinne aus. Das Orakel sollte sich bewahrheiten, aber Kroisos versetzte nicht etwa dem Persischen Reich den Todesstoß, sondern seinem eigenen. Nicht einmal seine bewährten Reitertruppen kamen richtig zum Einsatz, denn Kyros ließ seinen Soldaten Kamele vorausreiten, die die lydischen Pferde in Panik versetzten. Mitte der 540er-Jahre v. Chr. ging die Hauptstadt Sardes unter – der lydische König war nach Vorstößen nach Persien für den Winter dorthin zurückgekehrt und hatte seine Söldner zum größten Teil entlassen. Kyros aber stellte ihm nach, bezwang mühelos die dezimierten lydischen Streitkräfte und obsiegte. Ob Kroisos die vernichtende Niederlage überlebte, ist nicht ganz klar. Die einen schreiben, er sei vom siegreichen Perserkönig hingerichtet worden, die anderen berichten von einer Begnadigung. So oder so: Das Glück hatte Kroisos ebenso verlassen, wie er seines Reichtums verlustig gegangen war.

Lydien blieb fortan unter der Herrschaft der Perser und genoss in der Abhängigkeit von der Dynastie der Achämeniden zunächst ruhige, gute Zeiten, wenn auch Unabhängigkeit und Einfluss verloren waren. Von den Rivalitäten zwischen Griechen und Persern seit dem 5. Jahrhundert v. Chr. jedoch war auch Lydien betroffen, das zwischen den Machtblöcken eingeklemmt war – die friedlichen Zeiten waren vorbei, man litt darunter, als Pufferzone im Fokus von Politik und militärischen Aktionen zu sein. Im 4. Jahrhundert schließlich machte Alexander der Große der persischen Oberhoheit über Lydien ein Ende und verleibte es seinem Weltreich ein. Der Makedonenkönig erwies sich als bedeutend erfolgreicher als Kroisos, denn ihm gelang die Unterwerfung der Perser und er errichtete ein Imperium, wie es bis dahin noch nie existiert hatte.

In den Perserkriegen siegten die Griechen gegen eine erdrückende Übermacht – IRRTUM!

Eine bestimmte Frage an die Geschichte verführt mitunter zu mehr oder weniger fundierten Spekulationen, an denen selbst gestandene Historiker Gefallen finden: Was wäre gewesen, wenn? Natürlich bieten vor allem die großen Wendepunkte der Menschheitsgeschichte den Anlass zu fragen, wie es der Welt seither ergangen wäre, wäre ein zentrales Ereignis anders ausgegangen. Zu solchen Schicksalsereignissen gehören naturgemäß solche, in denen eine Bedrohung endgültig abgewehrt werden konnte, ob die durch das faschistische Deutschland im Zweiten Weltkrieg, ob jene durch den napoleonischen Expansionsdrang zu Beginn des 19. Jahrhunderts, ob die durch die Türken Ende des 17. Jahrhunderts – oder jene durch das Perserreich, das im 5. vorchristlichen Jahrhundert die griechische Welt im östlichen Mittelmeerraum zu unterwerfen versuchte. Weil der klassische Gegensatz zwischen dem Wir und den anderen die eigene Wahrnehmung der Wirklichkeit prägt, fließt er mit ein in die konjunktivische Einschätzung – über die Jahrhunderte wurde die Abwehr der persischen Invasoren als grundlegend für die weitere Entwicklung betrachtet, bis hin zur Errettung der westlichen Zivilisation, die ansonsten der persischen Despotie zum Opfer gefallen wäre. Abgesehen davon, dass den Griechen vermutlich der sich anschließende verheerende Bürgerkrieg erspart geblieben wäre, ist aber keineswegs zwingend, dass »der Westen« aufgehört hätte zu existieren, ehe sein Siegeszug so richtig Schwung hätte nehmen können.

Das riesige Herrschaftsgebiet der Perser, eine der am weitesten entwickelten Kulturen der Alten Welt, bildete das bis dahin größte Reich überhaupt. Es reichte von Ägypten bis Indien, vom südlichen Russland bis zum Indischen Ozean. Im östlichen Mittelmeerraum waren die griechischen Städte an der Küste Kleinasiens und die vorgelagerten Inseln zu Vasallen der Perserkönige geworden. Das stellte nicht unbedingt einen Nachteil dar, denn die unterworfenen Völker genossen weitgehende Freiheiten, kulturell und religiös, und ihre Fürsten besaßen einige Entscheidungsfreiheit. Auch profitierten sie von der bemerkenswerten Infrastruktur des Großreiches, das als Erstes überhaupt ein Postwesen einführte. Dass griechische Autoren einen Gegensatz von griechischer Freiheit und persischem Despotismus beschworen, war ideologischer Bestandteil der Auseinandersetzung – hält sich aber wirkmächtig bis in unsere Tage.

Wie auch immer, als der Tyrann von Milet sich von den Persern lossagte, begann damit 500 v. Chr. der Ionische Aufstand, den die Athener unterstützten. Zunächst erfolgreich, mussten sich die aufständischen Städte schließlich den Persern geschlagen geben, die Kulturmetropole Milet als Aufrührer wurde 494 v. Chr. völlig zerstört. In einer Vergeltungsaktion schickte sich der persische König Dareios an, die Herrschaftsverhältnisse im östlichen Mittelmeerraum ein für alle Mal zu persischen Gunsten zu klären. 490 v. Chr. zog ein Heer bis nach Attika, konnte aber bei Marathon geschlagen werden – überraschend für alle Seiten, zumal die stärkste Militärmacht Griechenlands, Sparta, gar nicht an der Schlacht beteiligt war. Persien zog sich zurück, rüstete jedoch sogleich wieder auf. Aber erst als 486 v. Chr. Dareios gestorben und sein Sohn Xerxes König geworden war, wurde ein abermaliger Griechenlandfeldzug in Angriff genommen.

Xerxes hatte nichts weniger im Sinn, als das gesamte Griechenland seinem riesigen Reich einzuverleiben, und ging die Sache planvoll und methodisch an. Zum Beispiel ließ er eigens für den Truppentransport auf der Halbinsel Chalkidiki einen Kanal bauen. Im Sommer 480 v. Chr. überschritt sein Heer auf Pontonbrücken die Dardanellen, die damals Hellespont hießen, seine Flotte folgte entlang der ägäischen Nordküste. Bei den Thermopylen nördlich von Delphi siegte Anfang August in mehrtägiger Schlacht das persische Heer, die gleichzeitige Seeschlacht am Artemision an der Nordwestküste Euböas ging unentschieden aus, die griechische Flotte entging ihrem Untergang gerade so.

Jetzt stand die Sache Spitz auf Knopf. Mehr als zwei Dutzend griechische Stadtstaaten inklusive der Militärmacht Sparta taten sich in einer Eidgenossenschaft zusammen, um den Entscheidungskampf zu bestreiten. Bei aller Entschlossenheit dürfte so mancher es mit der Angst zu tun bekommen haben, denn die Truppen des Xerxes waren den alliierten griechischen Streitkräften um ein Vielfaches überlegen. Das Perserreich befand sich auf der Höhe seiner Macht, alle Verbündeten, darunter die weiterhin botmäßigen der unterworfenen kleinasiatischen Griechenstädte, steuerten Kontingente bei: Außer Persern dienten in Heer und Flotte Phönikier, Ionier, Karer, Kaspier, Äthiopier, Inder, Araber, Meder und viele andere mehr. Auch die befragten Orakel vermochten keine rechte Zuversicht bei den griechischen Alliierten aufkommen lassen – den Athenern riet ein Spruch, ans Ende der Welt zu fliehen.

Das alles verhieß nichts Gutes. Unvermeidlich, dass der nun folgende Schicksalskampf vielfachen Niederschlag bei Historikern und Dramatikern der Griechen fand. Nach deren Darstellung lag der persische Sieg eigentlich auf der Hand, denn sensationelle 1,7 Millionen Soldaten umfasste das Heer des Xerxes, berichtet Herodot. Um die unüberschaubare Menge, die Xerxes an dem Fluss Strymon (heute Strymonas bzw. Struma) östlich der Chalkidike einer Musterung unterzog, überhaupt zählen zu können, drängte man zehntausend Mann eng zusammen, markierte den Raum und berechnete die Gesamtzahl, indem man nach und nach alle Soldaten hindurchschickte. Dazu kamen außerdem 80000 Reiter und weitere 20000 mit Kamelen bzw. Streitwagen. Eine gigantische Zahl, die spätere Schreiber auf 700000 oder 800000 Mann korrigierten. Selbst diese Zahl ist enorm.

Wegen der persischen Bedrohung war Athen spätestens Anfang September evakuiert worden, Ende des Monats befand sich die Akropolis in feindlicher Hand, wurde geplündert und in Brand gesetzt. Der Kriegsrat der Griechen sprach sich für eine Seeschlacht in der Meerenge von Korinth aus, änderte dann aber auf Betreiben des Themistokles die Pläne und beließ die Kriegsflotte in Salamis. Die felsige, karge Insel liegt westlich vor Athen, getrennt vom Festland nur durch einen schmalen Streifen Wasser, keine zwei Kilometer breit, und in diesen Verhältnissen und durch umsichtiges Handeln vermochten die Griechen die persische Übermacht zu besiegen. Als schlachtentscheidend wird allerdings die Tatsache angesehen, dass die Griechen um Freiheit oder Versklavung kämpften, dass also der entscheidende Vorteil ein psychologischer war. Wie auch immer, den Perserkönig, der von einem eigens gebauten Thron auf dem Berg Egaleo (heute ein Stadtteil Athens) das Geschehen verfolgte, verließ die anfängliche Euphorie, als sich die Größe seiner Flotte immer mehr als Nachteil erwies. Als die Schlacht für ihn verloren war, zog er gen Norden zu den Dardanellen, ohne sein Ziel aufgegeben zu haben – er verfügte ja noch über seine Streitmacht zu Lande. Aber auch zwei letzte Schlachten – zu Lande 479 v. Chr. am Nordhang des Kithairon-Gebirges bei Platäa, wo die Spartaner und ihr überragender Feldherr Pausanias sich überaus eindrucksvoll bewährten und die Sache entschieden, und zur See bei Mykale vor der Ostküste von Samos – verloren die Perser vernichtend, die Auseinandersetzungen gingen allerdings noch einige Zeit weiter.

Der heroische Freiheitskampf nahm sich umso heldenhafter aus, je grandioser der Sieg beschrieben wurde. Folglich frisierten Herodot und seine Nachfolger die Zahlen der gegnerischen Truppenstärke massiv – zu allen Zeiten beeindrucken Rechenvergleiche mit hohem Gefälle. Damit lassen sich die verschiedenen Niederlagen im Ionischen Aufstand oder den Perserkriegen selbst mühelos entschuldigen, die Siege aber werden zu übermenschlicher Größe erhöht. Mögen die Griechen auch alle inneren Kräfte mobilisiert haben, weil es um alles oder nichts ging – militärisch waren sie den Persern durchaus einigermaßen gewachsen. Ganz abgesehen davon, dass die Griechen keine Gelegenheit hatten, die feindliche Truppenstärke durch Nachzählen zu bestimmen, und Herodot auch keine verlässlichen Gewährsmänner dafür zur Verfügung standen, sind die Zahlen nicht einmal als Schätzungen brauchbar. Nüchterne Forschungen haben ergeben, dass das persische Heer vermutlich 50000, allenfalls 100000 Mann umfasste – eine größere Zahl wäre bei üblichem Gefolge mitsamt Tieren auf dem Weg durch Kleinasien und entlang der Nordküste der Ägäis gar nicht zu verpflegen gewesen. Genau berechnet, wären schon für 210000 Soldaten mit 75000 Tieren auf dem Weg von der Stadt Sardes in Kleinasien, wo Xerxes seinen Feldzug begann, bis nach Athen auf geschätzten 170 Tagen rund 120000 Tonnen Getreide, 65000 Tonnen Tierfutter sowie über 450 Millionen Liter Trinkwasser nötig gewesen – pro Tag, wohlgemerkt. Auch der Umfang der Flotte war weitaus kleiner, als die griechischen Schreiber angeben – Herodot spricht von 600 Schiffen, was alles in allem fast 100000 Mann Besatzung erfordert hätte. Man hätte derart viele Schiffe nebst Besatzung wohl zusammenholen können, aber das hätte die Handelsflotte des Perserreiches so sehr beansprucht, dass Handel und Versorgung arg gelitten hätten. Und die Zahl der Soldaten und Besatzungen übersteigt die Leistungsfähigkeit der damaligen Bevölkerung erheblich.

Die Geschichte der Kriege schreiben die Sieger, und die griechischen Geschichtsschreiber machten ihre Sache, politisch gesehen, vortrefflich. In diesem Fall aber fehlt noch dazu eine persische Version des Geschehens als Gegendarstellung. Das griechische Bild der Perserkriege aber, vom demokratischen Kampf gegen Tyrannei, in dem der Freiheitsdrang eines Kulturvolkes gegen eine dekadente Despotie aufbegehrt und obsiegt, herrscht in der westlichen Welt bis heute vor. Vor allem die Schlachten von Marathon und Salamis wurden, bei aller welthistorischen Bedeutung, mythisch überhöht, die Sieger vergöttlicht und die Gräber ihrer Gefallenen zu Altären erklärt. Platon bezeichnete die Sieger von Marathon als »Väter der Freiheit, unserer und insgesamt aller auf diesem Festland«, und Plutarch geht sehr viel später so weit, die errungene Freiheit sei von den Griechen an die gesamte Menschheit weitergegeben worden. Überall in Griechenland erinnerten Denkmäler und Trophäen, Gedenktage und Feste an die ruhmreichen Siege, landauf, landab war ein Kriterium in der Einschätzung von Landsleuten, wie es ihre jeweilige Polis wohl mit den Persern gehalten habe – standhaft oder korrumpiert. Vielleicht auch, um diese gespaltene Vergangenheit zu überdecken, definierten sich die Griechen seither als einig Gegenbild zu den Persern, die nunmehr als die Barbaren schlechthin galten – was aber nicht verhinderte, dass wenige Generationen nach den Perserkriegen das Orientalisch-Persische zur Modeerscheinung wurde. Der vereinte Kraftakt wurde politisch instrumentalisiert, als im Peloponnesischen Krieg Griechenland einen schrecklichen Bürgerkrieg erlebte – da beschwor man die nunmehr verlorene Einheit von Hellas im Kampf gegen ausländische Invasoren.

Diese vereinfachende Sichtweise übernahmen Alexander der Große, als er das Perserreich erklärtermaßen als Revanche für die Kriege des frühen 5. Jahrhunderts niederrang, und später die Römer, die sich ohnehin als Erben der Griechen und Makedonier verstanden – eben auch in der Verteidigung des Westens gegen alles Barbarische. Im 19. und 20. Jahrhundert griffen europäische Historiker diese ideologische Sichtweise auf und verankerten sie im Weltbild des Westens. Der Philosoph Hegel befand 1837 gar: »Denn es sind welthistorische Siege: Sie haben die Bildung und die geistige Macht gerettet und dem asiatischen Prinzipe alle Kraft entzogen.«

Die alten Griechen waren lupenreine Demokraten – IRRTUM!

Als anlässlich der europäischen Schulden- und Währungskrise und wegen der massiven Finanzierungsprobleme Griechenlands von verschiedenen Seiten die Mitgliedschaft des Balkanstaates in der Eurozone zur Disposition gestellt wurde, erklang ein ebenso bekanntes wie unerhebliches Argument für den Verbleib der Griechen im Euro-Hafen. Es hatte schon herhalten müssen, als vor der Einführung der europäischen Gemeinschaftswährung diskutiert wurde, ob Griechenlands Wirtschaftskraft für den Euro ausreiche: Griechenland müsse schon deshalb Teil der Eurozone werden, weil es die Wiege Europas und der westlichen Demokratie sei, ohne Hellas sei die ganze Sache nur eine halbe. In der Tat sehen sich westliche Demokratien in gewisser Weise als politische Erben des antiken Griechenland – die Volksherrschaft in Athen ist ja auch die älteste bekannte demokratische Regierungsform überhaupt, und der Begriff Demokratie taucht zum ersten Mal beim griechischen Geschichtsschreiber Herodot auf, um 430 v. Chr. Aber ist sie deshalb auch ein Rundum-Vorbild? Gehen moderne Demokratien überhaupt auf die athenische Volksherrschaft zurück? Waren die alten Griechen Demokraten *par excellence*?

Die Athener entwickelten die Demokratie als Regierungsform vor, während oder nach den Perserkriegen (wann genau, darüber streitet die Forschung), die Griechenland fast unter die Herrschaft des mächtigen persischen Großkönigs gebracht hätten. Mit der Entstehung der athenischen Demokratie verbinden sich meist entweder das Wirken des Reformers Kleisthenes (508/07 v. Chr.) oder die Namen Ephialtes und Perikles, die 462/61 v. Chr. die Politik des Stadtstaates zu prägen begannen. Eine ihrer Grundlagen war das wachsende politische Selbstbewusstsein der ärmeren Griechen aufgrund ihres Beitrags zum Sieg über die Perser. Da das Volk für den Unterhalt einer stehenden Flotte, die nunmehr als unverzichtbar angesehen wurde, gebraucht wurde, konnte es Anspruch auf politische Teilhabe erheben.

Die Stadtrepublik (*polis*) Athen wurde also ein Bürgerstaat, an dessen Entscheidungsprozessen alle Bürger gleichermaßen beteiligt waren, unabhängig von Vermögen oder sozialem Status. Das war durchaus singulär und revolutionär, denn zuvor war Athen mal von Königen oder Adeligen, mal von Tyrannen oder wohlhabenden Bürgern regiert worden. Schon in der antiken Welt hat diese politische Innovation viel Bewunderung, aber auch Verdammung erfahren. Sie machte die Volksversammlung zum souveränen Organ, das alle wichtigen Entscheidungen zu treffen hatte. Diese *ekklesia* trat vierzigmal im Jahr auf der Pnyx, einem Hügel gleich westlich der Akropolis, zusammen, jeweils debattierten und entschieden wohl 6000 und mehr Männer. Die Versammlungen begannen bei Morgengrauen und gingen bis mittags, die Punkte der Tagesordnung wurden nach und nach abgearbeitet, jeder durfte sich dazu äußern. Einberufen wurde die *ekklesia* vom Rat der Fünfhundert, dem aus den zehn (von Kleisthenes künstlich festgelegten) attischen Stämmen je fünfzig per Losentscheid ernannte Männer über dreißig für ein Jahr angehörten. Er ist das Schlüsselgremium, das man aber weder mit einem Parlament noch mit einer Regierung verwechseln darf. Es gab keine gewählten Volksvertreter, die zwischen Wahlvolk und Regierung gestellt worden wären, und auch keine Parteien; Ämter wurden nur für kurze Perioden vergeben, häufig per Losentscheid. Hinsichtlich der Funktionsweise liegen die Unterschiede dieser direkten Form der Demokratie zur repräsentativen der meisten westlichen Staaten auf der Hand. Aber das ist nicht das Einzige, worin sich die Demokratie der Athener von dem unterscheidet, was wir heute unter Volksherrschaft verstehen.

Zunächst war die Demokratie im antiken Griechenland eine vergleichsweise kurzlebige Angelegenheit, denn während die griechische Antike rund ein Jahrtausend dauerte, waren der

Demokratie nur ein paar Jahrhunderte vergönnt – in ihrer voll ausgebildeten Form sogar nur die Zeit zwischen ca. 460 und 320 v. Chr. Dass Griechenland in der Antike überwiegend demokratisch regiert wurde, lässt sich also schwerlich behaupten. Und dann traf das ja auch nicht auf ganz Griechenland mit seinen weit über 200 selbstständigen Staaten zu, unter denen Athen mit der Größe des heutigen Luxemburg zu den größeren gehörte. Da die griechischen Stadtstaaten und Ethnien so klein waren, gestaltete sich die demokratische Machtausübung völlig anders, als es in den Nationalstaaten der Moderne der Fall ist: Demokratie war nachbarschaftlich und direkt, nicht so abstrakt wie heute.

Moderne Demokratien beruhen außerdem auf der Gewaltenteilung, das heißt, unabhängig voneinander sollen die gesetzgebende, die ausführende und die rechtsprechende Gewalt sein. Die Griechen kannten diese Teilung nicht.

Die griechische Demokratie war ohnehin eher eine Form der kollektiven Entscheidungsfindung im Kriegsfall als im Frieden. Friedenszeiten waren seltener als Kriegszustände, und während bei uns der Kriegsfall die demokratischen Abläufe mindestens erheblich einschränkt, wenn nicht aussetzt, hatte die Volksversammlung auf der Pnyx besonders häufig über Kriegsthemen zu befinden: ob man in den Kampf ziehen sollte, ob ein unfähiger Befehlshaber abzusetzen war, ob unbotmäßige Verbündete zu bestrafen waren oder welche Tributzahlungen sie zu leisten hatten. Wir betrachten Demokratie auch deshalb als hehre Errungenschaft, weil wir sie als friedensliebend und -stiftend verstehen – demokratisch gesinnte Völker neigen seltener dazu, andere anzugreifen. Die demokratischen Staaten der griechischen Antike hingegen, allen anderen um Längen voran Athen, führten andauernd Kriege und waren selten verlegen darum, ihre mutmaßliche Überlegenheit durch Feldzüge unter Beweis zu stellen.

Im Unterschied zur modernen Demokratie war die antike auch nicht auf die Zukunft ausgerichtet, weil Fortschritt damals gar keine Kategorie darstellte. Mit der Einführung der

Demokratie wollten die Griechen nicht etwas Neues, Unerhörtes schaffen, nicht das Ruder der Geschichte herumreißen und eine neue Epoche anbrechen lassen, wie das Revolutionen auf ihre Fahnen schreiben. Moderne Demokratie hat immer die Verbesserung sozialer Verhältnisse im Gepäck, auch das war für die Griechen kein Thema: Weder soziale noch wirtschaftliche Zustände waren demokratischen Entscheidungen unterworfen. Sie wollten das Bestehende, Bewährte, Traditionelle nur auf bessere Art und Weise bewahren und gestalten. Daneben war der Freiheitsbegriff der griechischen Demokratie ein anderer: Während wir, zumal in der modernen Informationsgesellschaft, Freiheit als die des Individuums bei möglichst geringem staatlichen Dreinreden verstehen, bestand die Freiheit der demokratischen Griechen der Antike darin, an den kollektiven Entscheidungsprozessen den gleichen Anteil nehmen zu können wie jeder andere Bürger. Aber auch diese Freiheit hatte ihre Grenzen, denn die Teilhabe am politischen Leben setzte voraus, dass man es sich leisten konnte, ausreichend Zeit darauf zu verwenden, was schon in der Antike als Schwachpunkt kritisiert wurde.

Ebenso unmodern ist das Fehlen des Begriffs vom Individuum als maßgeblicher kleinster Einheit. Freiheit war nicht die des Einzelnen an sich, sondern dessen Freiheit als politisch Mitentscheidender; dementsprechend verstand man Gleichheit als politische Gleichheit der Bürger. Unser Verständnis von Gleichheit aller Menschen und Freiheit als persönlicher Unabhängigkeit eines jeden ist etwas ganz anderes. Zudem bedeutete die Orientierung auf das Kollektiv hin, dass es nicht um die Durchsetzung von Einzelinteressen oder -ideen ging, sondern um das Gemeinwohl, dem alle verpflichtet waren.

Mit dem Begriff des Bürgers kommen wir zum – aus moderner Sicht – sensibelsten Schwachpunkt der antiken Demokratie. Freie Bürger durften über die öffentlichen Angelegenheiten mitbestimmen – aber diese freien Bürger waren ausschließlich freie Männer über achtzehn; Frauen waren ebenso ausgeschlossen wie Ausländer und Sklaven bzw. Freigelassene. Unter den bis zu 300000 Einwohnern Attikas waren im 5. Jahrhundert, also etwa zur Zeit Perikles', geschätzte 50000 Bürger politisch aktiv. Der Rest waren Frauen und Kinder, Sklaven und Ausländer. Bei aller zeitgenössischen Kritik an den Mängeln der Demokratie wird dieser doch wesentliche Aspekt oft nicht thematisiert – vielleicht weil die Ausübung von Politik an die Waffenfähigkeit gebunden war, die nur männlichen freien Bürgern zukam, aber auch aufgrund gesellschaftlicher Vorstellungen. Diese Exklusivität der Träger der Demokratie steht konträr zu unserem modernen Verständnis von Demokratie als einem Geschäft aller, das alle betrifft. Zudem war die überwältigende Zahl der Politiker von Rang, die die Geschicke ihrer *poleis* gestalteten, reich und meist auch adeliger Herkunft – auch das entspricht nicht unserer Vorstellung von Demokratie. Alles in allem war die älteste Volksherrschaft der Welt, wie es der englische Althistoriker Robin Osborne formulierte, »intolerant, kulturchauvinistisch und überaus restriktiv. Sie war letztlich das Produkt einer geschlossenen Gesellschaft.«

Der große zeitliche Abstand zur Antike bedeutet sowieso, dass es keine Kontinuität zur modernen Demokratie gibt – ganz so, wie auch keine direkte Linie von den antiken zu den modernen Griechen führt. Das griechische Konzept der Demokratie war ohnehin nicht universell gedacht, und eine geschlossene politische Theorie, auf die moderne Demokratien sich stützen, wurde für die athenische Demokratie nie entwickelt. Die Griechen betrachteten ihre politische Errungenschaft als etwas spezifisch Griechisches und gar nicht anwendbar auf die Welt im Ganzen, so wie sie sie kannten. Ebenso wenig empfanden sie sie als das Nonplusultra verfassungsmäßiger Entwicklung, da dachten sie eher pragmatisch. Dagegen vertreten heutige Demokratien mit robustem Selbstbewusstsein die Auffassung, die beste aller möglichen Staatsformen zu besitzen.

In der Summe sind die Unterschiede zwischen antiker und moderner Demokratie also beträchtlich, was eigentlich auch nicht verwunderlich ist angesichts völlig anderer Rahmenbedingungen – und der Tatsache, dass die Wiederentdeckung der Demokratie eher eine Neuerfindung war, beeinflusst viel mehr von der jüngeren Geistesentwicklung wie Humanismus und Aufklärung als vom antiken Vorläufer. Schon die Denker der Renaissance, darunter Niccolò Machiavelli, verwarfen die athenische Demokratie als instabil, und aus diesem Grund sahen die Gründerväter der amerikanischen Verfassung von 1776 in der antiken Form der Demokratie ausdrücklich kein Vorbild. Überhaupt war die griechische Demokratie zu der Zeit, als sich in Europa Freigeister und Revolutionäre bemerkbar machten, kaum ein Thema. In der Wahrnehmung war fürs Politische Rom zuständig, die Idealisierung Griechenlands aber bezog sich auf das Hellas der Antike als vorbildhafte Kulturgröße. Übrigens waren die drei berühmtesten antiken Geistesgrößen Griechenlands scharfe Kritiker der Demokratie: Sokrates, Platon und Aristoteles.

In der Antike galt während der Olympischen Spiele ein Friedensgebot – IRRTUM!

Wenn heute alle vier Jahre irgendwo in der Welt die Olympischen Spiele stattfinden, kann man mitunter in der Zeitung lesen, welche Länder eigentlich besser nicht teilnehmen sollten oder gar ausgeschlossen wurden – weil sie gerade Krieg führen. Zur Zeit des Kalten Krieges, als sich NATO und Warschauer Pakt argwöhnisch gegenüberstanden, hat es mehrere politisch motivierte Boykotte gegeben, beispielsweise 1980. Damals nahm ein großer Teil der westlichen Länder nicht an den Spielen in Moskau teil, weil die Rote Armee im Jahr zuvor in Afghanistan einmarschiert war. Auch 1936, als das nationalsozialistische Deutschland in Berlin strahlende Spiele feierte und der Welt ebenso gekonnt wie erfolgreich vorgaukelte, ein entspanntes, weltoffenes und liebenswertes Land zu sein, war im Vorfeld vor allem in den Vereinigten Staaten gefordert worden, nicht daran teilzunehmen. Weitere Boykotte gab es 1956, 1972 sowie 1976. Und 1984, als nach der Sowjetunion die USA mit Los Angeles als Gastgeber an der Reihe waren, verpassten die Staaten des Warschauer Paktes unter Federführung des Kreml dem Westen einen Denkzettel, indem sie ihrerseits die Teilnahme aussetzten. Solche Zwietracht in der olympischen Familie wird jedes Mal reich beklagt, denn die Olympischen Spiele der Neuzeit verstehen sich als friedensstiftende Unternehmung. In der Nachfolge der im antiken Olympia abgehaltenen Spiele betrachten sie das als ein ehrenvolles Erbe. Der Begründer der modernen olympischen Bewegung, Pierre de Coubertin, nannte als ein Argument für seine Bemühungen, die Spiele nach mehr als zwei Jahrtausenden wiederzubeleben: »Die Olympischen Spiele feiern, heißt, sich auf die Geschichte berufen. Sie ist es, die am besten den Frieden sichern kann.«

Was die Gründung dieses Ideals in Form von sportlicher Betätigung betrifft, greift man weit zurück. Angeblich existierte bereits im 8. vorchristlichen Jahrhundert ein Vertrag, den das Orakel von Delphi verlangt hatte: Danach sollte während der Spiele olympischer Friede herrschen. Die griechische Antike kannte als Beweisstück sogar einen beschrifteten Diskus, den der berühmte Aristoteles höchstselbst in Augenschein genommen haben soll. Allerdings ist schon nicht klar, wann überhaupt die ersten Olympischen Spiele der Antike ausgetragen wurden, sind die Berichte darüber doch äußerst unzuverlässig.

Der allmähliche Aufstieg Olympias vollzog sich im Laufe des 7. Jahrhunderts: Aus einem unter vielen Heiligtümern wurde eines der wichtigsten Griechenlands mit immer populäreren sportlichen Wettkämpfen in drückender Augusthitze. Um 700 wurden Kult- und Sportstätten erheblich vergrößert, weil die Besucherzahlen immer weiter stiegen. Der erwähnte Vertrag ist zwar nicht mit Sicherheit belegt, aber spätere antike Autoren verweisen auf eine solche Vereinbarung – sie mag also späteren Datums sein, aber sie hat zweifelsfrei existiert und ist seit 476 v. Chr. historisch belegt. Es liegt ja auch auf der Hand: Angesichts chronischer Auseinandersetzungen zwischen den Stadtstaaten der antiken Welt wäre ein einvernehmlicher Wettstreit ihrer Athleten anders ja gar nicht zu bewerkstelligen gewesen. Schon die Anreise aus allen Ecken Griechenlands nach Olympia hätte für alle Beteiligten größte Probleme bedeutet. Unter den Schutz des Zeus gestellt, wurde das gastgebende Elis zur entmilitarisierten Zone: Niemand durfte es mit Waffen betreten, auch durchziehende Truppen mussten dies unbewaffnet tun. Und um Teilnehmern wie Zuschauern eine gefahrlose An- und Abreise zu gewährleisten, verständigte man sich auf Sicherheiten.

Der hehre Gedanke eines »olympischen Friedens« aber, während dessen Dauer die Welt den Waffen entsagt und ihre Jugend versammelt, auf dass diese sich friedlich beim sportlichen Wettkampf messe, hat mit der Wirklichkeit der antiken

Spiele wenig zu tun. Das ist den Althistorikern seit Langem bewusst, aber in der Öffentlichkeit bleibt die idealistische Vorstellung bis heute beherrschend, wenn es um die Geschichte des großen Sportereignisses geht.

Aber was hat es nun mit dem Irrtum auf sich? Wie so oft liegt die Erklärung im Detail, in diesem Fall in der Übersetzung. Die griechischen Quellen sprechen im Zusammenhang mit den Olympischen Spielen und ihrem ideellen Rahmen keineswegs von Frieden (griech. *eirene*), sondern von Waffenruhe (griech. *ekecheiria*). Wörtlich meint der Begriff das Zurückhalten der Hände. Es ging also nicht darum, einen Friedenszustand herzustellen, bevor an Wettkämpfe zu denken war, sondern um eine Kriegspause, die unter den Schutz des olympischen Zeus gestellt wurde. Alle vier Jahre wurde in Olympia zum Zwecke der Spiele eine Waffenruhe proklamiert, sodann schwärmten Boten in die griechischen Städte aus, um sie zu verkünden. Die Olympischen Spiele genossen schon in der Antike ein derartiges Prestige, dass der Aufforderung jeder Stadtstaat nachkam und in den folgenden drei bis vier Monaten die Sicherheit aller Sportler, Zuschauer und offiziellen Delegationen gewährleistete, ob aus Naxos kommend oder von Sizilien. Mehr bedeutete dieser Waffenstillstand nicht – also keineswegs, dass überall in der antiken Welt Kämpfe und Konflikte eingestellt oder vertagt worden wären. Da es allein um den Schutz der Spiele und ihrer Teilnehmer ging, konnten in gebührlicher Entfernung durchaus Kriege wüten. Das ist auch nicht wirklich verwunderlich: Zum einen gehörten kriegerische Auseinandersetzungen quasi zum Alltag, zum anderen kämpfte man stets in den Sommermonaten, und da fanden ja auch die Spiele statt.

Allerdings gab es tatsächlich einen Versuch, innergriechische Streitereien künftig prinzipiell friedlich beizulegen. Hintergrund waren die Perserkriege des frühen 5. Jahrhunderts, die das griechische Festland fast seine Unabhängigkeit gekostet hätten. Die griechische Zwietracht hätte die vereinte

Anstrengung, die zum Sieg über die Perser nötig war, fast vereitelt, und um es nicht noch einmal so weit kommen zu lassen, sondern die Einheit zu bewahren, wollte man in Olympia ein innergriechisches Schiedsgericht etablieren. Diese Praxis währte aber nur sehr kurz, weil die Interessen der verschiedenen griechischen Städte schon bald wieder auseinanderdrifteten. Das Ideal dahinter blieb jedoch präsent – und ist es in anderer Form bis heute.

Das Neutralitätsgebot und die Waffenruhe wurden bis zum Peloponnesischen Krieg (431–404 v. Chr.) bis auf eine Ausnahme eingehalten. In diesem Bürgerkrieg aber wurde es schwierig, wie bisher kriegerische und sportliche Dinge gleichzeitig zu trennen und zu vereinbaren. Im Zuge dieses großen Krieges gab Elis, wo die Spiele stattfanden, seine Neutralität auf und schlug sich gegen Sparta auf die Seite Athens. Der ersten Regelverletzung folgte die zweite auf dem Fuße: Sparta rückte in Elis ein. Zu diesem Zeitpunkt war zwar der olympische Waffenstillstand längst ausgesprochen, aber die Spartaner flüchteten sich in das Argument, diese Nachricht sei in Sparta noch gar nicht angekommen. Nach dieser Version wären die olympischen Friedensboten und die spartanischen Truppen zwischen Sparta und Elis aneinander vorbeigelaufen, was eine ziemlich lahme Ausrede war. In den Augen ihrer Feinde hatten die Spartaner allen heiligen Gepflogenheiten krass zuwidergehandelt, weshalb sie, die auch nicht einlenken wollten, von den 90. Olympischen Spielen 420 v. Chr. ausgeschlossen werden sollten. Es war ein ziemliches Geschachere unter allen Beteiligten, auch die Eleer nutzten skrupellos das Prestige der Spiele und des Heiligtums Olympia, um den Spartanern zu schaden. Der Krieg von bislang ungekannten Ausmaßen, der ganz Griechenland in Atem hielt, hatte zu einer schändlichen Missachtung der Olympischen Spiele geführt, die immerhin unter dem Schutz des höchsten Gottes standen. Wenige Jahrzehnte zuvor noch hatte man ein panhellenisches Schiedsgericht in Olympia eingerichtet, nun versagte man dem Heiligtum jeden Respekt. Die Kontrahenten zeigten kein Einsehen, am Ende musste Sparta zähneknirschend auf die Teilnahme an den Spielen verzichten – auch ein Spartaner, der sich heimlich unter die anderen Athleten gemischt hatte, kam mit seiner Mimikry nicht durch. Als der Krieg mit dem Triumph Spartas und der Niederlage Athens geendet hatte, zogen die Sieger unter König Agis abermals nach Elis und rächten sich für die Schmach: Die Eleer mussten öffentlich bekunden, seinerzeit im Unrecht gewesen zu sein, und den Spartanern für alle Zeiten die Teilnahme an den Spielen zusichern.

Noch einmal wurde das olympische Waffenstillstandsgebot in der Antike spektakulär gebrochen: 364 v. Chr. hielten die Arkadier, Spartas nördliche Nachbarn, Olympia besetzt und rissen die Leitung der Spiele an sich, wogegen sich die Eleer militärisch wehrten. Ausgerechnet die heiligen Spielstätten wurden zum Schauplatz eines blutigen Kampfes – angeblich, während auf den Rängen Zuschauer sportlichen Wettstreit erwarteten. Nach der militärischen Entscheidung wurde um die sportlichen Siege wie gewohnt gerungen, als wäre nichts geschehen – diese 104. Olympischen Spiele wurden erst im Nachhinein für ungültig erklärt. Da war dann selbst den siegreichen Besatzern Olympias mulmig geworden und sie fürchteten mit Recht um ihr Ansehen. Und doch erweist sich daran, dass die Griechen es mit der Unantastbarkeit eines Olympischen Friedens oder Waffenstillstandes nicht allzu ernst nahmen, wenn Pragmatismus oder Eigennutz im Spiel waren. Insofern unterscheidet sich die Antike von der Moderne gar nicht so sehr.

Aber auch wenn die Vorstellung, die Völker der Welt sollten wenigstens für die Zeit der Spiele in Frieden miteinander leben, nicht den antiken Rückhalt besitzt, der bis heute gern unterstellt wird, ist das Ideal des olympischen Friedens natürlich kein bisschen weniger erstrebenswert. Es ist aber auch gar nicht unbedingt notwendig, sich deswegen auf die antiken Vorläufer unserer Spiele berufen zu können, zumal ein antiker

Grieche ohnehin Mühe hätte, Parallelen zum Gewohnten herzustellen. Friede an sich ist stets erstrebenswert und ein Wert an sich, der olympische Gedanke der Neuzeit tut also gut daran, sich dieses moderne Ideal zu bewahren und es anzustreben.

Jesus wurde an Weihnachten geboren – IRRTUM!

Alle Jahre wieder feiert ein Großteil der Erdbevölkerung, und dabei keineswegs nur der christliche, das Datum der Geburt Jesu. Es ist neben Ostern und Pfingsten eins der drei großen Feste des Christentums und darüber hinaus für Kinder, Familienselige und Schenkfreudige in aller Welt ein zentrales Ereignis im Jahr. Als Stifter einer neuen Religion, die Weltgeltung erlangt hat, ist Jesus von Nazareth eine historisch außerordentlich bedeutsame Figur auch über den religiösen Aspekt seines Wirkens hinaus. Folglich ist auch der genaue Zeitpunkt seiner Geburt nicht unerheblich. Die Sache scheint auf den ersten Blick einfach, weil mit dem 25. Dezember ja ein Termin vorliegt, an dem das Ereignis seit Jahrhunderten gefeiert wird – aber hält dieses Datum einer genauen Prüfung stand? Feiern wir Weihnachten zum historisch belegten Termin der Geburt Jesu oder sitzen wir alljährlich einem Irrtum auf, weil Jesus gar nicht an Weihnachten geboren wurde?

Die nächstliegende Autorität, die Heilige Schrift, hat zur Wahrheitsfindung wenig beizutragen: Von einem bestimmten Tag ist in den biblischen Erzählungen von der Geburt des Jesuskindes in Bethlehem nicht die Rede. Ohnehin beschreibt der Evangelist Lukas aus der Stadt Antiochia (heute Antakya im Süden der Türkei) als Einziger die Ereignisse um Jesu Geburt ausführlicher. Seine Darstellung, wohl im letzten Viertel des 1. Jahrhunderts verfasst, wird an Weihnachten weltweit in den Kirchen verlesen. Aber Lukas gibt zum Datum des Tages, der für die Entwicklung einer neuen Weltreligion so wichtig war, keine näheren Hinweise, nicht einmal von kaltem Wetter schreibt er.

Die kalendarischen Angaben aus dem Leben Jesu und seiner Gefährten haben ihre Tücken: Schon das Geburtsjahr Jesu ist nicht mehr zweifelsfrei zu bestimmen, auch wenn die Langzeitzählung des gregorianischen Kalenders, der weltweit nahezu unangefochten die Datierung bestimmt, einen Nullpunkt festlegt, der die Menschheitsgeschichte in die Zeit vor und nach Jesu Geburt teilt.* Ebenso zweifelhaft ist das Datum 25. Dezember als Geburtstag des Religionsstifters. Es ist paradox und auch wieder nicht: Über keine andere antike Persönlichkeit liegen derart viele Hinweise vor wie über Jesus von Nazareth. Da aber das meiste davon aus christlichen Federn stammt, darf man anzweifeln, dass es da stets wahrheitsgetreu zugeht. Die Evangelisten verfuhren durchaus ähnlich wie andere antike Autoren, die es mit der historischen Akkuratesse nicht so genau nahmen, wenn sich nur ihre Botschaft überzeugend vermittelte. Schließlich waren sie ja auch nicht primär dazu angetreten, unanfechtbare Geschichtsschreibung zu betreiben, sondern eine neue Religion zu propagieren.

Wenn die wichtigsten Gewährsmänner des Lebens Jesu uns das exakte Datum seiner Geburt vorenthalten, hilft nur die Suche nach Informationen von anderer Seite. Naheliegend ist dabei die Untersuchung der Weihnachtstradition selbst, die sich ja mutmaßlich auf gesicherte Erkenntnisse stützt. Aber auch der Ursprung von Traditionen verliert sich oft im Dunkel der Geschichte, was für Weihnachten gleichermaßen gilt. Das Problem geht auf das – aus heutiger Sicht – mangelnde Problembewusstsein in der Frühzeit des Christentums zurück: Anfangs war das genaue Datum der Geburt Jesu nämlich ziemlich unerheblich, ungleich wichtiger war sein Sterbedatum. Den Geburtstag zu würdigen, war eine eher heidnische Tradition und somit zweifelhaft, während der Tod als Übergang vom schnöden irdischen Leben in die himmlische Gemeinschaft mit Gott das eigentlich bedeutsame Datum einer christlichen Biographie darstellte. Man ging einfach davon aus, dass Jesus so, wie er zum jüdischen Pessachfest gestorben, ebenda auch geboren worden war. Es entsprach der antiken Erwartung an einen au-

* Bernd Ingmar Gutberlet, *Die 50 größten Lügen und Legenden der Weltgeschichte*, 4. Aufl. Köln 2010.

ßergewöhnlichen Menschen, dass er am gleichen Tag die Welt verließ, an dem er auch auf die Welt gekommen war. Wie aber verfiel man dann auf ein Geburtsdatum zum Jahresende?

Laut einem Text zur Berechnung des Osterfestes aus dem Jahr 243 wurde Jesus am Tag der Erschaffung der Sonne geboren, denn er sei die »Sonne der Gerechtigkeit«. Dieser Vorstellung zufolge begann die Schöpfung mit der Tag-und-Nacht-Gleiche, nach dem julianischen Kalender der 25. März. Drei Tage später schuf Gott die Sonne, also erblickte Jesus am 28. März das Licht der Welt. »Wie ausgezeichnet und göttlich ist die Vorhersehung des Herrn, dass Christus geboren wurde an gerade jenem Tag, an dem auch die Sonne geschaffen wurde, nämlich fünf Tage vor den Kalenden des April am vierten Tag der Woche«, rühmt der Traktat *De Pascha Computus* (Über die Berechnung des Osterfestes). Auch andere wichtige Lebensdaten ermittelt dessen unbekannter Verfasser sehr umfassend und virtuos – allerdings ein wenig zu gekonnt: Die Forschung ist sich weitgehend einig, dass die Berechnungen auf das symbolisch aufgeladene Ergebnis ausgerichtet sind, also frisiert. Noch dazu hat es mit dem uns geläufigen Weihnachtsfest am Ende des Kalenderjahres wenig zu tun, sondern verweist auf eine noch recht lange bestehende Annahme, Jesus sei im Frühling zur Welt gekommen. Wie also erklärt sich die heutige Datierung?

Konsultieren wir den emeritierten Papst Benedikt XVI., ein zweifellos überaus gelehrter, theologisch wie wissenschaftlich versierter Mann. Er folgt wie andere Fachleute der These der Pessachgeburt am 28. März, der aber zugunsten der Empfängnis Jesu umgewidmet wurde: Im 3. Jahrhundert identifizierte man den 25. März als Tag der Empfängnis – wenn sich aber im Frühling die unbefleckte Empfängnis ereignete, ergibt sich als Geburtstermin neun Schwangerschaftsmonate später der 25. Dezember. Dass genau neun Monate bis zur Niederkunft veranschlagt wurden, entlarvt übrigens die Berechnung zusätzlich als nachträglich, denn für die Dauer der Schwangerschaft Marias wurde ein Durchschnittswert angesetzt, der bekanntlich erheblich unter- oder überschritten werden kann und selten punktgenau erreicht wird. Zur Berechnung bemühte man natürlich einen Kalender, und da sich die Zeitrechnungen in Ost und West unterschieden, kam man im Osten auf den 6. Januar als Geburtstag Jesu, was immer wieder zu Streit führte. Die armenische Kirche feiert noch heute Weihnachten am 6. Januar.

Eine zweite verbreitete These wird als »religionsgeschichtliche Hypothese« bezeichnet, weil sie die Entwicklung des christlichen Ritus im größeren religionsgeschichtlichen Kontext betrachtet und ältere heidnische Riten berücksichtigt. In vielen Fällen hat das Christentum, beispielsweise zum Zwecke der besseren Legitimierung, ältere Bräuche übernommen und umgewidmet. Diesem Erklärungsansatz zufolge geht das christliche Weihnachtsfest auf eine heidnische Sonnwendfeier zurück, die ebenfalls am 25. Dezember begangen wurde: die Geburt des Sol Invictus, des unbesiegten Sonnengottes im antiken Mithraskult. Es lässt sich ja auch ganz gut vermitteln, wenn eine neue Lichtgestalt den Platz der Sonne einnimmt und zugleich die Menschen ihre Gewohnheiten nicht vollends umstellen müssen. Auch der 6. Januar hat einen heidnischen Vorlauf als Festtag, den des Aion nämlich, des Gottes der Ewigkeit.

Nur: Diese heidnische Sonnwendfeier hat es vielleicht nie gegeben, denn Forschungen des Wiener Kirchenhistorikers Hans Förster haben ergeben, dass die Sache mit der heidnischen Sonnwendfeier zum späteren Weihnachtstermin ein regelrechtes Weihnachtsmärchen, eine veritable Forschungslegende ist. Ein christlicher Autor des 4. Jahrhunderts, Maximus von Turin, lobt ganz im Gegenteil sogar, dass Weihnachten ein treffliches Datum habe, weil es eben keine konkurrierenden heidnischen Bräuche für diesen Tag gebe – andere Autoren des frühen Christentums stoßen ins selbe Horn. Das spricht nicht gerade für die Notwendigkeit, einen konkurrierenden, weil besonders beliebten heidnischen Festtag durch christliche Umdeutung zu verdrängen. Einer weiteren Annahme zufolge entstand der Brauch des Weihnachtsfestes aus Spannungen innerhalb der noch jungen Kirche im 4. Jahrhundert, um der Gefahr des Arianismus, einer christlichen Strömung, die der offiziellen Lehrmeinung zuwiderlief und deshalb bald als Ketzerei abgetan wurde, etwas entgegenzusetzen.

Als kirchliches Fest wurde Weihnachten zunächst gar nicht begangen, der ältere Brauch ist der österliche. Die Geburt des Gottessohnes, der fleischgeworden unter die Menschen tritt, wurde dann aber doch als bedeutsam für die christliche Liturgie erkannt und musste ins christliche Festjahr eingepasst werden. Aber wann genau das der Fall war, lässt sich nicht mehr bestimmen. Erste konkrete Spuren hinterlässt das Weihnachtsfest im 3. Jahrhundert, etwas später wird in der Ostkirche Epiphanias als Fest greifbar, also der 6. Januar. Die erste überlieferte Weihnachtspredigt stammt aus dem 4. Jahrhundert: 362 oder 363 hat sie der nordafrikanische Bischof Optatus von Mileve in Numidien gehalten. Berühmt ist die Predigt des Johannes Chrysostomos, die der spätere Erzbischof von Konstantinopel zu einem Weihnachtsfest zwischen 386 und 388 in Antiochia hielt. Daraus geht hervor, dass das Weihnachtsfest damals zwar schon länger im Westen bekannt war (wohl seit mehreren Jahrzehnten), sich nunmehr aber auch im Osten der Christenheit durchsetzte. Weil aber Vorbehalte gegen die Bevorzugung des Weihnachtstermins gegenüber Epiphanias am 6. Januar bestanden, ergriff Johannes Partei und stritt für den 25. Dezember als den historischen Tag der Geburt Jesu. Da aber der Hintergrund seiner Predigt nicht die Herleitung des historischen Geburtstages Jesu, sondern der Streit um die Terminfrage 25. Dezember oder 6. Januar ist, hilft Johannes beim eigentlichen Problem nicht weiter. Der Kirchenvater Augustinus, der um 400 in Nordafrika wirkte und einer der wichtigsten Kirchenlehrer wurde, schätzte am Datum 25. Dezember, dass an diesem (nach damaliger Zeitrechnung) kürzesten Tag des Jahres das Licht wieder mehr werde – so wie Jesus das Licht des Christentums unter die Menschen brachte.

Nun, alle diese frühen Berechnungen, historisch mehr oder weniger belastbar, wurden angestellt – oder konstruiert – als Rechtfertigung dafür, dass man das Weihnachtsfest zu diesem Datum beging. Beweise für den historischen Geburtstag des Religionsstifters Jesus sind sie ebenso wenig wie sie erklären, wann Weihnachten in den christlichen Festkanon aufgenommen wurde.

In jüngster Zeit wurde schließlich noch eine weitere Begründung für den Termin 25. Dezember ins Spiel gebracht, die ausgesprochen weltlich und praxisorientiert ist und womöglich deshalb besonders wahrscheinlich: Danach stand die Einführung eines weiteren Festankers in einiger zeitlicher Entfernung zum beliebten Osterfest im engen Zusammenhang mit der Tatsache, dass zu jener Zeit, im frühen 4. Jahrhundert, in immer größerer Zahl Pilger ins Heilige Land kamen. Feierte man dessen Geburt zusammen mit seinem Tod an Ostern, so fielen die beiden wichtigsten christlichen Feste kalendarisch in eins und lockten zu dieser Jahreszeit schwer zu bewältigende Touristenströme an die heiligen Stätten.

Ob diese Herleitung des Weihnachtsfestes die letzte und unwidersprochen bleiben wird, darf bezweifelt werden – zumal derart weltliche Gründe religiösen Gemütern allzu profan erscheinen dürften. Weiterhin gilt, was ein Autor schon vor sechzig Jahren feststellte: »Bis heute weiß man weder, wann die beiden Christusfeste entstanden, noch, wie sie entstanden. Hypothesen zu beiden Fragen sind interessant, aber nicht abschließend.« Im Ergebnis muss man konstatieren, dass Festtage und die historisch-kalendarische Grundlage, auf die sie Bezug nehmen, häufig nicht übereinstimmen – und dass alles gegen die verbreitete Meinung spricht, Jesus sei am 25. Dezember zur Welt gekommen.

Nach der Varusschlacht haben sich die Römer aus Germanien zurückgezogen – IRRTUM!

Selten wurde einem Mann so übel mitgespielt. Nicht nur kam Arminius, Germane und römischer Bürger, trotz seines triumphalen Sieges über die römischen Truppen des Feldherrn Varus 9 n. Chr. später schmählich durch die eigenen, undankbaren Leute zu Tode, die seine Macht fürchteten. Auch die Nachwelt machte aus ihm, nach jahrhundertelangem Vergessen, was ihr gerade passte: Befreier und Einer Germaniens, erster Deutscher, Vorkämpfer gegen das römische Joch, ideeller Ahnherr des Reichsgründers Kaiser Wilhelm I. In Ermangelung eines anderen als des römischen Namens taufte man ihn kurzerhand Hermann. Die Schlacht wurde fälschlich nach dem Teutoburger Wald benannt, obwohl sie da gar nicht stattfand, sondern höchstwahrscheinlich bei Kalkriese in der Nähe von Osnabrück. Bombastische Nationaldenkmäler wurden ihm gesetzt, dabei hätte er weder mit dem Begriff »Nation« noch mit dem Wort »deutsch« etwas anfangen können.

Nun, so ergeht es historischen Figuren, die posthum zu Nationalhelden verklärt werden; viele Nationen haben derartige Helden, deren tatsächliche Wirkungsgeschichte mit dem späteren Image nicht mehr allzu viel gemein hat. Dafür taugen sie vortrefflich zur Selbstvergewisserung und lassen sich vor die Karren besserer und schlechterer Absichten spannen – jedenfalls solange das Publikum die unbekümmerte Verzerrung der Wahrheit mitmacht.

Abgesehen von Hermanns fragwürdiger Entstellung zum deutschen Urvater und Nationalhelden: Die fragliche Schlacht hat durchaus stattgefunden und sie war durchaus bedeutend, auch wenn die Germanen mangels innerer Einigkeit nichts Rechtes daraus zu machen verstanden. Aber die Blamage der Römer war riesig und die Verunsicherung bis nach Rom spürbar, wo Augustus angeblich unrasiert durch die Gegend trottete und immer wieder murmelte, Varus möge ihm seine Legionen wiedergeben.

Arminius war als Führer einer cheruskischen Hilfstruppe in römischen Diensten eigentlich Rom gegenüber zur Loyalität verpflichtet. Trotzdem verbündete er sich mit benachbarten Stämmen und lauerte dem Statthalter Varus, mit drei Legionen auf dem Rückweg vom Sommerlager, in klug gewähltem Gelände auf: Unwegsam war es da und so eng, dass die römischen Truppen sich gar nicht richtig zu ihrer Kampfformation aufstellen konnten, außerdem verwandelte Regen den Boden in elenden Morast. Hinterhältig in eine Falle gelockt, kämpften die Römer vier Tage und drei Nächte, bis sie vernichtend geschlagen waren. Nur wenige der rund 20000 Soldaten überlebten das Gemetzel, kaum ein Legionär entkam, der unglückliche Varus richtete sich selbst.

In Rom überlegte man nach der Schreckensnachricht, was zu tun war. Und einer verbreiteten Meinung zufolge wurde der Beschluss gefasst, von allem militärischen Engagement rechts des Rheins künftig Abstand zu nehmen. Aber das stimmt nicht, denn die Römer zogen in der Folgezeit keineswegs den Schwanz ein und verzichteten auf weitere Unternehmungen auf germanischem Gebiet. Auch ein historischer Wendepunkt war die Schlacht nicht – weder für die Zeitgenossen noch in der historischen Beurteilung.

Unter Julius Caesar galt die Rheinlinie als Grenze zwischen Imperium und Barbaren und ihre Sicherung als vorrangig, um die frisch unterworfene, zuvor aufmüpfige Provinz Gallien zu sichern. Die Strategie war also defensiv, das aber änderte sich unter Caesars Adoptivsohn und Nachfolger Augustus, der auf Expansion aus war und eine aktivere Germanienpolitik verfolgte. Die Forschung ist sich noch immer uneins, was genau das Ziel des Augustus war und ob Germanien als römische Provinz angesehen werden muss oder nicht. Archäologische Funde der vergangenen Jahre bestätigen die Annahme, dass es diese germanische Provinz rechts des Rheins tatsächlich gab. Wie auch immer, die Konsolidierung an diesem Rand des Imperiums, das sich ja an vielen Ecken und Enden immer wieder unruhig zeigte, wurde nunmehr aktiver, ja aggressiver gestaltet.

Anlass dafür war die Niederlage des römischen Legaten Lollius gegen den westgermanischen Stamm der Sugambrer 17 oder 16 v. Chr. Zwar waren schon vorher erste Militärstützpunkte aufgebaut worden, etwa in Bonn, Xanten oder Mainz, für die römische Germanienpolitik bedeutete die Neuausrichtung aber, Angriffe weiter östlich als bisher abwehren zu können, noch bevor sie die Rheinlinie erreichten. Im Zuge dieser Vorfeldsicherung wurden Feldzüge gegen germanische Stämme geführt, die Rom feindlich gesinnt waren und so geschwächt werden sollten. Außerdem wurden immer mehr feste Militärlager auf rechtsrheinischem Gebiet errichtet, aber auch Bündnisvereinbarungen eingegangen oder erzwungen, beispielsweise mit den Cheruskern. Unter Augustus tat sich hier als Vertreter Roms besonders Drusus hervor, Bruder des späteren Kaisers Tiberius und Großvater Caligulas. Drusus erlitt auf einem dieser Züge einen tödlichen Sturz vom Pferd und wurde aufgrund seiner Verdienste um die römischen Interessen in Germanien posthum inklusive Familie mit dem Beinamen Germanicus geehrt.

Nach der Varusschlacht war es zwar für kurze Zeit vorbei mit der römischen Präsenz in Germanien, denn bis auf einen einzigen wurden alle rechtsrheinischen Stützpunkte aufgegeben. Am Rhein aber zog man enorme Truppenbestände zusammen – groß war die Furcht, die Germanen könnten nun den Einfall in die Provinz Gallien wagen, sich mit den Einheimischen zu einem Aufstand verbünden und in der Folge dem Imperium wirklich gefährlich werden. Der mühsam niedergeschlagene Aufstand der Gallier unter Vercingetorix war den Römern bleibende Mahnung. Doch nichts dergleichen geschah, schon weil die germanischen Stämme keineswegs so geeint waren, wie es der Sieg über Varus vermuten ließ. Was auf diesen kurzen Moment der Unsicherheit folgte, war nichts weiter als die Fortsetzung der aktiven römischen Germanienpolitik aus der Zeit vor der Varus-Niederlage.

Unter Augustus' Stiefsohn Tiberius, der sein zweites Oberkommando in Germanien übernommen hatte, stießen erheblich verstärkte römische Truppen bald darauf wieder über den Rhein nach Germanien vor. Auch Legionslager wurden dort wieder errichtet. Fremde Hilfstruppen dazugezählt, standen Tiberius bis zu 80000 Mann zur Verfügung. Im Jahr 13 n. Chr. übergab Tiberius den Oberbefehl an seinen Neffen Germanicus. Der ging in den folgenden Jahren wenig zimperlich gegen verschiedene germanische Stämme vor, darunter die Cherusker. Die Vorstöße auf das Gebiet der Germanen reichten weit, bis zur Weser und auch von Norden mit Schiffen über die Nordsee, jedes Jahr ein Stückchen weiter. Allerdings fielen die Erfolge eher gering und die Verluste hoch aus, außerdem musste Rom weitere Niederlagen gegen cheruskische Verbände einstecken. Dieser Einsatz erschien Tiberius, nunmehr Imperator, zu hoch. Noch bevor Germanicus, wie er zuversichtlich erwartete, die Germanen endgültig bezwingen konnte, wurde er nach Rom abberufen und starb zwei Jahre später an einem anderen Einsatzort weit im Osten des Reiches. Erst sieben Jahre nach der Varusschlacht erfolgte also das Aussetzen der Militäroperationen und der weitere Ausbau der Rheinlinie zu einer waffenstrotzenden Militärgrenze. Ein Verzicht auf die Gebiete jedoch war auch das nicht, denn der Sieg über die Germanen blieb Bestandteil der römischen Programmatik, Diskussion – und Propaganda.

Das galt vor allem für die julisch-claudischen Herrscher, weil Germanicus einer der Ihren gewesen war und nicht zuletzt wegen seines verfrühten Todes weiterhin enorme Popularität genoss. Zwar hatte Tiberius eine andere, aus eigener Sachkenntnis vielleicht realistischere Germanienpolitik verfolgt und Germanicus zurückbeordert – wohl auch aus persönlichen Gründen, denn dessen Beliebtheit war seinem eigenen Stand in Rom abträglich. Der nächste Kaiser jedoch kam wieder auf die Ideen des Augustus und die Heldentaten des Germanicus zurück: Caligula zog erneut gegen die Germanen ins Feld. Dessen Nachfolger Claudius zeigte dagegen, obwohl ein Bruder des Germanicus, wenig Neigung, Germanien zu erobern. Unter den flavischen Kaisern schließlich beendete Vespasian den Bataveraufstand, der erstmals seit Langem wieder feindliche germanische Soldaten über den Rhein gebracht hatte, und auch Domitian ging Ende des 1. Jahrhunderts gegen die Germanen vor. Das propagierte und in der Öffentlichkeit populäre Ziel lautete weiterhin, Germanien gänzlich zu unterwerfen, aber das gelang nicht. Am Ende löste man das Germanenproblem sehr pragmatisch: Entgegen der Tatsachen verkündete Domitian im Jahr 83, Germanien sei nunmehr »genommen«, und gründete flugs zwei germanische Provinzen – nur lagen *Germania superior* und *Germania inferior* großenteils links des Rheins und auf Gebiet, das seit Langem römisch war. Um den Anspruch, Germanien zu bezwingen, doch noch einzulösen, hatte man geographisch ein wenig getrickst. Weiter östlich aber blieb die Lage weiterhin prekär. Noch im 3. Jahrhundert durchzogen große römische Heere die germanischen Stammesgebiete, wie 2008 archäologische Funde auf dem Schlachtfeld von Harzhorn in Niedersachsen eindrucksvoll bestätigten.

Die Varusschlacht war also keineswegs das Ende der aktiven Germanienpolitik Roms, wohl aber der Anfang vom Ende, das sich aber noch sehr lange hinzog. Überaus zutreffend ist daher ein Satz des Historikers Tacitus aus seiner Schrift *Germania*, die er um die Wende zum 2. Jahrhundert verfasste: »So lange sind wir schon dabei, Germanien zu besiegen.«

Kaiser Caligula war wahnsinnig – IRRTUM!

Zu Ostern 1894 erschien in Leipzig ein schmales Bändchen. Autor war der Historiker und spätere Friedensnobelpreisträger Ludwig Quidde, der damit einen handfesten Skandal auslöste. Gegenstand der Schrift *Caligula* war der dritte der römischen Kaiser, aber dem zeitgenössischen Leser konnte kaum entgehen, dass der Autor eigentlich auf den deutschen Kaiser höchstpersönlich zielte: Wilhelm II. Der Untertitel des Buches lautete: »Eine Studie über römischen Caesarenwahnsinn«, und der berüchtigte Caligula, seine allgemein bekannten pathologischen Charaktereigenschaften und die Monstrositäten seines Handelns dienten dazu, Wilhelm als modernes Beispiel des sogenannten »Caesarenwahnsinns« vorzuführen. Das Kalkül der Publikation lag darin, Parallelen zwischen einem bekanntermaßen wahnsinnigen römischen Imperator und dem deutschen Kaiser aufzuzeigen, ohne sie direkt anzusprechen. Damit begab sich Ludwig Quidde mit einem Bein ins Gefängnis, denn Majestätsbeleidigung stand unter Strafe. Seine akademische Karriere fand ein jähes Ende.

Von den Herrschern der Weltgeschichte, die als wahnsinnig gelten, ist der seit 37 n. Chr. regierende Caligula wohl einer der bekanntesten. Eifrig untermauern antike Autoren den Befund mit saftigen Details aus dessen Leben und Regierungszeit: Er wollte ein Pferd zum Konsul machen. Er aß in Essig aufgelöste Perlen und mit Gold überzogene Speisen. Er machte aus dem Kaiserpalast ein Bordell und zwang die Vornehmsten Roms, sich zu prostituieren. Er führte ein Schreckensregiment und ließ wahllos Menschen hinrichten. Er unterhielt inzestuöse Beziehungen zu seinen Schwestern. Er inszenierte irrsinnige Triumphspektakel. Er ließ sich als Gott anbeten. Die Sache scheint also klar – der Mann war ein brutaler, unzurechnungsfähiger und gefährlicher Psychopath.

Caligula regierte keine vier Jahre, bereits im Jahr 41 fiel er einer Verschwörung zum Opfer und wurde gerade einmal 28-jährig ermordet. Dafür ist er als historische Figur umso langlebiger: vor allem als Stoff für Dramen, Romane und Filme. Als schillerndster, berüchtigtster römischer Kaiser ist seine posthume Medienkarriere atemberaubend, sogar pornographische Werke, in denen ein hemmungsloser Tyrann seinen perversen Gelüsten nach Lust und Laune nachgeht, berufen sich auf Caligulas Lebensgeschichte. Und im öffentlichen Bewusstsein setzte sich dieser Befund hartnäckig fest – schließlich sind es die skandalösen, überdrehten und besonders illustren Gestalten, die im Gedächtnis haften bleiben. Nur blieb bei diesem erstaunlichen Nachleben Caligulas in Geschichtsbüchern und Dramen, TV-Serien und Pornofilmen die Wahrheit auf der Strecke. Denn Caligula war nicht wahnsinnig.

Die üble Nachrede über Caligula setzte gleich nach seinem Tod ein. Vor dem römischen Senat bezeichnete ihn der Konsul Gnaeus Sentius Saturninus zunächst als extremen Tyrannen – zum Befund der Geisteskrankheit war es da gleichwohl noch ein Stück Weges. Andere Zeitgenossen bemühten bereits den Begriff »Wahnsinn« oder »verwirrter Geist«, darunter der berühmte Philosoph Seneca, später auch der Historiker Tacitus. Diese Einschätzung bezog sich bei näherem Hinsehen aber nicht auf eine Geisteskrankheit, sondern diente – ähnlich wie heute – als Synonym für übersteigertes, verwerfliches Handeln, als politische Verurteilung also. Den Vorwurf des Wahnsinns im pathologischen Sinne hingegen erhob erstmals der

Historiker Sueton fast 200 Jahre nach Caligulas Tod – und der ist auch in seinen anderen Kaiserbiographien nicht verlässlich und stets auf Pointen und Anekdoten aus, ohne sich allzu viel um deren Wahrheitsgehalt zu scheren. Jahrzehnte später taten es ihm die Geschichtsschreiber Cassius Dio und Flavius Josephus gleich. Und sie erreichten, dass Caligula noch viele Jahrhunderte später, zur Zeit des deutschen Kaiserreiches, als Verkörperung des »Caesarenwahnsinns« galt.

Nicht alle modernen Historiker sind der schematischen Verteufelung Caligulas gefolgt, aber das Märchen vom unzurechnungsfähigen Psychopathen auf dem Thron ist noch immer lebendig. Dabei wurden all die Vorwürfe, die eine Geisteskrankheit belegen sollten, inzwischen akribisch widerlegt. Vor allem der Berliner Althistoriker Aloys Winterling hat in seiner Caligula-Biographie die fraglichen Punkte eingehend untersucht. Denn bei genauerer Betrachtung wird aus dem Wahnsinnskaiser zwar kein vorbildlicher Herrscher oder sympathischer Tugendbold – aber aus der Schwarzweißskizze eines Sueton wird ein differenziertes Porträt mit vielen Schattierungen.

Caligulas eigentlicher Name lautet Gaius Iulius Caesar Germanicus, er war der Sohn des legendären Germanicus, der diesen Ehrennamen seinen (nach der Schmach im Jahre 9) siegreichen Feldzügen gegen die Germanen verdankte, und Agrippinas der Älteren, einer Enkelin des Augustus. Germanicus war ein Volksheld mit besten Aussichten, Kaiser zu werden, starb aber bereits im Jahr 19. Sieben Jahre zuvor, 12 n. Chr., in Antium geboren, war Caligula der erste römische Herrscher, der zu einer Zeit zur Welt kam, als Rom bereits vom ersten Kaiser Augustus regiert wurde. Er kannte also weder die Zeit der römischen Republik noch den verheerenden Bürgerkrieg aus eigener Erinnerung. Für ihn war Kaiserherrschaft eine Selbstverständlichkeit, und seine Anwartschaft darauf bestand von Geburt an. Seine ersten Lebensjahre waren die unbeschwerten eines kleinen Jungen in einer glamourösen Familie, die noch dazu viel in der Welt herumkommt. Hätte es schon die modernen Medien gegeben, der kleine Caligula wäre von Paparazzi umlagert worden, um ein gutes Motiv für das nächste Titelblatt abzugeben.

Schon der Spitzname Caligula, Stiefelchen, verweist auf die Beliebtheit des Jungen, der im germanischen Feldlager, das sein Vater befehligte, die römischen Soldaten bespaßte. Das änderte sich schlagartig mit dem Tod des Vaters, denn damit wurde der kleine Junge allen Schutzes beraubt und mitten in die Intrigen und Gefahren der politischen Klasse katapultiert. Rom war ein überaus gefährliches Pflaster für ein Kind, das als künftiger Herrscher in Frage kam. Denn Caligulas Leben war bedroht, und auf eine klare Thronfolgeregelung konnte er nicht bauen, da die kaiserliche Großfamilie in zwei Lager gespalten war und seine eigene Familie Opfer einer Verschwörung wurde. Seine ehrgeizige Mutter, die einst selbst hatte Kaiserin werden wollen und nun im Sinne ihrer Kinder tätig war, sowie seine beiden älteren Brüder wurden von Tiberius in die Verbannung geschickt oder eingekerkert und umgebracht. Auch vorher dürfte Agrippina ihrem kleinen Sohn, in den sie alle ihre enttäuschten Ambitionen projizieren musste, kaum eine nur fürsorgliche und das Kindeswohl über alles andere stellende Mutter gewesen sein.

Als nicht weniger dominant und problematisch gilt die Urgroßmutter Livia, einflussreiche Witwe des Augustus. Caligulas jugendliches Alter rettete ihm das Leben, aber bewahrte ihn nicht vor traumatischen Erlebnissen. Zu seinen überlebenden Schwestern, mit denen er aufgewachsen war, hatte er daher ein sehr inniges Verhältnis: zu seiner Lieblingsschwester Drusilla bis zu ihrem vorzeitigen Tod im Jahr 38, zu den beiden anderen, bis sie gegen ihn intrigierten.

Die Herrschaftsverhältnisse im Römischen Reich waren einigermaßen verworren. Denn trotz faktischer Alleinherrschaft eines Imperators war Rom pro forma weiterhin eine Republik. Mit dieser paradoxen Konstruktion hatte Augustus Rom befriedet und die Kaiserzeit eingeleitet. Und weil dem

Adoptivsohn und Nachfolger Caesars diese Quadratur des Kreises ziemlich überzeugend gelungen war, galt er seither als gerechter, maßvoller und kluger Herrscher – und das umso mehr, je schwerer sich seine Nachfolger mit ihrer Aufgabe taten. Die Schwierigkeit bestand darin, trotz der tatsächlichen Machtverhältnisse im sogenannten Prinzipat es so aussehen zu lassen, als hielte nicht der Kaiser allein, sondern mit ihm der römische Senat die Geschicke des Reiches weiterhin in der Hand, als würde Rom einvernehmlich von den Senatoren regiert und der Kaiser bloß eine Art Vorsitz einnehmen. Nur war der Senat praktisch machtlos und Augustus unumschränkter Alleinherrscher. Mit viel Feingefühl und einiger Anstrengung inszenierte er das Theater namens Rom überzeugend und zur allseitigen Zufriedenheit. Das gestaltete sich wohl ein wenig wie in dem berühmten Märchen »Des Kaisers neue Kleider«. Zwar herrschten Augustus und seine Nachfolger unumschränkt, aber ein Erbkaisertum war Rom deshalb noch lange nicht geworden. Folglich gab es Thronanwärter, aber keinen unangefochtenen, der nach dem Tod des Kaisers automatisch nachrückte. Als Augustus starb, folgte sein Adoptivsohn Tiberius, der nach der Lichtgestalt des Vaters eine schlechte Figur abgab. Ihm gelang kein so harmonisch wirkendes Miteinander mit dem Senat, und er verbrachte sein letztes Lebensjahrzehnt lieber auf Capri, ohne sich in Rom noch einmal blicken zu lassen.

Bei Tiberius in dessen Residenz auf Capri lebend, musste der junge Caligula vor allem überleben und bewies dabei beachtliches Geschick. Das hatte er auch bitter nötig, wollte er nicht enden wie seine älteren Brüder Drusus und Nero. Stark und hart musste ein Junge werden, der eine solche Kindheit und Jugend erlebte – und die notwendige Folge aus ständiger Bedrohung und dem Zwang zur Verstellung waren Misstrauen, Rücksichtslosigkeit, unbedingter Durchsetzungswille und kaum ein Hauch von Zimperlichkeit oder Nachsicht, dafür eine Anlage zur Bösartigkeit. Und offenbar eine Abscheu dem politischen System gegenüber, gepaart mit dem Vorsatz, sich darin um jeden Preis zu behaupten, sollte er Tiberius' Nachfolge antreten.

Als Caligula im Jahr 37 schließlich an die Macht kam, galt er im Volk nach dem unbeliebten Tiberius als Hoffnungsträger, schon seines reichsweit bewunderten Vaters wegen. Zum ersten Mal trat an die Spitze des Staates kein gereifter, sondern ein junger Mann. Das gewohnte Spiel zwischen Alleinherrscher und Senat spielte er zwar zunächst mit, ja er versprach die Teilung der Macht und hofierte die Senatoren. Diese ersten Monate nach Regierungsantritt ließen vermuten, Caligula werde in die Fußstapfen des Augustus treten. Nicht einmal die Verantwortlichen für den Tod seiner Mutter und seiner Brüder ließ er zur Rechenschaft ziehen. Dann aber wurde der Kaiser ernstlich krank, was ihm vor Augen führte, dass er auch an der Herrschaft kaum weniger gefährdet war als zuvor am Hof des Tiberius – denn an seiner Nachfolge wurde bereits gebastelt. Machtbehauptung um jeden Preis bot die größtmögliche Sicherheit vor Bedrohung, nicht nur für Caligula selbst, sondern für seine gesamte Familie.

Seither verhielt sich der junge Regent weniger konziliant und ausgleichend als Augustus und stieß die Senatoren, die mit ihrem Machtverlust ohnehin schwer zurechtkamen, immer wieder vor den Kopf. Das ging trotzdem noch einige Zeit gut, zumal Caligula sich als fähiger Herrscher erwies. Dann aber fanden sich höchste Kreise zu Intrigen gegen den Kaiser zusammen. Nach deren Fehlschlag ließ Caligula alle Rücksicht fahren und entblößte mit Ironie, Zynismus und Spottlust die Fassade einer Republik, die gar keine mehr war. Er demütigte den stolzen Senat, den er als Versammlung eitler, aber machtloser Heuchler vorführte. Er verhöhnte die Luxussucht, mit der die Oberschicht Roms ihren politischen Bedeutungsverlust kompensierte. Statt den Schein zu wahren, präsentierte er sich als der Alleinherrscher, der er faktisch ja auch war. Das aber widersprach dem stillschweigenden Abkommen aus Augustus' Zeiten und schuf Caligula hasserfüllte Feinde in den Reihen der gedemütigten römischen Aristokratie. Weitere Verschwörungen gegen ihn folgten, von denen eine schließlich Erfolg hatte: Am 24. Januar 41 wurde Caligula bei einer Theateraufführung auf dem Palatinhügel in Rom von Angehörigen der Prätorianergarde ermordet.

Die Vorwürfe gegen Caligula sind keineswegs allesamt frei erfunden. Aber der wahre Kern wurde von den Autoren mal grotesk überzeichnet, mal so aus dem Zusammenhang gerissen, dass der Eindruck entstand, der entstehen sollte: dass Caligula verrückt war. Die Sache mit dem Pferd beispielsweise war ein derber, aber zielgerichteter Scherz des Kaisers. Wenn er ankündigte, sein Pferd Incitatus (Heißsporn) zum Konsul zu machen und es mit eigenem, überaus luxuriösem Hausstand ausstattete, verspottete er die Senatoren, die ihre Machtlosigkeit mit einem verschwenderischen Lebensstil übertünchten. In diese Richtung zielte auch der Verzehr vergoldeter Speisen und in Essig aufgelöster Perlen: Caligula verhöhnte die römische Aristokratie mit ihrer hohlen Luxussucht und übertrumpfte sie auf offensichtlich groteske Weise mit ihren eigenen Mitteln. Auch das angebliche Bordell auf dem Palatin entpuppt sich bei näherem Hinsehen als rationale Vorsichtsmaßnahme: Caligula lud die Familien der Senatoren ein, bei ihm auf dem Palatin zu leben, wodurch ihm als Garantie für den Fall einer erneuten Intrige hochgestellte Geiseln zur Verfügung standen. Der Vorwurf der Prostitution hingegen ist haltlos, schon die entsprechenden Schilderungen sind in sich unlogisch. Jeder Grundlage entbehrt auch das angeblich inzestuöse Verhältnis zu seinen drei Schwestern – derartige Vorwürfe wurden zum Zwecke der Denunziation früher wie heute gern erfunden. In diesem Fall geschieht das aber erst ein Jahrhundert nach Caligulas Tod, während zwei frühere und besser informierte Biographen, die ansonsten nichts ausließen, was ihnen an ihrem Objekt des Interesses verwerflich erschien, davon nichts berichten. Auch dass Caligula sich schon zu Lebzeiten als Gott verehren ließ, ist kein Anzeichen von Verrücktheit, denn die Antike kannte die Vergöttlichung von Herrschern. Sogar in Rom schlug er dabei keine neuen Wege ein, schließlich hatte der Senat selbst schon Caesar und Augustus göttliche Ehren angetragen, die diese aber ausschlugen. Caligula hingegen ließ die Vergöttlichung als Erster zu – auch damit führte er den Senat als unterwürfigen Papiertiger vor. Selbst der Vorwurf, Caligula habe wahllos und zum grausamen Zeitvertreib in Majestätsprozessen Menschen hinrichten lassen, geht ins Leere. Merkwürdigerweise erheben antike Autoren zwar diesen Vorwurf, bleiben die Opfernamen jedoch fast immer schuldig. Caligula ließ aber durchaus schnell und rücksichtslos zuschlagen, wenn eine Verschwörung gegen ihn im Gange war – das war ebenso üblich wie notwendig, wenn ihm sein eigenes Leben lieb war. Das alte Rom ging mit Menschenleben nicht gerade zimperlich um. Schließlich der Vorwurf grotesker Triumphinszenierungen: In der Tat trieb Caligula im Jahr 40 ungeheuren Aufwand für einen Triumphzug, wie man ihn von heimkehrenden Feldherren erwartete. Aber statt mit großem Gefolge im prachtvollen Wagen in Rom einzufahren, wie es üblich war, ließ er am Golf von Neapel bei Pozzuoli eine rund fünf Kilometer lange Schiffbrücke bauen und vollzog einen Ritt übers Meer. Der Aufwand und die Symbolik waren unerhört, alle Welt sprach davon – und eben das war das Ziel der Aktion. Und ebenfalls nicht unerheblich: Nicht der Senat ehrte den Feldherrn, sondern Caligula inszenierte den Triumph aus eigener Machtfülle. Bemerkenswert bei alldem sind der regelrecht vergnügte Sarkasmus und der Einfallsreichtum des Kaisers.

Der berühmteste Psychopath der Antike war also gar keiner. Dahinter steckt aber keine reine Bosheit seiner Biographen, sondern kühl kalkulierte Denunziation, die seit fast zwei Jahrtausenden Bestand hat. So wie hinter des Kaisers vermeintlichem Wahnsinn durchaus System steckte, wurde er posthum Opfer systematischer Verteufelung. Caligula sollte in die Nachwelt als ein sozusagen entarteter Tyrann eingehen, um damit zugleich die römische Aristokratie zu rehabilitieren, die von ihm so maßlos gedemütigt worden war. Die Informanten, oder besser: Denunzianten, auf die sich die Biographen stützen, stammen denn auch aus der römischen Oberschicht, die nunmehr Rache für alle Zeiten übte – wenn man kritiklos glaubt, was Seneca und Sueton, der ältere Plinius, Flavius Josephus, Cassius Dio und Tacitus über Caligula wider besseres Wissen geschrieben haben. Vor allem Sueton ist für das verzerrte Bild des Kaisers verantwortlich, das er mit medizinischen Befunden anfüttert, die ebenso erfunden sind. Seine Schrift über Caligula entstand ein Jahrhundert nach dessen Ermordung, als Imperator und Senat wieder ein gütliches Auskommen gefunden hatten und der Mann, der den Senat derart vorgeführt und sich zum Monarchen aufgeschwungen hatte, als Schreckensbild diente, wie man es im System Prinzipat nicht machen durfte.

Kaiserin Messalina war die größte Schlampe der Antike – IRRTUM!

Als im Jahr 41 n. Chr. der schrullige und leicht körperbehinderte Claudius zur allseitigen Überraschung Nachfolger seines gemeuchelten Neffen Caligula wurde, stieg die Frau an seiner Seite zur Kaiserin auf: Valeria Messalina, mit der er in dritter Ehe verheiratet war. Dem Vorgänger ihres Mannes ähnlich, hängt auch Messalina bis auf den heutigen Tag der Ruch an, ein durch und durch verdorbener und lasterhafter Mensch gewesen zu sein. Zu den weithin bekannten Details dieses Lebens gehört, Messalina habe ihrem übersteigerten Sexualtrieb freien Lauf gelassen, habe ihren Mann mit unzähligen anderen betrogen, habe sich nachts (mit blonder Perücke) vom kaiserlichen Ehelager ins Bordell geschlichen, habe tugendhafte Frauen zum hemmungslosen Sex angestiftet, aus dem kaiserlichen Palast eine Art Swingerclub gemacht und sich gar in sexueller Ausdauer mit einer professionellen Hure gemessen (und gewonnen). Tatsächliche oder eingebildete Rivalinnen ließ sie mit größter Grausamkeit aus der Welt schaffen. Da nehmen sich Geiz und Gier, die ihr ebenso nachgesagt werden, geradezu als Petitessen aus. Natürlich endet diese moralisch und menschlich ruinierte Biographie gewaltsam, aber nicht ohne einen weiteren skandalösen Höhepunkt: Messalina besaß die Unverfrorenheit, ihren Geliebten Gaius Silius, angeblich der schönste Mann von Rom, zu ehelichen, obwohl sie ja mit Claudius verheiratet war – Bigamie war auch in Rom verboten. Diese Infamie wurde dem Kaiser hinterbracht, der seine Frau umbringen ließ, um diese Schande aus der Welt zu schaffen.

Die posthume Karriere der Messalina als nymphomanische Triebtäterin begann im frühen 2. Jahrhundert mit dem Satiriker Juvenal, der an ihr kein gutes Haar ließ. *Meretrix imperii* nannte er sie ganz unverblümt: Hure des Reiches. Das war bereits einige Jahrzehnte nach ihrer Ermordung, eine zeitgenössische

Biographie existiert nicht. In dieselbe Kerbe schlugen die nachfolgenden Autoren, ob Tacitus, Sueton oder Cassius Dio. Je später verfasst, desto deftiger und ausgeschmückter geriet die Darstellung. Diese Tradition der antiken Geschichtsschreiber fand ihre Fortsetzung in sensationslüsternen Dramen seit dem 17. Jahrhundert, Opern vor allem des 19. sowie Filmen des 20. Jahrhunderts. Und auch neuzeitliche Historiker folgten noch lange der negativen Darstellung Messalinas als sexuell enthemmter, grausamer Kaiserin. Nur stützt sich dieses Bild der Kaiserin auf zweifelhafte Gewährsmänner, denn antike Historiker verstanden ihren Beruf anders als die modernen. Nicht um wissenschaftliche Genauigkeit und Objektivität ging es, sondern um eine bewusst wertende Darstellung der Vergangenheit – römische Geschichtsschreibung ist immer auch ein Beitrag zur Gedenkkultur. Antike Historiker wollten dem Leser eine Moral nahebringen, weshalb sie es entgegen aller Versicherungen mit der Wahrheit nicht so genau nahmen und Ausschmückungen als durchaus statthaft empfanden.

Die Frauen der römischen Antike waren keine gleichberechtigten Partner ihrer Männer, auch nicht die Gattinnen der Kaiser. Grundeinheit der patriarchalisch verfassten Gesellschaft war die Familie, der der Hausvater vorstand, Frauen besaßen einen entschieden niederen Status. Ähnlich wie im antiken Griechenland sah man Frauen schon körperlich als unvollkommen an, ganz im Unterschied zum rundum vollendeten Mann. Dem Familienvater kamen weitgehende Rechte und Pflichten zu, er war sozusagen der verlängerte Arm des Staates innerhalb der Familie und bestimmte die Ehepartner der Frauen seines Hauses; Liebesheiraten waren seltene Ausnahmen. Augustus hatte strenge Ehegesetze erlassen, die jeden zur Heirat verpflichteten, andererseits waren Scheidungen unproblematisch, auch konnten Frauen arbeiten, eigenen Besitz haben und am öffentlichen Leben teilnehmen. Römische Frauen hatten also mehr Möglichkeiten als griechische, waren aber trotzdem benachteiligt. Von den Frauen, die keinerlei Ämter oder direkten politischen Einfluss ausüben durften, wurden Zurückhaltung und Unterordnung erwartet. Was der griechische Politiker Perikles laut dem Geschichtsschreiber Thukydides einmal gesagt haben soll, hätten die Römer vermutlich unterschrieben: Jene Frauen seien am besten, über die nicht gesprochen werde. Männer hatten stark zu sein, Frauen gehorsam. In seiner *Römischen Geschichte* lässt der Historiker Livius den Politiker Cato den Älteren anlässlich einer Frauendemonstration sagen: »In dem Augenblick, wo die Frauen anfangen, euch Männern gleich zu sein, werden sie eure Herren sein.« Dieser Auffassung entsprechend finden sich in antiken Schriften zahlreiche Schmähungen von Frauen – aus moderner Sicht klar sexistisch. Und natürlich waren die Autoren allesamt Männer. Das galt auch fürs Sexualleben: Während den Männern eheliche Treue nicht vorgeschrieben war, durften die Frauen nicht fremdgehen. Weibliche Sexualität galt als gefährlich und verwerflich, weil triebhaft und schwer zu kontrollieren. Selbstbewusste, dominante Frauen aber galten als sexuell unersättlich und wurden als solche verleumdet.

Nur weil sie keinen direkten und aktiven Anteil an der Politik nehmen durften, verzichteten Frauen aber keineswegs darauf, ihre Interessen zu verfolgen, sondern griffen auf die ihnen zur Verfügung stehenden Möglichkeiten zurück – Politik und Machtausübung finden ja nie nur auf den institutionalisierten Wegen statt. Ihr eigenständiges, auch politisches Handeln vollzog sich auf Umwegen: in der Einflussnahme auf den Gatten, über den Weg von Familie oder Freundeskreis, über eine aktive Rolle in Religion und Wirtschaft, aber auch auf dem Weg sexueller Betätigung. Auch die Kaiserinnen der Frühzeit nutzten ihre Möglichkeiten – auf unterschiedliche Weise, aber mit demselben Ziel: angesichts unklarer Nachfolgeregelungen in der frühen Kaiserzeit ihre eigene und die Existenz ihrer Kinder zu sichern. Doch damit entsprachen sie nicht dem Idealbild einer römischen Frau und vorbildlichen Kaiserin, die die weiblichen Tugenden von Zurückhaltung, Frömmigkeit und Keuschheit verkörperte.

Die römischen Kaiser waren nicht nur Herrscher, sondern auch Familienvorstände der kaiserlichen Familie. Wenn aber ihre Frauen nach römischen Maßstäben über die Stränge schlugen, sei es politisch oder moralisch, dann wurde dies auch ihren Männern angekreidet. Das beeinflusste die Einschätzung der Regierungszeit des Claudius, der schon wegen seiner körperlichen Behinderung als notorischer Bücherwurm und Exzentriker bei den Biographen schlecht wegkam. Ein weiterer Punkt auf seinem Negativsaldo war, dass er sich, zumal von Frauen, leicht beeinflussen ließ. Denn Messalina nahm Einfluss auf Claudius, intrigierte hier und dort und platzierte ihr ergebene Männer bei Hofe und im Einflussbereich des Kaisers. Dabei war sie so wenig zimperlich wie andere Herrscher oder Herrscherfrauen vor und nach ihr. Dass dabei auch Sexuelles zum Einsatz kam, ist anzunehmen und widerspricht ja auch nicht dem nüchternen Zweck: Messalina handelte im Sinne ihres kleinen Sohnes Britannicus, dem sie eine Zukunft als Kaiser sichern wollte – und im eigenen, denn aller Wahrscheinlichkeit nach würde sie ihren Mann überleben. Nach all dem, was seit Caesar Mitgliedern der Kaiserfamilie in wiederkehrenden Machtwirren widerfahren war, gab es wenig Grund, auf einen natürlichen Tod nach einem erfüllten Leben zu hoffen, wenn sie selbst keine Vorsorge traf. Die Darstellung der moralisierenden und sexistischen Biographen jedoch machte aus der sich überlegt um die Zukunft kümmernden Mutter eine unersättliche Nymphomanin.

Vor allem solange Messalinas Sohn Britannicus zu jung war, die Nachfolge seines Vaters anzutreten, blieb die Lage heikel. In einem solchen Fall hätte ein neuer Kaiser sich vermutlich auf schnellstem Wege der Familie des Vorgängers entledigt. Zunächst war die beste Lebensversicherung Claudius selbst, also setzte Messalina alles daran, möglichen Feinden oder Verschwörern möglichst früh das Handwerk zu legen. An erster Stelle der Rivalen standen die direkten Nachfahren des Augustus, weil deren Anspruch auf eine Nachfolge stets Bestand hatte. Für Messalina waren daher die beiden überlebenden, aus dem Exil zurückgekehrten Schwestern des Caligula, Agrippina und Livilla, überaus gefährlich – zumal die beiden auch schon gegen ihren Bruder intrigiert hatten. Livillas Mann war sogar als Princeps im Gespräch gewesen, bevor die Prätorianergarde mit der Ausrufung des Claudius vollendete Tatsachen geschaffen hatte. Dann gab es da noch Julia, eine Nichte des Claudius, sowie Marcus Silanus, ein Ururenkel des Augustus. Hinzu kamen deren Angehörige sowie die Abkömmlinge einflussreicher römischer Familien und ambitionierte Provinzkommandeure mit ausreichender Reputation für den Job.

Angesichts Claudius' Alter schien geboten, rechtzeitig für die Nachfolge vorzusorgen, daher wurden zwei Männer auf gleicher Ebene für den Posten vorbereitet und der Öffentlichkeit als Thronanwärter vermittelt. Sie wurden verheiratet mit Claudius' Tochter Antonia aus zweiter Ehe bzw. verlobt mit der kleinen Tochter des Kaiserpaares, Octavia. Britannicus hatte also nur dann Aussichten, Nachfolger seines Vaters zu werden, wenn er bei dessen Tod alt genug sein würde. Andernfalls wären seine und Messalinas Tage gezählt.

Messalina stützte sich in ihrem Kampf für den eigenen Sohn und das eigene Überleben auf Vertraute aus dem Beraterkreis des Kaisers, allen voran auf den Freigelassenen Narcissus, der großen Einfluss auf Claudius besaß. Allerdings wurde ausgerechnet Narcissus ihr schließlich zum Verhängnis. Hintergrund war die schier unfassbare Heirat der Kaiserin mit einem zweiten Mann. Eine Abwesenheit des Kaisers soll Messalina genutzt haben, um ihren Liebhaber Gaius Silius zu heiraten – was einige Vertraute des Kaisers als direkte Bedrohung ihrer Stellung und ihres Lebens werten mussten. Denn Ziel des Ganzen konnte ja nur sein, den Kaiser zu beseitigen, den Geliebten zu dessen Nachfolger zu machen und so ihrem Sohn die Herrschaft für die Zukunft zu sichern. Der Skandal wurde dem Kaiser hinterbracht, Messalinas Zweitehemann umgehend hingerichtet, sie selbst auf Geheiß des Narcissus in den Lukullischen Gärten ermordet. Auch Narcissus hatte eine überaus ungewisse

Zukunft zu sichern und handelte entsprechend mit hohem Einsatz; auch er bezahlte mit einem vorzeitigen Tod.

Diese Zweitehe ist bis heute Zankapfel unter Historikern – hat sie stattgefunden oder nicht? Selbst Tacitus stellt seiner Darstellung voran, die ganze Angelegenheit sei eigentlich unglaublich. Abschließend geklärt ist die Sache mit der Hochzeit nicht – denkbar ist auch, dass Narcissus und andere Berater des Kaisers gegen Messalina intrigierten und ihr eine Falle stellten. Wie auch immer: Messalinas Ziel, ihre Stellung und die ihres Sohnes zu sichern, war nicht erreicht. Nicht nur hatte ihr Leben ein gewaltsames Ende gefunden, Claudius heiratete zudem ein viertes Mal: Caligulas Schwester Agrippina. Und für die Nachfolgeregelung bevorzugte der Kaiser vor seinem leiblichen Sohn Britannicus den etwas älteren adoptierten Stiefsohn Nero, den Agrippina mit in die Ehe brachte. Der wiederum entledigte sich später seiner Frau Octavia, der Tochter von Claudius und Messalina, sowie seines Schwagers und Thronrivalen Britannicus.

Die Römer der Kaiserzeit waren sensationsgierige faule Städter – IRRTUM!

Es sind in den Augen der Nachwelt keineswegs nur die Kaiser und Kaiserinnen oder die Oberschicht, die im antiken Rom in Saus und Braus leben, den Reichtum des Imperiums genießen und sich über moralische Konventionen hinwegsetzen konnten. Auch die Einwohner von Rom insgesamt stehen im Ruf, vergnügungssüchtig und verwöhnt gewesen zu sein. *Panem et circenses*, Brot und Spiele, das ist bis heute ein stehender Begriff für den vermeintlich sorglosen Alltag in der antiken Metropole und ein Synonym für die Dekadenz der römischen Stadtbevölkerung, an der, so eine weitere Ansicht, das Riesenreich schließlich zugrunde ging. »Dies Volk (...) es hält nun still sich und heget allein zwei Wünsche mit Bangen im Herzen: Brot und Spiele«, schrieb der Satiriker Juvenal zu Beginn des 2. Jahrhunderts und ließ dieses Begriffspaar in das weltweite Sprachrepertoire bis heute eingehen. Andere antike Autoren übten ähnliche Kritik, während eine zeitgenössische Inschrift dem Volk vermutlich eher aus der Seele sprach: »Bäder, Weine und Liebe richten unsere Körper zugrunde, doch nur Bäder, Weine und Liebe machen das Leben aus.«

Bis heute sagt man den Römern der Antike nach, sie hätten einen Großteil ihrer Zeit im Circus verbracht, wo sie voll brutaler Sensationslust johlend zusahen, wie Gladiatoren einander oder wilde Tiere abschlachteten beziehungsweise wilde Tiere einander oder schutzlose Menschen zerfleischten. Welch verschwenderische Spektakel wurden außerdem inszeniert, welch aufwendige Seeschlachten und farbenprächtige Götterspektakel in Arenen nachgestellt, um das Volk zu zerstreuen! Und wenn die Römer dann spektakulär unterhalten nach Hause gingen, bereiteten sie sich aus Lebensmitteln, die sie kostenfrei bekamen, aufwendige Speisen und schlugen sich bei Gelagen die Bäuche voll. Aber entspricht dieses Bild der Wirklichkeit im alten Rom oder handelt es sich um ein Zerrbild? Wenn den antiken Historikern schon in ihrer Darstellung der Kaiser nicht recht zu trauen ist, liegt die Sache mit der Verurteilung des Juvenal vielleicht ganz ähnlich? Wie so oft in der Geschichte der Menschheit sind die einfachen Leute der römischen Antike in den zeitgenössischen Schriften deutlich unterrepräsentiert – kann man solchen eher spärlichen Einlassungen also kritiklos folgen? Außerdem: Wenn sie denn Erwähnung finden, sprechen daraus häufig Vorurteile und Vorbehalte der »besseren« Schichten gegenüber den »niederen« – Juvenal war da keine Ausnahme. Selbst moderne Geschichtswissenschaftler müssen sich diese Kritik gefallen lassen, auch sie identifizierten sich lange Zeit mit der Oberklasse, der die Entscheidungsträger entstammten, und übernahmen voller Ressentiments und Desinteresse die alten Einschätzungen, ohne der Sache auf den Grund zu gehen. »In Rom gab es 150000 notorische Faulenzer, die von der öffentlichen Hand großzügig unterstützt wurden«, schrieb ein Historiker Mitte des 20. Jahrhunderts, und ein anderer: »Verführt von Demagogen und Zuwendungen, war dem römischen Volk die Kaiserzeit und die Versorgung mit Brot und Spielen hochwillkommen.«

Die Ernährung der meisten Römer war im Grunde mediterran-bodenständig. Der viel zitierte Luxus bei Tisch kam ungefähr ab dem 2. vorchristlichen Jahrhundert auf und wurde seit Caesars Zeiten immer raffinierter – aber natürlich nur für diejenigen, die sich diesen Luxus auch leisten konnte, und das war nur eine winzige Minderheit. Die Mehrheit begnügte sich auch weiterhin mit meist drei Hauptmahlzeiten, von denen die abendliche schon damals die wichtigste war und im Allgemeinen drei Gänge umfasste. Es gab aber auch viele Ärmere, die sich in Ermangelung eigener Möglichkeiten außer Haus in einfachen Garküchen höchst frugal versorgten. Die wichtigsten Grundnahrungsmittel waren Getreide, Olivenöl und Wein – schon wegen der guten Lagerfähigkeit. Fleisch kam für die Mehrheit der Bevölkerung selten bis nie in den Topf.

Rom war seit der Gründung 753 v.Chr. von einem Häufchen Siedlungen am Tiber zur wohl größten vormodernen Stadt überhaupt geworden – mit vermutlich rund einer Million Einwohner. Parallel zum Aufstieg zunächst zur mächtigsten Stadt des italienischen Stiefels und dann eines riesigen Weltreiches, das von England bis Ägypten, von Gibraltar bis Syrien reichte, wuchs Rom, zog von überallher Zuwanderer an und hatte mit dem eigenen Erfolg ebenso zu kämpfen wie das Imperium als Ganzes. Die Versorgung der Metropole stellte keine leichte Aufgabe dar, zumal ohne die Segnungen moderner Technik, Logistik oder Landwirtschaft. Spätestens im Übergang von Republik zur Kaiserzeit konnte die Belieferung mit Lebensmitteln, aber auch mit Baumaterial und Holz nicht mehr regional bewerkstelligt werden. Was an Nahrungsmitteln für die hungrige Hauptstadt gebraucht wurde, gaben die Böden nicht einmal der weiteren Umgebung her. Für die Versorgung der Hauptstadt allein mit den drei genannten Grundnahrungsmitteln wurde bei einer Bevölkerungszahl von einer Million der Bedarf an Transportkapazität auf rund 1700 Schiffsladungen pro Jahr geschätzt – nur für diese Güter. Sie kamen nunmehr überwiegend aus Sizilien und Sardinien sowie Nordafrika, insbesondere Ägypten, das als Kornkammer des Reiches galt.

Aufgrund des schieren Umfangs und der weiten Transportwege war die Versorgungslage stets gefährdet: durch Missernten, Naturkatastrophen, Piraterie, Kriege oder Korruption. In solchen Fällen kam es in Rom immer wieder zu Revolten des einfachen Volkes, das schon bei leichten Preissteigerungen in Schwierigkeiten geriet. Da lag es im Interesse von Politik und Verwaltung, eine bessere, möglichst krisensichere Versorgung zu moderaten Preisen zu gewährleisten. Als man sich des Problems annahm, war aus dem Römischen Reich inzwischen eine oligarchisch organisierte Demokratie geworden. Stabile Verhältnisse in der Hauptstadt und damit im gesamten Imperium hingen nicht zuletzt von den Lebensumständen der römischen Stadtbevölkerung ab – denn Volkes Stimme verfügte weiterhin über großen Einfluss, wie die Zeitzeugnisse in reichem Maß belegen. Zudem war die Staatsgewalt auch nicht so schlagkräftig, dass man Proteste und Unruhen leicht in den Griff bekommen hätte, denn es gab keine Polizei und nur wenig Militär innerhalb der Stadt. Für die Entscheidungsträger konnte es also sehr schnell heikel werden.

Dass Lebensmittelversorgung und die Preise auf lokalen Märkten ungeahnte Folgewirkungen haben können, hat sich durch die Geschichte zahllose Male erwiesen – zuletzt haben in unseren Tagen steigende Lebenshaltungskosten zu dem sogenannten Arabischen Frühling beigetragen. Zur Zeit des römischen Imperiums war dem Volk schon deshalb nicht vermittelbar, dass es hungern und sich bescheiden sollte, weil die Macht Roms unumschränkt schien. Das Volk erhob verständlicherweise Anspruch auf Teilhabe an den Segnungen des Supermachtstatus, die Regierenden waren also gut beraten, möglichem Volkszorn wegen leergefegter Märkte oder horrender Brotpreise vorzubeugen. Mehr noch, sie sahen es zunehmend als wichtige und ehrenhafte Pflicht an, die Versorgung vor allem der Millionenstadt Rom zu sichern. Noch zur Zeit der Republik, im Jahr 123 v. Chr., begann man angesichts einer ernsten Versorgungskrise, einem Großteil der Stadtrömer regelmäßig verbilligtes Getreide zur Verfügung zu stellen. Zuvor war das immer nur im konkreten Bedarfsfall geschehen, nun aber wurden die Vergünstigungen institutionalisiert. In deren Genuss kamen dennoch einstweilen nicht alle, vor allem die Ärmsten, wenn das Getreide trotz subventionierter Preise unerschwinglich blieb; auch waren Freigelassene vermutlich ausgeschlossen. 58 v. Chr. ging man dazu über, einen größeren, festgelegten Personenkreis mit kostenlosem Getreide zu beliefern. Im Laufe der Zeit wuchs die Zahl der Berechtigten, schließlich standen diese Zuwendungen rund 360000 Menschen zu – ausschließlich freie Bürger. Wer ohne Bürgerrechte war, hatte also das Nachsehen, profitierte aber immerhin davon, dass der Staat auf die Preise der wichtigsten Lebensmittel Einfluss nahm.

Seit Augustus' Zeiten oblag es dem Kaiser, die Versorgung der stadtrömischen Bürger zu sichern, und der nahm diese Pflicht meist sehr ernst. Augustus begrenzte den Kreis der zu kostenlosen Getreidelieferungen Berechtigten auf bis zu 200000 – weiterhin ausschließlich Römer mit Bürgerstatus. Alles in allem erhielt rund ein Viertel der Bevölkerung Roms solche Zuwendungen, deren Umfang aber wohl für rund die Hälfte der Einwohner ausreichte. Später ging man dazu über, auf die Bezugsscheine Brot auszugeben, im Verlauf des 3. Jahrhunderts kamen noch Olivenöl und Schweinefleisch sowie Wein zu ermäßigten Preisen auf die Liste. Insgesamt handelt es sich angesichts der begrenzten logistischen Möglichkeiten der Zeit nicht nur finanziell um eine bemerkenswerte Leistung, die über Jahrhunderte, von Engpässen abgesehen, gut funktionierte.

Ein zweiter Weg, das römische Volk durch Wohltaten zu befrieden, waren die Spiele – und zwar nicht als triviale Randerscheinung oder bloße Volksbelustigung. Dem Mythos nach waren sie so alt wie die Stadt Rom; Stadtgründer Romulus soll sie eingeführt haben. Außerdem hatten sie einen religiösen, die Gladiatorenspiele zumindest einen rituellen Ursprung, auch das machte sie zu einem Kulturgut. Ausgerichtet von Vertretern der regierenden Familien stellten sie eine Gegenleistung ans Volk fürs Amt dar – mit dem Mehrwert enormen Prestiges für den Veranstalter. Gleichzeitig waren auch sie eine Art *Incentive*, Früchte des Imperiums für den nominellen Souverän, das Volk.

Die Spiele waren die einzige Gelegenheit, bei der die Römer in großer Zahl zusammenfanden – in der Kaiserzeit, als das Volk politisch nicht mehr mitzureden hatte, äußerte es hier Gefühle und Begehr. Im Idealfall strömte es zu den grandiosen Spektakeln, huldigte dem Kaiser und stützte so seine Macht. Umgekehrt machte der Kaiser seinem Volk die Aufwartung. Es konnte aber auch unangenehm für den Veranstalter werden: Manche unpopuläre Maßnahme wurde hier im Keim erstickt, weil sich im Circus ein gefährlicher Aufruhr andeutete, manche Forderung aus dem Volk wurde lautstark artikuliert und konnte fortan nicht mehr ignoriert werden. Bekannt sind vor allem die Interventionen des Publikums, das Tod oder Leben eines Gladiatoren forderte, aber der Volkswille konnte auch andere Inhalte haben: Tiberius sah sich gezwungen, auf Protest der Zuschauermassen im Circus die Getreidepreise zu senken, Nero hielt man die hohen Steuern vor. Auch ließ das Volk manchen unpopulären Politiker über die Klinge springen, mitunter musste spontaner Volkszorn sogar blutig unterdrückt werden. Da Politiker und Kaiser um die Notwendigkeit und Bedeutung der Spiele, aber auch ihre Gefahr wussten, kannten sie auch stets den schnellsten Weg zum gesicherten Ausgang und wurden von Leibwächtern begleitet.

Für die Spiele wurde ein beträchtlicher, schließlich völlig übersteigerter Aufwand getrieben. Für die Politiker, Feldherren und Kaiser, die die immer teurer werdenden Inszenierungen finanzierten, war der Tribut ans Volk ebenso eine Frage des Prestiges. Die reichen Veranstalter wollten sich gegenseitig übertrumpfen, und natürlich erwartete auch das Publikum, dass die nächsten Spiele den vorangegangenen noch eins draufsetzen würden. Handelte es sich anfangs noch um Theateraufführungen und Wagenrennen, die auch keineswegs täglich stattfanden, wurden ab 264 v. Chr. Gladiatorenkämpfe ausgerichtet. Achtzig Jahre später kamen Hetzen mit exotischen Tieren hinzu, deren Herkunft nebenbei noch verdeutlichte, welche Ausdehnung das Imperium erreicht hatte. Julius Caesar ließ für seine Spiele 46 v. Chr. über tausend Tiere aus entfernten Provinzen verschiffen, darunter mehrere Dutzend Elefanten, ein Nashorn und die ersten Giraffen, die die Römer je zu Gesicht bekamen. In der Kaiserzeit wurde es immer irrwitziger. Der Zwang zur Steigerung verlangte nach immer neuem Nervenkitzel – während schon Caesar Hunderte Gladiatoren in den Todeskampf schickte, waren es bei der Eröffnung des Kolosseums bereits Tausende, unter Kaiser Trajan angeblich Zehntausende, die in der Arena um ihr Leben fochten.

Im Rückblick betrachtet waren die Spiele, wie es der Althistoriker Karl Christ ausdrückte, »der Preis und der Ausdruck der politischen Neutralisierung der Affekte der römischen Bevölkerung«. Der berühmte Pantomime Pylades wies Kaiser Augustus einmal auf die gesellschaftliche Rolle seiner Zunft hin: »Es ist von Vorteil, Caesar, dass das Volk sich mit uns beschäftigt.« Nur wer nicht sündigt, wer schläft, begehrt auch nicht auf, wer gut unterhalten wird – dieses Kalkül legen Machthaber immer wieder an. Eben das beklagte Juvenal in seiner eingangs zitierten Satire: dass das Volk sich mit schnöden Zerstreuungen stillhalten ließ. In seinen Augen war dies ein Bestandteil des betrüblichen Niedergangs Roms. Juvenals Spott ist daher weniger konkrete Darstellung als allgemeine Kulturkritik.

Es ist also zutreffend, dass die Römer von kostenlosen Lebensmitteln profitierten und mit immer aufwendigeren Spielen unterhalten wurden – beliebt waren sie übrigens bei allen Schichten gleichermaßen. Wenn wir aber dem einfachen Volk der Stadt Rom Gerechtigkeit widerfahren lassen wollen, genügt ein wenig Mathematik: Abgesehen davon, dass weite Bevölkerungsteile gar nicht in den Genuss der Vergünstigungen kamen, reichte das kostenlose Getreide ausschließlich auch der römischen *plebs* nicht – der Mensch lebt nicht vom Brot allein. Auch der übrige Lebensunterhalt wie Kleidung und Wohnung musste irgendwie bestritten werden. Und die Lebenshaltungskosten in Rom waren, obwohl man zumeist mit miesen Behausungen vorliebnehmen musste, exorbitant; Sozialleistungen wie Arbeitslosenhilfe gab es dagegen nicht. Die »kleinen Leute« gingen durchaus arbeiten und verbrachten ihre Tage keineswegs ausschließlich bei Circusspielen. Rom war alles andere als eine faule Stadt des Müßiggangs, im Gegenteil: Handel und Gewerbe florierten, die Menschen waren geschäftig, vor allem in der Baubranche. Und dann: Wären die Arenen und

Theater stets voll gewesen, hätten ihre Kapazitäten gleichwohl nur für rund drei Prozent der Bevölkerung ausgereicht. Immerhin fünf Prozent passten zwar ins Kolosseum, jedoch waren neunzig Prozent der dortigen Plätze für die Oberschicht reserviert. In die größte Arena schließlich, den Circus Maximus, passten beachtliche 200000 Menschen, aber dort wurden zu Augustus' Zeiten nur an rund zwanzig Tagen im Jahr Rennen ausgetragen. Selbst im 4. Jahrhundert waren von insgesamt 177 Veranstaltungstagen nur zehn für Gladiatorenspiele, 66 für Wagenrennen und 101 Tage für Theateraufführungen reserviert, und Letztere standen beim Volk nicht hoch im Kurs. Die moralinsauren Vorhaltungen der älteren Geschichtsschreibung entbehren also jeder Grundlage – mit ähnlichem Recht könnte man angesichts der vielen Theater in New York räsonnieren, die dortige Unterschicht müsse wohl dort ihre Tage verbringen. Sie tut es allenfalls vorm Fernseher, und das auch zumeist nach getaner Arbeit.

In den römischen Katakomben versteckten sich die verfolgten Christen – IRRTUM!

Die Frühzeit des Christentums konnte trotz intensivster Forschungsbemühungen bisher nicht lückenlos erforscht werden. Eine aufstrebende Religion in ihren Anfängen, die noch nicht recht ernst genommen wird, konspirativ tätig ist und Verfolgungen zu gewärtigen hat, hinterlässt naturgemäß weniger Spuren als die römische Staatsreligion, die sie später wurde. Das gilt noch viel mehr für die riesige Metropole Rom, auch wenn sie als mutmaßlicher Wirkungs- und Todesort der Märtyrer-Apostel Petrus und Paulus sehr bald eine Sonderstellung in der jungen Christenheit erlangte und ihre Bischöfe zu einer Autorität im Streit um Glaubensinhalte wurden. Daher muss man sich eigentlich nicht wundern, dass die frühesten archäologischen Beweise zur Präsenz des Christentums in Rom erst aus dem späten 2. Jahrhundert stammen. Unser Wissen von einer zu diesem Zeitpunkt in der Hauptstadt längst bestehenden frühchristlichen Gemeinde, die bereits eine Organisationsstruktur aufgebaut hatte, stammt aus schriftlichen Quellen. Aber wo sich die ersten römischen Christen zu Gottesdiensten und Versammlungen trafen, ist unbekannt. Bestattet wurden sie zunächst wie ihre heidnischen Mitbürger auf den städtischen Friedhöfen; rein christliche oberirdische Friedhöfe wurden seit dem 3. Jahrhundert eingerichtet, aber diese Begräbnispraxis stieß mit steigender Zahl Gläubiger an ihre Grenzen, da die Christen Einäscherung strikt ablehnten.

Zu den ältesten Bauwerken der römischen Christen gehören die Katakomben, die wohl seit dem 2. Jahrhundert eingerichtet wurden, während jüdische Katakomben schon früher belegt sind. Die christlichen Katakomben sind überaus faszinierende Zeugnisse des frühen Glaubens und in ihrer Schlichtheit und Enge höchst authentisch. Im Bewusstsein der ganz nahen Überreste von Menschen, die sich vor mehr als anderthalb Jahrtausenden von einer noch jungen Religion begeistern ließen, spürt man unwillkürlich in Gedanken der Frühzeit des Christentums nach, das hier eine Präsenz beweist, die so manches Oberirdische der inzwischen altehrwürdigen Religion in den Schatten stellt. Noch immer herrscht die populäre Auffassung, die Katakomben seien geheime Versammlungsorte einer unterdrückten Minderheit gewesen. In der Zeit der Christenverfolgungen seit Kaiser Nero bis Ende des 3. Jahrhunderts seien sie dafür angelegt und später aufgegeben worden, als die Verfolgungen ein Ende gefunden hatten und die Verstecke nicht mehr gebraucht wurden. Aber diese Annahme ist eine Legende ohne Substanz. Tatsächlich dienten die Katakomben als Begräbnisorte. Die alte lateinische Bezeichnung *coemeterium*, die sich in vielen Sprachen bis heute als Bezeichnung für Friedhof gehalten hat, bezog sich auch auf diese unterirdischen Nekropolen. Der Begriff Katakombe stammt von der Ortsbezeichnung der ersten wiederentdeckten, aber keineswegs ältesten Grabganganlage Roms, die im 16. Jahrhundert freigelegt wurde: *ad catacumbas*, in der Senke. Zur Wallfahrtskirche San Sebastiano fuori le mura gehörig und rund drei Kilometer vor der antiken Stadtgrenze gelegen, sind diese namensgebenden Gräbersysteme heute als Sebastians-Katakomben bekannt.

Eine der ersten von Christen genutzten Katakomben ist die 1849 wiederentdeckte Calixtus-Katakombe unter der Via Appia vor der antiken Stadt auf dem heutigen Anwesen eines Klosters. Papst Calixtus I., zuvor Beauftragter der römischen Gemeinde für diesen Begräbnisort, ließ sie nach seiner Wahl im Jahr 217 erweitern. Oberirdisch bestand die Via Appia wie andere Ausfallstraßen aus einer endlosen Reihe von Gräbern, denn auf dem Stadtgebiet des antiken Rom war die Bestattung von Toten nicht erlaubt. Mit dem Übergang von Feuer- zu Erdbestattung im 2. Jahrhundert n. Chr. kam es zu einem Platzproblem, auch für die wachsende Zahl der Christen. Der Umfang der römischen Gemeinde wird für die Mitte des 3. Jahrhunderts auf bis zu 50000 Mitglieder geschätzt.

Das poröse Gestein der Gegend um Rom ermöglichte die Anlage eines ganzen Netzes unterirdischer Gänge. Die Calixtus-Katakombe wurde als rechtwinkliges Raster mit fünf Ebenen planmäßig so angeordnet, dass es problemlos erweitert werden kann. Die Hauptgänge, zu denen der Zugang von oben erfolgt, sind mit kleinen Quergängen untereinander verbunden. Das Gängenetz weist eine Gesamtlänge von mehr als zehn Kilometern auf. In die Gänge wurden seitlich sogenannte *loculi* gehauen, kleine Einzelgräber individueller Größe, die die Verstorbenen aufnahmen. Die Gräber wurden übereinander angeordnet und mit Ziegeln oder Marmorplatten verschlossen. Deren Ausführung zeigt große Unterschiede: Neben aufwendigen Gräbern betuchter Christen befinden sich hier schmucklose Begräbnisstätten von Armen, die sich nur ein bescheidenes Ruheplätzchen und die Ziegel für den Grabverschluss leisten konnten, wenn die Kosten nicht ganz von der Gemeinde getragen wurden. Die 1854 entdeckte Krypta der Calixtus-Katakombe diente auch als Grablege von neun Päpsten und verschiedenen Heiligen, und ihre Fresken gehören zu den frühesten Zeugnissen christlicher Bildkunst überhaupt: Biblische Themen, Darstellungen von Wundern, von religiösen Riten und Handlungen wie der Eucharistiefeier finden sich hier abgebildet. Die Wandmalereien erzählen viel über die Glaubenswelt der frühen Christen, vor allem ihre Hoffnungen auf ein erquickliches Jenseits sprechen daraus. Wegen ihrer regalweisen Aufbewahrung der Toten bezeichnete der Kirchenhistoriker Wilhelm Gessel die Katakomben als »gewaltige Lagerhallen zur Bereitstellung der Toten auf den Tag der allgemeinen Auferstehung«. Aufgrund des provisorischen Charakters als nur vorübergehende Unterbringung wurden die meisten Gräber achtlos und in Eile verschlossen.

Die christlichen Bestattungen in Katakomben begannen im 2. Jahrhundert und erreichten ihren Höhepunkt im 4. und 5. Jahrhundert; die letzte datierte Grabinschrift stammt aus dem Jahr 535 und findet sich in den Sebastians-Katakomben. Mit dem Märtyrerkult wurde seit dem 4. Jahrhundert die Bestattung in der Nähe von Märtyrergrablegen immer beliebter, wovon die Katakomben reiches Zeugnis ablegen. Die Gedenktage der Glaubenszeugen wurden festlich begangen, und man hielt in den engen Katakomben auch kleinere Feiern ab. Für größere Veranstaltungen aber waren die Gänge viel zu eng – und gänzlich unbrauchbar waren sie als Versteck. Denn wegen der wenigen Zugänge und weil die Lage der Katakomben kein Geheimnis war, hätten die Verfolger mit den dort Zuflucht suchenden Christen ein leichtes Spiel gehabt. Für einen geeigneten Zufluchtsort befanden sich die Katakomben außerdem viel zu weit außerhalb der Stadt. Auch die Chronologie entlarvt die Geschichte von den Katakomben als Zufluchtsstätten bedrängter Christen als Legende. Denn die meisten Bestattungen stammen aus der Zeit nach dem Ende der Verfolgungen, nachdem Kaiser Konstantin im Jahr 313 in der Mailänder Vereinbarung Religionsfreiheit gewährte.

Seit Ende des 5. Jahrhunderts ging man mehr und mehr dazu über, die Toten auf Friedhöfen und in Kirchen beizusetzen – die Blütezeit der Katakomben ging zu Ende. Die Katakomben dienten aber weiter als Wallfahrtsstätten und tauchten in Romführern des Mittelalters noch lange als Attraktionen auf – man konnte sie also wohl weiterhin besuchen. Ihre Anziehungskraft für die Pilger nahm allerdings seit dem 9. Jahrhundert stetig ab, weil immer mehr Heiligenreliquien aus ihnen in oberirdische Kirchen verlegt wurden, sei es in Rom oder an anderen Orten der Christenheit. Ganz aufgegeben und dann vergessen wurden sie vermutlich in der Zeit des Papsttums von Avignon im 14. Jahrhundert, als das religiöse Leben in der Ewigen Stadt seinen Tiefstand erlebte. Aber da waren auch nur noch eine Handvoll der römischen Katakomben überhaupt zugänglich.

Größeres Interesse zogen sie erstmals mehr als ein Jahrhundert später wieder auf sich und dann verstärkt durch das Interesse der Gegenreformation an den Wurzeln des Christentums. Im 18. Jahrhundert erwähnte sie Goethe, wenn auch unbeeindruckt, in seiner *Italienischen Reise*, ebenso schrieben Stendhal und Charles Dickens über sie. Wissenschaftlich umfassend und systematisch erforscht werden sie seit Mitte des 19. Jahrhunderts.

Zur Zeit der Wiederentdeckungen im 16. und 17. Jahrhundert entstand die Legende von den Katakomben als Zufluchtsorte bedrängter Christen, die sich darin vor den gewaltsamen Verfolgungen in Sicherheit brachten oder gar wohnten. Die Legende hat verschiedene Ursachen. Man nahm zum Beispiel antike Quellen allzu wörtlich, in denen von Päpsten die Rede war, die »in den Friedhöfen« wohnten, was sich aber auf den oberirdischen Teil der betreffenden Gelände bezog. Zudem hatte Kaiser Valerian (253–260) den Christen im ganzen Römischen Reich Versammlungen auf Friedhöfen verboten, was zur Vermutung Anlass gab, dass man sich nunmehr in den unterirdischen Nekropolen traf. Außerdem wurde Papst Sixtus II. im Jahr 258 im Zuge der Christenverfolgungen in einer Katakombe festgenommen, hingerichtet und dort begraben. Weil er einer der am meisten verehrten Märtyrer der frühen Christenheit war, fand die Geschichte seines Martyriums weite Verbreitung und wuchs sich aus zur Legende der Katakomben. Überhaupt dürfte die Tatsache, dass Christen die Katakomben zum Zwecke der Märtyrerverehrung besuchten, bis schließlich deren Reliquien entnommen und in Kirchen überführt wurden, zur Legendenbildung beigetragen haben.

Die Vandalen waren eine kulturlose Meute – IRRTUM!

Viele Sprachen bezeichnen wahllos zerstörerische Handlungen an fremdem oder öffentlichem Eigentum als Vandalismus, und häufig wird der Begriff juristisch als Tatbestand geführt – und verunglimpft die Vandalen, die als barbarisches, kulturloses Volk in die Weltgeschichte eingegangen sind. Zu Unrecht.

Erstmals erwähnt werden die Vandalen in römischen Quellen des 1. Jahrhunderts, zunächst bei Plinius dem Älteren, der sie als eine der fünf Großgruppen der Germanen führt, sodann in Tacitus' Beschreibung der verschiedenen germanischen Völker. Grob platzierte man sie nördlich der Donau und östlich des Rheins. Heute wird vermutet, ihr Siedlungsgebiet habe in Zentral- und Südpolen gelegen, Cassius Dio schreibt von den »vandalischen Bergen«, mit denen vermutlich die Sudeten oder auch nur das Riesengebirge gemeint sind. Von dort aufbrechend, absolvierten die Vandalen eine bemerkenswerte und lange Wanderschaft: In der zweiten Hälfte des 2. Jahrhunderts rückten sie im Zuge der Markomannenkriege auf die römische Provinz Dakien an der Donau vor, wo sie sich ansiedeln wollten. Das konnten die Römer abwehren, man schloss aber Abkommen. In der Folge gab es Militärdienstleistungen der Vandalen ebenso wie Auseinandersetzungen, zumal man sich die Völker an den Reichsgrenzen gerne vom Hals hielt, indem man sie gegeneinander ausspielte oder aufhetzte. Das Imperium Romanum besaß eine zwiespältige Ausstrahlung auf die Völker, die in seiner Nachbarschaft lebten: Einerseits fühlten sie sich von Rom bedroht oder bevormundet und legten Wert auf ihren eigenen Weg. Andererseits war das Römische Reich wirtschaftlich und kulturell ungeheuer attraktiv und der Wunsch groß, davon zu profitieren.

Vermutlich unter dem Druck des Hunneneinfalls oder wegen einer Hungersnot machten sich die Vandalen um 400 auf gen Westen und standen ein Jahr später am Rhein, den sie weitere fünf Jahre später überquerten. Wo und wann genau das passierte, ist unklar, unzuverlässige Quellen sprechen vom zugefrorenen Rhein bei Mainz am Silvestertag 406, möglicherweise geschah es aber auch weiter südlich bei Straßburg. Drei Jahre blieben sie in der römischen Provinz Gallien, dem heutigen Frankreich, bis sie 409 über die Pyrenäen Spanien erreichten – auf welchem Weg es vom Rhein nach Süden gegangen war, ist unklar.

Schon die lange Wanderschaft ließ die Vandalen natürlich nicht unbeeinflusst; wie auf andere Völker wirkte auch auf sie besonders die dominierende römische Kultur ein. Unterwegs ließen sie sich zum arianischen Christentum bekehren und eigneten sich auf ihrem Zug an, was sie gebrauchen konnten, also vor allem militärisches Know-how. Die Römer ließ das nicht unbeeindruckt, und wie sie generell der Bedrohung des Reiches durch die Barbarenvölker mit allerlei Maßnahmen zu begegnen suchten, wollten sie auch die Vandalengefahr entschärfen. Zum einen erhielten die Vandalen schließlich Siedlungsgebiete in Spanien – in der Hoffnung, ihre Energien auf eine andere Betätigung zu lenken. Zum anderen versuchte man abermals, verschiedene Völker gegeneinander auszuspielen: In diesem Fall sollten die Goten den Vandalen Einhalt gebieten, was allerdings fehlschlug.

In Spanien blieben die Vandalen weitere zwei Jahrzehnte, siedelten in Asturien und Galicien, in Süd- und Südwestspanien sowie dem heutigen Portugal. Dann aber drängte es sie weiter. Nach Erkundungs- und Plünderungsfahrten von der südspanischen Küste aus beschloss König Geiserich 429, Spanien zu verlassen und nach Afrika überzusiedeln. Dieser Zug eines ganzen Volkes mitsamt Ausrüstung und Tausenden Pferden kommt einer logistischen Meisterleistung gleich, und eingeteilt in achtzig Tausendschaften verließen die Vandalen Europa. Darunter waren rund 15000 Krieger, die nunmehr auf unbekanntem Weg Nordafrika eroberten. Vermutlich überquerte man die Meerenge von Gibraltar und segelte sodann entlang der Mittelmeerküste Afrikas ostwärts – aber das bleiben bloße Vermutungen. Mitte des Jahres erreichten die Vandalen unter Führung Geiserichs mit römischen Schiffen ihr Ziel und eroberten dort trotz erheblichen Widerstands die Städte, darunter schließlich – niemand weiß, wie genau – auch Karthago, die wichtigste Metropole des südlichen Mittelmeerraums. Für Rom bedeutete der Verlust dieser Provinzen einen schweren Schlag, denn Nordafrika war die Kornkammer des Imperiums. Weil sich das Reich aber in einer Schwächephase – und rückblickend betrachtet längst im Untergang – befand, konnte es den germanischen Eroberern keinen ausreichenden Widerstand entgegensetzen. Eine diplomatische Lösung tat not, und so schlossen die Römer 442 einen Vertrag mit den Vandalen, die nicht nur den Kernbestand römischer Herrschaft in Nordafrika erhielten, nämlich Tunesien und den Osten Algeriens. Rom verzichtete zudem notgedrungen auf die sonst üblichen Tributzahlungen. Das Vandalenreich war damit nicht nur souverän geworden, sondern lag in Macht und Einfluss gleichauf mit den beiden Kaisern West- und Ostroms. Ein Jahrhundert lang behauptete sich das nordafrikanische Reich der Vandalen, bis es durch inneren Streit und aufgrund des Drucks, den Mauren und Oströmisches Reich ausübten, zerbrach.

Das hundert Jahre bestehende Reich der Vandalen straft die Verwendung ihres Namens als Synonym für blinde Zerstörungswut Lügen. Keineswegs herrschten sie in Nordafrika so, wie der ihnen anhaftende Ruch vermuten ließe, im Gegenteil: Sie setzten sich sozusagen ins gemachte Nest, an das sie sich aber gekonnt anpassten, anstatt das Unterste zuoberst zu kehren. Die Kultur der römischen Provinz übernahmen sie ebenso wie deren Lebensstil. Sie gingen auf die Jagd, lernten die Badekultur ebenso zu schätzen wie die Esskultur und das feudale Wohnen in prachtvollen Villen, deren Grünanlagen von Gärtnern gepflegt wurden. Selbst ihre Toten bestatteten viele Vandalen auf hergebrachte römische Weise. Daneben beschäftigten sie die Künstler weiter, sodass man Zeugnisse ihrer Herrschaft über Nordafrika glatt für römischen Ursprungs halten könnte. Besonders eindrucksvoll erzählen erhaltene Grabmosaike aus vandalischer Zeit von der künstlerischen Blüte ihres Reiches. Auch Musik- und Theateraufführungen, aber auch Wagenrennen fanden weiterhin statt. Nahezu bruchlos knüpft daher die Kultur der Vandalen an die der Römer an, umgekehrt akzeptierten die eben noch römischen Bürger die neuen Herren trotz deren barbarischer Herkunft und religiösen Sektierertums des Arianismus, mochte es auch mehrmals zu Katholikenverfolgungen kommen. Gänzlich römisch werden wollten die Vandalen jedoch nicht – sie legten durchaus Wert auf ihre Herkunft.

Wie aber wurden die Vandalen zum Inbegriff für Kulturlosigkeit und sinnlose Zerstörungswut? Nun, es ist immer eine Frage der Perspektive, zumal die Vandalen zu den Völkern gehören, deren Perspektive auf die Welt unbekannt ist, weil Quellen dafür fehlen. Also hat der fremde Blick das Bild der Vandalen in der Geschichte geprägt, und dieser fremde Blick ist zumeist parteiisch. Vor allem trug zum schlechten Leumund des germanischen Volkes ihr kurzer Romzug im Jahr 455 bei, als sie die stolze Hauptstadt des Römischen Reiches plünderten. Bloße Zerstörungswut war dabei allerdings nicht der Antrieb, sondern Kalkül: Man zerstörte wenig, raubte aber umso mehr, neben Kunstgütern anderes Wertvolles aus öffentlichen Gebäuden und den Villen reicher Stadtrömer. Anlass für die zweiwöchige Stippvisite war ein Abkommen mit dem römischen Kaiser Valentinian III., der seine inzwischen sechzehnjährige Tochter Eudocia noch als Kleinkind dem vandalischen Thronfolger als Ehefrau versprochen hatte. Nach der Ermordung des Kaisers aber wollte sein Nachfolger das Mädchen mit dem eigenen Sohn verheiraten, diesen Plan vereitelten jedoch die Vandalen durch Invasion und Entführung der Kaisertochter. Außer Eudocia wurden auch ihre Mutter und ihre Schwester verschleppt sowie weitere Angehörige der römischen Oberschicht und Männer mit Berufen, die in Nordafrika benötigt wurden. Insgesamt steht diese Demütigung Roms in Zusammenhang mit dem Ausbau vandalischen Einflusses im Mittelmeerraum zuungunsten des Weströmischen Reiches. Ein Beutezug war es also durchaus, aber kein Vandalismus im heutigen Sinne, zumal die Bevölkerung auf Betreiben des Papstes offenbar weitgehend geschont wurde. Aber natürlich war die Breitenwirkung dieser Nachricht enorm: Ein Newcomer-Völkchen hatte die ehrwürdige Stadt Rom erobert und geplündert! Die römischen Chronisten empörten sich nach Kräften und beklagten den Bruch des Vertrages von 442, den die Vandalen aber offenbar mit der Ermordung Valentinians für erloschen betrachteten. Wie auch immer: Die Schlagzeile von der Plünderung der Ewigen Stadt überdauerte in den Köpfen der Menschen die Jahrhunderte, weil es das Ende der römischen Kultur nach einem glanzvollen Jahrtausend durch den Druck barbarischer Völker vortrefflich zu illustrieren schien.

Der schlechte Leumund der Vandalen verweist zum anderen auf ihren Zug durch Gallien, wo sie sich ziemlich rabiat gebärdeten. In verschiedenen Städten Nordgalliens haben Archäologen Brandschichten im Boden lokalisiert, die von Zerstörungen durch Vandalen stammen können, wenn auch nicht müssen. In Frankreich wurde denn auch der Begriff Vandalismus für blinde Zerstörungswut geprägt: 1794, also während der Französischen Revolution. Henri Grégoire, Bischof von Blois und revolutionärer Politiker, geißelte im Pariser Nationalkonvent Mordlust und Kulturbarbarei mancher Jakobiner, die auch viele Kunstwerke als Symbole des überwundenen Ancien Régime eifrig zerstörten, als »Vandalismus«. Schon vier Jahre darauf wurde der Ausdruck ins Wörterbuch der Académie française aufgenommen. Damit war der Begriff in der Welt und sollte trotz des schiefen historischen Bezugs Karriere machen – im Wortschatz der meisten europäischen Sprachen.

Mit ihrem Kalender wollten die Maya den Weltuntergang datieren – IRRTUM!

Wieder einmal ist er ausgeblieben, der Weltuntergang. Seit Menschengedenken wird in unregelmäßigen Abständen das Ende der Zeiten erwartet, herbeigesehnt, heraufbeschworen – ob aus religiösen Gründen, zu propagandistischen oder ideologischen Zwecken oder aus bloßer Sensationsgier. Als im Jahr 2012 der 21. Dezember näher rückte, wurden die alten Maya Mittelamerikas zum großen Thema der Medien. Abermals ging es um den Untergang unserer Welt, der zuletzt für den Jahrtausendwechsel angekündigt worden war und zweifellos auch in Zukunft Konjunktur haben wird. In diesem bisher letzten Fall wurden die Maya bemüht, die angeblich für diesen Tag das Ende aller Zeiten erwartet hätten, und ihr Kalender, der an diesem Tag eben deshalb zu seinem Ende komme. In Rechnung und Schreibweise des Maya-Kalenders lautet dieses Datum 13.0.0.0.0 4 Ahau 3 Kank'in.

Die Hochkultur der Maya mit ihrer Blüte zwischen dem 3. und 10. Jahrhundert ist legendär. Zu einer Zeit, die man für Europa eher mit einem finsteren Mittelalter assoziiert, das seine Glanzzeiten noch vor sich hatte, schufen mitten im mittelamerikanischen Regenwald Menschen eine bewundernswerte, kulturell fortgeschrittene, wirtschaftlich kraftvolle und künstlerisch reiche Kultur, die schließlich aus ungeklärter Ursache ihren Niedergang erlebte und in der Folge dem Vergessen anheimfiel. Den vergleichsweise kümmerlichen Resten der Maya-Kultur machten spanische Konquistadoren den Garaus, als sie im frühen 16. Jahrhundert den Bewohnern der Region ihre Herrschaft aufzwangen. Erst im 19. Jahrhundert wurden mitten im Urwald und verborgen unter dichtem Wildwuchs die verfallenen Tempel und Städte wiederentdeckt. Mit bewundernswertem Einsatz und großem Aufwand machten sich Wissenschaftler verschiedenster Disziplinen an die Arbeit, die Rätsel der Hochkultur zu lösen. Zu ihren Zielen gehörte es, den Kalender der Maya zu entschlüsseln und zu erklären. Er sollte sich als ausgefeilter und leistungsfähiger erweisen, als man es einem Regenwaldvolk hätte zutrauen mögen. Während der Kalender und die Mathematik der Maya schließlich entschlüsselt werden konnten, war die Erklärung, warum sie mit ihrem Kalender einen derartigen Aufwand betrieben und wie er genau genutzt wurde, zunächst schwieriger. Erst mit der Entzifferung ihrer Schrift wurde es möglich, die Geschichte der Maya-Kultur zu rekonstruieren. Bis dahin aber boten ausstehende Erklärungen jede Menge Raum für mal seriöse Überlegungen, mal wilde Spekulationen.

Schon bei der Mathematik heißt es umdenken, denn die Maya rechneten nicht wie wir mit der Grundzahl 10 und im daraus abgeleiteten Dezimalsystem, sondern richteten ihre Mathematik nach der Grundzahl 20 aus und rechneten daher im Vigesimalsystem (von lat. *viginti* = zwanzig). Auch die schriftliche Darstellung unterscheidet sich von unserer mit arabischen Ziffern. Die Maya verfuhren da sehr einfach: Ein Punkt bedeutet eine Eins, zwei, drei oder vier Punkte Zwei, Drei oder Vier. Die Fünf wurde durch einen Strich dargestellt. Mehr als vier Punkte oder drei Striche gab es nicht, denn das Positionssystem erlaubte die Darstellung von Zahlen jeder beliebigen Höhe. Die Zwanzig etwa wurde mit 1.0 ausgedrückt. Die Ziffernfolge 1–2–5 unseres Rechensystems verstehen wir mühelos als dreistellige Zahl einhundertfünfundzwanzig, weil die Zwei die Zehner- und die Eins die Hunderterposition bezeichnet. Damit umzugehen ist uns in Fleisch und Blut übergegangen. So viel anders verfuhren die Maya gar nicht, aber in ihrem Positionssystem geht es zwar ebenfalls von rechts nach links, aber nicht, wie bei uns, in Zehnerpotenzen aufwärts, sondern in Zwanzigerpotenzen. Dieselbe Angabe 1–2–5 (nach Maya-Schreibweise wäre das von links nach rechts gelesen – oder auch von oben nach unten – ein Punkt, ein Doppelpunkt und ein Strich) würde bei den Maya daher 445 meinen: Fünf mal eins für die rechte Position, zwei mal zwanzig für die mittlere, sowie einmal 400 für die linke Position. Die Darstellung allein mit Punkten und Strichen wirkt auf uns primitiv, aber das täuscht: Die Mathematik war ebenso leistungsstark wie unsere heutige und bot die Möglichkeit, mit umfänglichen Zahlenpaketen zu hantieren. Das nutzten die Gelehrten vor allem für ehrgeizige astronomische Berechnungen – und für ihre Kalenderwirtschaft. Den Maya war die Zeit heilig, und schon deshalb wurde mit der Zeitrechnung größter Aufwand betrieben. Einer der höchsten Götter war der Sonnengott K'inich ahau, und das Wort *k'in* bezeichnet außer der Sonne auch den Tag. Von diesem Wort werden selbst die Bezeichnungen der Himmelsrichtungen abgeleitet. Hingegen ist über eine Unterteilung des Tages weiter nichts bekannt, vermutlich unterschied man nur in Tag und Nacht.

Das Maya-Zeitmanagement besteht eigentlich aus drei Kalendern. Wie andere alte mittelamerikanische Völker der präkolumbischen Zeit nutzten sie zunächst einen einfachen Kalender, der 260 Tage umfasst und somit weder an Sonne noch an Mond ausgerichtet ist wie die meisten anderen Kalender der Menschheitsgeschichte. In diesem Tzolk'in genannten Ritualkalender werden zwanzig Tage mit einem Namen und einer Zahl von eins bis dreizehn bezeichnet. Dieser Teil des Maya-Kalenders ist der älteste – aber wie alt genau, ist ebenso Gegenstand von Forscherkontroversen wie die Frage, wie man auf die 260 Tage verfiel. Da die Sonne neben dem Rhythmus von

Tag und Nacht auch das Sonnenjahr von rund 365 Tagen vorgibt, wurde der Tzolk'in durch einen weiteren Kalender ergänzt, den Haab. Er ist jünger als der Ritualkalender – das Sonnenjahr kalendarisch zu begleiten wurde mit Sesshaftwerdung und beginnendem Ackerbau unverzichtbar, beispielsweise um die richtige Zeit zur Aussaat zu bestimmen. Der Haab umfasst achtzehn Vollmonate von zwanzig Tagen Länge sowie am Ende des Zyklus einen Kurzmonat mit fünf Tagen – diese angehängten Tage, die auch die Ägypter kannten, galten übrigens als unheilbringend. Für das Alltagsleben der Maya genügten diese beiden Kalender, und auch für eine überschaubare Chronologie ließ sich gut damit arbeiten: Mit beider Kombination lässt sich ein Zeitabschnitt von 52 Jahren kalendarisch verwalten – ausreichend also zur zeitlichen Orientierung innerhalb eines Menschenlebens. Diese Zeitspanne bezeichnet man als Kalenderrunde. Nehmen wir als Beispiel den Todestag des großen polnischen Komponisten Frédéric Chopin, den 17. Oktober 1849: Dieses Datum trägt die Bezeichnung 9 Ahau (im Tzolk'in) 18 Mol (im Haab). Ein Tag dieser Bezeichnung kommt im Maya-Kalender nur alle 52 Jahre vor.

Für offizielle und religiöse Zwecke stellten die Maya Tzolk'in und Haab später eine Langzeitchronologie zur Seite. Diese bezieht sich wie andere Kalender auf einen Nullpunkt: den Tag der Schöpfung, darin dem jüdischen Kalender ähnlich. In unseren gregorianischen Kalender umgerechnet wurde die jetzige, nach der Schöpfungsgeschichte der Maya dritte Welt im Jahr 3114 v. Chr. erschaffen. Von da ab wird Tag für Tag gezählt und entsprechend dem Vigesimalsystem der Maya notiert. Für eine vollständige Tagesbezeichnung treten also zu den Angaben aus Tzolk'in und Haab die Angaben der Langzeitchronologie. Nach überwiegend anerkannter Umrechnung dieser sogenannten »Langen Zählung« ist Chopin am Tag 12. 11. 14.8.0 gestorben.

Diese Zahl bezeichnet entsprechend der Maya-Mathematik und ihrer Schreibweise die Tage, die seit der Erschaffung der Welt vergangen sind: 2013200 Tage. Mit der Grundzahl 20 wird dieses ansehnliche Stückchen Zeit in handliche Zwanziger-Päckchen unterteilt, deren Umfang von rechts nach links in Zwanzigerpotenzen aufsteigt. Allein die dritte Position umfasst statt 400 nur 360 Tage, wohl weil das näher an der Länge des Sonnenjahrs liegt. Jedes dieser Zeitpäckchen hat einen Namen: Zwanzig Tage (*k'in*) sind ein *winal*, achtzehn *winal* sind ein *tun*, zwanzig *tun* ein *k'atun*, zwanzig *k'atun* ein *baktun*. Nach der vollständigen Schreibweise des Maya-Kalenders starb Chopin also am Tag 12.11.14.8.0 9 Ahau 18 Mol.

Mit dieser Langzeitchronologie konnten die Gottkönige der Maya-Stadtstaaten ihre Geschichte zeitlich verorten, was angesichts des heiligen Charakters der Zeit propagandistisch ungeheuer wertvoll und für eine Geschichtsschreibung unabdingbar war. Ihre eigenen Verdienste und die ihrer Dynastie ließen sich so mit möglichst reichhaltigen kalendarischen Bezügen ideologisch aufwerten – also diente der Kalender auch als Mittel, um Macht zu legitimieren und zu erhalten. Folglich wurde der Kalender umfassend genutzt, wovon unzählige Inschriften in Tempeln und auf Steinstelen reiches Zeugnis ablegen. Und mancher kriegerische König, der eine andere Stadt bezwang, stellte seinen Triumph über den Gegner unter Beweis, indem er dessen Inschriften, die über den Tempelbezirk verstreut die Geschichte der Stadt dokumentierten, unleserlich machte. Durchaus ähnlich war auch in anderen Kulturen die Auslöschung der Geschichte des unterlegenen Gegners ein probates Mittel der Machtdemonstration und Demütigung.

Ein weiterer Grund für die Entwicklung eines so komplexen und leistungsfähigen Kalenders war der hohe Stellenwert der Astronomie. Ganz ohne Fernrohr und Computer, in generationenlanger nächtlicher Beobachtung, die genauestens in Listen festgehalten wurde und der Vorausberechnung diente, trieben die Sternengucker der Maya staunenswerten Aufwand, um die Gestirne in ihrem Lauf zu verfolgen. Das war notwendig, weil die Sterne als Gottheiten angesehen wurden und einige davon so bedeutsam waren, dass man stets wissen wollte, zu welchem Zeitpunkt sie sich in welcher Position am Firmament befanden. Denn über die Geschehnisse auf Erden entschieden die Götter. Dazu zählte neben Sonne und Mond vor allem die Venus, die als Kriegsgott verehrt wurde. Für die Erfolgsaussichten eines Feldzuges war ihre Position am Himmel außerordentlich bedeutsam. Und zudem wurden wichtige Zeitangaben aufgewertet, je mehr Zusatzinformationen dazukamen: die Mondphase etwa oder eben die Position der Venus, aber auch der Bezug zu einem anderen bedeutsamen Datum. Um ein Datum zu propagandistischen Zwecken aufzuwerten, wurde gelegentlich sogar der Kalender gefälscht – auch darin stellen die Maya keinen Sonderfall der Geschichte dar. Dabei besaßen die Astronomen sehr genaue Kenntnis, das belegen die Tabellen beispielsweise im Dresdner Kodex, eine der wenigen Maya-Handschriften, die den Zerstörungsfuror spanischer Missionare überlebt haben. Auf Jahrhunderte im Voraus konnten Sternenpositionen vorausbestimmt werden.

Die Unterteilung der Zeit in Zwanzigerabschnitte bot außerdem die Möglichkeit, ihre Vollendung feierlich zu begehen, so wie wir Jahres- und Jahrhundertwechsel ebenfalls würdigen. Vor allem zwei Zyklen kamen dafür in Frage: Alle knapp 20 Jahre endete der Zyklus eines Katun, alle fast 400 Jahre der eines Baktun. Die selteneren Baktun-Enden wurden natürlich auch entsprechend groß gefeiert, wenngleich die häufigeren Katun-Enden mit größerer Wahrscheinlichkeit in ein Menschenleben fielen. Und da besonders bedeutsame, weil symbolisch aufgeladene Zahlen auch besonders gewürdigt wurden, wäre die Vollendung des 13. Baktun mit dem Datum 13.0.0.0.0 zweifellos überaus aufwendig gefeiert worden. Die Zahl Dreizehn wurde als heilig angesehen, weil nach der Kosmologie der Maya die himmlischen Sphären aus dreizehn Schichten bestanden. In unserer Zeitrechnung (und nach gängiger Umrechnung) entspricht dieser Tag dem 21. Dezember 2012.

All das schafft keine Notwendigkeit, den weit entwickelten und überaus leistungsfähigen Kalender der Maya damit zu erklären, er sei als Countdown zum Weltuntergang gedacht. Nur: Die mathematisch-astronomische Entschlüsselung des Kalenders glückte, lange bevor die Schrift der Maya entziffert werden konnte und man begann, ihre Geschichte und Weltsicht auf gesicherter Grundlage zu rekonstruieren. Daher erschien zunächst rätselhaft, wozu die Maya eine solch komplizierte Zeitrechnung besaßen. Brauchte ein vormodernes Volk, das im mittelamerikanischen Regenwald lebte, nicht einmal das Rad benutzte und obskuren Göttern Menschen opferte, einen so ambitionierten Kalender? Eine Zeitrechnung, die präziser war als der damals in Europa verwendete julianische Kalender aus römischer Zeit? Aus solchen Überlegungen spricht ein gewisses Maß westlich-moderner Überheblichkeit, die eigene Maßstäbe universell zur Anwendung bringt. Aber ohne tragfähige Erkenntnisse über die Geschichte der Maya und weil ihre Schrift noch nicht hatte entziffert werden können, war allen möglichen Spekulationen Tür und Tor geöffnet.

Kalender werden nach den Bedürfnissen einer Kultur erstellt, und die kalendarischen Bedürfnisse der Maya traten erst mit der Entschlüsselung ihrer Schrift zutage. Weil aber bereits bekannt war, dass die Maya tiefreligiös waren, und aufgrund schreckenerregender Kastrophendarstellungen wurde eine Verbindung zwischen Weltuntergang und Kalender hergestellt, ohne dass dafür gesicherte Erkenntnisse vorlagen. Die Schöpfungsgeschichte der Maya, derzufolge die gegenwärtige Schöpfung die dritte ist, nachdem die Götter die beiden vorangegangenen zerstört hatten, begünstigte die Idee eines kommenden Weltuntergangs im Weltbild der Maya. Die bange Erwartung des Weltendes erfüllte in Mittelamerika aber viel mehr die Azteken, deren Blütezeit Jahrhunderte später lag und die kalendarisch anders verfuhren. Die Maya jedoch lebten ihrer Auffassung nach bei aller Ungewissheit in der besten aller Welten. Denn laut ihres Schöpfungsmythos wurden die vorangegangenen Welten vernichtet, weil die Götter unbrauchbare

Menschen erschaffen hatten: beim ersten Mal aus Lehm, beim zweiten Mal aus Holz. Das konnte nicht gut gehen. Beim dritten Versuch aber wurden die Menschen aus Mais hergestellt und gerieten so, wie die Schöpfung es wollte: götterfürchtig und den Kalender achtend. Mithin gab es wenig Veranlassung für die Maya, eine Zerstörung auch dieser Schöpfung zu fürchten.

Abgesehen von der irrigen Übertragung apokalyptischer Erwartungen der Azteken auf die Maya wurden für das angebliche Weltuntergangsdatum weitere Argumente bemüht, vor allem die, mit dem Datum 13.0.0.0.0 würde der Kalender enden, daher hätten die Maya das Ende der Welt erwartet. Auch das ist falsch. An diesem Tag geht lediglich ein Baktun zu Ende und ein neuer beginnt, weshalb es zu großen Feierlichkeiten gekommen wäre. Es ist nicht einmal so, dass die Maya ihren Kalender am Datum 20 (0).0.0.0.0 hätten enden lassen, also nach Vollendung von 20 Baktun oder einem Piktun, wie die nächsthöhere Einheit heißt. In Kalenderrechnungen der Maya sind noch viel größere Zeitpakete überliefert, die Tausende Jahre in der Zukunft liegen. Und sogar Datumsangaben aus der Zeit vor der Schöpfung, also dem kalendarischen Nullpunkt, kommen vor, beispielsweise wenn es um das Geburtsdatum derjenigen Götter geht, die die Schöpfung umsetzten. Dass die übliche Datierung beim Zeitbündel Baktun aufhört, liegt nur daran, dass für einen kalendarischen Überblick größere Einheiten nicht nötig waren – wir verorten uns ja auch in Jahrhunderten und nicht in Jahrzehntausenden. Und trotzdem war im Vorfeld des ominösen 21. Dezember 2012 immer und immer wieder von angeblichen Maya-Prophezeiungen über einen Weltuntergang an diesem Tag die Rede. Solche Prophezeiungen existieren aber nicht. Kalenderprophezeiungen kannten die Maya zwar, um die Gunst des Kriegsgottes Venus oder des Regengottes Chaak vorherzubestimmen, aber ein Weltuntergang zum Ende des 13. Baktun am Datum 13.0.0.0.0 haben die Priester der Maya nicht in Aussicht gestellt.

Warum aber kam es zu diesem Weltuntergangs-Hype? Abgesehen davon, dass noch lange nach Entdeckung der Ruinenstädte im Regenwald die Maya-Kultur zu wenig erforscht war und zu beliebigen Spekulationen regelrecht einlud, verdankt sich die Karriere einer angeblichen Prophezeiung für den Schicksalstag 13.0.0.0.0 oder 21. 12. 2012 der New-Age-Bewegung im Allgemeinen und dem US-amerikanischen Autor José Argüelles im Besonderen, der sich seit 1975 mit Esoterik-Büchern hervortat, worin er vom Ende des Maya-Kalenders schrieb – einschließlich damit verbundener apokalyptischer Visionen. Mit fundierter Forschung hat das nichts zu tun – vielmehr dienten seither in einem diffusen Unbehagen an der Moderne Elemente der Maya- und anderer Kulturen als geeignete Hülle, die mit allen möglichen Sehnsüchten und kruder Esoterik gefüllt werden kann. Seither sprang eine Vielzahl Autoren bereitwillig und nicht selten geschäftstüchtig auf diesen Zug auf, und alle verfuhren nach demselben eigenwilligen Rezept der Esoteriker: Willkürlich werden Elemente zusammengebracht, die nichts miteinander zu tun haben, notfalls rabiat passend gemacht und als gesicherte oder weise Erkenntnis postuliert. Allerdings haben die Maya nicht verdient, als beliebige Projektionsfläche moderner Menschen zu dienen, die ihnen ein solches Unbehagen mitsamt ihrer apokalyptischen Sehnsüchte mir nichts, dir nichts überstülpen. Dieser bewundernswerten und faszinierenden Hochkultur wird damit nichts anderes als Unrecht angetan – als wäre das, was die seriöse Forschung über sie herausgefunden hat, nicht schon spannend genug.

José Argüelles übrigens starb 2011 und konnte den großen Tag nicht mehr selbst erleben. Zahllose andere aber wurden am 21. Dezember 2012 in banger, freudiger oder grimmiger Erwartung auf den Untergang der Welt enttäuscht. Die alten Maya hätten über das Medienspektakel weise, aber verständnislos den Kopf geschüttelt.

Der Kalif von Bagdad war ein weiser und gerechter Herrscher – IRRTUM!

Dass es im Märchen nicht um die akkurate Darstellung von Geschichte geht, weiß eigentlich jedes Kind. Aber das hindert uns nicht daran, in manchem Fall die märchenhafte Darstellung einer historischen Persönlichkeit in unser Geschichtsbild zu übernehmen – durchaus ähnlich der Wirkmächtigkeit ihrer Darstellung im Film, man denke nur an den unvergesslichen Peter Ustinov als Kaiser Nero in *Quo vadis?* oder zuletzt Daniel Day-Lewis als Abraham Lincoln. So geht es auch mit dem berühmten Kalifen Harun ar-Rashid, der uns vor allem als märchenhafte Gestalt aus *Tausendundeine Nacht* geläufig ist, aber tatsächlich gelebt hat. Allerdings haben die beiden Figuren, historisch und literarisch, nicht allzu viel miteinander zu tun. Und obwohl die westliche Welt Harun ar-Rashid, Kalif von Bagdad, als Vertreter eines goldenen Zeitalters kennt, er der bekannteste Vertreter seiner Dynastie ist und den Beinamen »der Rechtgeleitete« erhielt, wird er in der islamischen Welt bedeutend weniger geschätzt. Aus gutem Grund.

Während heute mancher Muslim aus dem Orient den Lockungen des Westens verfällt – oder sie im Gegenteil als verwerflich verteufelt –, war es in früheren Jahrhunderten der Orient, der die Fantasie der Menschen im Abendland beschäftigte. Alles Morgenländische schien märchenhaft: die fremde Religion des Islam, die prächtigen Höfe der Sultane, die exotischen Speisen und verwunschenen Basare, die Kleidung und die so ganz anderen Sitten. Gekonnt ausgeschmückte Reiseberichte und andere literarische Zeugnisse waren es, die dem Abendland die Kultur des Orients vermittelten. Der französische Schriftsteller Paul Valéry nannte jenes Orientbild, das auf Hörensagen, Träumerei und literarischer Fantasie beruht, »l'orient de l'esprit«. Und nichts hat in Dauer und Breitenwirkung mehr Einfluss entwickelt als die berühmte Märchensammlung *Tausendundeine Nacht*.

Bei diesen Märchen handelt es sich um eine umfängliche Erzählsammlung, in die Geschichten aus verschiedenen östlichen Kulturräumen Eingang fanden: Persische, indische, ägyptische und arabische Erzähltraditionen kommen zusammen, um nur einige zu nennen. Die heute in der westlichen Welt geläufige Version wurde vermutlich im 16. oder 17. Jahrhundert in Ägypten zusammengestellt. Die erste französische Ausgabe von *Tausendundeine Nacht* vom Anfang des 18. Jahrhunderts spielte bei der Verbreitung in Europa eine Schlüsselrolle, rasch gefolgt von Ausgaben in anderen europäischen Sprachen und einer ganzen Welle davon inspirierter orientalischer Romane. Knapp 200 Jahre später schrieb der österreichische Dichter Hugo von Hofmannsthal in der Einleitung zu einer Ausgabe von *Tausendundeine Nacht*: »Hier ist Buntheit und Tiefsinn, Überschwang der Phantasie und schneidende Weltweisheit; hier sind unendliche Begebenheiten, Träume, Weisheitsreden, Schwänke, Unanständigkeiten, Mysterien; hier ist die kühnste Geistigkeit und die vollkommenste Sinnlichkeit in eins verwoben.«

Eine ganze Welt also eröffnen die Erzählungen, aber eben eine märchenhafte. Kalif Harun ar-Rashid taucht in gleich mehreren Märchen der Sammlung auf und gewann mit ihnen eine solche Popularität, dass er in Kunst und Literatur seit dem 18. Jahrhundert zur festen Größe wurde. Er gilt in der westlichen Welt bis heute als gerechter Herrscher, großzügig und gewitzt – und natürlich bei prachtvoller Hofhaltung all den Glanz und die Exotik verkörpernd, die das Orientbild verlangt. Berühmt sind seine angeblichen Inkognito-Gänge durch Bagdad, von denen er sich bei »beklommener Brust« Abhilfe versprach. Auf denen spürte er, als Kaufmann verkleidet, neugierig, aber fürsorglich seinem Volk hinterher, stellte die eigene Bodenständigkeit unter Beweis und ließ sich schon mal von Kinderweisheit zum Nachdenken und Handeln anregen. Eine Anekdote weiß zu berichten, der Kalif habe, als man ihm ein überaus kostbares Gericht nur aus Fischzungen (in ihrer Masse hübsch zur Fischform angerichtet) servierte, eine gleichwertige Summe Geldes an die Armen verteilen lassen. Ein Salomon unter den Feinschmeckern also, aber vor allem eben ein Ausbund an Gerechtigkeitssinn, Weisheit und Tugend.

Zur Zeit Karls des Großen, um das Jahr 800, war Harun ar-Rashid, Kalif von Bagdad, der mächtigste Herrscher der arabischen Welt. Kaiser und Kalif hatten Berührungspunkte, weil beide eine religiös fundierte Reichsidee verkörperten. Während die römische Kirche dabei auf antike Strukturen zurückgreifen konnte, sprengte der islamische Expansionsdrang alles Bisherige: Von der Arabischen Halbinsel bis zum Schwarzen und Kaspischen Meer im Norden, bis zum Indus im Osten, über Ägypten und Nordafrika nach Spanien verlief der Siegeszug der islamischen Eroberer. In der Schlacht bei Tours und Poitiers 732 stießen die beiden Reiche und Weltreligionen schließlich aufeinander, als das Frankenreich dem islamischen Eroberungsdrang zumindest in Europa eine Grenze setzte. Im Unterschied zum Christentum legte der Islam zwar keinen umfassenden Missionseifer, aber dafür einen ausgeprägten Machtdrang an den Tag. Zur persönlichen Begegnung Haruns mit seinem Herrscherkollegen Karl kam es nie, wohl aber zum Austausch von Gesandten, die Berichten zufolge im Jahr 802 dem Kaiser neben einer Masse weiterer kostbarer Präsente ein besonders sensationelles Geschenk überbrachten: einen weißen Elefanten namens Abul Abbas, der erste seiner Spezies, der nördlich der Alpen auftauchte.

Harun war der fünfte Kalif in der Reihe der Abbasidenherrscher und regierte in Bagdad von 786 bis 809. Schon sein Weg an die Macht entspricht nicht gerade dem Bild des Märchens: Zunächst ließ der 22-Jährige seinem Bruder den Vortritt, übernahm aber schon bald die Herrschaft des Reiches, als der Bruder aus ungeklärten Gründen früh verstarb – Harun wurde mit dem plötzlichen Tod in Verbindung gebracht, seine Mutter verdächtigt, für ihren Sohn Gift zur Anwendung gebracht zu haben. Die Abbasiden, die sich auf ihre Abstammung von einem Onkel des Propheten Mohammed berufen konnten, waren Mitte des 8. Jahrhunderts aus innerarabischen Machtkämpfen siegreich hervorgegangen und lösten die ein Jahrhundert währende Herrschaft der Omaijaden ab. Sie schufen die Grundlagen für eine islamische Staatlichkeit, mit Verwaltungs- und Steuerrecht sowie einem Justizsystem mit Kadis in allen größeren Städten. Zunehmend entrückt und beim Gewähren von Audienzen hinter einem Vorhang verborgen, ließen die Kalifen das Land von Wesiren regieren. Unter Harun am zunächst einflussreichsten war die afghanischstämmige Adelsfamilie der Barmakiden, denen er viel verdankte. Und doch entledigte sich Harun ihrer Dienste im Jahr 803 mit brutaler Härte, selbst seine eigenen Lehrer und engste Vertraute kamen dabei zu Tode.

Die Herrschaft über das Abbasidenkalifat übernahm Harun zu dessen Glanzzeit, als es von Marokko bis nach Indien reichte. Seine Hauptstadt Bagdad, 762 gegründet und Nachfolgerin von Damaskus, ließ er zu einer prächtigen Residenz ausbauen. Die glanzvolle Metropole war mit bis zu einer Million Einwohnern die damals größte Stadt der Welt. Harun ar-Rashid verbreitete Glanz und Pomp, schuf hingegen nichts von Dauer, denn der Glanz war überschattet von politischer Instabilität und Spannungen. Sein größter militärischer Triumph gelang ihm, bevor er Kalif wurde, da rückte er bis zum Bosporus vor und kam mit reicher Beute zurück. Aber das Erreichte war letztlich vergeblich, denn das Reich war so groß, wie es schwer regierbar war, und innenpolitisch war Harun nicht übermäßig erfolgreich. An vielen Enden des Reiches kam es immer wieder zu Machtkämpfen und Aufständen, gegen die die schwache Zentralgewalt immer wieder einzuschreiten versuchte. Das war schon vorher ein Problem gewesen, das aber auch Harun nicht zu lösen schaffte. Im weitläufigen, schwer zu kontrollierenden Reich agierten die Provinzen zunehmend unabhängig, mal mit, häufiger ohne den Segen des Kalifen. Noch dazu war die Hauptstadt Bagdad beherrscht von Intrigen und Machtkämpfen zwischen Parteiungen, denen jeweils ein Sohn des Kalifen angehörte: Nummer eins und Nummer zwei der

Thronfolge. Eine faktische Reichsteilung noch zu Haruns Lebzeiten führte nach seinem plötzlichen Tod während einer Rebellion in Samarkand alsbald zu Bürgerkrieg und Wirtschaftskrisen, zur Verwüstung Bagdads und schließlich ganz allmählich zum Auflösungsprozess des Großreiches der Abbasiden.

Die historische Person des Harun ar-Rashid entspricht also keineswegs dem Bild, das in *Tausendundeine Nacht* von ihm gezeichnet wird. Er war alles andere als ein weiser und sanfter Herrscher, sondern wie andere Kalifen ein brutaler Despot – und selbst darin nicht so meisterhaft, dass er dem allmählichen Niedergang seines Reiches erfolgreich entgegengewirkt hätte. Er setzte auf Gewalt und Mord als Mittel der Herrschaftsausübung, nahm es dagegen mit Ehrenwort und Versprechen nicht so genau, wie der edle Fürst aus den Märchen vermuten ließe, die auch sein notorisches Misstrauen und seine Überheblichkeit übergehen. Für die Pracht seines Hofes in Bagdad und später in seiner Residenzstadt ar-Raqqa sowie die Förderung von Kunst und Wissenschaft ist er nicht zu Unrecht berühmt – aber der Preis dafür waren Zugeständnisse an die Provinzen, die der Kalif sich mit Tributzahlungen vergüten ließ.

Dass er so prominent in *Tausendundeine Nacht* auftritt und damit berühmt wurde, hat aber seinen Grund: Harun ar-Rashids Herrschaft steht für eine goldene Zeit, die verloren war, als die Märchen entstanden: die kulturell glanzvolle Epoche der Abbasiden, der »gesegneten Dynastie«, als die islamische Welt im Kalifen von Bagdad noch den einen, einenden Herrscher besaß, Gott und dem Propheten zur Ehre gereichend. Diese alsbald verklärte Blütezeit aber endete mit Haruns Tod und den nachfolgenden Machtwirren, die den Abstieg des Abbasidenreiches beschleunigten.

Nowgorod war im Mittelalter eine demokratische Stadtrepublik – IRRTUM!

Die Anfänge Nowgorods (dt. Neustadt), rund 180 Kilometer südöstlich von Sankt Petersburg, bleiben im Dunkel der Geschichte, aber es war zweifellos ihre geographische Lage, die die Stadt zu einem wichtigen Handelsplatz und schließlich Partner der mittelalterlichen Hanse werden ließ, des exklusiven und wirtschaftlich potenten Clubs ehrgeiziger Handelsstädte im Ostseeraum: Für den innerrussischen Handel lag man günstig an einer wichtigen Verkehrsader, dem Fluss Wolchow, der die Ostsee mit dem Dnjepr und, über Schleppstellen, der Wolga verbindet. Bis Ende des 10. Jahrhunderts, unter Oberherrschaft des Kiewer Großfürsten, handelte man vor allem Richtung Osten, dann aber verstärkte sich der Handel mit dem Westen und dem Norden des Kontinents. Immer mehr Schiffe kamen von weither über die Ostsee, über die Newa und den Ladogasee den Wolchow hinauf und nahmen Wachs und Honig an Bord – und vor allem hiesige Pelze, die wegen ihrer besonders guten Qualität im Westen begehrt waren. Sie brachten Silber, Bernstein und Tuche, Waffen und Pferde, aber auch Bier, Wein, Hering und sogar Südfrüchte. Die Intensivierung des Handels seit dem 11. Jahrhundert war enorm. Zu den wichtigsten Handelspartnern Nowgorods gehörten die Hansestädte Lübeck, Visby, Riga, Dorpat (heute Tartu) und Reval (Tallinn). Für Russland waren die Hansekaufleute die wichtigsten Partner, und umgekehrt machten russische Erzeugnisse auf den Märkten der Hanse in Mittel- und Westeuropa einen erklecklichen Anteil aus. Zu den genannten Waren kamen später noch Rohstoffe wie Tierhäute, Hanf und Flachs oder Pottasche.

Christianisiert wurde Nowgorod vermutlich Ende des 11. Jahrhunderts unter erheblichem Widerstand. Da war die spätere Bischofskirche St. Sophia gerade aus Stein erbaut, die mit ihren fünf Kuppeln noch heute den Mittelpunkt der Stadt bildet. Errichtet wurde sie auf der linken Flussseite, die daher auch Sophienseite genannt wird, im Unterschied zur Handelsseite auf dem rechten Ufer, wo sich der Marktplatz und die Handelsniederlassungen befanden. 1165 wurde Nowgorod Erzbistum, der Bischof stieg später zum nominellen Stadtoberhaupt auf.

Im Elend der Zerstörung der Stadt durch die deutsche Besatzung im Zweiten Weltkrieg ergriffen Archäologen die Gunst der Stunde und unternahmen umfangreiche Ausgrabungen im Stadtgebiet. Die ältesten archäologischen Funde stammen aus der ersten Hälfte des 10. Jahrhunderts, weswegen man von der Gründung der Stadt um die Wende zum 10. Jahrhundert ausgehen kann. Unter der Fürstenresidenz wurden allerdings Reste eines Vorgängerbaus aus der Mitte des 9. Jahrhunderts gefunden, die skandinavisch beeinflusst sind und damit alte Chroniken bestätigen, in denen von einem skandinavischen Fürsten die Rede ist, den die Stadt einst an ihre Spitze berufen haben soll. Als die Stadt später unter Oberherrschaft des Großfürsten von Kiew stand, schickte der häufig seinen ältesten Sohn als Statthalter – und wenn es fürstlichen Familienzwist gab, was nicht selten war, fühlten sich die Nowgoroder als Leidtragende.

Angesichts ihrer wirtschaftlichen Bedeutung und des Reichtums der Stadt entwickelten die Bürger von Nowgorod aber ein hohes Maß an Selbstbewusstsein, auch politisch, und unternahmen Anstrengungen, sich von der Gängelung Kiews zu befreien. Ziel war, was Kaufleute überall auf der Welt zu allen Zeiten erstrebten: möglichst ungestört Handel treiben zu können, in diesem Fall unabhängig von politischen oder dynastischen Auseinandersetzungen. 1136 suchten sie den Machtkampf und entschieden die Sache für sich: Fortan sollte der Fürst an der Leine der Stadt gehen, nicht länger umgekehrt. Maßgebliches Entscheidungsgremium wurde die städtische Ratsversammlung bzw. die Amtsträger, die sie benannte.

Den Vertrag der einstigen Berufung des skandinavischen Fürsten machten die Bürger nunmehr zur Blaupause für ihre Fürstenwahl, die sie fortan praktizierten. Der Vertrag selbst ist nicht erhalten, aber danach konnte der Vece, die Nowgoroder Ratsversammlung, einen Fürsten seiner Wahl einladen – und für den Fall, dass er die Vereinbarungen nicht einhielt, auch wieder vom Hof jagen. Seine Rechte wurden vertraglich genau festgelegt, der Erkorene musste in der Stadt wohnen, durfte aber im Nowgoroder Herrschaftsgebiet kein Land besitzen. Auch die Steuererhebung nahmen die Bürger selbst vor und redeten bei der Verteilung des Geldes mit.

Der Vece, der unter freiem Himmel vor der Sophienkirche oder vor dem einstigen Fürstenhof auf der Handelsseite zusammentrat, wurde von einer eigenen Glocke einberufen. Weil die Geschicke der Stadt in seinen Händen lagen, kann man die Stadtverfassung als republikanisch bezeichnen. Verfassungsrechtlich war der Fürst nicht mehr als eine Art oberster Stadtbeamter, der dem Vece sogar Rechenschaft schuldete. Der Rat besetzte die wichtigsten Ämter: Bürgermeister (Posadnik), Tausendschaftsführer (Tysjackij) und Erzbischof, der zum nominellen Stadtoberhaupt wurde und auch sonst von der Regierungsform in Nowgorod ungemein profitierte. Auch außenpolitisch und gesetzgeberisch lag die Initiative beim Rat, während der Stadtfürst fürs Militärische zuständig war. Zu Zeiten kam Nowgorod sogar ganz ohne Stadtherrn aus, es gab dann rein ehrenamtlich einen Titel für einen benachbarten Fürsten, während der Vece die Stadt allein regierte.

Den Einfall der Mongolen 1237–40 überstand Nowgorod ebenso wie die Invasionsversuche der Schweden und des Deutschen Ordens. Der Aufschwung durch den regen Fernhandel brachte eine kräftige Zunahme der Bevölkerungszahl mit sich: Zur Blütezeit der Stadt im 14. und 15. Jahrhundert lebten bis zu 30000 Menschen hier; eine ansehnliche Größe im europäischen Vergleich und die Hälfte mehr, als Moskau damals aufbieten konnte. Nowgorod erreichte damals fast die

Größe Kölns und überrundete Nürnberg, Wien oder Augsburg. Keine Stadt im ostslawischen Raum war größer, im 15. Jahrhundert könnte die Einwohnerzahl gar bei 80000 gelegen haben. Die Bewohner kamen aus vielen Regionen Europas, darunter waren neben Westslawen vor allem Skandinavier, Balten und Norddeutsche. Der Bedeutung und Macht entsprach das ausgedehnte Herrschaftsgebiet Nowgorods, das bis zum Nordmeer und im Osten ans Uralgebirge reichte, wenn auch der eigentliche Stadtstaat bedeutend kleiner war. Diese Hochzeit als Handelsmetropole ging einher mit einer langen Epoche bemerkenswerter kultureller und künstlerischer Blüte – und mit faktischer städtischer Autonomie, die insgesamt ein halbes Jahrtausend währte. Sogar innerhalb der Hanse war Nowgorod diejenige Stadt mit der größten Eigenständigkeit.

Erst 1478 fand die Autonomie ein Ende, als sich das Großfürstentum Moskau zur Führungsmacht im Nordosten Russlands aufschwang und sich die Handelsstadt nach jahrelangem Krieg gewaltsam einverleibte. Zur Strafe für die Widerspenstigkeit der Nowgoroder, die im Widerstand gegen Moskau Rückhalt bei Polen-Litauen gesucht hatten, wurde die Vece-Glocke als Symbol der Unabhängigkeit der Stadt nach Moskau verbracht. Aber nicht nur die städtische Autonomie, sondern die besten Zeiten als internationale Handelsmetropole waren damit vorbei.

Nowgorod unterschied sich ganz erheblich von allen anderen altrussischen Städten, in denen das Kräftemessen letztlich immer zugunsten des Stadtfürsten ausging. Und dieses hohe Maß an Eigenständigkeit und Mitsprache hat der Stadtrepublik den Titel der ersten Demokratie Russlands eingetragen und in mancher ideologischen Debatte zu Argument oder Beispiel werden lassen: vor allem im 19. Jahrhundert, als man unter der Zarenherrschaft litt, aber auch heute noch. Für viele gilt als ausgemacht, dass Ende des 15. Jahrhunderts, als die Stadt Opfer des Moskauer Despotismus wurde, eine strahlende Errungenschaft erstickte, noch bevor sie der russischen Geschichte eine andere, tolerantere, demokratischere, ja: westlichere Entwicklung hätte geben können. Nowgorod als östliche Wiege der Demokratie – eine schöne Vorstellung. Sowjetische Historiker gingen sogar so weit, in der russischen Geschichte eine altslawische Urdemokratie zu verorten.

Der Quellenbestand zur russischen Geschichte vom 9. bis 14. Jahrhundert ist überaus dünn, zu viel Schriftliches fiel den häufigen Bränden zum Opfer, die in den überwiegend aus Holz errichteten Gebäuden viel Schaden anrichten konnten. Das lässt eine Menge Interpretationsspielraum, der nicht selten zum Vorteil einer bestimmten Sichtweise oder einer Ideologie genutzt wurde. Und auch die überlieferten Chroniken sind nicht zuverlässig, da sie mehr die jeweilige Deutungshoheit über die Vergangenheit vermitteln und weniger die nackten Tatsachen. Wie aber sah sie wirklich aus, die »älteste Demokratie Russlands«?

Prinzipiell stand allen freien Nowgoroder Bürgern ab einem bestimmten Alter offen, sich im Vece an den Entscheidungen zu beteiligen – was bedeutet, dass es eben auch Unfreie gab. Diese recht große Gruppe war von aller politischen Teilhabe ausgeschlossen. Auch die Frauen waren benachteiligt und schon rechtlich von den Männern abhängig. Nowgorod war zwar eine Republik, aber keine Demokratie, sondern vielmehr eine Oligarchie, in der die Bojaren, der lokale Hochadel, das Sagen hatten und die wichtigen Ämter und Gremien ausschließlich unter sich besetzten. Von einer demokratischen Eigenverwaltung Nowgorods im heutigen Sinn kann also keineswegs die Rede sein. Zugleich war die Schere zwischen Arm und Reich enorm groß, und neben der Kirche verfügte der Adel über den weitaus größten Teil des Landes. Die überwältigende Mehrheit der Einwohner – Unfreie, aber auch kleine Handwerker und Kleinhändler sowie die Bauern, die überwiegend außerhalb der Metropole ansässig waren – besaßen wenig bis keine Einflussmöglichkeiten auf die Geschicke der Stadtrepublik. Nicht ganz ausgemacht ist übrigens, worin sich der Niedergang der Handelsstadt letztlich begründete, aber einiges spricht für Machtkämpfe der Bojaren untereinander. Deren jeweilige Verbündete hatten es auf das reiche Nowgorod abgesehen: das mächtige Polen-Litauen im Westen und Moskau, das schließlich obsiegte.

Richard Löwenherz war ein leichtfertiger Abenteurer und Hallodri – IRRTUM!

Der englische König Richard I., genannt Löwenherz, entstammte einer illustren Familie mit wechselvoller Geschichte. Sein Vater Heinrich II. war der Erste der englischen Könige aus dem Hause Anjou, die seit Mitte des 12. Jahrhunderts auf dem englischen Thron saßen und ein Herrschaftsgebiet von Schottland bis zu den Pyrenäen für sich reklamierten. Sie beriefen sich dabei auf dynastische Verbindungen und Eroberungen. Englands Festlandinteressen bezogen sich vor allem auf die Normandie im Norden Frankreichs, die Heinrichs Vater erobert hatte, der als Graf von Anjou und Tours seinem Sohn weitere Gebiete sowie einen Anspruch auf Oberherrschaft über Maine und Bretagne in Nordwestfrankreich vererbte. Hinzu kam Aquitanien in Südfrankreich nebst benachbarten Ländereien, das Richards Mutter Eleonore von Aquitanien mit in die Ehe gebracht hatte. Kurz vor der Heirat mit Heinrich war ihre erste Ehe mit dem französischen König Ludwig VII. annulliert worden; ihre schillernde Biographie als französische und schließlich englische Königin und ihre aktive politische Rolle trugen Eleonore üble Nachrede ein, die sich über die Jahrhunderte hielt.*

Das Herrschaftszentrum dieser heterogenen Ansammlung von Ländereien lag eher in der Normandie als in England, und über alle Teile effektiv zu herrschen, erwies sich als recht schwierig. Einerseits beanspruchte der englische König ganz Westfrankreich und damit mehr Land, als sein französischer Kollege kontrollierte, andererseits stand über dem englischen der französische König als sein Lehensherr – wenn auch nur auf den französischen Anteil des englischen Reiches bezogen. Zudem war der englische Anspruch stets umstritten. Die Folge

* Bernd Ingmar Gutberlet, *Die 50 größten Irrtümer und Legenden der Weltgeschichte*, 4. Aufl. Köln 2010.

waren blutige Kriege und diplomatische Scharmützel – langfristig gar der Hundertjährige Krieg, der mit Unterbrechungen von 1337/39 bis Mitte des 15. Jahrhunderts dauerte.

Heinrich regierte so überaus geschickt, dass er trotz aller Widrigkeiten zum mächtigsten Fürsten nach dem Kaiser des Heiligen Römischen Reiches wurde, was sich auch daran ablesen lässt, dass er seine Kinder europaweit sehr hochkarätig verheiratete. Allerdings hatte er mit vier seiner fünf Söhne eine liebe Not, denn sie rebellierten immer wieder gegen den Vater und gegeneinander, wobei es natürlich fast immer um Macht und den Thronanspruch ging. Sie schreckten dabei nicht einmal vor einem Bündnis mit dem französischen König zurück. Heinrichs dritter Sohn Richard erzwang schließlich die Anerkennung als Erbe und wurde 1189 Englands erster König, der ohne Wahl, sondern infolge der (erzwungenen) Erbfolgebestimmungen die Krone gewann. Bald nach der Krönung begab er sich auf den Kreuzzug ins Heilige Land und geriet auf der Rückreise in Gefangenschaft zunächst des Herzogs von Österreich, sodann des Kaisers. Erst nach mehr als einem Jahr wurde er durch eine astronomisch hohe Summe freigekauft und kehrte nach Hause zurück.

Richard Löwenherz war zwar verheiratet, aber kinderlos, und so machte er seinen zehn Jahre jüngeren Bruder Johann zum Erben, der später als Johann Ohneland ungleich glanzloser regieren sollte und eines großen Teils des englischen Festlandbesitzes verlustig ging. Richard dagegen kämpfte nach seiner Rückkehr gegen den französischen König ziemlich erfolgreich um seine französischen Besitzungen und stritt sich mit dem aufsässigen Adel von Aquitanien, wo er schließlich in Châlus 1199 an einer Wunde starb, die ihm der Pfeil eines Armbrustschützen auf der belagerten Burg beigebracht hatte. Der mittelalterliche Chronist Roger von Hoveden befand, hier habe die Ameise den Löwen getötet.

König Richard verdiente sich seinen Beinamen Löwenherz durch seinen großen Mut und seine unermüdliche Kampfeslust – und wurde zu einem Mythos. Dafür bietet seine Biographie ja auch alle notwendigen Zutaten: Seine Epoche war die Zeit der höfischen Ritterspiele, der Troubadoure und der Kreuzzüge, und im Besonderen verlief sein Lebensweg zwischen Machtglanz und Kriegertum, zwischen hehren Idealen und schnöden Intrigen, zwischen Frankreich und England, zwischen Familie und Krone. Richards Kampf für das Kreuzfahrerkönigreich Jerusalem im dritten Kreuzzug wurde von der zeitgenössischen Propaganda weidlich ausgeschlachtet, die Botschaft vom unerschrockenen Ritter fand weite Verbreitung und stieß auf große Begeisterung in der Christenheit. Einer seiner Biographen nannte ihn den »Paradekreuzritter« und »Inbegriff des verwegenen Kriegers«, und vor allem als solcher erlangte Richard Löwenherz bleibenden Ruhm in zahlreichen Legenden.

Allerdings wurde das Nachleben des englischen Königs Richard I. von diesen schillernden Aspekten seines Wirkens regelrecht gekapert. Das Image des wagemutigen und risikofreudigen Ritterkönigs, der sein Leben auf Feldzügen und im Kampf verbringt, schob sich so sehr in den Vordergrund, dass es den Rest überstrahlte und schließlich von vielen Historikern sozusagen mit einem Minuszeichen versehen wurde: Der glanzvolle Held erschien zunehmend als politischer Hallodri, dessen eigentliche Herrschaftsbilanz zu seinem Nachteil ausfällt. Damit gepaart wurde häufig der Vorwurf erhoben, in seinen knapp zehn Regierungsjahren habe er gerade einmal ein paar Monate in England verbracht – und ohnehin sei der frankophone König der englischen Sprache gar nicht mächtig gewesen. Die kritische Einschätzung des leichtfertigen Abenteurers auf dem Thron, der lieber kämpfte als regierte, brachte der britische Kreuzzugshistoriker Steven Runciman auf den Punkt: »Er war ein schlechter Sohn, ein schlechter Gatte und ein schlechter König, aber ein kühner und großartiger Krieger.« Andere bezeichneten ihn als »Haudegen ohnegleichen« oder

»Wirrkopf«. In kriegerischen Zeiten muss ein König sich auch als Krieger bewähren, aber auch ein Krieger, der kein Talent zum König abseits des Schlachtfeldes hat, ist für sein Reich nur von begrenztem Nutzen. Stimmt diese Bilanz der knapp zehnjährigen Regierungszeit Richards?

Nun, die Einschätzung des Königs mit dem Löwenherzen als Abenteurer ohne Substanz greift entschieden zu kurz. So ist schon der Vorwurf, Richard sei unstet und impulsiv gewesen, allzu undifferenziert – immerhin attestierten ihm selbst seine Gegner die größte Beharrlichkeit, Geduld und eine bemerkenswerte Ausdauer. Daneben war er keineswegs ein ungeschlachter Haudrauf, sondern überaus kultiviert, hochgebildet und kunstsinnig. Seine Eltern hatten ihm eine vorbildlich umfassende Erziehung angedeihen lassen – er betätigte sich sogar als Dichter und war sehr musikalisch. Daneben legte Richard durchaus politisches Talent, diplomatisches Geschick und kühlen Realitätssinn an den Tag, beispielsweise verzichtete er auf die Eroberung Jerusalems, obwohl ihm das ewigen Ruhm in ganz Europa eingetragen hätte: Nur wäre der Triumph militärisch kaum von Dauer gewesen, denn die Muslime hätten die umkämpfte Symbolstadt dreier Religionen alsbald zurückerobert. Auch ihm vorzuhalten, seine Verhaftung auf der Rückreise vom Kreuzzug durch impulsives und überhebliches Verhalten im Heiligen Land gegenüber dem Herzog von Österreich selbst verschuldet zu haben, ist unangebracht. Eigentlicher Hintergrund der Verhaftung waren taktische Spielchen des Kaisers und des französischen Königs, die den Rivalen ausbremsen wollten, sowie die Aussicht auf ein stattliches Lösegeld.

Ein weiterer Vorwurf lautet, anstatt sich um die Geschicke seines Landes zu kümmern, sei der frisch gekrönte König sogleich zum Kreuzzug aufgebrochen – aus bloßer Abenteuerlust und Kampfeswut. Charles Dickens schrieb einmal, Richard sei es immer nur darum gegangen, anderen die Köpfe einzuschlagen, weshalb er ganz erpicht darauf war, »das Kreuz zu nehmen«, wie man es nannte, wenn jemand ins Heilige Land aufbrach. Die Begeisterung fürs Rittertum aber teilte er mit seiner Zeit, sie wurde von einem König auch erwartet. Und die Kreuzzugspropaganda war damals so umfassend und so erfolgreich, dass Richard, wie andere Fürsten, sich dem Wunsch des Papstes nicht entziehen konnte. Zumal er, zwei Jahre bevor er König wurde, auf die Kreuznahme einen Eid geleistet hatte. Unter diesen Gegebenheiten ist auch der Vorwurf, er habe zur Finanzierung dieses Feldzuges sein Land ausbluten lassen, zwar gerechtfertigt, greift aber ins Leere, weil der Kreuzzug in den Augen der Zeit sein musste und vor Gott größte Ehre brachte, also ganz überwiegend akzeptiert war. Das Heilige Land in den Händen der Muslime – das war für fast jeden Christen ein unerträglicher Zustand.

Und was die Sorge um das Königreich betrifft: Bevor der junge König zum Kreuzzug aufbrach, suchte er so gut wie möglich die Verhältnisse in seinen Ländereien zu ordnen. Richards verlängerter Arm während der langen Abwesenheit war vor allem seine Mutter Eleonore, daneben konnte er sich auf die englische Verwaltung verlassen, mit der sein Vater das Land modernisiert hatte. Nach seiner Rückkehr war er nicht nur militärisch erfolgreich im Bestreben, seine festländischen Besitzungen gegen die Ansprüche des französischen Königs zu verteidigen. Er agierte gleichzeitig umsichtig, planvoll und mit diplomatischem Geschick: Ziel war ein Geflecht von Bündnissen vor allem mit Toulouse und Flandern, das die französische Krone isolieren sollte. Dafür überwand Richard sogar tief sitzende Feindschaften. Und auch die Machtwirren nach dem Tod von Kaiser Heinrich VI. nutzte er geschickt in seinem Sinne aus, ohne den Bogen zu überspannen.

Um eine gerechte Beurteilung zu treffen, sei schließlich in Rechnung gestellt, dass Richard plötzlich und vor der Zeit starb. Man darf davon ausgehen, dass sein politisches Wirken vor allem der letzten Lebensjahre sich bei längerer Regierungszeit eindrucksvoll hätte entfalten können. Dann wäre das Bild des ungestümen Kriegerkönigs von dem des besonnenen, in größeren Zusammenhängen denkenden Regenten abgelöst worden. Aber dazu sollte es nicht mehr kommen. Stattdessen folgte auf einen ebenso mutigen wie fähigen Herrscher, dem zu wenig Wirkungszeit vergönnt war, mit seinem jüngeren Bruder Johann Ohneland ein talentloser König, der das Werk von Bruder und Vater in kürzester Zeit verspielte.

Der Deutsche Orden kam ganz legal an sein Herrschaftsgebiet in Polen – IRRTUM!

Der Prozess der europäischen Einigung hat viele althergebrachte Animositäten wenn nicht gänzlich beseitigt, so doch ihrer unheilvollen Wirkmacht entledigt. Paradebeispiel ist meist die deutsch-französische Aussöhnung – Grundlage und wichtiger Motor der Europäischen Union. Um nichts weniger wichtig aber ist die Aussöhnung zwischen Deutschland und Polen, denn auch die Geschichte dieser beiden Länder ist so eng verknüpft wie problematisch. Da geht es in jüngster Geschichte um die Verbrechen Hitlerdeutschlands, in jüngerer vor allem um den Aufstieg Preußens, das den Abstieg Polens forcierte, bis es von den europäischen Landkarten ganz verschwunden war. Ein Historiker brachte die Einschätzung aus der Zeit des Kalten Krieges auf den Punkt: »Der Gegensatz zu Polen wurzelt in der Genese und der Tradition des neuzeitlichen preußischen Staates selbst. Seine beiden Bestandteile, die Mark Brandenburg und der Ordensstaat, entstanden durch die Vernichtung des Slawentums, beide bereicherten sich durch Beutemachen an Polen.« Der mittelalterliche Deutsche Orden, das dritte und älteste Element der historisch bedingten polnisch-deutschen Beziehungsprobleme, wurde mit Deutschland gleichgesetzt, was mit positiven, oft nationalistischen Vorzeichen auch deutscherseits getan wurde. Heute ist der Blick beidseits der Oder differenzierter, denn dass mittelalterliche Geschichte sich nur sehr begrenzt entlang nationaler Trennlinien erschließt und zu aktuell-tagespolitischen Zwecken nicht taugt, gehört zum besseren Umgang in einem geeinten Europa.

Der Deutsche Orden entstand um 1190 während des Dritten Kreuzzugs als letzter der drei großen mittelalterlichen Ritterorden. Aufgrund der schwierigen Lage im Heiligen Land sah er sich nach anderen Wirkungsmöglichkeiten um, setzte sich eine neue Aufgabe – die Bekehrung der heidnischen Prußen – und suchte nach einem eigenen Herrschaftsgebiet – das spätere Ostpreußen. In den 1230er-Jahren und mit zunächst kaiserlichem, bald auch päpstlichem Segen etablierte er mehrere Stützpunkte entlang der östlichen Seite der Weichsel, während sich westlich des Flusses das slawische Herzogtum Pomerellen dem Expansionsdrang des Ordensstaates entgegenstemmte, langfristig vergeblich. Der christliche Slawenherrscher Herzog Konrad I. von Masowien hatte den Orden zuvor zu Hilfe gerufen, um gegen die baltischen Prußen vorzugehen – und wurde die Ritter nun nicht mehr los.

Seit Anfang des 13. Jahrhunderts standen Konrad und seine christlichen Fürstenkollegen vor wachsenden Problemen mit ihren heidnischen Nachbarn, den baltischen Prußen. Die wollten sich nicht zum Christentum bekehren und schon gar nicht unterwerfen lassen. Zweimal wurden mit päpstlicher Unterstützung Kreuzzüge geführt, in denen Polen und Deutsche gemeinsam gegen die Heiden kämpften. Die Sache schlug beide Male fehl, also wandte sich der masowische Herzog in seiner Not an den Deutschen Ritterorden. Dessen Hochmeister Hermann von Salza, ein überaus gewiefter Politiker und Taktiker, erkannte die Gelegenheit, gleich zwei Fliegen mit einer Klappe zu schlagen: Er wollte nicht bloß gegen die Prußen zu Felde ziehen, sondern sich bei dieser Gelegenheit auch gleich ein Herrschaftsgebiet sichern. Ein solches Vorhaben war soeben in Siebenbürgen gescheitert, weshalb man es nun besser vorbereitete: Lange bevor sich die Ordenstruppen in Gang setzten, ließen sie ihren Plan vorab vom Kaiser absegnen. Das war zwar gegen das Interesse des Herzogs, der ja nur Militärhilfe begehrte – aber ohne Alternative gestand Konrad dem Orden zu, sich im Kulmer Land niederzulassen. Diese Transaktion bestätigen mehrere Urkunden, sie wird von der Forschung auch nicht in Abrede gestellt.

Darüber hinaus aber, so geht aus einer päpstlichen Bulle

vom August 1234 hervor, kam es zum Kruschwitzer Vertrag. Diese Urkunde vom Mai 1230, ausgestellt im heutigen Kruszwica, bestimmte, dass Konrad I. dem Deutschen Orden nicht nur das Kulmer Land zu übertragen hatte, sondern auch alles, was er künftig noch von den Prußen erobern würde, als Schenkung unter Aufgabe aller seiner Rechte an diesen Gebieten. Die Probleme mit diesem Vertrag beginnen mit der Tatsache, dass es kein Original gibt, das seine Echtheit beweisen – oder ihn als Fälschung entlarven würde. Die Prüfung der Echtheit muss also auf anderem Weg erfolgen, über den Weg der Textkritik und der Würdigung im historischen Kontext. Da aber der Vertrag von Kruschwitz als rechtliche Grundlage der Herrschaftsnahme des Deutschen Ordens im späteren Ostpreußen galt, wurden Zweifel an seiner Echtheit rasch zu einem Politikum. Zwar war dem Orden schon 1226 von Kaiser Friedrich II. zugestanden worden, sich an der Weichsel niederzulassen, aber das stellte eine reine Absichtserklärung dar, um das Vorhaben vorab von höchster Stelle absegnen zu lassen. Im Kruschwitzer Vertrag aber wurden Tatsachen geschaffen, auch wenn die eigentliche Eroberung noch ausstand – und wenn der Vertrag gefälscht ist, rückt das den Deutschen Orden eben doch in ein schlechtes Licht, weil er sich sein Ordensland nicht nur erobert, sondern auch noch juristisch ertrickst hat.

Bald nach der Gründung des Deutschen Reiches von 1871 versuchte der Königsberger Urkundenspezialist Max Perlbach den Vertrag als Fälschung zu entlarven, was in dieser Zeit nationaler Begeisterung in Deutschland große Entrüstung auslösen musste. Polnische Historiker hingegen stimmten Perlbach zu, die Parteinahme in der Angelegenheit geriet zu einer Frage der Nationalität. Dass die Fronten der Historiker ziemlich genau entlang ihrer deutschen bzw. polnischen Herkunft verliefen, macht es noch heute kaum einfacher, die Sache ein für alle Mal zu klären. Perlbach wusste durchaus, welche geballte Ladung Empfindlichkeit er vor sich hatte. Ein Jahrhundert später darf als bewiesen gelten, dass Perlbach nicht nur mutig, sondern auch fachlich richtig urteilte, weil der Vertrag in der Tat eine Fälschung ist.

Die Fälschung gibt sich unter anderem dadurch zu erkennen, dass der Deutsche Orden 1230, als der Vertrag geschlossen worden sein soll, in Polen noch gar nicht tätig war. Der polnische Historiker Gerard Labuda hält es daher für absurd, dass Herzog Konrad schon im Voraus derart voreilig eine so weitgehende Verzichtserklärung abgegeben haben soll. Noch dazu handelte es sich, abgesehen vom Kulmer Land, um Territorium, über das er gar keine Verfügungsgewalt besaß, weil es sich in der Hand der Prußen befand. Auch waren Herzog und Orden einstweilen Waffenbrüder, die zum Zeitpunkt des Vertragsabschlusses im Einvernehmen handelten – gestritten wurde später. Die Machtverhältnisse lagen also zum Zeitpunkt des angeblichen Vertragsabschlusses anders, als es der Vertragstext voraussetzt. Zudem wird eine dritte Partei in der Auseinandersetzung um Land und arme Seelen oft vergessen: Es gab noch einen Bischof, der sozusagen an vorderster Front für die Prußen zuständig war, die aber von ihm nichts wissen wollten. Dieser Bischof Christian, in dessen Rechte der Vertrag eingreift und der mithin in Konkurrenz zum Orden stand, hätte 1230 sicher Mitrede verlangt und erlangt – geriet aber 1233 auf einer Missionsreise ins Samland in Gefangenschaft der Prußen. Das erst gab dem Deutschen Orden, der auffälligerweise keine Bemühungen an den Tag legte, den Mann freizubekommen, die Möglichkeit, abermals Fakten zu schaffen: Nachdem der Kaiser seinen Segen für das Engagement des Ordens im Osten des Reiches bereits gegeben und der Herzog mit dem Kulmer Land ein kleines Gebiet zur Verfügung gestellt hatte, ließ sich die Herrschaftsnahme mit territorialer Substanz versehen und somit vortrefflich abrunden, indem nunmehr der Papst der Ordensherrschaft in ganz Preußen zustimmte. Das ging aber nur, weil nunmehr der Bischof, der das Vorgehen des Ordens sehr misstrauisch begleitet hatte, zur Untätigkeit gezwungen war und nicht einschreiten konnte – und weil der Orden behauptete, ein entsprechender Vertrag mit dem masowischen Herzog existiere bereits: Denn für die römische Kurie war von Bedeutung, dass keine anderen Ansprüche auf das Land bestanden, also solche Herzog Konrads. Damit war der Weg für den Papst frei, sich das Gebiet der zu unterwerfenden Prußen nominell anzueignen und sowohl den bereits eroberten als auch den noch zu erobernden Teil zum Zwecke der Herrschaftsausübung dem Orden zu übergeben.

Man kann aber mit einiger Berechtigung den Standpunkt einnehmen, die Frage der Echtheit des Kruschwitzer Vertrages sei letztlich irrelevant. Denn zum einen hatte der Kaiser den Orden zur Herrschaftsnahme ja bereits autorisiert, zum anderen waren die Kreuzritter im weißen Gewand vom masowischen Herzog ja gerufen worden, um der Bedrohung durch die Prußen Herr zu werden. Ob echt oder gefälscht, der Vertrag spiegelt die Herrschaftsverhältnisse wider, an denen Konrad nicht mehr vorbeikam. Entweder er wurde gezwungen, in den Vertrag einzuwilligen, oder man überging ihn geradewegs und verfasste eine Fälschung, um sie in Rom vorzulegen und so auch päpstlicherseits autorisiert zu sein. Auch kann man befinden, der Betrogene sei im Fall dieser Fälschung nicht der polnische Herzog Konrad, sondern Bischof Christian gewesen, dessen Herrschaftsrechte über das Land der Prußen übergangen wurden. Das eigentlich wichtige Dokument für die Gründung des Ordensstaates war nicht der (gefälschte) Kruschwitzer Vertrag, sondern die päpstliche Bulle von 1234, die der Historiker Labuda daher als »Magna Charta des kreuzritterlichen Ordensstaates in Preußen« bezeichnet hat. Denn darin verfügt das Kirchenoberhaupt, der Deutsche Orden als Herrscher über Preußen stehe unter keiner Oberherrschaft, sei es eines polnischen Fürsten oder des Kaisers, als allein der des Papstes.

Die Christianisierung Preußens mit militärischen Mitteln zog sich noch eine ganze Weile hin – erst 1283 kann sie als abgeschlossen gelten. Der Ordensstaat bestand bis 1525, als im Laufe der Reformation der letzte Hochmeister ein Herzogtum daraus machte und sich selbst zum Herzog von Preußen. Dieser Albrecht aber war ein Hohenzoller, weswegen später ein Teil des Landes an Brandenburg fiel (der westliche wurde polnisch) und schließlich 1701 als Grundlage der preußischen Königswürde diente.

Marco Polo war nie in China – IRRTUM!

Im 21. Jahrhundert scheint es auf der Erde keine unbekannten Flecken mehr zu geben. Abgesehen von den stockdunklen Tiefen der Weltmeere mit Lebewesen, die noch nie ein Mensch gesehen hat, wurde fast jeder Winkel der Welt ausgeleuchtet und kartographiert. Das Zeitalter der Entdeckungen ist lange vorbei, und mittels Pauschaltourismus reist die Menschheit selbst in entlegenste Regionen. Insofern fällt es uns schwer, die Unwissenheit der Menschen des Mittelalters nachzuvollziehen, aber auch die Vorbehalte gegenüber unbekannter Ferne. Als Mitte des 13. Jahrhunderts in Venedig Marco Polo geboren wurde, der bis heute als Inbegriff des Globetrotters gilt, wusste man von der Welt weniger als noch in der Antike – viel von dem zuvor gesammelten Wissen war infolge der Turbulenzen nach dem Ende des Römischen Reiches verloren gegangen. Die Welt stellte man sich gemeinhin als kreisrunde Scheibe vor: Die untere Hälfte teilten sich die Kontinente Europa und Afrika, getrennt vom Mittelmeer. Die obere Hälfte aber beanspruchte allein Asien, von dessen immenser Größe man zumindest eine vage Vorstellung hatte. Immerhin kannte man Berichte antiker Reisender und von den Eroberungen Alexanders des Großen, eine im Mittelalter äußerst populäre Figur. Alexander war bis zum Indus vorgestoßen, aber längst beherrschte das Dahinter die Fantasie der Menschen: vor allem das exotische Indien und

das unendlich weit entfernte, unermesslich reiche China. Man vermutete Einhörner und Amazonen, jede Menge Gold, merkwürdig anzusehende Menschen mit Hundeköpfen oder Hufen als Beine – und irgendwo ganz hinten den Garten Eden.

Im 13. Jahrhundert wurden Reisen nach Fernost zunehmend sicherer, weil die Mongolen als beherrschende Macht Reisenden Schutz gewährten. Zur Zeit der Geburt Marco Polos machte sich ein flämischer Franziskaner namens Wilhelm von Rubruk auf nach Asien und bereiste das Mongolenreich. Sein missionarischer Auftrag schlug zwar fehl, aber der Mönch brachte faszinierende Informationen nach Europa: Nicht nur vom vorbildlichen Staatswesen der Mongolen wusste er zu berichten, sondern auch von der buchstabenlosen Schrift der Chinesen oder ihrer merkwürdigen Sitte, Rechnungen mit Papiergeld zu begleichen. Außer Wilhelm versuchten weitere Missionare, das Christentum in Asien zu etablieren – mit eher bescheidenem Ertrag. Umso erfolgreicher waren Kaufleute aus Italien, angespornt vom Aufschwung der italienischen Handelsstädte und der Aussicht, Handel mit Fernost zu treiben. Asiatische Waren hatten auch zuvor schon Europa erreicht, jedoch durch arabische Händler, die man nunmehr umgehen wollte. Und zu den Ersten, die mit dieser Absicht im Jahr 1260 von Konstantinopel zur Wolga aufbrachen, gehörten die Brüder Niccolò und Maffeo Polo. Viele Jahre länger als geplant waren die Venezianer unterwegs, weil Unruhen ihre Rückreise vereitelten und sie stattdessen weiter ostwärts bis nach Buchara im heutigen Usbekistan zogen, ein wichtiger Handelsplatz der Seidenstraße. Und von dort ging es noch einmal bis ins mongolische Shangdu, auch als Xanadu bekannt. Großkhan Kubilai, ein Enkel des Eroberers Dschingis Khan, ermöglichte ihnen schließlich mit Privilegien die Rückreise in ihre Heimatstadt, wo sie 1269 wieder eintrafen. Nur zwei Jahre später brachen sie zu ihrer zweiten Asienreise auf und nahmen Niccolòs siebzehnjährigen Sohn Marco mit.

Es war eine Studienreise der sehr besonderen Art, zumal für

diese Zeit – welcher junge Mann hätte damals eine solche Bildungschance gehabt? Zunächst ging es ins Heilige Land, sodann per Schiff in Richtung Norden zum Golf von Iskenderun und von dort durch die heutigen Staaten Türkei, Irak, Iran, entlang der Salzwüste nach Südosten und zum Persischen Golf. Dort verschifften sie sich nicht wie geplant, um auf dem Seeweg bequemer nach China zu gelangen, sondern entschieden sich wegen der zweifelhaften Schiffe dafür, weiter über Land zu reisen, durch fruchtbare Gebiete Persiens ebenso wie durch Wüsten, und dann auf unklarer Route nach Baktrien, heute teils Afghanistan, teils Turkmenistan. Über die südliche Seidenstraße ging es weiter durch Pakistan nach China, wo sie rund zweieinhalb Jahre nach ihrem Aufbruch von zu Hause angekommen sein dürften. Im Sommer 1275 gelangten sie schließlich nach Shangdu, der Sommerresidenz des Kubilai Khan, wovon sich Marco Polo ebenso beeindruckt zeigte wie von Peking. In den folgenden Jahren bereiste er China, aber auch Indien und Tibet. Am Ende erhielten die drei Polos den Auftrag, die zukünftige Frau des persischen Khan, ein Sohn Kubilais, von Peking aus und ab Quanzhou auf dem Seeweg nach Persien zu begleiten. Eine große Delegation machte sich auf den Weg durch das Südchinesische Meer, über Vietnam, Sumatra, Ceylon und Südindien. Mit einer arg dezimierten Brautdelegation erreichten sie Anfang 1293 Persien, wo der Bräutigam inzwischen allerdings gestorben war. Ausgestattet mit Reiseprivilegien traten die Polos schließlich die Rückreise an: auf dem Landweg zum Schwarzen Meer, von dort per Schiff nach Konstantinopel und weiter nach Venedig. Als Marco Polo 1295 nach Hause zurückgekehrt war, zählte er 41 Jahre.

Als Marco Polo drei Jahre später in Kriegsgefangenschaft geriet, weil zwischen den erbitterten Rivalen Venedig und Genua wieder mal ein Krieg um die Vorherrschaft im Seehandel tobte, diktierte er einem Mitgefangenen seine Erlebnisse, die weite Verbreitung fanden. Polos Erinnerungen wurden zum wichtigsten mittelalterlichen Sachbuch über Asien, in alle maßgeblichen Sprachen West- und Mitteleuropas übersetzt und mit vielen Prachtausgaben gewürdigt. Und als der Buchdruck Europa eroberte, war Marco Polos Buch unter den ersten, die gedruckt wurden. Eine Ausgabe des Buches führte Christoph Kolumbus mit, als er zu seiner Asienreise aufbrach, die ihn nach Amerika brachte.

Eine Beschreibung der Welt oder *Die Wunder der Wunder*, wie der deutsche Titel des Buches lautet, das in Marco Polos Heimat besser bekannt ist als *Il Milione*, ähnelt einem Reiseführer: Nach kurzer Einleitung über die beiden Reisen der Polos schildert es Regionen und Städte des riesigen Mongolenreiches von West nach Ost sowie Südostasien und Indien, die auf der Rückroute nach Europa lagen. Gleichzeitig liefert es Informationen für italienische Handelsreisende über Routen, Handelsorte und Waren, aber auch über die Menschen und ihre Sitten, über Edelsteinvorkommen, obskure Religionen und die Vogelwelt, über köstliche Speisen und gute Weine, über Porzellan, über exotische Gewürze und Pflanzen, darunter Rhabarber und Ingwer, über Freudenhäuser und strenge Asketen. Einige Aspekte mussten Europäer, die eher beschwerliches Reisen gewohnt waren, beeindrucken, vor allem die vorbildliche Infrastruktur mit einem engen Netz an Pferdestationen und bequemen Gasthöfen. Ein leistungsfähiges Kuriersystem gewährleistete die schnelle Übermittlung von Nachrichten auch über große Distanzen. Es gab gepflasterte Straßen mit schattenspendenden Bäumen und steinernen Brücken. Auch die Vorsorge gegen Hungersnöte findet Marco Polo bemerkenswert, er beschreibt Armenspeisungen, die staatlichen Getreidespeicher für Notzeiten und die Regelung, bei Missernten Steuererlässe zu gewähren.

Bloß: Kam Marco Polo überhaupt bis nach China? Oder hat er sich einfach das Nichtwissen seiner Leser zunutze gemacht? Tat er nur so, und zwar mittels geschicktem Einsatz der Informationen, die er auf seiner Reise zweifellos gewinnen konnte, aus erster Hand zu berichten, was er eigentlich aus zweiter Hand weitergab? Kann es also sein, dass Marco Polo zwar Persien erreichte, was sich nachweisen lässt, aber nicht die Mongolei, China, Südostasien?

Solche Zweifel müssen erlaubt sein, wo Marco Polos Buch doch eine Menge Märchen enthält – eben die Vorstellungen, die sich das Mittelalter von China und Indien machte. Wenn der Venezianer doch selbst da war: Wieso korrigierte er diese Ammenmärchen nicht? Und was ist davon zu halten, dass ein so aufmerksamer Chinareisender kein Wort über den Tee verliert? Dass er auslässt, dass chinesischen Frauen die Füße eingebunden wurden, um sie dem Schönheitsideal entsprechend klein zu halten? Dass er die chinesische Schrift nicht erklärt oder den in Europa noch unbekannten Buchdruck? Und, vor allem, dass er nicht einmal die Chinesische Mauer erwähnt, immerhin das eindrucksvollste Bauwerk des riesigen Landes? Wieso vermerken ihn chinesische Quellen nicht, obwohl er behauptet, im Auftrag des Kubilai Khan dessen ausgedehntes Reich bereist zu haben? Er sei sogar drei Jahre lang Gouverneur der Stadt Yangzhou gewesen – wieso taucht er dann nicht in den Stadtakten auf und wie konnte er einen solchen Posten bekleiden, wo er doch nie Chinesisch lernte?

Aber Marco Polo war tatsächlich in China. Dass er nicht jeden Ort und jedes Land, das er beschreibt, selbst besucht hat, sondern ältere Berichte weitergibt, stimmt zwar. Falsch ist aber die Annahme, er wäre nie weiter als Persien gekommen. Dafür dringt aus seinem Buch zu überzeugend seine Person hindurch – wäre das Ganze zusammengestottert aus zahllosen Berichten anderer, wäre es kaum so einheitlich geworden. Dass trotzdem in Marco Polos Longseller die fantastischen Vorstellungen seiner Zeitgenossen über das ferne Asien ihren Platz bekommen, hat weniger der Reisende zu verantworten als sein Schreiber. Im Gefängnis schrieb sein Mitgefangener Rustichello von Pisa nicht nur auf, was Marco diktierte, sondern ergänzte, was in seinen Augen fehlte – oder von dem er glaubte, dass es die europäischen Leser erwarten würden. Das Buch ist auch nie wirklich abgeschlossen worden – gut möglich also, dass Marco Polo bei genauerer Redaktion einige Zusätze seines Schreibers, der selbst als Verfasser von Ritterromanen reüssierte, gestrichen hätte. Manches wurde aber auch erst nach Marco Polos Tod hinzugefügt, darunter wohl die Behauptung, die Polos hätten den Mongolen ermöglicht, die Stadt Xiangyang mit einer Wurfschleuder zur Kapitulation zu zwingen. Dieser militärische Erfolg lag vor der Ankunft der Polos und die Schleudern stammten von den Persern.

Einige der Personen, die Marco Polo benennt, lassen sich durch Quellen von anderer Seite bestätigen. Die Reisen im Auftrag des Khan sind zwar nicht zweifelsfrei nachzuweisen, aber durchaus wahrscheinlich – wenn auch nicht in offizieller Mission, aber ausgestattet mit Privilegien und Reiseerleichterungen und der Absicht, die Neugier und rasche Auffassungsgabe sowie den unbefangenen Blick des jungen Ausländers zur Informationsbeschaffung zu nutzen. Dass Marco Polo in chinesischen Quellen nicht auftaucht, ist kein Beweis für Schwindelei: Selbst ein hochrangiger päpstlicher Gesandter, der Mitte des 14. Jahrhunderts an den Hof eines Nachfolgers von Kubilai Khan reiste, wurde nicht in Chroniken erwähnt. Dagegen sprechen überaus detaillierte Angaben zum Beispiel zum Steuerwesen, die sich noch heute bestätigen lassen, dafür, dass Marco Polo bei diesen Reisen Einblicke gewährt bekam, wie sie ohne entsprechende Maßnahmen des Khans kaum möglich gewesen wären. Ebenso weiß er über die Brautgesandtschaft mehr, als ein Außenstehender hätte wissen können.

Bei der Falschbehauptung, Marco Polo sei Gouverneur von Yangzhou gewesen, handelt es sich aller Wahrscheinlichkeit nach um einen Kopierfehler, wie er bei mittelalterlichen Handschriften häufig vorkommt. Vermutlich stand ursprünglich nur im Text, dass Marco Polo sich drei Jahre in der Stadt aufhielt, denn das Wort *sejourna* lässt sich leicht als *governa* lesen. Den Tee nicht zu erwähnen erscheint aus heutiger Sicht als kaum nachvollziehbar, so wichtig ist die chinesische Teekultur. Vielleicht fand Marco Polo, der bekanntermaßen eher alkoholischen Getränken zugeneigt war, das Getränk schlichtweg nicht so interessant. Gut möglich, dass es für ihn ein Blattaufguss war wie andere auch: für seinen Geschmack wenig erquicklich und nicht erwähnenswert. Der Buchdruck erscheint uns aus heutiger Sicht bemerkenswert, aber in Europa bestand dafür zu jener Zeit so wenig Bedarf wie Interesse. Die chinesische Schrift erlernte Marco Polo nie, also konnte er sie in seinem Buch auch nicht erklären – sie blieb auch nachfolgenden Reisenden ein Buch mit sieben Siegeln.

Und was den vorgeblichen Hauptbeweis betrifft: Der Sinologe Hans-Wilm Schütte verweist lapidar darauf, dass es eher erstaunen müsste, hätte Marco Polo die Chinesische Mauer ausgiebig gewürdigt. Denn zur Zeit seiner Reise handelte es sich gar nicht um das Bauwerk, das wir kennen, dieses Aussehen bekam sie erst zwischen dem 14. und 17. Jahrhundert – vorher war es eine Ansammlung von gestampften Lehmmauern, die weder so bemerkenswert noch so beeindruckend waren wie die heutige aus Stein, die sich majestätisch durch die Landschaft zieht und sich am Horizont im Dunst verliert. Zu Marco Polos Zeiten war der Schutzwall so unwichtig, dass er nicht einmal auf chinesischen Karten verzeichnet wurde.

Zuletzt hat sich der Tübinger Sinologe und Technikhistoriker Hans Ulrich Vogel überaus akribisch mit Marco Polos Angaben über Geld und die so bedeutende Salzindustrie in China befasst. Der Venezianer wusste als Einziger überhaupt zu berichten, dass Papiergeld in Fernost aus Maulbeerbaumrinde hergestellt wurde. Das Aussehen dieser Geldnoten gibt er detailliert wieder bis hin zu Größe, Stempeln und Einheiten und sogar der Regelung, dass abgenutzte Scheine bei dreiprozentiger Wertminderung umgetauscht wurden. Daneben erklärt er das staatliche Monopol auf Edelmetalle und Perlen, auf dem die Papierwährung beruhte, und die Bestrafung von Geldfälschern. Die Forschung bestätigt außerdem seine Informationen darüber, dass die Papierwährung vor allem im Norden Chinas sowie entlang des Yangtse gebräuchlich war. Ebenso akkurat beschreibt Marco Polo die Salzgewinnung und

-verbreitung und die Bedeutung der Salzsteuer für den Staatshaushalt – und auch hier bestätigen ihn chinesische Quellen.

Übrigens: Der Legende zufolge äußerte Marco Polo auf seinem Sterbebett, er habe nur die Hälfte von dem beschrieben, was er auf seiner Reise tatsächlich gesehen habe.

Die Inquisition war eine Hetzjagd ohne Gnade – IRRTUM!

Der Blick aufs Mittelalter ist seit Langem getrübt durch Vorurteile und eine selektive Wahrnehmung, was der rund tausendjährigen, überaus vielfältigen und noch heute nachwirkenden Epoche das zweifelhafte Etikett »finster« eingebracht hat.* Daran ändert auch die Mittelalterwelle wenig, die den Gruselfaktor der Epoche nach Kräften ausschlachtet. Zum Finstersten, was das Mittelalter zu bieten hat, gehören diesem Image zufolge die zuhauf lodernden Scheiterhaufen der Inquisition, auf denen in bestürzender Zahl jene wackeren Menschen qualvoll den Feuertod starben, die sich von einer totalitär auftretenden Kirche nicht vorschreiben lassen wollten, was und wie sie zu glauben haben. Terrorbehörden wie KGB oder Gestapo ebenbürtig, reichte ihr Arm überallhin. Wer ins Visier der allgegenwärtigen, paranoiden Inquisitoren geriet, konnte keine Gnade erwarten, denn in eigentlich unchristlicher Unbarmherzigkeit verurteilte man die Ketzer, oder wen man dafür halten wollte, zu Folter und qualvollem Tod. So jedenfalls lautet die verbreitete Meinung – aber entspricht dieses Bild den historischen Tatsachen?

Um die Inquisition, die im Allgemeinen über einen Kamm geschoren wird, differenziert zu beurteilen, muss man zunächst auf ihre unterschiedlichen Formen eingehen: Es gab die päpstliche Inquisition des hohen und späten Mittelalters, die Inquisition in Spanien seit Ende des 15. Jahrhunderts sowie die römische Inquisition, die im 16. Jahrhundert unter dem Eindruck der Reformation in Italien, vor allem im Kirchenstaat, agierte und offiziell erst 1965 beendet wurde. Daneben gab es, vor allem in Deutschland wesentlich, die bischöfliche Inquisition und Ketzerprozesse durch weltliche Instanzen.

* Bernd Ingmar Gutberlet, *Die 50 größten Lügen und Legenden der Weltgeschichte*, 4. Aufl. Köln 2010.

Für den Ruf des Mittelalters ist also insbesondere die päpstliche Inquisition von Belang. Sie setzte im 13. Jahrhundert ein, als Rom Inquisitoren aussandte, um Glaubensabweichler auszumachen und vor Gericht zu stellen. Die Arbeit lag in den Händen des noch jungen Bettelordens der Dominikaner, die deshalb auch den verächtlichen Spitznamen *domini canes* erhielten, »die Hunde des Herrn«. Später traten die Franziskaner an ihre Seite. Zu den berühmtesten – oder besser: berüchtigtsten – Glaubensschnüfflern zählen Konrad von Marburg, gestrenger Beichtvater der heiligen Elisabeth und tatsächlich paranoider Ketzerverfolger in Deutschland, der Dominikaner Bernard Gui in Toulouse, der eins der Handbücher für Inquisitoren verfasste und durch Umberto Ecos Roman *Der Name der Rose* zweifelhafte Bekanntheit erlangte, und dessen Ordensbruder Petrus von Verona, lange Jahre in Italien tätig. Dass zwei von diesen drei ermordet wurden, zeigt, wie gefährlich der Job als Bluthund sein konnte. Mit wenigen Ausnahmen waren in allen Ländern der Westkirche Inquisitoren tätig, nur Skandinavien, England und das spanische Kastilien waren nicht betroffen. Allerdings, und schon das widerspricht dem Ruch des totalen Kirchenkriegs gegen die Ketzer, war das Netz der Inquisition keineswegs lückenlos.

Die katholische Kirche ist die wohl älteste noch funktionierende Institution der Welt. Seit nunmehr zwei Jahrtausenden pflegt sie das Erbe des Religionsstifters Jesus Christus und unterhält eine komplexe Hierarchie mit der römischen Kurie als Zentrum und dem jeweiligen Nachfolger des heiligen Petrus als Oberhaupt. Über die Jahrhunderte musste sich die Kirche vieler Anfeindungen und Anfechtungen erwehren und mehrmals einem erheblichen Reformdruck Genüge tun. Immer wieder hatte Rom Mühe, seine Autorität durchzusetzen, und unterlag zum Beispiel bei der Abspaltung der orthodoxen Kirche oder in der Reformation. Daneben gab es immer wieder religiöse Graswurzelbewegungen und Abweichungen von der herrschenden Lehrmeinung, die man mal aufzufangen versuchte, mal entschieden bekämpfte. Unter Ketzerei oder Häresie verstand die Kirche jede willentliche und absichtliche Abweichung von der wahren christlichen Lehre der Bibel – über die das Papsttum die Deutungshoheit beanspruchte.

Je mehr Menschen sich von der offiziellen Lehrmeinung abwandten, desto schwieriger wurde die bisherige Strategie der Überzeugung durch Worte und der regional sehr unterschiedlichen Vorgehensweise. Romtreue Christen schufen immer öfter auf eigene Faust Abhilfe – selbst ernannte Inquisitoren schlugen über die Stränge, Übergriffe und Lynchjustiz erregter Massen nahmen zu, ebenso die Beschwerden. Auf solche Weise war Anfang des 13. Jahrhunderts der Albigenserkreuzzug gegen die südfranzösischen Katharer aus dem Ruder gelaufen. Um gegen Ketzer künftig wirksam, aber geregelt vorzugehen, entwickelte Rom das Inquisitionsverfahren: dem juristischen Standard und dem allgemeinen Drang der Zeit nach geordneter Strafverfolgung entsprechend. Mit höchstem Auftrag der Kurie ausgestattet, sollten geschulte Männer, über vierzig Jahre alt und ohne Lokalbindung an Volk oder Regionalkirche, Ketzer ausfindig machen. Schon der Aufwand, den die Kirche betrieb, belegt das Motiv, die Abtrünnigen zurückzugewinnen – hätte man unterschiedslos und ausschließlich strafen wollen, wäre eine einfache Feststellung der Schuld und die Übergabe an weltliche Gerichte ausreichend gewesen. Das Augenmerk lag aber darauf, die Gemeinden zu reinigen, denn, so die kirchliche Vorstellung, ein schwarzes Schaf färbte leicht auf die gesamte Herde ab. Diese Reinigung bedeutete keineswegs, die als schwarz identifizierten Schafe auszurotten; vielmehr sollten sie durch echte Reue eine innere Heilung erfahren und sozusagen wieder helle Wolle produzieren. Nur wenn das nicht gelang, musste das schwarze Schaf in Quarantäne oder, in allerletzter Konsequenz, auf die Schlachtbank.

Die Häufung der Inquisitionsprozesse seit dem 12. Jahrhundert hat verschiedene Ursachen: Neben der stark zunehmenden Zahl abweichender Lehren war ein weiterer Faktor die Entschlossenheit der Kirche, ihre Autorität in Sachen Glauben und Glaubensausübung überall durchzusetzen. Die ewige Konkurrenz zwischen Papst und Kaiser trug dazu bei, dass Rom in Sachen Rechtgläubigkeit und Ketzerverfolgung das Heft in der Hand haben wollte. Hinzu kam die Überzeugung – in Kirche und Gesellschaft gleichermaßen –, Ketzerei sei für die Christenheit insgesamt schädlich, außerdem im Volk erhobene Forderungen nach Verfolgung der Ketzer. Von reiner Willkür kann dabei aber nicht die Rede sein: Der Inquisitionsprozess verlangte ein geordnetes Verfahren, das Verteidigungsmöglichkeiten vorsah und für eine Verurteilung klare Beweise verlangte: in der Regel entweder ein Geständnis oder zwei übereinstimmende Zeugenaussagen. Wenn das nicht genügte, um einen dringenden Verdacht auszuräumen oder zu bestätigen, setzte man gemäß geltendem Rechtsverständnis zur Wahrheitsfindung das Mittel der Folter ein. Auch dafür gab es Regeln: Folter sollte nur bei schweren Fällen der Uneinsichtigkeit zum Einsatz kommen, dabei durfte kein Blut fließen, außerdem durfte ihr ein Verdächtiger nur einmal unterzogen werden. Diese Regelungen erwiesen sich allerdings als Gummiparagraf: Mit einiger sadistischer Kreativität ließen sich auch ohne Blutvergießen grausame Torturen entwickeln, und die eigentlich einmalige Folter wurde zum Zwecke der Verlängerung eben nicht beendet, sondern nur unterbrochen.

Waren in einer Region Ketzervorwürfe laut geworden, reisten im päpstlichen Auftrag die Inquisitoren an und forderten die Pfarrer auf, den Gläubigen ihre Ankunft mitzuteilen und ihnen nahezulegen, Anzeige zu erstatten, sollten sie von häretischem Treiben Kenntnis haben. Während einer Gnadenfrist bestand die Möglichkeit zur Selbstanzeige mit der Aussicht auf nachsichtige Behandlung. Zur Vernehmung konnte man auf bloße Verdächtigung hin gerufen werden. Kam es zu einem

Verfahren, ging die Beweisaufnahme schriftlich vonstatten und das Verfahren verlief unter strenger Geheimhaltung. Die Beweise der Anklage wurden den Beschuldigten nicht zur Kenntnis gebracht, auch die Zeugen blieben geheim, was die Verteidigungsmöglichkeiten natürlich erheblich einschränkte.

Die Strafen waren je nach Schwere des Befunds sehr unterschiedlich: Sie reichten von einfachen Bußhandlungen wie Fasten, zusätzliche Gottesdienstbesuche oder Gebete über Geißelung und die Auferlegung von Pilgerreisen bis zu Berufsverbot, Strafzahlung oder Enteignung. Das bei Weitem häufigste Urteil sah eine neue Form der Bestrafung vor, die gefürchtet war: das Tragen des großen gelben Büßerkreuzes. Da es jedem klarmachte, mit wem man es hier zu tun hatte, waren die sozialen Konsequenzen in einer, gelinde gesagt, robusten Gesellschaft enorm. Ebenfalls recht neu und gefürchtet waren die Haftstrafen. Stand aber die Todesstrafe an, wurden die Ketzer an den »weltlichen Arm« überstellt, denn die Kirche durfte weder Todesurteile fällen noch ausführen – eine eher unerhebliche Unterscheidung, da geistliche und weltliche Macht bei der Ketzerbekämpfung eng zusammenarbeiteten, denn nach beider Rechtsnormen stellte Ketzerei ein schweres Verbrechen dar. Den Abschluss des Verfahrens bildete ein großer Gottesdienst, mit dem sich die Gemeinde rituell reinigte und an dessen Ende die Urteile verlesen wurden, angefangen bei den geringsten Strafen. Die zum Tode Verurteilten wurden gleich im Anschluss verbrannt.

Aber entgegen aller Behauptungen war die häufigste Strafe eben nicht der Scheiterhaufen; die überwältigende Mehrheit der Verurteilten kam glimpflicher davon. Die Gesamtzahl der zum Feuertod Verurteilten lässt sich wegen der schwierigen Quellenlage nicht mehr verlässlich bestimmen, doch nach seriösen Schätzungen war es ein Prozent der Angeklagten. Selbst in den Hochburgen der Ketzer kamen viele davon: Bei den Inquisitionsprozessen zum Beispiel, die von 1245 bis 1257 in Toulouse gegen die Katharer durchgeführt wurden, ergingen im Ganzen 306 Urteile. Davon lauteten 239 auf Gefängnisstrafen, aber nur 21 auf Scheiterhaufen. Auch der später in Toulouse tätige Inquisitor Bernard Gui schickte in den fünfzehn Jahren seiner Tätigkeit von den unter ihm Verurteilten ein knappes Drittel ins Gefängnis, ein weiteres Drittel wurde zum Tragen des Büßerhemds verdonnert – aber nur 42 der insgesamt 930 Delinquenten wurden dem Scheiterhaufen überantwortet, weniger als fünf Prozent. Ein besonders milder Inquisitor, der es zwei Jahre ebenfalls in Toulouse mit dem notorischsten Ketzernest des Mittelalters zu tun hatte, sprach in dieser Zeit kein einziges Todesurteil aus. Berechnungen haben ergeben, dass offenbar selbst in den unruhigsten Ketzerzeiten des südfranzösischen Languedoc pro Jahr weniger als eine Handvoll Ketzer verbrannt wurden. Die meisten Inquisitoren waren sehr vorsichtig mit der Verhängung der Todesstrafe – das Anliegen der Inquisition war ja auch nicht die schlimmstmögliche Bestrafung der verirrten Schafe, sondern ihre Rückführung in den rechtgläubigen Schoß der Kirche. Nur wenn diese Aussicht nicht zu bestehen schien, kam das Todesurteil überhaupt in Frage. Bei aller abschreckenden Wirkung bedeutete jede Verurteilung zum Tode, dass die Kirche in ihrem Auftrag, ihre Schäfchen beisammenzuhalten, versagt hatte. Es waren in erster Linie die Unbeirrten oder Unbelehrbaren oder besonders Fanatischen unter den Abweichlern, die verbrannt wurden.

Doch Fanatismus kam auf Seiten der Inquisitoren gleichermaßen vor, was das Bild der Ketzerverfolgung viel mehr geprägt hat als das Vorgehen der behutsameren Kollegen. Das Gefühl der existenziellen Bedrohung der Kirche sorgte mitunter für regelrechte Paranoia, sowohl bei deren Vertretern als auch bei einfachen Christen. Einige Ketzersekten, die in mittelalterlichen Schriften geführt werden, wurden von modernen Historikern sogar als reine Hirngespinste entlarvt. Und in der Überzeugung, Häretiker vor sich zu haben, legte manches Tribunal den Angeklagten entsprechende Aussagen in den Mund. Zu solchen Verfehlungen gesellte sich Bereicherung der Inquisitoren am konfiszierten Eigentum der Verurteilten – kam es zu entsprechenden Beschwerden gegen die Inquisitoren, suchte die römische Kurie den Missbrauch zu bekämpfen.

Sehr viel grausamer und blutiger als die päpstliche war die spanische Inquisition, die in einem schwierigen Umfeld agierte, denn die Iberische Halbinsel war bis 1492 in Teilen muslimisch und besaß bis dahin eine starke jüdische Minderheit. Als die religiöse und kulturelle Toleranz mit der Reconquista durch das Christentum 1492 zu Ende ging, entfaltete die Inquisition erheblichen Terror, es ging weniger um Ketzerei als um die Durchsetzung einer makellos christlichen Gesellschaft in jeglicher Hinsicht. Aus der spanischen Inquisition entstand das Schreckbild, das die Aufklärung im 18. Jahrhundert begierig aufgriff.

Wir wollen hier keine vormoderne Institution verteidigen, als hätte sie vor Jahrhunderten modernen Rechtsnormen entsprochen, zumal in Europa heute Glaubensfreiheit zu Recht als eine unverzichtbare Errungenschaft gilt. Keine Religion sollte über das Leben seiner Anhänger entscheiden dürfen, keine Religion sollte Glaubensdiktatur betreiben können. Die historische Beurteilung der mittelalterlichen Inquisition muss aber zeitgenössische Kategorien berücksichtigen. Ketzerei galt nicht nur geistlichen und weltlichen Autoritäten als Verbrechen, sondern dem Großteil der Menschen. Ihre Verfolgung wurde von einer Mehrheit als existenziell notwendig angesehen, ja gefordert. Die Norm einer universell christlichen Gesellschaft verlangte, dass man sich der Ketzer erwehrte, weil der Makel der Häresie eine Gemeinde sonst als Ganzes traf.

Auch strukturell ist die mittelalterliche Ketzerverfolgung nicht vergleichbar mit den bürokratisierten Terrorinstrumenten neuzeitlicher Diktaturen. Erst Papst Paul III. schuf 1542 eine richtige Behörde, also eine Art päpstlicher Oberinstanz in Glaubenssachen als Instrument der Gegenreformation zur Abwehr des Protestantismus. Dazu gehörte beispielsweise der berüchtigte Index verbotener Bücher, aber auch Ketzerprozesse wie gegen den Wissenschaftler Galileo Galilei oder den Philosophen Giordano Bruno. Dieses Heilige Offizium war Vorläufer der päpstlichen Glaubenskongregation, die bis heute besteht und die Glaubensgrundsätze der römisch-katholischen Kirche vorgibt, wenn auch nicht mehr gewaltsam durchzusetzen versucht.

Die Ratten waren gar nicht schuld an der Pestwelle im Mittelalter – IRRTUM!

Es war wie ein Vorbote des Weltuntergangs: Seit Herbst 1346 fielen in Europa Menschen einer verheerenden Seuche zum Opfer, manchmal nur Stunden nach dem Auftreten der ersten Symptome. Unmittelbar dauerte diese Katastrophe des »Schwarzen Todes« in Europa bis 1353 und entvölkerte den Kontinent, aber noch bis ins 18. Jahrhundert trat die Pest immer wieder auf. Unheilbar, hoch ansteckend und in ihren Ansteckungswegen rätselhaft, gab es keinerlei Schutz vor der Bedrohung. Im Unterschied zu gewohnten Seuchen war die Pest nicht regional begrenzt, sondern fiel nach und nach über ganz Europa her wie ein Raubtier über seine Beute. Aus Angst und Ratlosigkeit und weil niemand wusste, was eigentlich die Krankheit auslöste, wurden allerlei Rezepte und Medikamente gegen die Pest erwogen und empfohlen, so mancher Quacksalber machte mit seinen Mittelchen einen Reibach. Das Elend ließ die Menschen noch mehr als sonst auf Gott und die Kirche hoffen und auf Frömmigkeit als Mittel der Wahl verfallen, Flagellanten zogen sich blutig peitschend durch die Straßen in der Hoffnung, die Wut Gottes dadurch zu mildern. Aus heutiger Sicht schütteln wir über solches Gebaren den Kopf, damals aber schien es angezeigt, weil man Krankheiten, zumal Seuchen, für gottgesandt hielt und als Bestrafung für sündhaftes Treiben verstand.

Der Blutzoll, den der Schwarze Tod forderte, war ohne Beispiel: Etwa ein Drittel der Europäer, so lauten seriöse Schätzungen der Fachleute, wurden von ihm dahingerafft – das bedeutete nicht nur Traumatisierung der Zurückbleibenden und erhebliche soziale Verwerfungen, es hatte auch massive wirtschaftliche Auswirkungen, durchaus den Folgen verheerender Kriege entsprechend. Und es waren nicht nur Erkrankte, die wegen der Pest zu Tode kamen, sondern ebenso die Opfer von Verelendung und Verrohung. Besonders schlimm waren die Lynchexzesse gegen Juden, die unschuldig als Sündenböcke verfolgt wurden.

Ursache der Pest war, wie wir heute wissen, die Verbreitung des Bakteriums *Yersinia pestis*. Wirtstiere, die dem Erreger Lebensraum bieten, sind vor allem Ratten, die ihn untereinander durch Flöhe weitergeben. Mit ihrem Befall wird es für Menschen gefährlich, denn wenn die Ratten massenhaft sterben und die Flöhe sich nach Ersatz für ihre gewohnten Wirtstiere umschauen, wird das Bakterium an die Menschen weitergegeben. Und weil dann auch der Menschenfloh zum Überträger des Bazillus wird, kann er zum weiteren Anstieg der Infektionen beitragen. Flohstiche rufen die Beulenpest hervor, die innerhalb einer Woche auftritt: durch schwarz-blaue Geschwüre und ein Anschwellen der Lymphdrüsen. Die Befindlichkeit verschlechtert sich rasch, extreme Schmerzen, Unwohlsein, Fieber, Erschöpfung folgen. Wenn der Erreger die Blutbahn erreicht, geht die Krankheit aller Wahrscheinlichkeit nach tödlich aus. Eine Tröpfcheninfektion von Mensch zu Mensch wie bei der Grippe führt in einem zweiten Ansteckungsweg noch schneller zum Ausbruch der Lungenpest. Schon nach ein oder zwei Tagen leidet der Infizierte unter Herzrasen, blutigem Auswurf und Atemnot, bis er infolge von Nervenlähmung und Gewebezersetzung in der Lunge qualvoll erstickt. Die Lungenpest verbreitete den größten Schrecken, weil sie mitunter in nur wenigen Stunden Menschen dahinraffte, die eben noch wie das blühende Leben wirkten.

Wir verfolgen heutzutage Nachrichten über Ansteckungskrankheiten und die möglichen Verbreitungswege. Vor allem die moderne Mobilität und das Reisen mit dem Flugzeug ermöglichen Krankheitserregern eine schnelle Ausbreitung. Flugreisende haben beispielsweise im Kampf der Weltgesundheitsorganisation um die Ausrottung der Kinderlähmung in manchen Regionen jahrzehntelange Arbeit im Handumdrehen zunichtegemacht, weil sie die Erreger erneut einschleppten. Auch die Verbreitung der SARS-Infektion über alle Kontinente zu Anfang des 21. Jahrhunderts geschah vor allem auf dem Luftweg. Im Mittelalter waren die Menschen zwar alles andere als mobil, aber es bestanden internationale Handelskontakte. Deshalb konnte sich die Pest, die zuerst in Asien auftrat, nach Europa ausbreiten.

Vor allem italienische Handelsstädte horchten auf, als die Nachricht einer schrecklichen Seuche die Runde machte, die die Küstengebiete Chinas und Indiens ergriffen hatte und sich rasch ins Festland hineinbewegte. Immer näher rückte die Bedrohung: Über Innerasien gelangte die Pest ans Schwarze Meer, 1346 erreichte sie mit der Halbinsel Krim erstmals Europa. Sie ergriff Syrien, die Türkei, Ägypten, Griechenland, Russland. Per Schiff gelangten die Erreger nach Konstantinopel, Kairo und schließlich Sizilien und nahmen ihren unheilvollen Weg über die europäischen Wasserstraßen und großen Handelswege in Richtung Norden – Skandinavien war 1353 an der Reihe. In seiner Heimatstadt Florenz erlebte Giovanni Boccaccio 1348 das Wüten des Schwarzen Todes und beschrieb es gleich zu Anfang seines berühmten *Decamerone*: »Tag und Nacht verendeten Menschen auf offener Straße, und viele, die in ihren Häusern umkamen, taten, wenn nicht anders, erst mit dem Gestank ihrer verwesenden Körper ihren Nachbarn kund, dass sie tot waren. Von solchen und anderen, die überall dahingerafft wurden, war die Stadt mit Leichen übersät. (...) Ach, wie viele große Paläste, wie viele herrliche Häuser und vornehme Wohnungen, zuvor von zahlreicher Dienerschaft, Herren und Damen bewohnt, wurden jetzt bis auf den letzten Knecht geleert! Wie viele ehrwürdige Geschlechter, wie viel kostbares Gut, welche ungeheuren Reichtümer sah man ohne würdige Erben bleiben! Wie viele tapfere Männer, wie viele schöne Frauen, wie viele blühende junge Menschen, die sogar Galenus, Hippokrat und Äskulap für kerngesund gehalten hätten, speisten am Morgen mit ihren Eltern, Freunden und Gefährten und tafelten schon am darauffolgenden Abend drüben in der anderen Welt bei ihren Ahnen!«

Während die Zeitgenossen rätselten, was die Ursache der grauenhaften Seuche war, die seither sprichwörtlich für alle Übel wurde, ermöglichte die Entdeckung des Pestbakteriums Ende des 19. Jahrhunderts durch den Schweizer Arzt und Bakteriologen Alexandre Yersin, endlich den Verbreitungswegen der Pest auf die Spur zu kommen.

Die Herleitung der Pest des Mittelalters durch die Ansteckung von Rattenflöhen ist allerdings in jüngerer Zeit immer wieder in Zweifel gezogen worden. Der Zoologe David Davis wies darauf hin, dass bei den zeitgenössischen Beschreibungen der Seuche die Ratten gar nicht vorkämen, obwohl dem Ausbruch der Pest ein massenhaftes Sterben der Nager hätte vorangehen müssen, weil sonst die Rattenflöhe nicht die Menschen befallen hätten. Aufgrund seiner Forschungen stellte er in Abrede, dass es im Europa des 16. Jahrhunderts so viele Ratten gab, wie allgemein behauptet. Nach seinem Befund war es nicht die durch Ratten übertragene Beulenpest, die als Schwarzer Tod ihr Unwesen trieb, sondern die Lungenpest, die von Mensch zu Mensch übertragen wird. Andere Skeptiker betonen, die Terminologie helfe wenig weiter, weil im Mittelalter Krankheitsbezeichnungen oft eine andere Bedeutung besaßen als heute. Für eine ganz andere Krankheit als die Pest spreche, dass neuzeitliche Epidemien anders verliefen. Allerdings: Zum Terminologieproblem gehören ebenso die Ratten, weil im 14. Jahrhundert Tiere noch nicht modern klassifiziert waren, weshalb auch hier mit einer Nennung in den Quellen nicht notwendigerweise genau das Tier gemeint ist, welches wir heute darunter verstehen. Zuletzt behauptete der britische Archäologe Barney Sloane, die Sache mit den Ratten müsse als substanzloser Mythos zu den Akten gelegt werden. Man habe bei archäologischen Untersuchungen gar nicht so viele Rattengebeine aus dieser Zeit gefunden, dass von einer ausreichenden Population ausgegangen werden könne, wie sie für das

Ausmaß der Seuche notwendig gewesen wäre. Er vermutete, die Menschen hätten sich vielmehr gegenseitig angesteckt. Sloane geht davon aus, dass es sich beim Schwarzen Tod des 13. Jahrhunderts nicht um die Pest gehandelt hat, sondern um eine ähnliche Krankheit mit vergleichbaren Symptomen.

Die Mehrheit der Forschung bleibt aber mit guten Gründen bei der bisherigen Annahme, dass Mitte des 14. Jahrhunderts eine vornehmlich von Ratten verursachte Pestepidemie gewütet hat. Neuere Forschungsergebnisse bestätigen ihre Beharrlichkeit. Denn inzwischen konnte durch Analysen an Opfern des Schwarzen Todes nachgewiesen werden, dass tatsächlich der Erreger *Yersinia pestis* grassierte, darunter eine besonders gefährliche Variante, die heute nicht mehr vorkommt. Es konnte sogar nachgewiesen werden, dass die Erreger aus Asien stammten, dass also keine »Schläferviren« aus älteren Pestwellen, etwa der Spätantike, tätig geworden waren. (Dass aber schon wegen der anzunehmenden Hysterie neben der echten Pest auch andere Krankheiten als solche aufgefasst wurden, beispielsweise Milzbrand, ist durchaus wahrscheinlich.) Die in Zähnen von Pesttoten gefundene DNA der Erreger stimmt außerdem mit derjenigen überein, die von Ratten übertragen wurde. Neuere archäologische Funde von Rattenknochen lassen zudem durchaus auf ausreichend große Rattenpopulationen schließen, um eine Epidemie auszulösen. Dass dies erst in jüngerer Zeit festgestellt wurde, dürfte nicht zuletzt damit zusammenhängen, dass zuvor nicht so umfassend danach gesucht worden war und Rattenreste Archäologen leicht entgehen können. Inzwischen gilt als gesichert, dass im 14. Jahrhundert vielerorts die für einen Krankheitsausbruch kritische Masse von 3000 Tieren pro 0,5 Quadratkilometer überschritten war. Das stand auch im Zusammenhang mit dem Bevölkerungszuwachs vor dem Schwarzen Tod, denn mit wachsender Bevölkerungszahl steigt einerseits die Zahl der Ratten, andererseits sinkt die Zahl ihrer natürlichen Feinde. Die direkte Ansteckung von Mensch zu Mensch kam zwar ebenfalls vor, aber erst im Gefolge der von Flöhen übertragenen Beulenpest und bei erheblich geringerer Bedeutung, weil die Verbreitung nicht so leicht vonstattengeht, wie gemeinhin angenommen. Auffällig sind zudem statistische Ergebnisse, nach denen in Berufsgruppen, die Ratten anziehen, also Fleischer oder Bäcker, spürbar mehr Opfer zu beklagen waren als unter Küfern oder Schmieden, deren Arbeitslärm Ratten fernhält. Und dass Berichte von massenhaft sterbenden Ratten fehlen, ist ebenfalls unzutreffend, es gab sie vereinzelt. Doch da die Tiere nicht mit der Krankheit in direkten Zusammenhang gebracht wurden, bestand für die meisten Beobachter auch keine Veranlassung, auf die toten Nager hinzuweisen. Dass beide Krankheitsverläufe vorkamen, bestätigen hingegen zahlreiche zeitgenössische Berichte. Als beispielsweise 1348 das päpstliche Avignon heimgesucht wurde, beobachtete der Leibarzt Clemens' VI., Guy de Chauliac, einer der bedeutendsten Mediziner seiner Zeit, die beiden Verlaufsformen von Lungen- und Beulenpest eingehend.

Die Ratten waren es also nicht allein, die die Pest in Europa verbreiteten, aber ohne sie hätte der Schwarze Tod nicht in wenigen Jahren ein Drittel der Europäer sprichwörtlich wie die Fliegen sterben lassen.

Der albanische Heerführer Skanderbeg ist ein makelloser Nationalheld – IRRTUM!

Albanien liegt abseits der ausgetretenen europäischen Reisepfade und lässt eine touristische Infrastruktur weitgehend vermissen – dabei hat es einiges zu bieten, darunter viel unberührte Natur mit rauen Gebirgen und schroffen Küsten. Ob auf dem Land oder in der Hauptstadt Tirana, allenthalben stößt man auf den Namen Skanderbeg, sei es auf Straßenschildern, Kognakflaschen oder Standbildern. Das berühmteste Denkmal des Nationalhelden hoch zu Ross in Tirana ziert den gleichnamigen Platz, der von einem Sammelsurium an Architekturstilen verschiedener Epochen umgeben ist. Auf ihn führt der Prachtboulevard zu, an dem zahlreiche Lokale allerbesten Kaffee ausschenken. Errichtet wurde das Denkmal zum fünfhundertsten Todestag des albanischen Nationalhelden 1968, es ersetzte damals ein Stalindenkmal. Hinzu kam später gegenüber die Statue des kommunistischen Staatschefs Enver Hodscha, der 1991 vom Sockel gestürzt wurde – der Standort ist noch erkennbar. Zu den Gebäuden an der ausgedehnten Platzanlage gehören außer verschiedenen Ministerien, Bank und Parteizentrale das Historische Nationalmuseum und eine Moschee. Das spiegelt die albanische Gegenwart ebenso wider wie die Geschichte: Politik, Religion, Geschichte stehen in wechselseitiger Abhängigkeit und beeinflussen die nationale Gedenkkultur. Für den mittelalterlichen Albanerführer Skanderbeg gilt das ganz besonders.

Mit Nationalhelden ist es so eine Sache: Nationen brauchen in ihrer Frühzeit ebenso wie unter Fremdherrschaft oder nach epochalen Veränderungen positive Identifikationsfiguren. Gefestigte Nationen in beruhigten Verhältnissen halten an ihnen liebevoll fest, müssen sich aber gefallen lassen, wenn Historiker ihnen ihre Helden madig machen, weil sie zwischen historischer Substanz und nachträglicher Zueignung unterscheiden. So verhält es sich auch im Fall Skanderbeg. Als vor einigen Jahren ein junger Historiker eine neue Biographie des Albanerfürsten vorlegte, brach in Albanien und Kosovo ein Sturm der Entrüstung los. Da half es auch nicht, dass der Mann Schweizer ist und der Parteinahme eher unverdächtig. Er habe Skanderbeg beleidigt, was natürlich einer Beleidigung aller Albaner gleichkam, selbst Historiker forderten staatliche Maßnahmen gegen die das Nationalgefühl schädigenden Forschungsergebnisse, als handele es sich um ansteckende Krankheiten. Andere erklärten aufgebracht, wissenschaftliche Erkenntnisse, die am Nationalmythos kratzen, seien aus Schulbüchern und Populärkultur gefälligst herauszulassen. Der bekannteste Schriftsteller des Landes Ismail Kadare, der sich das albanische Mittelalter immer wieder vorgenommen und metaphorisch aufgeladen den krummen türkischen Säbel mit dem geraden albanischen Schwert verglichen hat, schrieb von einer Kampagne, wie es in der albanischen Geschichte nie eine schändlichere gegeben habe. Andere witterten den Versuch, das Heimatland von innen heraus zu destabilisieren, indem man es seines historischen Gedächtnisses berauben wolle. In allen verfügbaren Foren wurde kontrovers diskutiert, zu einem erheblichen Teil allerdings polemisch, verletzend und wenig sachdienlich. Dem Verfasser der »Skandalbiographie« wurde für den Fall eines Besuchs in Skanderbegs Wirkungsort Kruja Prügel angedroht und die Einweisung in die Psychiatrie empfohlen. Das alles brachte vor allem eins zutage: Die Revision eines Nationalhelden ist ein heikles Unterfangen, wenn sie das Selbstverständnis eines Landes bis ins Mark zu treffen scheint.

Georg Kastriota, genannt Skanderbeg, war ein Adeliger aus dem mittleren Balkan. Seine vermögende Familie stammte aus der Region Dibra an der heutigen mazedonischen Grenze und gehörte zu den einflussreichsten des Landes. Albanien lag damals im Bereich des osmanischen Expansionsdrangs. Seit Mitte des 14. Jahrhunderts hatte sich die Herrschaftsnahme der Osmanen auf dem Balkan recht schnell vollzogen, da die Kleinstaaten dem Eindringling wenig entgegenzusetzen hatten, auch keine wirkungsvoll koordinierte Anstrengung zur Abwehr. Zu zerstritten und uneinheitlich ging es zu, auch in Albanien bekriegten sich die Adelsfamilien gegenseitig. Nach und nach wurden die Balkanvölker dem neuen Großreich der Osmanen einverleibt und zum Teil islamisiert. Weil aber die Türken an allen Ecken und Enden mit Unruhen und zumal mit Ungarn gut beschäftigt waren, verblieben den Albanern noch einige Jahrzehnte Atempause. In den ersten Jahrzehnten des 15. Jahrhunderts aber war es so weit: Skanderbegs Vater Johann Kastriota verlor 1428 gegen die Osmanen, wurde zu ihrem Gefolgsmann und blieb Herr über seinen Besitz, musste allerdings zur Sicherheit Geiseln stellen. 1430 wurde Albanien türkisch.

1405 geboren und als Christ getauft, kam Georg als junger Mann mit zwei Brüdern als Geisel an den Hof des Sultans, wurde Muslim und machte Karriere als Soldat – wobei Ersteres die Voraussetzung für Letzteres war –, dessen Mut, Stärke und Unerschrockenheit aufhorchen ließen. Georg, der sich in Anlehnung an Alexander den Großen Iskender Beg (= Fürst Alexander) nannte, trat in die Dienste des Sultans, der ihn 1438 als seinen Statthalter in die Heimat und als Bey von Dibra auf die Festung Kruja entsandte. Dort betätigte sich Skanderbeg zunächst konspirativ gegen seinen Dienstherrn und knüpfte Kontakt zur Republik Venedig. Als jedoch sein Vater von den Osmanen ermordet wurde, kündigte er dem Sultan die Gefolgschaft auf, wurde wieder Christ und stritt fortan offen für einen Aufstand gegen das Osmanische Reich. Als 1443 der ungarische Heerführer János Hunyadi gegen die Türken vorübergehend die Oberhand erlangte, nutzte Skanderbeg die Gunst der Stunde und verkündete in seiner Heimatstadt die Unabhängigkeit Albaniens. Ein Jahr später erreichte er in Alessio den Zusammenschluss mehrerer Stämme zur »Albanischen Liga«, um dem Druck der Türken etwas entgegenzusetzen. Zur Stärkung des Zusammenhalts der Aristokratie heiratete Skanderbeg in die einflussreiche Familie der Arianiti ein und gab seine Schwester einem Thopia zur Frau. Als Befehlshaber der Liga errang er zum Teil glänzende Einzelsiege, die aber ohne auswärtige Hilfe auf Dauer verpuffen mussten. Und doch währte Skanderbegs Kampf den Rest seines Lebens – einerseits war der Gegner übermächtig, andererseits verfügten Skanderbeg und seine Männer über den Vorteil der Guerilla, die versteckt operieren und auf Unterstützung der Bevölkerung vertrauen konnte. Das und einiges taktisches Geschick führten trotz aller Widrigkeiten und gegen alle Wahrscheinlichkeit dazu, dass sich der Kampf zwei Jahrzehnte hinzog und die Osmanen mehrmals in arge Bedrängnis gerieten.

Europaweit berühmt wurden Skanderbeg und seine Liga, als Sultan Murad II. die Festung Kruja viereinhalb Monate belagerte, aber trotz zahlenmäßiger Überlegenheit seiner Truppen von den Albanern geschlagen werden konnte. Die europäische Christenheit feierte Skanderbeg als Helden, Papst Nikolaus V. sandte Glückwünsche, sein Nachfolger Calixt III. verlieh ihm den Titel eines *athleta Christi*.

Dann aber begab sich Skanderbeg in die Abhängigkeit von Neapel und Rom, weswegen Venedig eifersüchtig auf den Plan trat und auf dem Balkan einen Stellvertreterkrieg gegen den Rivalen Neapel vom Zaun brach. Das wiederum behinderte Skanderbegs Kampf gegen das Osmanische Reich. Einige Zeit zog sich der Kampf noch hin, unterbrochen von Waffenstillstandsverträgen mit den Türken, bis 1466/67 der neue Sultan Mehmed II. sich der Sache in aller grausamen Entschiedenheit zuwandte. Mehmed hatte 1453 bereits Konstantinopel erobert und die wichtigste Kirche der orthodoxen Christenheit, die Hagia Sophia, in eine Moschee umgewidmet. Anschließend richtete sich sein Interesse auf den Balkan, den er bis zur Adria unter osmanische Herrschaft brachte. Nunmehr geriet Skanderbeg ins Hintertreffen, zumal die Liga längst bröckelte. Mehmed höchstpersönlich belagerte Kruja, wenn auch zunächst vergeblich. Als Skanderbeg 1468 starb, war der albanische Kampf zwar noch nicht beendet, mehrere Städte behaupteten sich noch bis Anfang der 1570er-Jahre, die unzugänglichen Bergregionen sogar darüber hinaus. Aber die Symbolfigur des vereinten Kampfes fehlte, und Albanien stand fortan für fast ein halbes Jahrtausend unter osmanischer Herrschaft.

Der Mythos des albanischen Volkshelden Skanderbeg hat seither einige Kurven genommen: Zunächst wurde er von der westlichen Christenheit inmitten der Bedrohung durch die Osmanen zum Helden im Widerstand gegen den Islam gemacht. Im 19. Jahrhundert erhob man ihn im Zuge der Nationalbewegung für den Unabhängigkeitskampf der Albaner gegen die andauernde türkische Herrschaft zum Symbol der Nation. Und als Albaniens kommunistischer Staatschef Hodscha 1960 mit der Sowjetunion brach, wurde Skanderbeg erneut zum Symbol – und in Tirana ersetzte sein Denkmal das Stalins. Die Festung Albanien, das sich isolierte und gegen alles Auswärtige zu behaupten suchte, wurde gleichgesetzt mit der Festung Kruja, auf der Skanderbeg den Türken trotzte. Heute gilt Skanderbeg vielen außer als Pate der Nation als Symbol für die Zugehörigkeit Albaniens zu Europa, dem man sich annähern will.

Zu den Fragen, die der zu Beginn erwähnte Historiker Schmitt in seiner Skanderbeg-Biographie anspricht, gehört auch dessen ethnische Zugehörigkeit – auf dem Balkan stets eine sehr heikle Frage. Heute jedenfalls, denn im Mittelalter spielte das eine untergeordnete Rolle. Schmitt identifiziert Skanderbegs Mutter als Slawin, was im historischen Kontext eigentlich nicht überrascht, aber es rührt nicht nur am Mythos des albanischen Urvaters, sondern berührt auch die aktuelle Politik, denn danach könnte Skanderbeg mütterlicherseits serbischer Herkunft sein. Auch Skanderbegs Vater legte wohl keinen Wert auf die albanische Schreibweise seines Vornamens Johannes (Gjon), sondern hieß Ivan – die Verwendung slawischer Namensschreibung war damals verbreitet. Als Inbegriff einer Nation, die sich gegen das Slawentum behaupten musste, nutzt er damit nur noch begrenzt. Dann die Sache mit der Religion: Skanderbeg wechselte den Glauben offenbar mehrfach, von christlich-orthodox zu muslimisch zu katholisch – auch das ist nicht ungewöhnlich. Schwieriger für den Gehalt des Mythos wird es beim Kampf gegen die Osmanen, denn viel spricht dafür, dass Skanderbegs Beweggrund nicht der Wunsch war, sein Land zu einen und zu befreien, sondern vor allem, seinen Vater zu rächen, der auf Befehl des Sultans ermordet worden war. Was schließlich die Bilanz der mehr als zwei Jahrzehnte währenden Kämpfe betrifft, so waren die Leidtragenden wie so oft die normalen Leute, deren Land verwüstet und deren Söhne getötet wurden – als der Widerstand aufgegeben wurde, verzeichnete Albanien einen empfindlichen Bevölkerungsrückgang. Hier lässt sich ein Grund für den bis heute wirksamen Rückstand Albaniens ausmachen – auch das ein unliebsamer Kratzer am Denkmal. Und schließlich war der vereinte albanische Freiheitskampf weder so geeint noch so albanisch, wie oft dargestellt: Die Albanische Liga handelte nur kurze Zeit wirklich geschlossen, und andererseits beteiligten sich am Kampf gegen die Türken auch Bulgaren, Serben und Walachen. Im Übrigen verstärkte Skanderbegs erbitterter Widerstand die osmanische Herrschaft nur und ließ die Türken in Albanien auch nach dem Sieg mit harter Hand regieren.

Am Sockel von Helden zu kratzen gehört zu den Aufgaben einer kritischen Geschichtswissenschaft, die immer gut daran tut, sich politisch oder ideologisch nicht vereinnahmen zu lassen. Was der Schweizer Historiker in seiner akribisch recherchierten, umfassenden Biographie schreibt, ist in der Tat ein Schlag ins Kontor derjenigen, die einen Nationalmythos so bewahren wollen, wie sie ihn lieb gewonnen haben oder wie er ihnen nützlich ist. Es verhält sich nun einmal so, wie ein Rezensent schrieb: »Heute gibt es zwei Skanderbegs – den historischen und den zum Nationalheld erhobenen Mythos, wie er in albanischen Schulen und von nationalistischen Intellektuellen in Tirana oder Prishtina dargestellt wird. Beide haben weniger miteinander zu tun als entfernte Verwandte.« Das hat der Albaner mit vielen anderen Nationalhelden gemeinsam, die zum Mythos erhoben wurden.

Die Bosnier traten sofort nach der osmanischen Eroberung massenhaft zum Islam über – IRRTUM!

Der Balkan ist bekannt für seine turbulente, oft tragische Geschichte: gelegen zwischen Orient und Okzident, stets den Begehrlichkeiten großer Mächte ausgeliefert und von einer ethnisch-religiösen Vielfalt, die sich bis auf den heutigen Tag immer wieder als Sprengstoff erwiesen hat. Die Eroberung durch das Osmanische Reich brachte im 15. Jahrhundert den Islam auf den Balkan, und abgesehen von den Albanern sind die Muslime von Bosnien und Herzegowina, obwohl ganz überwiegend slawischer Herkunft, die größte islamische Volksgruppe in Europa. Die rundherum entstehenden Nationalbewegungen des 19. Jahrhunderts ließen die bosnischen Muslime denn auch lange unbeeindruckt, sie verstanden sich als Teil des Osmanischen Reiches. Erst in den 1970er-Jahren äußerte sich eine Selbstwahrnehmung der bosnischen Muslime als eigene Nation unter den Völkern Jugoslawiens – im Unterschied zu den bosnischen Serben und Kroaten, die orthodox bzw. katholisch geprägt sind. In jugoslawischer Zeit war das von untergeordneter Bedeutung, nach dem Zerfall des Staates aber wurde es zu einer Schicksalsfrage. Die Bosniaken (muslimische Bosnier) bestehen darauf, schon vor der osmanischen Eroberung eine gewisse ethnische Eigenständigkeit besessen zu haben, serbische Nationalisten dagegen betrachten sie als vom orthodoxen Glauben abgefallene Landeskinder und leiten daraus einen territorialen Anspruch ab. All dies ist politisch und emotional noch immer enorm aufgeladen und hat das Klima auf dem Balkan nachhaltig vergiftet.

Die osmanische Eroberung Bosniens im 15. Jahrhundert ging sehr schnell vonstatten, wenn man davon absieht, dass der nördliche Teil später an Ungarn fiel und erst 1527, nach der verheerenden ungarischen Niederlage gegen die Osmanen bei Mohács, für Jahrhunderte türkisch wurde. Die Herzegowina war ab 1482 ganz in osmanischer Hand. Das Königreich Bosnien fiel bereits 1463, zehn Jahre nach der Eroberung Konstantinopels, als der letzte König Stefan Tomašević nach nur zwei Regierungsjahren vor der militärischen Kraft und der bösen List des Sultans Mehmed II. des Eroberers kapitulieren musste und geköpft wurde. Militärisch gesehen war der osmanische Feldzug eine Eroberung wie aus dem Bilderbuch: bestens vorbereitet, schnell durchgeführt und dauerhaft verankert. Der Islam hatte in Bosnien da bereits seine Spuren hinterlassen – zuerst in der Gegend um Sarajevo, wo die Osmanen einen militärischen Außenposten unterhielten. Sarajevo selbst besaß bereits eine Moschee und eine islamische Infrastruktur, die Stadt entwickelte sich unter den Osmanen rasch zu einer blühenden islamischen Metropole.

Zuvor waren die religiösen Verhältnisse einigermaßen verworren, was bis heute Kontroversen über den tatsächlichen Stand der Dinge nährt. Seit dem 9. Jahrhundert kamen Missionare aus Rom und Konstantinopel auf den Balkan, wo die Grenze zwischen dem 476 untergegangenen Weströmischen und dem Byzantinischen Reich verlief – seit der Kirchenspaltung im Jahr 1054 kämpften sie gegeneinander um die Seelen der Balkanvölker. Während Rom sich in Kroatien und Dalmatien durchsetzte, wurde in Bulgarien, Mazedonien und Serbien die orthodoxe Kirche maßgeblich. Dazwischen lag Bosnien, das überwiegend aufs römische Konto ging, während die spätere Herzegowina orthodox wurde. Einfluss und Präsenz der Kirche waren in Bosnien jedoch bedeutend weniger ausgeprägt als in den benachbarten Regionen, was Raum ließ für Formen von Religiosität, gegen die die Kurie rigoros vorgegangen wäre, hätte sie vor Ort über die nötigen Kapazitäten verfügt.

Umstritten sind bis heute Wesen und Bedeutung der sogenannten bosnischen Kirche – noch immer hat die Vermutung, es habe sich um eine häretische, von Rom abgefallene und von der bulgarischen Ketzersekte der Bogumilen geprägte Organisation gehandelt, viele Fürsprecher, die nicht selten politisch motiviert sind. Auch hier verortet mancher die Wurzeln der bosnischen ethnischen Eigenständigkeit, während kroatische Nationalisten die Bogumilen als abgefallene Katholiken ansehen und somit die eigene bosnische Nationalität mitsamt Staat in Frage stellen. In der Tat sprechen päpstliche Akten aus dem 15. Jahrhundert vom schändlichen Treiben der Bogumilen in Bosnien, aber solche Berichte müssen noch lange nicht der Wahrheit entsprechen. Denn auch aus Ungarn kamen solche Vorwürfe, die auf römische Unterstützung für einen Kreuzzug in Bosnien abzielten, um damit Ungarn auf Dauer die Herrschaft über den Nachbarn einzubringen. Der Zulauf der bosnischen Kirche erklärt sich nicht zuletzt damit, dass wie in Albanien auch in Bosnien die katholische und die orthodoxe Kirche erbittert um die Vorherrschaft gestritten hatten, was sich entschieden zum Nachteil der Menschen auswirkte. Die Kirchenstruktur war überaus schwach ausgeprägt, die Priesterdichte ziemlich gering und damit die seelsorgerische Betreuung der Menschen lückenhaft, unzulänglich und unbefriedigend. Entsprechend schwach war die Bindung an die jeweilige Kirche, entsprechend stark die Rolle von Volks- und Aberglaube. In kriegerischen Zeiten voller Ungewissheit sucht der Glaube noch mehr als gewöhnlich eine sichere Burg, und die bot das Christentum in Bosnien längst nicht mehr.

Die neue Zugehörigkeit zum Osmanischen Reich bedeutete keineswegs den Zwang, zum Islam überzutreten, oder die unterschiedslose Diskriminierung anderer Religionen – oder gar die Einführung der Scharia. Mit Einschränkungen durften Christen und Juden weiter ihre Religion ausüben, auch eine eigene Zivilgerichtsbarkeit wurde ihnen zugestanden. Die katholische und die orthodoxe Kirche wurden allerdings nicht gerade mit Samthandschuhen angefasst. Besonders katholische Würdenträger hatten es unter osmanischer Herrschaft schwer, weil sie als feindlich eingestellt galten. Trotzdem trat ein großer Teil der bosnischen Bevölkerung zum muslimischen Glauben über, was der verbreiteten Ansicht zufolge sogar sozusagen im Handumdrehen geschah. In Wahrheit aber gab es im Zuge der osmanischen Herrschaftsnahme in Bosnien weder freiwillige Massenübertritte zum Islam noch Zwangsbekehrungen im großen Stil.

Tatsächlich nahm zwar ein großer Teil der Bevölkerung Bosniens den muslimischen Glauben an, aber keineswegs sofort und zudem überwiegend aus freier Entscheidung. Aus osmanischen Steuerlisten, die die Religionszugehörigkeit genau vermerkten, geht hervor, dass die Islamisierung anfangs sehr zögernd verlief – fünf Jahre nach der Eroberung beispielsweise war der entsprechende Bevölkerungsanteil noch verschwindend gering. Danach verschob sich das Verhältnis bei abnehmender Bevölkerungszahl, die vermutlich auf abwandernde Christen und Juden zurückzuführen ist, zugunsten des Islam. Aber erst Ende des 16., Anfang des 17. Jahrhunderts war eine Mehrheit der Bevölkerung in Bosnien-Herzegowina islamisch geworden – 150 Jahre nach Beginn der osmanischen Herrschaft. Aus dem recht verlässlichen Bericht eines päpstlichen Gutachters aus dem Jahr 1624 geht hervor, dass damals doppelt so viele Muslime wie Christen in Bosnien lebten – unter den 225 000 Christen wiederum waren doppelt so viele Katholiken wie Orthodoxe. Und auch wenn die größten religiösen Veränderungen den Übertritt zum Islam betrafen: Es existierte ganz allgemein in dieser Zeit des Umbruchs ein hohes Maß an religiöser Fluktuation, vor allem von katholisch zu orthodox, und ebenso Flüchtlingsbewegungen in verschiedene Richtungen.

Eine weitere Legende besagt, der christliche Adel Bosniens sei mehr oder weniger geschlossen zum Islam übergetreten, um seinen Grundbesitz nicht zu verlieren. Diese Theorie stammt aus der Zeit der slawischen Nationalbewegung im 19. Jahrhundert und stellt eine Form von Adels-Bashing dar. Nicht nur sicherten sich auf diese Weise, so der Kern der Aussage, die Aristokraten ihren Reichtum und ihre Stellung, um die einfachen, aufrechten Menschen weiter unterdrücken zu können, sie gaben sich außerdem Laster und Verderbnis hin. Die alten und neuen Herrschenden hätten nach dieser These zur Unterdrückung der Mehrheit und zum persönlichen Vorteil bösartige Absprachen getroffen. Allerdings brauchte es zum Erhalt des Adelsbesitzes weder unabdingbar eine Konversion zum Islam, noch war mit der aristokratischen Stellung in jedem Fall süßer Müßiggang verbunden: Denn wer Land besaß, musste dem Sultan Wehrdienst leisten, und die kriegerischen Osmanen beanspruchten ihre Soldaten ganz erheblich. Zudem war die Kontinuität innerhalb des Adels keineswegs so groß wie gemeinhin angenommen, weswegen sich Vorher und Nachher nicht so ohne Weiteres vergleichen lassen.

Gründe für den Übertritt zum Islam gab es aber durchaus, zumal sich die Verhältnisse in mancherlei Hinsicht besserten, sich also die Religion des neuen Herrschers positiv vermittelte: Schon die Attraktivität des Siegers und der Frieden, den die neue Macht mit dem Ende der Eroberung in Aussicht stellen konnte, mag sich in den Augen der von langen Kämpfen gebeutelten, steuerlich geschröpften und kriegsmüden Menschen als Werbefaktor der neuen Religion ausgemacht haben. So verhielt es sich auch zu anderen Zeiten in anderen Gegenden der Welt – diese Motivation zur Konversion ist überaus menschlich. Da die Osmanen nicht nach ethnischen, sondern religiösen Kriterien unterschieden, versprach der Übertritt Möglichkeiten des Aufstiegs. Wer in staatliche Dienste treten wollte, sei es Armee oder Verwaltung, musste Muslim sein. Als Muslim war man außerdem rechtlich bessergestellt, und es entfiel die Kopfsteuer, die auf jedes nicht muslimische Haupt erhoben wurde. Sklaven konnten ihre Freilassung erlangen, wenn sie konvertierten. Die aufblühenden, islamisch geprägten Städte übten eine erhebliche Anziehungskraft aus. Und in den Augen des Volkes, das von christlicher Seite, namentlich Rom und Budapest, bedrängt worden war und daher der katholischen Kirche wenig Loyalität entgegenbrachte, war der Islam keine so abwegige Alternative: Die Religion der neuen Machthaber war monotheistisch, jenseitsbezogen und gleichzeitig durchaus weltlich – das war nicht ungewohnt, das Weltbild musste nicht umgepinselt werden. Kirchliche Strukturen waren in Bosnien so schwach, dass der Abschied leichterfiel, während in Serbien, Bulgarien oder Griechenland, wo die Kirche erheblich präsenter und dominanter war, der Übertritt viel weniger in Frage kam. Und damit hatte in Bosnien auch die starke antiislamische Propaganda der Kirche viel weniger Gelegenheit, ihre Wirkung zu entfalten. Gleichzeitig bot das neue Herrschaftssystem, bei strengerem Regiment, ein höheres Maß an Stabilität und Sicherheit als die Vergangenheit, was die Akzeptanz auch der Religion der neuen Machthaber nach und nach vergrößerte. Der Erfolg des Islam in Bosnien-Herzegowina hat also viele Ursachen, und die Menschen besaßen gute Gründe, die Religion der neuen Machthaber anzunehmen. Aber sie taten es über viele Generationen und nicht in rauen Mengen sofort.

Pedro Cabral war der Entdecker Brasiliens – IRRTUM!

Im 15. Jahrhundert wurde Portugal, beginnend mit Eroberungen in Nordafrika und unter dem wegweisenden Engagement Heinrichs des Seefahrers, einem Sohn des portugiesischen Königs Johann I., zu einer großen Seefahrernation. Mehr noch als die propagierte Motivation, den Islam als Gegner des Christentums zu bekämpfen, ging es dabei um wirtschaftliche Aspekte. Mit einem Ausbau des Seehandels in Richtung Asien eröffnete sich die Aussicht, in Konkurrenz zu treten zum europäischen Handelsprimus Italien und so den eigenen Wohlstand zu mehren. Die Erfindungen von Kompass, Astrolabium und Quadrant stammten zwar nicht von portugiesischen Tüftlern, aber Portugiesen waren es, die die nautischen Geräte als Erste auf hoher See erprobten. Auch im Schiffsbau setzten sie neue Maßstäbe, und so sahen sie sich in die Lage versetzt, immer weiter hinauszusegeln, mochte man sich auch grässliche Seefahrerpistolen zuraunen von den Schrecknissen, die drohten, je weiter man gelangte. Portugiesische Schiffe erreichten Madeira, Kap Bojador, die Azoren, Kap Blanc, schließlich 1488 das Kap der Guten Hoffnung – und mit Letzterem war der Seeweg nach Indien eine greifbare Option geworden. Der Landweg war nicht nur beschwerlicher und der Transport teurer, sondern auch von politischen Gegebenheiten der Transitländer abhängig.

Christoph Kolumbus, der auf dem Weg nach Indien versehentlich Amerika entdeckte, war im spanischen Auftrag auf der Suche nach der Seeroute gen Indien. Mit der spanischen Krone als Konkurrentin zur See vereinbarte Portugal 1494, unter Vermittlung von Papst Alexander VI., im Vertrag von Tordesillas die Aufteilung der neuen Welt und zukünftiger Entdeckungen: entlang einer Linie 370 Seemeilen westlich der Kapverdischen Inseln, entsprechend der Länge 46° 37′ West. Alle Territorien östlich davon standen nunmehr Spanien zu, alle westlich davon Portugal. Wenige Jahre später entdeckte Vasco da Gama 1497/98 endlich den gesuchten Seeweg nach Indien, und die Investition in die Seeschifffahrt begann sich auszuzahlen: Die Zeit des portugiesischen Handelsimperiums, später des Kolonialreiches, war angebrochen. Der portugiesische Herrscher nannte sich nunmehr »König von Portugal und Algarve diesseits und jenseits des Meeres, Herr von Guinea und der Eroberung, Schifffahrt und des Handels von Äthiopien, Arabien, Persien und Indien«. Die Verbindungen nach Asien wurden in der Folge ausgebaut, als Zentrum der Portugiesen in Asien diente Goa an der mittleren Westküste Indiens.

Für die baldige zweite Reise nach Indien wurde Pedro Álvares Cabral zum Flottenkommandanten ernannt – dreizehn Schiffe mit 1200 Mann Besatzung stachen am 9. März 1500 in See. An Bord des Flaggschiffs befand sich auch ein Schreiber, der der Nachwelt einen spannenden Bericht des Abenteuers liefern sollte. Kommandant Cabral war ein Mann Anfang dreißig, aus binnenländischem Landadel in Belmonte gebürtig und Ritter des Christusordens, aus dem viele Teilnehmer großer Schiffsexpeditionen stammten. Für derartige Expeditionen hatte er sich bislang nicht qualifiziert, und vermutlich war er zuvor noch nie auf hoher See gewesen, bereitete sich aber theoretisch mit aller Sorgfalt vor, nutzte die Erfahrung da Gamas und wusste gewiefte Experten an seiner Seite. Die Flottille nahm Kurs auf die Kanaren und Kapverdische Inseln, sodann nach Süden zum Kap der Guten Hoffnung, geriet dann aber weit nach Westen ab.

Am 22. April 1500 erspähten Matrosen Land – nicht aber Indien, sondern die brasilianische Küste bei Porto Seguro im südlichen Bahia. Cabral nannte den Berg landeinwärts, der zuerst von der Endeckung gekündet hatte, Monte Pascoal (Osterberg), weil man sich gerade in der Karwoche befand. Dem Flecken Landes gab er in der Annahme, er habe eine Insel der Größe Korsikas erreicht, den Namen Ilha de Vera Cruz (Insel des Wahren Kreuzes) und schickte eins seiner Schiffe, an Bord Pfeile, Bogen und Federn der ansässigen Indianer, alsbald zurück nach Lissabon, um König Manuel I. von den unerwarteten Vorkommnissen in Kenntnis zu setzen. Cabral blieb acht Tage und machte bemerkenswert entspannte Bekanntschaft mit dem Volk der Tupinambá – ein im Zeitalter der Entdeckungen seltenes Beispiel von friedlichem Erstkontakt. Zum Nachweis der Eroberung im Namen Portugals ließ er am Strand ein großes Holzkreuz errichten.

Die Weiterfahrt verlief hingegen misslich, die Portugiesen gerieten in schwere Stürme, büßten mehrere Schiffe ein (eins war schon vor der Landung in Brasilien verloren gegangen) und gelangten mit Mühe im September nach Kalikut im Süden Indiens, wo es ihnen aber kaum besser erging: Ein Großteil der Männer wurde ermordet, und statt dreizehn mit Reichtümern beladenen Schiffen kehrten nur sieben nach Lissabon zurück, zwei davon ohne Ladung. Der König äußerte später über seinen Seefahrer, ihm wolle wohl auf See nichts Rechtes gelingen. Wie Kolumbus wurde auch Cabral von Zeitgenossen und nachfolgenden Generationen trotz seiner Verdienste um die Entdeckung der Neuen Welt nicht so gewürdigt, wie man es rückblickend annehmen würde. Der Historiker der Cabral-Fahrt William Greenlee schrieb 1938: »Nur wenige Reisen waren wichtiger für die Nachwelt, und nur wenige wurden zu ihrer Zeit so gering geschätzt.« Der Zweck der Fahrt waren lukrative Handelsbeziehungen nach Asien gewesen, und dieser Zweck hatte sich mit dem Misserfolg von Kalikut nun einmal nicht erfüllt. Heute aber gilt Cabral wegen seiner Landung in Brasilien als Entdecker des Landes und wird von seinen Landsleuten dafür verehrt – aber war er überhaupt der Entdecker des größten lateinamerikanischen Landes?

Die Entdeckung Brasiliens ist schon deshalb von größter Bedeutung, weil damit die erste Epoche der Entdeckungsgeschichte zu Ende ging und klar wurde, dass es sich bei dem, was wir heute als Südamerika kennen, nicht um irgendwelche Inseln oder Inselgruppen handelte, sondern um einen weiteren Kontinent. Gleichzeitig markiert es den Beginn der portugiesischen Herrschaft in Südamerika, auch wenn Lissabon in den nächsten Jahrzehnten wenig Interesse an Brasilien zeigte. Immerhin vergab die Krone erste Konzessionen zur kommerziellen Nutzung des Brasilholzes, das dem Land den Namen eintrug.

Dass Cabral im April 1500 nach Brasilien gelangte, steht nicht in Zweifel – heiß umstritten ist aber die Frage, ob er nicht vielleicht absichtlich dorthin gelangte, womöglich im königlichen Auftrag, um eine bereits erfolgte, wohlweislich aber geheim gehaltene Entdeckung nunmehr publik zu machen. Möglicherweise wusste oder vermutete man in Lissabon nämlich längst, dass südwestlich eine größere Landmasse lag, hatte aber bisher kein großes Aufhebens davon gemacht. Denn wäre diese Entdeckung gar noch vor dem Vertrag von Tordesillas erfolgt, hätten sich die Verhandlungen um die Aufteilung der Welt für Portugal vielleicht schwieriger gestaltet – der Verlauf der Tordesillas-Linie gibt bis heute Anlass zu entsprechenden Spekulationen. Als Cabral aufbrach, hatte er da also den Auftrag erhalten zu einer kleinen, aber wichtigen Abweichung von der Route, die Vasco da Gama genommen hatte? Damit wäre die Entdeckung eine fingierte Angelegenheit gewesen, mithin nicht echt. Diese Theorie lässt sich heute nicht mehr zweifelsfrei klären, entsprechende Beweise lassen sich nicht erbringen, weswegen die Forschung weiter streiten darf und wird. Die sogenannte intentionalistische Schule meint, dass die Geschichte mit dem zufälligen Abdriften Cabrals und seiner Männer den Tatbestand des Seemannsgarns erfüllt. Aus dem Bericht des

Flottillenschreibers geht nämlich hervor, dass die Seeleute an Bord annahmen, sogar noch weiter westlich zu segeln, als sie es tatsächlich taten – das schließe aus, dass sie sich auf dem tatsächlichen Kurs, also weiter östlich, versehentlich befanden.

Die dem widersprechenden Kasualisten geben zu bedenken, dass die Wind- und Strömungsverhältnisse den genommenen Kurs geradezu erzwingen, dass Segeln weiter westlich also notwendig war, um nach Süden zu gelangen. Bis heute verläuft in der Tat die empfohlene Segelroute von der Iberischen Halbinsel zum Kap der Guten Hoffnung sehr weit westlich, nahe der brasilianischen Küste. So sei auch Vasco da Gama gefahren, und auch der war so weit nach Westen geraten, dass er Seevögel ausgemacht, wenn auch kein Festland gesichtet hatte. Und es sei ohnehin durchaus wahrscheinlich, dass ein Sturm die Kursabweichung erzwungen habe. Die Anhänger des unbeabsichtigten Abdriftens Cabrals stellen außerdem in Abrede, dass Lissabon bereits sichere Kunde vom westlichen Festland besaß, weil Vasco da Gama, der es hätte wissen müssen, davon nichts bekannt war. Zwar hegte schon der antike Geograph Ptolemäus die Annahme, südöstlich von Asien müsse noch viel Land sein, aber das waren stets Vermutungen gewesen. Abgesehen von Cabrals Zufalls- oder Absichtstat gibt es nur vage Hinweise, aber keinerlei gesicherten Nachweis, dass bereits 1498 eine portugiesische Expedition unter Duarte Pacheco Pereira unweit Pará Brasilien erreichte. Und wenn dem doch so war, ist zweifelhaft, ob Pereira feststellen konnte, ob er sich im spanischen oder portugiesischen Sektor nach den Bestimmungen von Tordesillas befand.

Gesichert ist hingegen, dass nur ein Vierteljahr vor Cabral Anfang 1500 der spanische Seefahrer Vicente Yáñez Pinzón an die Nordostküste Südamerikas gelangte, zwischen Recife und Fortaleza landete und die Amazonasmündung entdeckte. Pinzón hatte an der ersten Fahrt des Kolumbus teilgenommen und nahm im Dezember 1499 mit vier Schiffen über die Kanarischen und die Kapverdischen Inseln Kurs nach Südwesten. Am 20. Januar 1500 erreichten er und seine Männer das Festland und nannten den Ort Santa María de la Consolación (Heilige Maria des Trostes) – mehr als 600 Meilen weiter nördlich als Cabral. Nach einer blutigen Begegnung mit Einheimischen segelten die Spanier weiter in Richtung Äquator und erreichten schließlich die Mündung eines gewaltigen Stroms: des Amazonas. So breit war die Mündung, dass erst die Tatsache, dass hier Süßwasser ins Meer floss, Sicherheit gab, dass es sich nicht um ein Meer handelte. Nach weiteren Erkundungsfahrten sah man sich bestätigt, dass ein Kontinent erreicht war, den man für die Ostküste Indiens hielt, weshalb man in der Amazonasmündung vermutlich die des Ganges zu erkennen glaubte. Pinzón fuhr weiter nach Hispaniola und von dort zurück nach Spanien. Dass diese Fahrt folgenlos blieb, hat mit dem erwähnten Vertrag von Tordesillas zu tun: Der Spanier Pinzón hatte Land entdeckt, das den Portugiesen zustand, und den spanischen Seefahrern war eingebläut worden, sich von portugiesischen Gewässern fernzuhalten. Statt Lorbeeren erwartete Pinzón das Schuldgefängnis, dem er nur mit Mühe entging. Zwar hatte er das Land für Spanien in Besitz genommen, musste aber später zugeben, unrechtmäßig gehandelt zu haben.

Dass die Frage der Entdeckung Brasiliens umstritten ist, nimmt kaum Wunder – verständlicherweise legen die Portugiesen Wert darauf, dass ein Portugiese das Land entdeckte, das zur portugiesischen Hemisphäre gehörte, kolonialisiert wurde und bis 1822 portugiesische Kolonie war. Und tatsächlich ist ja auch ein Portugiese derjenige gewesen, der die Kunde vom neuen Land erstmals nach Europa trug. Cabral den Titel des Entdeckers rundheraus abzusprechen, ist also nicht notwendig, zumal er und seine Begleiter die ersten Portugiesen waren, die brasilianischen Boden betraten. Aber die ersten Europäer auf brasilianischem Boden waren sie nicht.

Der Bauernkrieg war eine Jahrhundertkatastrophe für die deutschen Landleute – IRRTUM!

Die Deutschen sind nicht gerade als aufmüpfiges Völkchen bekannt. Und doch gab es in der deutschen Geschichte immerhin fünf Revolutionen, von denen zwei erfolgreich waren. 1918 beendete die Monarchie und schickte den Kaiser und seine Fürstenkollegen in den Ruhestand, 1989 machte dem Sozialismus auf deutschem Boden ein Ende. Die anderen drei Revolutionen blieben erfolglos in der Umsetzung ihrer Ziele, aber folgenlos waren sie deshalb noch lange nicht. Dazu gehört die erste Revolution, der Bauernkrieg 1524–26, der außer in Deutschland auch in Österreich und der Schweiz geführt wurde. Und doch heißt es in zahlreichen Büchern und Darstellungen, weil die aufständischen Bauern so vernichtend geschlagen wurden, seien sie nicht nur unmittelbar, sondern auch langfristig ausschließlich Verlierer gewesen. Die Obrigkeit habe an den Aufständischen nicht nur grausame Rache geübt, sondern die erdrückenden alten Zustände wiederhergestellt. Langfristig gesehen seien zudem die Bauern als Faktor der Politik ausgeschieden, sie seien entrechtet und entmündigt worden. Die Macht der Obrigkeit hingegen sei dauerhaft gestärkt worden. Mit einem Satz: Die erste deutsche Revolution sei rundum vergeblich gewesen. In der Geschichtsschreibung hat der Bauernkrieg seit dem 19. Jahrhundert beachtliche Karriere gemacht, mit zusätzlichem Schwung nach 1945 durch die Historikerkonkurrenz zwischen Ost und West und ihre unterschiedlichen Schulen. Als erste deutsche Revolution ist seine Bedeutung in der Tat enorm, nicht allein im Kontext der Reformation. Die Einschätzung geriet durch die Zeiten und Ideologien aber sehr unterschiedlich, sie reicht von der Verteufelung der frechen Bauern bis zur Heldenverehrung als frühe Sozialisten. Dabei entstanden Mythen und Fehleinschätzungen, etwa hinsichtlich der Konsequenzen des Bauernkriegs für die Bauern selbst.

Die Annahme einer Verschlechterung der Lebensumstände geht aber auf zeitgenössische Quellen zurück, die berichten, die Knechtschaft der Bauern habe sich angesichts Niederlage und rachsüchtiger Sieger nur noch verschärft, der Aufstand sei also regelrecht nach hinten losgegangen. Hierin standen die Beobachter unter dem Eindruck der dramatischen Ereignisse, der Wut der Obrigkeiten, der brennenden Dörfer, der vielen Toten. Diese Darstellung wurde vielfach übernommen und geistert bis heute durch viele Bücher. Tatsächlich aber war auch der anderen Seite durchaus bewusst, dass der Aufstand nicht ohne Grund losgebrochen war und dass seine Wucht mit einem berechtigten Leidensdruck zu tun hatte. Der Nürnberger Ratsherr und Diplomat Caspar Nützel äußerte 1525, was wohl viele dachten: Die Bauern hätten es zwar gewaltig übertrieben mit ihrem Aufstand, aber man müsse doch vernünftigerweise zugeben, dass die Obrigkeit mit der Behandlung ihrer Untertanen daran keineswegs unschuldig war.

Wohl niemand, auch Martin Luther nicht, vermochte sich vorzustellen, was sich aus seinen brisanten Thesen zum Zustand der Kirche, die er 1517 publik machte, alles entwickeln sollte. Von Wittenberg aus, wo der Bettelbruder Luther an der Universität lehrte, gingen gewaltige Erschütterungen durch Europa, religiös und politisch gleichermaßen. So gewaltig war der Sprengstoff der reformatorischen Bewegung, dass sich im Christentum nach der orthodoxen eine weitere große Konfession bildete und der ganze Kontinent an den daraus folgenden Auseinandersetzungen und Kriegen mehr als ein Jahrhundert laborierte. Für den Bauernkrieg mit seinen sozialreformerischen Forderungen lieferte die Reformation das Rüstzeug und die wachsende Überzeugung, auch der kleine Mann könne im Großen Einfluss nehmen.

Anlass für den Bauernkrieg, die Erhebung von Landleuten und einigen Städten, war die wachsende Not der einfachen

Leute. Wirtschaftliche und soziale Gründe wogen schwerer als religiöse, die Wut richtete sich gegen die weltliche und geistliche Herrschaft, die den Entwicklungsdruck frühmoderner Staatlichkeit in Form von Steuern und verschärfter Herrschaftsausübung nach unten weitergab. Es begann 1524 in Stühlingen am südlichen Rand des Schwarzwalds sowie in Forchheim bei Nürnberg und nahm Anfang 1525 in Oberschwaben Fahrt auf, um im Frühjahr mit aller Wucht weite Teile Mittel- und Süddeutschlands zu erfassen. Freiheitsartikel wurden postuliert, Forderungskataloge aufgestellt, Abgaben verweigert, Städte und Schlösser, Kirchen und Klöster gestürmt, Veränderungen erzwungen. Die Zentren des gewaltsamen Protests lagen in Schwaben und Württemberg, Österreich, der Schweiz und Thüringen, und die Gegner der Bauern waren nicht nur die katholische Obrigkeit, sondern ebenso die protestantischen Fürsten. Die heute noch bekanntesten Anführer der uneinheitlichen Bewegung waren Thomas Müntzer, ein radikalchristlicher Fundamentalist, der Tiroler Michael Gaismair und der Reichsritter Götz von Berlichingen, den Goethe unsterblich gemacht hat. Neben ihnen versuchten zahlreiche regionale Anführer, die Anliegen der Bauern durchzusetzen: mildere Lasten und mehr Freiheit und Mitbestimmung. Es war ein Flächenbrand, der die Herrschenden in Angst und Schrecken versetzte, schließlich waren damals unter zehn Menschen acht Bauern. Aber da die Aufständischen weder politisch noch militärisch eine Einheitsfront zu bilden vermochten, konnten sie ihr enormes Potenzial nicht ausschöpfen. Die Fürsten warfen die Erhebung 1525 in verschiedenen großen Schlachten in Thüringen, Württemberg und dem Elsass überaus brutal nieder. Müntzer war im thüringischen Frankenhausen dabei, als eine der wichtigsten und die gleichzeitig letzte Schlacht des Bauernkrieges geschlagen wurde. Sie endete in einer blutigen Niederlage der Aufständischen, Müntzer wurde vom gegnerischen Fürstenheer gefangen genommen und eine Woche später hingerichtet.

Anschließend wurde abgerechnet: Die Fürsten führten Strafaktionen durch, Anführer wurden gefoltert und hingerichtet, Schäden zu Lasten der Bauern reguliert, die ihre Waffen abgeben mussten, finanzielle Wiedergutmachungen eingefordert. Zeitgenössische Berichte schildern die Unerbittlichkeit der Sieger, deren Grausamkeit andere entsetzt veranlasste, Aufrufe zur Mäßigung zu verfassen. Zwar wurde dabei nicht wahllos vorgegangen, sondern vielmehr geprüft und verhandelt, wer sich in welchem Maße am Aufstand beteiligt und damit strafbar gemacht hatte. Dennoch sollten die Maßnahmen abschreckend sein und einen erneuten Aufstand verhindern, ebenso die folgenden Unterdrückungsmaßnahmen, die der Reichstag 1526 beschloss. Aber schon dieser Reichstag von Speyer beschritt gleichzeitig einen anderen Weg: Ein »Großer Ausschuss« erörterte eingehend Zustände und Forderungen der Bauern, prüfte, was althergebrachte Rechte waren und wo die Last der Landleute übermäßig und willkürlich verschärft worden war. Er empfahl eine Vielzahl von Einzelmaßnahmen, um die Lage der Bauern zu verbessern und sie von der Willkür ihrer geistlichen und weltlichen Herren zu entlasten. Eine Art Mediation zwischen Obrigkeit und Untertan, bei der beide Seiten Rechte geltend machen können, sollte das Konfliktpotenzial verringern. Im Ergebnis hatte der Bauernkrieg durch die Niederlage der Aufständischen sein revolutionäres Ziel einer radikalen sozialen und politischen Umwälzung verfehlt. Die Verhältnisse wurden auf alter Grundlage wiederhergestellt, die Reformation in staatliche Regie übernommen, um ihr die revolutionäre Sprengkraft zu nehmen. Gleichzeitig aber wurden die Bauern wirtschaftlich entlastet sowie rechtlich und politisch bessergestellt. Die bewaffnete Erhebung hatte also durchaus Veränderungen in Gang gesetzt.

Aufgrund der komplizierten Verfassungssituation in den deutschen Territorien fielen die Konsequenzen von Gegend zu Gegend sehr unterschiedlich aus. Allerorts aber wurden die Bauern in ihren Forderungen nicht mehr rundheraus ignoriert, sondern ernst genommen. Gemeine Leute verhandelten mit ihren Obrigkeiten, feilschten um Verbesserungen und erreichten dabei Beachtliches. Vor allem die Stadtstaaten bemühten sich, den Bauern entgegenzukommen und auf ihre Forderungen einzugehen. Basel und Memmingen beispielsweise erließen zahlreiche Erleichterungen bei Abgaben und Frondiensten, Memmingen scheint sogar bei der Abschaffung der Leibeigenschaft geblieben zu sein. Auch in Tirol wurden Abgaben und Dienstforderungen verringert, den Bauern Jagd- und Fischereirechte gewährt, die bisher den höheren Ständen vorbehalten waren. In Salzburg, wo der Erzbischof auch weltlicher Herr war, wurde den Bauern ein besseres Klagerecht zugestanden. Der Landgraf von Hessen ließ in einer umfangreichen Untersuchung Missstände aufnehmen und suchte Abhilfe zu schaffen. Die Zahl von Gerichtsverfahren, in denen Bauern Klage gegen ihre Herren erhoben, nahm reichsweit erheblich zu. Ebenso stieg die Zahl der Ermahnungen der Fürsten an die lokalen Obrigkeiten, die Rechte der einfachen Leute zu wahren und sie nicht über Gebühr zu belasten. Insgesamt belegt eine Fülle an Verhandlungen und Neuregelungen, dass sich die Situation der Bauern in den meisten Fällen eben nicht verschlechterte, sondern verglichen mit der Zeit vor der Erhebung überwiegend verbesserte. Die »Revolution des gemeinen Mannes«, wie der Bauernkrieg manchmal genannt wird, verunsicherte die Regierenden so nachhaltig, dass sie die Missstände nicht wie zuvor ignorieren konnten. Nicht jede Revolution ist erfolgreich, aber so manche verlorene Revolution führt trotzdem zu Verbesserungen für die unterlegene Seite.

Der indische Taj Mahal ist unvollständig – IRRTUM!

Als vor einigen Jahren mit erheblichem Tamtam die Kür der »Neuen Weltwunder« ausgerufen wurde und weltweit Werbekampagnen zur Teilnahme an der globalen Internetaktion anliefen, kam das bekannteste indische Bauwerk mühelos in die engere Wahl und wurde schließlich als eins von sieben Bauwerken geadelt: der Taj Mahal am Fluss Yamuna in Agra. Jahr für Jahr wird er von Millionen Touristen besucht, allesamt tief beeindruckt von der Prachtentfaltung indischer Moguln im Allgemeinen und der romantischen Hingabe des Shah Jahan an seine Lieblingsfrau Mumtaz Mahal im Besonderen: Sie verstarb früh und der Großmogul ließ ihr Mitte des 17. Jahrhunderts ein beeindruckendes Mausoleum bauen. Eleanor Roosevelt, Frau des US-Präsidenten Franklin D. Roosevelt, befand, der weiße Marmor symbolisiere die Reinheit wahrer Liebe. Allseits wird die Perfektion des Bauwerks gerühmt – aber ist es überhaupt vollendet? Eine hartnäckige Legende besagt, der Bauherr habe ein Pendant auf der anderen Flussseite begonnen, aber nicht vollenden können: eine exakte Kopie des existierenden Taj Mahal, allerdings ganz aus schwarzem Marmor gefertigt – als Mausoleum für sich selbst. In den 1990er-Jahren wurden sogar Ausgrabungen am mutmaßlichen Ort vorgenommen, um der Sache auf den Grund zu gehen. Gefunden hat man allerdings nichts. Ist der strahlend weiße Taj Mahal also unvollkommen oder war ein Komplementärbau nie geplant?

Die islamischen Herrscher Indiens begannen bereits im frühen 13. Jahrhundert, monumentale Grabmäler zu errichten, und in diese Tradition setzten sich die Großmoguln seit dem 16. Jahrhundert, unter ihnen als bekanntester Shah Jahan. So viele Mausoleen wie in Indien finden sich in keinem anderen Land, obwohl diese Art pompöser Begräbniskultur weder Hinduismus noch Islam eigentlich vorsehen: Nach hinduistischem Ritual werden die Toten verbrannt und ihre Asche in alle Winde verstreut – der Leichnam gilt als unrein. Der Koran wiederum verbietet individuelle Grabmale als unislamische religiöse Verehrung von Toten. Die Herrscher Indiens störte das nicht sonderlich, ganz im Gegenteil: Unter den Moguln entwickelten sich die Mausoleen zu den Lieblingsbauwerken des Subkontinents, auch die Oberschicht ließ sie in großer Zahl errichten.

Shah Jahan kam 1627 an die Macht und führte sein Land auf Grundlage der Vorarbeit seines Großvaters Akbar an die Spitze von Ruhm und Macht. Sein Reich umfasste ein Gebiet halb so groß wie der europäische Kontinent, von Afghanistan bis Assam, von Kaschmir bis zum Fluss Godavari. Auswärtige Besucher seiner Regierungszeit zeigten sich nicht nur von der Pracht des Hofes, sondern auch von der Wirtschaftskraft des Landes, den sicheren Straßen, der guten Verwaltung und Rechtsprechung beeindruckt. Die letzten Jahre des großen Fürsten verliefen jedoch weniger glanzvoll, sein Sohn Aurangzeb ließ ihn 1658 gefangen nehmen und schwang sich zum alleinigen Herrscher empor. Die Festung, in der Shah Jahan fortan sein Leben fristete, lag in Sichtweite des Taj Mahal, und so konnte er wenigstens das Mausoleum seiner Frau sehen, weshalb er angeblich den größeren Teil seiner Zeit auf dem Festungsturm zubrachte. Bis zu seiner Absetzung aber tat sich Shah Jahan als Bauherr hervor; sein bevorzugter und von ihm besonders geschätzter Baustoff war weißer Marmor. Für Paläste, Gartenanlagen, Moscheen und schließlich eine ganz neue Hauptstadt gab er den Auftrag: Shahjahanabad außerhalb von Delhi, das die alte Hauptstadt Agra ablöste. Unter den von ihm errichteten diversen Mausoleen nimmt der Taj Mahal den ersten Platz ein.

1612 hatte Shah Jahan zum dritten Mal geheiratet, und Mumtaz Mahal wurde zu seiner Haupt- und Lieblingsfrau. Pflichtgemäß rühmten die Chronisten sie als ideale Frau, schön und liebenswert, fromm und treu, und die Beziehung der beiden als besonders innig, tief und für beide erfüllend. Vierzehn Kinder gebar sie ihrem Gemahl, und die Geburt des letzten kostete sie schließlich das Leben. Mit 38 Jahren starb sie 1631, nach 19 Jahren Ehe und nur gut drei Jahre nach dem Regierungsantritt ihres Mannes. Der Verlust brachte den Großmogul schier um den Verstand, sein Bart wurde über Nacht grau, sein Kummer kannte keine Grenzen. Der gesamte Hof musste trauern, während der Witwer keinen Trost fand. Er erwog gar die Abdankung zugunsten seiner Söhne.

Seine verstorbene Gefährtin ließ er provisorisch in den Gärten von Zainabad beisetzen, wo sie gestorben war, und begann umgehend mit der Planung für ein standesgemäßes Grabmal. Die angesehensten Fachleute des Landes wurden herangezogen, unter deren Leitung angeblich 20000 zwangsverpflichtete Arbeiter den Bau errichteten. Am zwölften Todestag der Mumtaz Mahal wurde das vielleicht berühmteste Mauseoleum der Welt eingeweiht. Es heißt, Shah Jahan habe jedes Mal bitterlich geweint, wenn er das Grab seiner großen Liebe besuchte. Der Taj Mahal aber gilt seither als Bauwerk, dessen perfekte und verschwenderische Ausführung der Anmut und stillen Größe der Frau entspricht, für die es als steinernes und den Tod überdauerndes Liebesbezeugnis errichtet wurde.

Aber Shah Jahan wäre nicht der Mann gewesen, der er war, hätte er mit dem Grabmal für seine Frau nicht auch sich selbst und seiner Herrschaft ein Denkmal gesetzt, das noch heute beeindruckt. Die staunenden Besucher lagen durchaus im Kalkül des Bauherrn, den zutiefst befriedigt hätte zu wissen, dass sie auch im 21. Jahrhundert noch in Scharen anreisen. Moderne Forscher gehen gar davon aus, Shah Jahan habe von Anfang an mehr an seinen eigenen Nachruhm als den seiner Frau gedacht. Die Zeugnisse über eine ganz besondere Liebe dürften nämlich maßlos übertrieben sein, denn sie stammen vor allem aus wenig verlässlichen Quellen zeitgenössischer Chronisten. Ausländische Diplomaten hingegen, die den Großmogul persönlich kannten, zeichneten in ihren Berichten ein ganz anderes Bild: das eines unsympathischen und machtgierigen, selbstsüchtigen, eitlen und prunkverliebten Tyrannen. Auch mit seiner Zuneigung war es danach nicht so weit her. Während einerseits kolportiert wurde, der Witwer habe sich seit dem Tod seiner geliebten Frau keiner anderen sexuell genähert, berichten europäische Beobachter von sexuellen Eskapaden ohne Ende. Die Wahrheit liegt vermutlich irgendwo zwischen diesen Extremen. Und das berühmteste Mausoleum der Welt ist nicht nur ein Begräbnisort, sondern auch ein Monument der Herrschaft Shah Jahans.

Mumtaz Mahals Mausoleum steht auf einem ausgedehnten rechteckigen Grundstück, umgeben von einer Mauer mit säulengesäumten Pavillons in jeder Ecke. Herzstück der Anlage ist der Garten, der auf die Paradiesgärten verweist. Auf dem Weg hindurch rückt das eindrucksvolle Hauptgebäude näher, 58 Meter hoch und auf einer quadratischen Marmorplattform von 100 Meter Seitenlänge errichtet, an deren Ecken vier schlanke Minarette stehen. Die Fassade ist als Verweis auf das Paradies mit floralen Ornamenten verschwenderisch dekoriert und mit aufwendig ausgeführten arabischen Schriftzeichen schwarz auf weißem Marmor geschmückt. Wegen des islamischen Bilderverbots wurden insbesondere Koranzitate gerne als Schmuckelemente eingesetzt. Der Taj Mahal hat mit 25 Koranzitaten, darunter ganze Suren, mehr Inschriften als jedes andere muslimische Bauwerk zu bieten. Die Grabkammer im Zentrum, ein achteckiger großer Saal, ist Ziel und Höhepunkt des Besuchs. Die Kuppel darüber ist ein weiteres Sinnbild für das himmlische Paradies, in das Mumtaz Mahal eingegangen ist.

Zweifellos, der Taj Mahal gehört in die Riege der vorzüglichsten Bauwerke der Menschheit und ist zu Recht bis heute in aller Welt berühmt. Da nimmt es nicht wunder, dass die eine oder andere Legende darum gesponnen wurde. Die von einem zweiten Mausoleum auf der gegenüberliegenden Flussseite besitzt keinerlei Grundlage außer einen Reisebericht des Franzosen Jean-Baptiste Tavernier, der den Taj Mahal 1665 besuchte. Tavernier war bedeutender Diamantenhändler, leidenschaftlicher Forscher, Abenteurer und Reisender und verdiente nicht schlecht an den Büchern, die er über fremde Länder schrieb und die noch zu seinen Lebzeiten in viele Sprachen übersetzt und immer wieder neu aufgelegt wurden.

Zwischen 1630 und 1668, also zur Lebenszeit von Shah Jahan, bereiste Tavernier fast ganz Asien. Er bereicherte die europäischen Kenntnisse über die von ihm besuchten Länder ungemein, allerdings nahm er es dabei nicht bei allem ganz genau – im Fall des vorgeblich unvollständigen Gesamtkunstwerkes Taj Mahal schreibt er ziemlich vage von einem begonnenen Grabmal am anderen Flussufer, das aber aufgrund familiärer Machtkämpfe nicht vollendet worden sei. Von einem identisch aussehenden zweiten Taj Mahal ist da noch nicht die Rede. Tavernier könnte durchaus gut informiert gewesen sein – nur gibt es außer seinem Bericht keine einzige weitere Quelle für ein zweites Grabmal. Aus dieser dünnen Behauptung ohne jede Grundlage wurde wohl im romantischen 19. Jahrhundert die Legende eines baugleichen, schwarzen Mauseoleums, das den Taj Mahal als »Gesamtkunstwerk« vollendet hätte. Shah Jahan starb zwar bald nach dem Besuch des Franzosen, wurde aber nicht in einem eigenen Mausoleum, sondern im Taj Mahal an der Seite seiner geliebten Frau beigesetzt, wo man dem fürstlichen Paar noch heute einen Besuch abstatten kann.

Der erste Preußenkönig Friedrich I. betrachtete Pracht und Pomp als Selbstzweck – IRRTUM!

»Er war in Kleinigkeiten groß, im Großen klein.« Selten ist das vernichtende Urteil über einen Menschen so pointiert und eloquent ergangen. Diesen Satz schrieb im 18. Jahrhundert Friedrich der Große über den eigenen Großvater, den ersten Preußenkönig Friedrich I., der die Hohenzollern, bis dahin Kurfürsten von Brandenburg, zu Königen machte, weswegen man von Seiten des Enkels durchaus ein wenig Dankbarkeit hätte erwarten mögen. Aber die Einschätzung des Vorvorgängers auf dem preußischen Thron fällt eindeutig negativ aus – und erwies sich als meinungsbildend für das Bild der Nachwelt von Friedrich I., eingeschlossen das ganzer Historikergenerationen. »Er opferte 30000 Untertanen für verschiedene Kriege des Kaisers, um sich die Königswürde zu verschaffen, und strebte nach dieser nur so eifrig, um seinen Hang nach Zeremonien zu befriedigen (und) Vorwände für seine Verschwendungssucht zu finden. (...) Während sein Volk im Elend umkam, verschlangen seine Günstlinge reiche Pensionen. Seine Bauten waren prächtig, seine Feste glanzvoll, Marstall und Dienerschaft entsprachen mehr asiatischem Prunk als europäischer Würde. Die Launenhaftigkeit, mit der er sein Geld vergeudete, wirkte umso bizarrer, wenn man seine Ausgaben mit seinen Einnahmen vergleicht.«

Diese Darstellung in den *Denkwürdigkeiten zur Geschichte des Hauses Brandenburg* vermittelt, der Aufstieg Brandenburg-Preußens zum Königtum habe seine Ursache allein in der Geltungs- und Prunksucht des Kurfürsten gehabt. Aus persönlicher Eitelkeit habe er sein Land in den Ruin gestürzt, weil der damit verbundene Aufwand die Möglichkeiten des Landes überstiegen habe. Allerdings lag Friedrich der Große mit dieser undifferenzierten Einschätzung ziemlich daneben, denn sein Großvater war kein nichtiger Popanz, der sich nur für die prächtigen Äußerlichkeiten seines Amtes interessierte. Und vor allem: Ohne dessen Vorarbeit hätte der Enkel den Aufstieg seines Landes unter die europäischen Großmächte nicht bewerkstelligen können, denn die Königswürde bildete dafür die unverzichtbare Grundlage.

Die Hohenzollern kamen zu Beginn des 15. Jahrhunderts nach Berlin. Als Kurfürsten von Brandenburg vergrößerten und entwickelten sie das kleine rand- und rückständige Ländchen nach und nach, ohne dafür Kriege zu führen, sondern mit einigem Glück und Geschick. Über die Jahrhunderte wuchs das Herrschaftsgebiet beträchtlich, der Aufstieg in den Königsrang war den Landesherren gleichwohl verwehrt, weil Brandenburg im Heiligen Römischen Reich lag und deshalb nicht in ein Königreich umgewandelt werden durfte. Die Hohenzollern mussten also andere Wege gehen: Ende des 17. Jahrhunderts schickte sich daher Friedrich III., Kurfürst von Brandenburg, an, auf anderem Weg in die Königsliga vorzustoßen. Zum Herrschaftsgebiet der Hohenzollern gehörte nämlich das Herzogtum Preußen (das spätere Ostpreußen), der vormalige Staat des Deutschen Ordens. Dessen letzter Hochmeister in Preußen war ein Hohenzoller, der die Reformation einführte, den Staat in ein Herzogtum umwandelte und als Herzog übernahm. Ein Jahrhundert später, 1618, gelangte das Herzogtum Preußen durch Erbschaft an die Kurfürsten von Brandenburg. Und dieses hohenzollersche Territorium außerhalb des Heiligen Römischen Reiches nutzte Friedrich, um doch noch König zu werden. In geduldiger diplomatischer Feinarbeit und die politischen Kräfteverhältnisse und die eigenen Möglichkeiten klug nutzend, erlangte Kurfürst Friedrich III. von Brandenburg die Genehmigung des Kaisers in Wien, in Preußen König zu werden. Einen Krieg musste er dafür nicht vom Zaun brechen, und doch verdankt sich der Aufstieg den Soldaten des Kurfürstentums, die der Kaiser für seinen Krieg gegen Frankreich brauchte. Die Krönung durfte jedoch nicht in Berlin stattfinden, das zum

Reich gehörte, sondern im preußischen Königsberg, dem heutigen Kaliningrad. Und noch eine Einschränkung: Friedrich führte den Titel König *in* Preußen, nicht König *von* Preußen, weil ein Teil des Landes (das spätere Westpreußen) der polnischen Krone unterstand.

Für die Krönung im fernen Königsberg wurde größter Aufwand betrieben, was Friedrich den Großen zu Hohn und Spott veranlasste: Sechs Monate dauerten die Festlichkeiten im Ganzen, Unsummen wurden dafür ausgegeben und ruinierten den Staat, der nur über bescheidene Mittel verfügte. Zwar erhob man eigens eine Krönungssteuer, doch die reichte nicht einmal, um die Kronen für König und Königin zu bezahlen. Vermutlich beliefen sich die Gesamtkosten der Feierlichkeiten auf das Doppelte der jährlichen Einnahmen. 1800 Kutschen und 30000 Pferde wurden mitten im Winter ins spätere Ostpreußen geschickt, in vier Partien, weil unterwegs gar nicht genug Quartiere für die vornehmen Reisenden zur Verfügung standen. Eingebettet in mehrtägige Zeremonien krönte sich Friedrich im Königsberger Schloss am 18. Januar 1701 selbst, bevor er seiner Frau Sophie Charlotte die Krone aufsetzte. Sein Krönungsornat war scharlach- und purpurrot, versehen mit kostbaren Stickereien und Knöpfen, Hermelin und Diamanten, aufgestickten Adlern und Kronen.

Natürlich beeindrucken solcher Prunk und Verschwendung bis heute, aber mit gesundem Menschenverstand und zudem aus moderner Perspektive drängt sich doch die Frage auf, ob dieser Aufwand nicht beträchtlich übersteigert war und völlig unangemessen angesichts der prekären Staatsfinanzen.

Der frischgebackene König betrachtete die Königswürde als »politische Necessität«, als bloße Notwendigkeit, und lag mit dieser Einschätzung näher an den Tatsachen als sein undankbarer Enkel. Denn gleichzeitig zu den Bemühungen Brandenburgs strebten die Kurfürsten in Hannover und Dresden ebenfalls zur Königswürde. Als die preußische Krönung stattfand, war der sächsische Kurfürst Friedrich August I. bereits polnischer König und der Kurfürst von Hannover (Friedrichs I.

Schwager) hatte Aussichten auf die englische Krone. Andere Fürsten in Europa trieb dasselbe Ansinnen um. Deshalb hatte sich Friedrich genötigt gesehen, seit 1692/93 ähnliche Anstrengungen zu unternehmen, um gegenüber seinen direkten Fürstenkonkurrenten nicht ins Hintertreffen zu geraten.

Davon abgesehen waren Prunk und Protz des Großvaters, die Enkel Friedrich so verächtlich machte, Teil dieser Notwendigkeit. Um als Aufsteiger unter den älteren Dynastien ernst genommen zu werden, musste der Preußenkönig aufwendig Hof halten und im großen Stil Bauwerke errichten – das war es in den Augen der Zeit, was ihn als wahren Fürsten auszeichnete und seinen Status illustrierte. König war, wer von anderen Königen als gleichrangig anerkannt war, und in der symbolbeladenen Welt des Barock waren Äußerlichkeiten dafür maßgeblich. Folglich legte Friedrich auf die Symbolik der Zeremonie kaum weniger Wert als auf die Rangerhöhung an sich. Nüchtern betrachtet war die Krone nicht mehr wert als das Gold, aus dem sie gefertigt war, wenn der Emporkömmling darunter nicht von aller Welt, vor allem aber von seinen europäischen Königskollegen als einer der Ihren akzeptiert wurde.

Kaum verwunderlich also, dass Friedrich eingehend an den Zeremonien bastelte, um seinem Königtum ein eigenes Selbstverständnis, die nötige Würde und Aura zu verleihen. Und mit der Krönung war es nicht getan, denn der Schlüssel zur dauerhaften Anerkennung in den europäischen Hauptstädten lag in der ständigen Prachtentfaltung. Dass Friedrich I. diesen Erwartungen entsprach, belastete natürlich die Staatskasse aufs Neue. Als wichtigstes Projekt ließ er das Berliner Schloss (das derzeit wiederersteht) umbauen und auf das Doppelte vergrößern; seinem Baumeister Andreas Schlüter gelang damit gleichermaßen eine weit gerühmte architektonische Meisterleistung und die seinerzeit modernste Residenz des Kontinents. Einen Steinwurf entfernt war zuvor das Zeughaus entstanden, die Waffenkammer des Militärs. Zahlreiche Statuen wurden aufgestellt, die Hauptstadt verschönert. In Charlottenburg wurde der Sommersitz der Königin erbaut, zahlreiche weitere, kleinere Schlösser entstanden rund um Berlin.

Zu den kulturellen Verdiensten des ersten Königs gehören außerdem die Gründung der Universität Halle, der Berliner Akademie der Wissenschaften und der Akademie der Künste sowie der Ausbau der Kunstsammlungen und die Berufung eines Hofhistoriographen. Als frommer Protestant war Friedrich auch um die Religionsangelegenheiten des Landes bemüht. Man kann also nicht behaupten, der König habe mit der Königskrone eine leere Hülle erworben, er füllte sie auch nach Kräften mit Leben. Richtig ist zwar, dass er nicht das geistige Format besaß, für das seine Frau Sophie Charlotte und vor allem sein Enkel bekannt sind, und dass er starken Beratern zu viel Einfluss und Möglichkeiten der persönlichen Bereicherung zugestand. Auch war eine starke Neigung zu allem Prächtigen in ihm durchaus vorhanden, sie zeigte sich lange, bevor der nachgeborene Sohn des Großen Kurfürsten damit rechnen konnte, überhaupt jemals Kurfürst, geschweige denn König zu werden. Aber mochte die höfische Komponente der Rangerhöhung zum König auch willkommenes Beiwerk sein – der Erwerb der Königskrone war vor allem anderen ein politisch motiviertes und mit unendlicher Geduld und viel Fingerspitzengefühl angegangenes Unternehmen, das für den Staat Brandenburg-Preußen als ein Meilenstein gelten muss.

Friedrich der Große lag also ziemlich daneben, als er seinen Vorvorgänger derart miesmachte. Sein Urteil schuldete sich aber nicht allein seiner ausgeprägten Neigung zur literarischen Pointe und seiner berüchtigten Bosheit. Sein ungleich nüchterneres Verständnis der Königsrolle war grundlegend anders als das des Großvaters und betrachtete höfische Etikette als nichtigen Tand, wogegen er selbst ein rationales Verständnis von Königsherrschaft setzte. Im Laufe seines Lebens musste aber auch er der Bedeutung des Äußeren Tribut zollen, eindrucksvoll ablesbar am Neuen Palais im Park von Sanssouci, das er selbst als »Fanfaronnade«, also Prahlerei bezeichnete. Dieser riesige Prachtbau sollte aller Welt vor Augen führen, dass Preußen den verheerenden Siebenjährigen Krieg unbeschadet überstanden hatte und nunmehr in die Riege der Großmächte aufgestiegen war.

Zar Peter der Große hat Russland verwestlicht – IRRTUM!

Regierende lassen sich ihr Testament gern in Stein meißeln, und das steinerne Vermächtnis des russischen Zaren Peter der Große ist besonders eindrucksvoll gelungen: die Stadt Sankt Petersburg. Mitten im Großen Nordischen Krieg, mit dem Russland, Polen und Dänemark zu Beginn des 18. Jahrhunderts der Vormachtstellung Schwedens und ihres draufgängerischen Königs Karl XII. in Nordeuropa ein Ende setzen wollten, suchte der Zar einen Standort für seine Gründung aus, im Mündungsdelta der Newa. Eben erst hatte man das Gebiet den Schweden abgenommen und damit endlich den ersehnten Zugang zur Ostsee erlangt. Nunmehr ging es darum, einen starken Vorposten zu errichten, der künftigen Angriffen der Schweden etwas entgegensetzen konnte. Vermutlich schwebte Peter von Anfang an mehr vor als bloß ein militärischer Stützpunkt, jedenfalls taufte er die Stadt nach seinem Namenspatron, dem Apostel Petrus.

Als Erstes ging man daran, auf der Haseninsel in der Newa die Peter-Paul-Festung zu errichten. Um die Gründung Sankt Petersburgs am Dreifaltigkeitstag 1703 ranken sich allerlei hübsche Legenden, während der Bau der Stadt von eher hässlicher Mühsal geprägt war: Nicht nur gründet sie auf morastigem Grund, die Gegend begünstigte außerdem Seuchen, die unter den abkommandierten Leibeigenen grassierten, abgezehrt und erbarmungslos ausgebeutet, wie sie waren. Unerbittlich aber trieb Peter die Arbeiten voran, für die das ganze große Reich herangezogen wurde, sei es für Arbeitskräfte, Geld oder Versorgungslieferungen. Niemand weiß, wie viele Menschenleben die große Vision des Zaren kostete, der russische Volksmund bezeichnet die Stadt als auf Knochen gebaut. Ebenso ist nicht bekannt, wann genau Peter auf die Idee verfiel, die russische Hauptstadt hierher zu verlegen, aber bereits 1712, noch während des Krieges gegen Schweden, löste Sankt Petersburg Moskau als Hauptstadt ab – bis nach der Oktoberrevolution die Bolschewisten der Stadt an der Moskwa diesen Status zurückgaben. In der ersten Regierungszeit Wladimir Putins, ein gebürtiger Petersburger mit entsprechender Hausmacht dort, wurden gelegentlich Gerüchte laut, der Präsident plane einen abermaligen Hauptstadtumzug zugunsten seiner Heimatstadt.

Sankt Petersburg wird gern als schlagender Beweis angeführt für Zar Peters Bestreben, sein Land dem Westen anzunähern – nicht nur geographisch, sondern insgesamt und grundlegend. Das rückständige Russland sollte zu den europäischen Großmächten aufschließen, sogar um eine Abkehr von der altrussisch-orthodox-klerikalen Prägung des Moskowiterreiches sei es ihm gegangen. In der Tat war der Umzug an die Newa ein kalkulierter Bruch mit der russischen Tradition, wurden Architekten und Künstler aus dem Westen beauftragt, um der Stadt den rechten Glanz zu verleihen. Bei Hofe galt nunmehr europäische Etikette, westliche Kleidung wurde vorgeschrieben und mit langen Bärten durften sich fortan nur noch Bauern und die Geistlichkeit zieren.

Zar Peter wollte sein Land modernisieren, und auf einer damals großes Aufsehen erregenden, weil beispiellosen Reise, die ihn 1697/98 über das noch schwedische Baltikum, Preußen, Österreich bis in die Niederlande und nach England führte, war er bestrebt, Erfahrungen zu sammeln, die er zu Hause würde nutzen können. Darunter fielen neben kulturellen Eindrücken beispielsweise auch Informationen über das westeuropäische Wirtschaftssystem des Merkantilismus. Nach westlichem Vorbild wurden Struktur- und Verwaltungsreformen durch- und der julianische (wenn auch nicht der gregorianische) Kalender eingeführt, der Zar förderte den Handel mit dem Ausland und den Aufbau von Manufakturen ebenso wie Bildung und Forschung, und er modernisierte sein Militär. Aber war Peters Verwestlichung so grundlegend, weitreichend und nachhaltig, wie es seine Entschlossenheit und sein hemdsärmeliger Tatendrang nahelegen? Und wie weit war der Zar darin überhaupt gewillt zu gehen?

Der russische Nationaldichter Puschkin schrieb ein Jahrhundert nach Peter dem Großen in einem Gedicht, mit der Gründung Sankt Petersburg sei das Fenster zum Westen aufgestoßen worden – was später ein Moskauer Historiker mit der Aussage konterte, das Scheunentor Nowgorod, die alte Handelsstadt östlich von Sankt Petersburg, habe schon mehr als ein halbes Jahrhundert vorher offen gestanden. Und abgesehen von dieser Tatsache war die Annäherung Russlands an das System europäischer Staaten längst im Gange, bevor Peter der Große den Thron bestieg. Der Weg nach Westen begann, das mittelalterliche Nowgorod einmal außer Acht gelassen, Mitte des 17. Jahrhunderts mit dem Aufstieg nach langer Krise und der territorialen Westausdehnung; zu Lasten Polen-Litauens fielen das Smolensker Gebiet und, weiter südlich, die Ostukraine mitsamt Kiew an Russland. Unter den Nachfolgern Peters zeigte sich zudem, wie sehr diese langfristige Entwicklung mit dem Großmachtstreben des Zarenreiches zusammenhing, das sich unter Katharina der Großen voll entfalten sollte. Ohne eine gewisse Annäherung an die Vorbild-Großmächte Frankreich, England und Österreich, später auch Preußen, konnte Russland nicht in die Oberliga europäischer Staaten vorstoßen. Machtpolitik im europäischen Staatensystem aber ist noch nicht gleichbedeutend mit der Verwestlichung eines östlichen Landes.

Bei näherer Betrachtung ist dieser machtpolitische Sprung zwar gelungen, ansonsten aber hat sich in Russland unter Peter dem Großen sehr viel weniger verändert, als der Glanz von Sankt Petersburg und das in der verklärenden Geschichtsschreibung andauernde Image Peters als westwärts orientiert vermitteln. Das hat zum einen damit zu tun, dass der ungeduldige Zar die Reformen hektisch, unkoordiniert und situativ anging, wie es seinem ungestümen Naturell entsprach – mit dem Ergebnis, dass viele Neuerungen nicht von Dauer, weil nicht substanziell genug waren. Grundlegende Reformen verlangen einen langen Atem und einen gleichzeitigen Mentalitätswechsel, der aber weder bei Peter selbst noch bei seiner Verwaltung zu beobachten war, ganz zu schweigen vom Volk, das vom Westen nicht den Schimmer einer Ahnung besaß. Ohnehin mangelte es für einen grundsätzlichen Wandel am notwendigen, westlich ausgebildeten Personal in ausreichender Zahl. Insgesamt erwiesen sich die Reformen als zu wenig vorbereitet und daher unvollständig und nicht grundlegend, zudem überhastet umgesetzt und oft brachial durchgesetzt, was die notwendige Mentalitätsänderung nicht gerade beförderte. Außerdem betrafen die Reformen keineswegs das gesamte Reich, sondern nur Teile seines riesigen Gebietes. Die meiste Kraft verwandte der Zar auf die Aspekte, die Russlands Rolle als zukünftige Großmacht dienen würden, also Militär und Wirtschaft. Das Land insgesamt blieb rückständig, vor allem gesellschaftlich, das Leistungsprinzip war kaum durchsetzbar, der westliche Einfluss beschränkte sich auf die obersten Kreise. Eine städtische Bürgerschaft, die den Reformprozess hätte mittragen und nach unten weitergeben können, gab es weiterhin nicht.

Vor allem aber hätte, was die Verfassungsstruktur des Landes betraf, eine strenge Orientierung auf den Westen dessen Herrschaftsmodell übernehmen müssen, in dem der Monarch kein Autokrat war, sondern ständische Gremien bei den Geschicken des Landes mitzureden hatten. Die Zeit Peters des Großen war zwar in Westeuropa die des Absolutismus, der aber erwies sich in Wirklichkeit als gar nicht so absolut, während der Zar weitgehend autokratisch und ohne ständische Beteiligung regierte, mochte er auch diesbezüglich Reformen anstrengen. Unter Peter dem Großen blieb der Widerspruch zwischen Modernisierung einerseits und dem Beharren auf einer autokratischen Herrschaft andererseits ungelöst – für den englischen Parlamentarismus hatte er sich in London nicht sonderlich interessiert. In Russland galt weiterhin, dass das Land nur eisern absolutistisch regiert werden konnte. Wann immer sich Protest regte, reagierte auch Peter mit größtmöglicher Brutalität. Auch blieb es bei der berüchtigten russischen Leibeigenschaft der Bauern, deren Belastungen unter ihm sogar noch stiegen. Nicht einmal der Adel konnte nennenswerte Verbesserungen in Sachen Eigenständigkeit verbuchen, sondern verblieb in direkter Abhängigkeit vom Zaren, nicht viel anders stand es mit der Kirche. Peter führte sein Land an den Kreis der europäischen Großmächte heran und stieß Modernisierungen an, aber nachhaltig nach Westen rückte Russland deswegen nicht.

Dass Russland keineswegs nur noch westwärts blickte, erweist sich auch an seiner Asienpolitik. Denn das Zarenreich wuchs nicht nur gen Westen, sondern ebenso nach Osten – was allerdings den europäischen Augen damals wie heute entging. In Asien setzte Peter die expansive Politik seiner Vorgänger fort und schob die Grenzen des Russischen Reiches weit nach Sibirien vor.

Nicht zuletzt blieb Peter bei aller Westorientierung und Faszination durch Europa ein durch und durch russisch geprägter Herrscher, der auch ganz persönlich eher ein klassisch autokratischer Despot war und seine Vorstellungen mit aller Härte rücksichtslos durchsetzte. Einen Aufstand der Strelizen, eine mitunter aufmüpfige Berufsarmee, schlug er 1698 nicht nur unerbittlich nieder, er exerzierte gar ein grausames, Monate dauerndes Strafgericht, ließ die Männer foltern und über tausend von ihnen öffentlich hinrichten. Ebenso grausam ging er mit dem eigenen ungeliebten Sohn um, befahl, ihn wegen einer angeblichen Verschwörung zum Tode zu verurteilen – der Zarewitsch starb noch vor der Vollstreckung an den Folgen der Folterqualen. Charakterlich war Peter so brutal und zügellos, wie es dem Klischee vom derben Russen entsprach, im verfeinerten, ja verweichlichten europäischen Barock aber undenkbar war. Da ist es eine aufschlussreiche Petitesse, dass der Zar, als er 1717 und damit zwei Jahrzehnte nach seiner großen Lehrreise durch Europa abermals Berlin beehrte, das ihm als Gästehaus zur Verfügung gestellte Schlösschen Monbijou mit seinem Gefolge derart »barbarisch« heimsuchte, dass es selbst den nicht übermäßig feingeistigen preußischen Hof nachhaltig erschütterte. Inzwischen kannte der Zar Europa und seine Sitten ganz gut, hielt es aber offenbar nicht für nötig, sich und sein Gefolge an seine Gastgeber anzupassen, nur ein paar lauwarm bedauernde Bemerkungen über seine schlechte Erziehung ließ er fallen.

Am ehesten könnte man also die von Peter verfolgte Strategie mit »vom Westen lernen heißt siegen lernen« auf den Punkt bringen – das aber bedeutet eine strategisch bedingte, selektive Westorientierung zum Zwecke von wirtschaftlichem Aufschwung und Großmachtpolitik. Darauf passt das Verdikt Rousseaus, der Peter als »nachahmenden Geist« bezeichnete. Und Sankt Petersburg kann man dann doch als steinernes Symbol dafür begreifen, wie der Zar seinen Westdrang in die Tat umsetzte, denn seine Errichtung wurde ähnlich brachial vorangetrieben wie Peters angebliche Verwestlichung. Die Stadtgründung an der Newa aber bewährte sich langfristig auf das Prächtigste, während Peters Reformeifer nur sehr begrenzte Wirksamkeit entfaltete.

England ging in der europäischen Geschichte einen Sonderweg – IRRTUM!

Britannia, du hast es besser – diesen Eindruck kann man leicht gewinnen, wenn man sich mit der englischen Geschichte befasst. Natürlich, auch dort gab es Bürgerkrieg und Invasionen, Umsturz und Königsmord. Aber alles in allem wies die englische Geschichte doch sehr viel geradliniger in Richtung moderner Demokratie und Zivilgesellschaft als anderswo. Dieser Lesart zufolge entwickelte England frühzeitig freiheitliche Traditionen und betrieb sie kontinuierlich weiter, was das Land immun machte gegen den Absolutismus, der Kontinentaleuropa im 17. Jahrhundert erfasste. Denn die Demokratie hat in England ihren Anfang sehr früh genommen: Schon mit der Magna Charta Libertatum, der großen Freiheitsurkunde von 1215, trotzte das Parlament dem König gewichtige Zugeständnisse ab, was eine fruchtbare Konsenskultur zwischen beiden beförderte. In der »Glorious Revolution« von 1688, dem unblutigen Sturz des Königs Jakob II. und der Bill of Rights, wurde die königliche Macht schließlich ein weiteres Mal zurechtgestutzt. Eine zivilisierte Entwicklung in Richtung Moderne verschonte England überhaupt von allzu extremen oder extremistischen Ausschlägen in jedweder Richtung, ob nun absolutistisch, revolutionär oder totalitär.

Diese gefällige Sicht auf die englische Geschichte wird nicht zuletzt in England selbst gern vertreten, wo sie lange Zeit sogar *common sense* der Historiographie und des öffentlichen Bewusstseins war. Sie hat ihren Ursprung im 15. Jahrhundert, wurde aber im 19. Jahrhundert besonders populär, als die Welt- und Kolonialmacht Großbritannien international unangefochten an der Spitze stand. Dieser Blick auf die nationale Vergangenheit ist durchaus vergleichbar mit der, zugegebenermaßen ungleich fataleren, preußisch-deutschen Sicht nach der Reichsgründung 1871, derzufolge die deutsche Geschichte seit der Schlacht im Teutoburger Wald geradewegs und folgerichtig auf ihre Erfüllung im hohenzollerschen Kaisertum zugesteuert habe. Ähnlich erfüllend und beglückend sei in England alles auf den modernen Parlamentarismus hinausgelaufen. Gegen Ende des 19. Jahrhunderts dann schrieben britische Autoren selbstzufrieden und im Blick die diversen Revolutionen und anderen Fehlentwicklungen auf dem Kontinent von der gemächlichen Evolution in England. Das alles passt zum britischen Selbstverständnis, zwar irgendwie schon, aber doch nicht ganz europäisch zu sein, sondern vielmehr ein Sonderfall in *splendid isolation*, was noch immer die englische Befindlichkeit beeinflusst – heutzutage vor allem ablesbar am schwierigen Verhältnis zur Europäischen Union.

Übrigens war das englische Geschichtsbild ursprünglich gegen Frankreich gerichtet, das als Gegenpol diente, um anhand der dortigen Könige mit despotischer Machtfülle den Vorzug des englischen Weges zu illustrieren. In der lächerlichsten Vereinfachung lief es darauf hinaus, die Engländer als der Anlage nach freiheitsliebend, die Franzosen hingegen als geborene Nation von Sklaven zu identifizieren – das war allerdings noch vor der Französischen Revolution.

Dieses gefällige Bild der englischen Geschichte beruht also auf nichts mehr als auf einem Gegensatz zwischen England und Frankreich bzw. dem gesamten Kontinent in Sachen Parlamentarismus und Absolutismus im Barockzeitalter. Zugespitzt formuliert: Weil es in England frühzeitig ein starkes Parlament gab, konnten die Könige keine absoluten Herrscher werden. Und weil politische Repräsentation im Rest von Europa unterentwickelt war, nutzten die Herrscher auf dem Festland ihren Freiraum und schufen ein absolutistisches System. Nur: Diese einfache Gleichung basiert auf der herkömmlichen Vorstellung des Absolutismus, die längst hinfällig geworden ist. Abermals zugespitzt formuliert: Den Absolutismus gab es gar nicht. Das so handlich vereinfachende Kontrastbild kommt nur dann zustande, wenn man einer optischen Täuschung aufsitzt, die von einem abstrakten Forschungsbegriff ausgeht, der der historischen Wirklichkeit nicht entspricht. Zwar besaßen die Herrscher der Barockzeit eine Idealvorstellung von uneingeschränkter Herrschaftsausübung, ohne sie aber durchsetzen zu können.

Längst hat die Forschung in hingebungsvoller Detailarbeit und aufwendigen Einzelstudien herausgearbeitet, dass die Dinge für Europas Fürsten so einfach nicht waren. Merkwürdig beispielsweise, dass es manchen angeblich absoluten Herrscher gab, der am Rande des Bankrotts balancierte. Die Bandbreite an Ausformungen der Monarchie ist enorm groß, abhängig nicht zuletzt von spezifischen Gegebenheiten, aber auch von den jeweiligen Monarchen selbst. Immer wieder zwar strebten die Fürsten nach größerer Macht, aber ob und in welchem Maße ihr Streben von Erfolg gekrönt war, hing von einem sehr komplexen Zusammenspiel ab. Macht lässt sich nicht allein aus einem starren Herrschaftssystem erklären, sondern ist in seiner Ausgestaltung von Umständen und Möglichkeiten abhängig, und die wandeln sich nun einmal beständig. Und Absolutismus, meist als Königsherrschaft ohne die Beteiligung von Ständen verstanden, war ebenfalls so nicht der Regelfall. Auf dem Kontinent kam es ebenso wie in England zu Situationen, in denen breiter Konsens hergestellt werden musste, um beispielsweise gemeinsam Krisen zu bewältigen oder Herausforderungen zu begegnen. Das gab politischen Kräften gleichzeitig einen Hebel an die Hand, um dem jeweiligen Fürsten Zugeständnisse abzuverlangen.

Selbst ohne Krisen war der frühneuzeitliche Staat in Frankreich, Spanien oder Ungarn häufig auf Einvernehmen angewiesen, um funktionieren zu können. Und die Grenzen fürstlicher Macht und Selbstherrlichkeit konnten dem Herrscher durchaus effektiv vor Augen geführt werden, etwa in kleineren oder größeren Aufständen oder Protestationen – oft genügte schon eine Drohgebärde. Auf Recht, Gebräuche und Traditionen mussten die Fürsten durchaus Rücksicht nehmen, auf christliche Konventionen sowieso. Man war nun einmal, bei unterschiedlichen Interessen, aufeinander angewiesen, was besonders für die kriegerische Zeit des 17. und 18. Jahrhunderts galt, als nicht nur Armeen finanziert werden mussten, sondern auch ungezählte Schlösser, die Versailles nacheiferten. Wer Kriege führen wollte, brauchte nicht nur einfache Soldaten, die damals meist noch Söldner waren, sondern auch viel Geld und Offiziere, die in der Regel aus dem Adel stammten, der daher nicht vollends marginalisiert werden konnte. Überhaupt war die Aristokratie für das Funktionieren der frühneuzeitlichen Staaten unersetzlich, was ihr natürlich Macht verlieh. Ebenso stellte das Volk durchaus eine Größe dar: Schließlich konnte kein Fürst vernünftigerweise die Lebensfähigkeit seines Staates aufs Spiel setzen, nur um seinen Kopf durchzusetzen.

Der differenzierte Blick sowohl auf England als auch auf den Bezugsrahmen europäischer Kontinent zeigt, dass die Unterschiede zwischen Insel und Festland so grundlegend gar nicht sind. Und so entpuppt sich der englische Sonderweg mit seinen spezifischen Ausformungen von Parlamentarismus und Königsherrschaft als bloß eine von zahlreichen europäischen Varianten. Es ist eben nicht so, dass England die rühmliche Ausnahme zur zweifelhaften Regel des restlichen Europas darstellt. Ein britischer Kritiker bemängelte einmal, die These des Sonderwegs diene vor allem der Glorifizierung der Gegenwart. Und in der Tat gerät das englische *Parliament* des Mittelalters in vielen Darstellungen der modernen britischen Institution ähnlicher als den Ständevertretungen, die es in den meisten anderen europäischen Staaten ebenso gab. Deren Vertreter waren wie ihre englischen Kollegen darauf aus, die Königsmacht zu kontrollieren und einzuschränken. Zwar war das englische Parlament schon sehr früh stärker als jede andere europäische Repräsentativ- oder Ständevertretung und entsprechend in viel besserer Position dem König gegenüber. Aber auch auf dem Kontinent gab es Mitspracherechte, auch dort war die Macht der Fürsten nicht unbeschränkt, das gilt selbst für den absolutistischsten aller Könige, Ludwig XIV. von Frankreich. Bei genauerem Hinsehen finden sich auch in Kontinentaleuropa Staaten, in denen die Königsmacht von einem starken Parlament oder einer Ständevertretung beschränkt wurde, beispielsweise Polen oder die Niederlande. Auf der anderen Seite hatten britische Könige in Sachen Kriegführung oder Finanzen im 18. Jahrhundert ähnlich große Einfluss- und Entscheidungsmöglichkeiten wie ihre Kollegen. In England bestanden unter der Herrschaft der Tudor- und Stuart-Könige durchaus absolutistische Tendenzen, und Karl I. regierte fast ein halbes Jahrhundert ohne Parlament. Besonders mächtige Könige gab es also auch in England, und schwache auch in Frankreich oder Spanien. Es kam zwar zu unterschiedlichen Ausprägungen der fürstlichen Machtfülle, aber es existierte kein rein absolutistisches Kontinentaleuropa im Unterschied zu einem rein freiheitlichen England.

Nun kann die Geschichtswissenschaft ohne Kategorien und Theorien nicht gut arbeiten, weshalb der Begriff Absolutismus auch weiterhin gebraucht wird. Aber er wird inzwischen mit erheblich größerer Vorsicht verwendet, weil die wissenschaftliche Kategorie von der historischen Realität nicht so brav befolgt wurde, wie es die klare Definition nahelegt. Es ist erstaunlich, wie lange sich dieses doch sehr konstruierte Bild vom kontinentaleuropäischen Absolutismus halten konnte. In den vergangenen Jahrzehnten jedoch haben Historiker mit dem Mythos Absolutismus aufgeräumt. Weil diese Entmythisierung aber die historische Wirklichkeit bedeutend vielschichtiger und komplizierter macht und damit das rasche Verständnis erschwert, behauptet sich hartnäckig das herkömmliche Bild in seiner einfachen Vorstellung von uneingeschränkten Königen diesseits und freiheitlichem Parlamentarismus jenseits des Ärmelkanals. Und England kann weiterhin mit seinem Sonderweg punkten.

Die Jesuiten verübten ein Attentat auf den König von Portugal – IRRTUM!

Am 3. September 1759 beschloss die Regierung in Lissabon die Ausweisung der Jesuiten aus Portugal. Die Verfügung erregte, bei aller Kritik am aggressiven und arroganten Auftreten des Ordens in vielen Ländern, großes Aufsehen. Es war der erste Fall von Jesuitenvertreibung, aber das Beispiel sollte Schule machen. Im folgenden Jahrzehnt zogen Frankreich, Spanien und verschiedene italienische Regionen nach, und 1773 musste Papst Clemens XIV. auf massiven Druck dieser Länder den Orden sogar ganz aufheben. Die Jesuiten, von Rom im 16. Jahrhundert als schärfste Waffe gegen die Reformation eingesetzt und darin vor allem in den romanischen Ländern sehr erfolgreich, hatten an Ansehen dramatisch eingebüßt. Auch Lissabon stellte den Kampf gegen die Jesuiten mit der Vertreibung nicht ein, sondern betrieb die Sache weiter, bis der Orden aufgelöst war. Erst 1814 konnte er wieder neu gegründet werden. Dieser ersten Vertreibung aus Portugal vorangegangen war ein königliches Dekret vom Januar 1759, mit dem der Ordensbesitz im Land konfisziert wurde – darunter siebzehn Residenzen und fast drei Dutzend Kollegien. Eine der beiden Universitäten des Landes blieb seither geschlossen, weil sie von Jesuiten geführt worden war. Die Verflechtungen von Kirche, Staat und Gesellschaft waren in Portugal sehr eng gewesen und die jesuitisch bestimmte Gegenreformation besonders stark.

Von der Ausweisung betroffen waren nunmehr rund 800 Jesuiten in Portugal sowie weitere 900 aus den portugiesischen Kolonien. Der Erste Minister und de facto mächtigste Mann des Landes Sebastião José de Carvalho e Mello, später zum Marquis de Pombal erhoben, hatte das Datum der Verfügung nicht zufällig gewählt: Genau ein Jahr zuvor wäre der portugiesische König Joseph I. beinahe bei einem Anschlag ums Leben gekommen. Joseph befand sich gegen elf Uhr abends auf der

Rückfahrt von einem Schäferstündchen mit seiner Geliebten, der Marquise von Távora, weswegen er keine Eskorte mitführte. Weil ein Tor verschlossen war, nahm der Kutscher eine Seitenstraße, als plötzlich drei Männer aus der Dunkelheit auftauchten und den königlichen Wagen unter Beschuss nahmen. Kutscher und König, Letzterer an Arm, Schulter und Brust verletzt, reagierten geistesgegenwärtig und konnten fliehen. Pombal machte die Jesuiten für das Attentat verantwortlich.

Der spätere Marquis de Pombal regierte Portugal für den apolitischen König Joseph I. im Sinn des aufgeklärten Absolutismus, der damals in Europa vorherrschte. Die Vertreter dieser Regierungsform, von denen der bekannteste der Preußenkönig Friedrich der Große ist, verstanden sich zwar als absolute Herrscher, aber aufgeklärten Geistes. Auch Pombal führte zahlreiche Reformen durch, und zwar so energisch, dass es oftmals nicht ohne Gewalt abging. In den Reihen der Aufklärung, die der verkrusteten Kirche radikal zu Leibe rücken wollte, fiel der Beifall groß und die Kritik am gewaltsamen Vorgehen gering aus. Insgesamt ist die historische Beurteilung Pombals gespalten, weil er einerseits despotisch regierte, andererseits ungemein reformfreudig und zukunftsorientiert war. Seine Modernisierung brachte aber keine Liberalisierung mit sich, weder politisch noch kulturell, beispielsweise blieb die Zensur bestehen, nur lag sie fortan nicht mehr in der Hand der Kirche, sondern in der des Staates.

Den Jesuiten war Pombal seit Beginn seiner Regierungstätigkeit feindlich gesinnt. Er machte sie (unzutreffenderweise, wie später nachgewiesen wurde) für den Guaraní-Krieg verantwortlich, in dem sich 1754 brasilianische Indianer ihrer Enteignung und Zwangsumsiedlung infolge eines Grenzvertrages der Kolonialmächte Spanien und Portugal entgegenstemmten. In der portugiesischen Kolonie Brasilien stand ein großer Teil der Ureinwohner unter dem Patronat der Jesuiten, was die Durchsetzung staatlicher Beschlüsse erschwerte und Pombals Wirtschaftspolitik in der riesigen Kolonie im Weg war. Aber es ging ihm nicht ums Geld allein, sondern ums Grundsätzliche. Pombal war fest davon überzeugt, dass an allem Übel, das Portugal in den vergangenen gut zwei Jahrhunderten befallen hatte, die Jesuiten Schuld hatten, seit sie 1540 ins Land gekommen waren. Mit dieser Meinung befand er sich in guter Gesellschaft derjenigen, die von der Aufklärung beeinflusst waren und als Katholiken eher den antijesuitischen Jansenisten nahestanden. Die Jesuiten waren für sie die Verkörperung des rückschrittlichen barocken Katholizismus der Gegenreformation, zumal der Orden, einstmals hochmodern, nicht mit der Zeit gegangen war. Gleichzeitig fürchteten sie seine immer noch bemerkenswerte Schlagkraft, vor allem durch seinen Einfluss auf das Erziehungswesen.

Dann ereignete sich das schreckliche Erdbeben, das an Allerheiligen 1755 allein in Lissabon 5000 Menschen das Leben kostete, die Hauptstadt zur Hälfte und den Süden des Landes dem Erdboden gleichmachte und großes Elend nach sich zog. Es war eine der ersten Katastrophen, die breite Medienwirkung erzielten, vergleichbar etwa mit dem Tsunami in Südostasien 2004, auch wenn sich natürlich Nachrichten damals bedeutend langsamer als heute verbreiteten. Kirchen, Klöster und der Königspalast fielen in sich zusammen. Die Zerstörungen nahm Pombal zum Anlass, eine Modellstadt nach aufklärerischen Grundsätzen zu errichten, geometrisch ausgerichtet und modernisiert. Als der populäre Jesuit Gabriel Malagrida lautstark die Ansicht vertrat, das Erdbeben sei die Strafe Gottes für den Sittenverfall der Portugiesen, suchte die Regierung durch Information gegenzusteuern und verbannte den Ordensmann.

Seither schien Pombal gewillt, jede sich bietende Gelegenheit in seinem Kampf gegen den verhassten Jesuitenorden zu nutzen. Längst stellten dessen Angehörige in seinen Augen das Haupthindernis für sein aufgeklärt-absolutistisches Regiment über Portugal dar. Er steigerte sich in einen ausgeprägten Jesuitenhass hinein, zahlreiche Äußerungen und Schriftstücke sprechen da eine klare Sprache. In den nächsten Jahren häufen sich die Maßnahmen, seien es antijesuitische Publikationen in Portugal, antijesuitische Eingaben bei der Kurie in Rom oder mehr oder weniger fundierte Beschuldigungen gegen den Orden. Der Papst sah sich schließlich gezwungen, in einer Ordensvisitation bei den portugiesischen Jesuiten nach dem Rechten sehen zu lassen. Der damit beauftragte Kardinal Saldanha war sowohl der antijesuitischen Fraktion als auch Pombal persönlich überaus gewogen, sodass sein Verdikt über den Orden entsprechend negativ ausfiel. Der erhoffte Effekt stellte sich allerdings noch nicht ein. Dann aber ereignete sich besagtes Attentat. Es bot Pombal die Gelegenheit, dem Problem ein für alle Mal beizukommen. Ob er ernsthaft überzeugt war, die Jesuiten steckten hinter dem Anschlag, oder ob er die Gunst der Stunde sogleich erkannte, ist ebenso unklar wie unerheblich. Er nutzte jedenfalls die Gelegenheit zu einem vernichtenden Doppelschlag gegen den ihm feindlich gesinnten Adel und den Jesuitenorden.

Im Dezember wurden sechs Mitglieder des Hochadels verhaftet, darunter der Vater der königlichen Mätresse, sowie dreizehn Jesuiten, unter ihnen der Erdbebenpropagandist Malagrida. Zur Vorbereitung des Prozesses gehörte, mehr oder weniger glaubwürdige Zeugen aufzutun und den Verdächtigen unter Folter Geständnisse abzupressen. Dass das Einzelereignis Attentat und die nachfolgenden Maßnahmen aber im Kontext der Jesuitenpolitik Pombals insgesamt betrachtet werden müssen, ergibt sich nicht zuletzt aus der Tatsache, dass sowohl der Adel längst unter verschärfter Beobachtung der Regierung stand als auch antijesuitische Maßnahmen im Gange waren bzw. bereits Geplantes nunmehr umgesetzt wurde.

Es kam zu einem Prozess, der kaum als koscher gelten kann. Zunächst wurden mehrere der angeklagten Aristokraten bei zweifelhafter Beweisführung und entgegen üblicher Adelsprivilegien für schuldig befunden und hingerichtet, mit ihnen einige Bedienstete. Das Urteil lautete auf eine Verschwörung zum Königsmord unter Beteiligung der Jesuiten, obwohl sich dafür keine handfesten Beweise erbringen ließen. Pombal scheint das nicht einmal übermäßig wichtig gewesen zu sein. Über die beschuldigten Jesuitenpater konnte zunächst nicht verhandelt werden, weil sie nicht der Gerichtsbarkeit der Krone unterstanden. Erst nachdem der Papst dem Prozess zustimmte, wurden auch die Jesuiten für schuldig befunden und des Landes verwiesen.

Das Gericht drehte in seiner Beweisführung den Spieß regelrecht um, denn es befand, dass bei unklarer Beweislage derjenige als Urheber einer Straftat zu gelten habe, der ein Interesse an ihr habe. Und da aufgrund der königlichen Gesetzgebung, die dem Jesuitenorden Beschränkungen auferlegte, dieser zwangsläufig ein Interesse am Tod des Königs hätte, müssten Jesuiten »an dieser vermaledeiten Missetat Schuld gehabt haben«. Richtet man diese Beweisführung etwas anders aus und fragt nach dem größten Nutznießer einer Ausweisung des Jesuitenordens, für den das Attentat willkommener Vorwand gewesen sein dürfte, so fällt der Blick auf Pombal selbst, der den Orden seit Jahren bekämpfte, wo er nur konnte. Ein kleiner Teil der Forschung vertritt denn auch die Meinung, die ganze Sache sei fingiert gewesen. Andere vermuten dahinter eine Eifersuchtstat des Vaters des königlichen Liebchens oder einen Racheakt der Aristokratie. Der Hochadel hätte durchaus Grund zum Aufbegehren gehabt, denn er hatte politischen Einfluss und wirtschaftliche Stärke eingebüßt, zumal die Einkünfte aus Brasilien der Krone gestatteten, die traditionelle ständische Machtbeteiligung des Adels mehr oder weniger zu stornieren. Mit seinem rüden Regierungsstil hatte Pombal dieser Demütigung viele weitere hinzugefügt. Allerdings gibt es für keine der drei Urheberschaftsvermutungen Beweise, auch weil gar nicht erst anständig ermittelt worden war – schließlich stand für Pombal (und nicht nur für ihn allein) von vornherein fest, dass die Jesuiten verantwortlich gemacht werden müssten. Umso besser, wenn er sich gleich dazu auch einiger unliebsamer Aristokraten entledigen konnte. Pombals Sicht der Dinge kam außer der Macht, die natürlich auf seiner Seite war, auch die weitverbreitete öffentliche Meinung zugute, die im Allgemeinen die Jesuiten kritisch sah und im Besonderen überzeugt war, die Jesuiten billigten den Tyrannenmord ohnehin. Das war durchaus richtig, immerhin hatte ein spanischer Jesuit 1598 über schlechte Herrscher geschrieben, es sei »rechtmäßig, lobenswert und ruhmwürdig, sie zu töten, wenn sie das Volk unterdrücken und durch ihre Laster und Schlechtigkeit unerträglich sind«. Diese Ansicht teilten Ordensbrüder in ganz Europa. Keine zwei Jahre zuvor waren in Frankreich die Jesuiten Zielscheibe öffentlicher Empörung geworden, weil man sie hinter einem Attentat auf Ludwig XV. vermutete. Der Orden hatte sich, zumal bei den Mächtigen, den Ruch von Fürstenmördern eingehandelt.

Pombal setzte seinen Kampf gegen die Jesuiten weiter fort – mit propagandistischen Mitteln, mit der skandalösen Hinrichtung des inzwischen geistig verwirrten alten Malagrida wegen Ketzerei und Blasphemie, im Bruch mit Rom und schließlich, im Verbund mit anderen Regierungen, im Druck auf den Papst, den Jesuitenorden ganz aufzulösen. Seine Macht endete jedoch mit dem Tod des Königs, auf dessen Person all seine Machtbefugnisse ruhten. Josephs Tochter und Nachfolgerin Maria hatte für den Premierminister ihres Vaters nichts übrig und entließ ihn. Seine Form des aufgeklärten Despotismus überdauerte ihn aber und fand erst mit der Revolution von 1820 ein Ende.

Friedrich der Große führte die Kartoffel in Deutschland ein – IRRTUM!

Wenn an sonnigen Tagen die Touristen Potsdam bevölkern und sich vor allem im Park Sanssouci und seinen Schlössern auf die Spuren des berühmtesten Preußenkönigs Friedrich II. begeben, stehen sie irgendwann auch an dessen Grab. So wie sich Friedrich als Philosoph betrachtete und allem Weltlichen abgeneigt stilisierte, so wollte er auch wie eine antike Geistesgröße begraben werden: einsam, ohne großen Pomp und weder in einem prächtigen Mausoleum noch in einer stolzen Kirche. Mit dem intimen Weinbergschlösschen Sanssouci ließ er in den 1740er-Jahren auf der Terrasse des Sommerrefugiums auch gleich eine bescheidene Gruft errichten. In der wurde er, neben seinen geliebten Hunden, allerdings erst 1991 beigesetzt. Seither liegen auf dem schlichten Grabstein zumeist ein paar Kartoffeln, denn Friedrich der Große gilt nicht nur als derjenige, der Preußen in einen »Big Player« europäischer Politik verwandelte, nicht nur als Musikliebhaber und Hundefreund, Frauenverächter und Feingeist, sondern als der verdiente Mann, der in seinem Reich den Kartoffelanbau durchsetzte.

Ein im 19. Jahrhundert überaus populäres Gemälde mit dem Titel »Der König überall« zeigt den Alten Fritz auf einer seiner zahlreichen Inspektionsreisen durch die preußischen Provinzen. Im Oderbruch, das der König hatte trockenlegen, kultivieren und besiedeln lassen, befiehlt er seinem Kutscher anzuhalten und nimmt auf einem Kartoffelfeld, wo die Ackerfrucht gerade gelesen wird, die Ernte in Augenschein. Demutsvoll hält ihm der Bauer ein paar Knollen entgegen, denn den Anbau der amerikanischen Pflanze, die sich als so segensreich erwies, verdanken die Menschen ihrem König.

So jedenfalls lautet die Botschaft dieses Gemäldes. Bis heute gilt Friedrich als der Wohltäter, der gegen größte Widerstände der skeptischen Bevölkerung die neue Pflanze flächendeckend anbauen ließ und dadurch künftigen Hungersnöten vorbeugte.

Es sind volkstümliche Eigenschaften dieses Königs, die hier transportiert werden: der besorgte Landesvater, der sich um alles selbst kümmert und sich für schnöde Ackerwirtschaft nicht zu schade ist – und gleichzeitig der kluge Mann, der die Widerstände seiner Landeskinder mit allerlei List übertölpelt. Und ein bisschen wie ein Messias wirkt der Landesvater, wenn er visionär auf die Erdäpfel setzt, die doch allenthalben abgelehnt werden. Eine noch immer populäre Anekdote erzählt vom König, der die Kartoffel dadurch interessant machte, dass er Soldaten zur Bewachung der Felder aufbot, um mit vermeintlicher Geheimniskrämerei und Exklusivität sein neugieriges Volk für die Knolle zu interessieren. Aber stimmt das verbreitete Bild vom Preußenkönig als verdientem Kartoffelbringer?

In der Tat war Friedrich an der Landwirtschaft interessiert – aus privater Leidenschaft für alles Obst ebenso wie aus beruflichen Gründen als Landesvater, dem an der gesicherten Versorgungslage seiner Untertanen und Steuerzahler gelegen war. Denn als wichtigstes Kapital verstand er das Volk, das ernährt werden musste, damit es sich vergrößerte. Dem Freund und Philosophen Voltaire schrieb er einmal: »Die Landwirtschaft ist die erste aller Künste; ohne sie gäbe es keine Kaufleute, Dichter und Philosophen. Nur das ist wahrer Reichtum, was die Erde hervorbringt.« Um das an Rohstoffen arme Preußen wirtschaftlich voranzubringen, versuchte er sich an neuen Wegen, auch in der Landwirtschaft, zum Beispiel beim Anbau von Tabak oder Futterklee. Und ebenfalls die Kartoffel betrachtete er als eine vielversprechende neue Ackerfrucht.

Die ersten Kartoffeln brachten Mitte des 16. Jahrhunderts spanische Eroberer nach Europa. Die exotische Pflanze landete zunächst vor allem in den fürstlichen Parks und botanischen Gärten der Alten Welt. Auch nach Berlin kam die Pflanze aus den peruanischen Anden als kuriose Zierpflanze, die bereits ein Jahrhundert vor Friedrich im Lustgarten des Schlosses gezogen wurde. Ein flächendeckender Anbau stand da noch nicht an, man erfreute sich einfach nur an dem hübschen Gewächs. Aber immerhin gab es in Berlin einen neugierigen Naturforscher, der die Kartoffelpflanze und ihre Knolle genauestens studierte: Johann Sigismund Elsholtz.

Der Feldanbau der Kartoffel auf europäischem Boden begann in Spanien, verbreitete sich dann in die Niederlande und schließlich auf die Britischen Inseln. Von dort gelangte die Kartoffel abermals nach Deutschland, diesmal als Ackerfrucht – aber in bescheidenem Umfang und eher als Tierfutter sowie für den Bedarf der Armen und daher mit entsprechender Geringschätzung derjenigen, die nicht darauf angewiesen waren. Weil man dem Neuen kritisch gegenüberstand, fielen allerlei krude Meinungen auf fruchtbaren Boden – zum Beispiel, die Knolle sei giftig (das ist die Pflanze in der Tat, nicht aber ihre Knolle) oder sie entfessele den Sexualtrieb. So wohlschmeckend und bekömmlich, wie wir die Kartoffel heute kennen, dürfte sie anfangs auch nicht gewesen sein, das kam wohl erst mit der Zeit. Die Verbreitung in Deutschland geschah über Mund-zu-Mund-Propaganda sowie Fürsprache vor allem von Lehrern und Pfarrern, meist aber nicht der Landesherren.

In Brandenburg und später Preußen hingegen waren die Landesherren durchaus engagiert. Schon Friedrichs Urgroßvater, der Große Kurfürst Friedrich Wilhelm, von seinem Botaniker Elsholtz auf das Potenzial der Knolle aufmerksam gemacht, interessierte sich für den Anbau in größerem Umfang, ebenso sein Vater, der berüchtigte Soldatenkönig Friedrich Wilhelm I. Der ließ sie den Kranken der Berliner Charité vorsetzen und soll angeblich auf gewohnt derbe Weise versucht haben, seinem Volk die »Tartüffel« schmackhaft zu machen.

Schwierig war das aber nicht nur, weil das Neue doch stets mit spitzen Fingern angefasst wird. Das damalige Hauptnahrungsmittel war Getreide, das in Dreifelderwirtschaft angebaut wurde, in die sich die Kartoffel schlecht einfügte. Auch die gute Lagerfähigkeit sprach für Getreide, Kartoffeln können da nicht mithalten. Und doch wurden seit Mitte des 18. Jahrhunderts ganz allmählich mehr Kartoffeln gepflanzt. In Preußen versuchte schließlich Friedrich der Große, den Anbau durch behördliche Maßnahmen zu unterstützen und der Kartoffel zum Durchbruch zu verhelfen – aber da sah sich der König nicht nur mit der Widerspenstigkeit des Volkes, sondern noch dazu dem Widerstand seiner Beamten konfrontiert, die den königlichen Willen nach Kräften torpedierten. Selbst die Verwalter der königlichen Domänen, Kronbesitz des Staates, hintertrieben das Anliegen ihres höchsten Dienstherrn.

Friedrich der Große war also nicht nur kein einsamer Kartoffelpionier in Europa, der als Erster und Einziger das Potenzial der Knolle erkannt hätte und deshalb visionär zu wirken versuchte. Nicht einmal in seinem Königreich war er der Erste, sondern konnte auf Vorarbeiten und Erfahrungen von Vater und Urgroßvater zurückgreifen. Aber er investierte einige Bemühungen, um den Kartoffelanbau breitenwirksam voranzubringen. Sein Botaniker Johann Gottlieb Gleditsch forschte umfassend über die Kartoffel, sodass der König über seine Beamten dem Volk Informationen zu Anbau und Verwendung zukommen lassen konnte. Mit einer Fülle von Maßnahmen sollte dem preußischen Volk die Knolle nahegebracht werden, von der kostenlosen Verteilung von Saatkartoffeln über Instruktionen zur Aufzucht bis zu Kochrezepten. Aber all das fruchtete nicht recht, daher folgten königliche Dekrete, so 1756 an die schlesischen Landkreise: »Es ist von Uns in höchster Person in Unsern andern Provintzien die Anpflantzung der so genannten Tartoffeln, als ein nützliches und so wohl für Menschen, als Vieh auf sehr vielfache Art dienliches Erd Gewächse, ernstlich anbefohlen. Da wir nun bemercket, daß man sich in Schlesien mit Anziehung dieses Gewächses nicht sonderlich abgiebet. Als habt Ihr denen Herrschaften und Unterthanen den Nutzen von Anpflantzung dieses Erd Gewächses begreiflich zu machen …«

Weitere Anweisungen und sogar Kartoffelstatistiken folgten und lassen erkennen, dass der König sich nicht recht durchzusetzen vermochte – er war ja auch ein überaus ungeduldiger Mensch und hätte dem Projekt vielleicht mehr Zeit geben sollen. Ärger und Frustration über die Beharrungskräfte im Volk und die mangelnde Unterstützung in der Beamtenschaft sprechen aus späteren Dekreten, so 1768: »... so haben wir doch aus den davon eingereichten jährlichen Tabellen mit nicht geringem Missfallen ersehen müssen, dass der Anbau dieses sehr nützlichen Erdgewächses noch sehr schlecht betrieben und nicht allein sehr wenig Kartoffeln nach der Etendue Eures Kreises ausgesetzt, sondern auch nur ein geringer Ertrag davon gewonnen worden. Es giebt uns dies den sicheren Beweis, dass entweder die Dominia [die Krondomänen] und Gemeinden noch nicht von der Nutzbarkeit dieses Erdgewächses überzeugt sein wollen, oder dass dieselben bei dem Anbau derselben nicht nach der Vorschrift verfahren (...) haben, weil sonst gewiss ein viel größeres Quantum ausgesetzt und davon geerntet sein würde.« Auch im absolutistischen Preußen herrschte der König nicht unumschränkt.

Die Schlesier waren wohl besonders widerspenstig, anderswo sah es etwas besser aus. Und trotzdem kann keine Rede davon sein, Friedrich der Große hätte die Kartoffel eingeführt oder gar durchgesetzt. Was den Kartoffelanbau in Deutschland schließlich wirklich voranbrachte, war schlicht und ergreifend der Hunger. Schon vorher hatten regionale Notlagen Hungernde bewogen, es doch mal mit der verschmähten Knolle zu versuchen, aber das blieb auf einzelne Landstriche und auf die kargen Zeiten beschränkt. Weitere Verbreitung erzwangen Missernten bei Getreide Anfang der 1770er-Jahre – aber den eigentlichen Siegeszug der Kartoffel auf deutsche Äcker und in deutsche Kochtöpfe erlebte Friedrich nicht mehr, denn der vollzog sich erst im ersten Drittel des 19. Jahrhunderts, als Getreide immer teurer wurde. Ende des Jahrhunderts gar, einhundert Jahre nach Friedrichs Tod, war Deutschland zum weltweit größten Kartoffelproduzenten aufgestiegen – noch vor England und Frankreich.

Der Mythos vom Alten Fritz als Wohltäter, der seinem Volk die segensreiche Kartoffel bringt, verbreitete sich lange nach seinem Tod. Zu einer Zeit, als die Deutschen dankbar Kartoffeln aßen, wohl wissend, dass sie andernfalls hungern müssten, wurde Friedrich in vielerlei Hinsicht als fürsorglicher Landesvater verklärt, der als »erster Diener seines Staates« rastlos durch die Lande reiste, um für das Wohl seiner Untertanen zu sorgen. Die Kartoffel erwies sich als anschauliches Beispiel in der Volksbildung der preußischen Untertanen, dem so die Segnungen eines doch recht autoritären Staates nahegebracht werden konnten. Auf die Wahrheit kam es da nicht so sehr an.

In ihrer Terrorphase zeigte die Französische Revolution ihr wahres Gesicht – IRRTUM!

Die Französische Revolution gilt als Wasserscheide der europäischen, ja der Weltgeschichte. Sie markiert den Epochenwechsel zur Neuzeit, für viele Historiker endet sogar erst mit ihr das Mittelalter. Immerhin machte sie in Frankreich, indem sie die Vorrechte einer Minderheit von Adeligen und Klerikern gegenüber der überwältigenden Mehrheit des Volkes abschaffte, dem jahrhundertealten Herrschaftssystem des Feudalismus und der Monarchie den Garaus. Das Signal wurde in ganz Europa vernommen und mal enthusiastisch bejubelt, mal in Bausch und Bogen verteufelt. Man könnte meinen, über die Einordnung der Ereignisse und ihre historische Bedeutung müsste mehr als 200 Jahre danach Einvernehmen hergestellt sein. Tatsächlich aber stellt die Französische Revolution noch immer ein kontrovers diskutiertes Thema dar, das die Emotionen selbst der zumeist eher verhaltenen Historiker in Wallung zu bringen vermag. Es ist eins der weltgeschichtlichen Ereignisse, deren Einordnung und Wertung bis heute abhängig ist von der Perspektive des Betrachters.

Vor allem der »Große Terror« verhagelt die Bilanz der Französischen Revolution als »herrlichen Sonnenaufgang«, als den der deutsche Philosoph Hegel sie 1830 bezeichnete. Die Phase des *Terreur* dauerte von September 1793 bis Juli 1794, mithin weniger als ein Jahr. Sie nimmt also einen vergleichsweise kurzen Zeitraum der Revolution insgesamt ein. Und doch hat sie das strahlende Bild der Revolution mit ihren hehren Idealen von Freiheit, Gleichheit und Brüderlichkeit, mit ihrem Anspruch, Ungerechtigkeit und Willkür des Ancien Régime zu beenden, merklich verschattet.

In schwieriger innen- wie außenpolitischer Lage, bedingt durch Wirtschafts- und Hungerkrise, daraus erwachsenden Unruhen sowie eine anhaltende äußere Bedrohung durch die europäischen Mächte, die gegenüber der Republik militärisch an Boden gewannen, wurden im Frühling 1793 Notstandsgesetze verabschiedet. Als Radikalisierung und Brutalität aber anhielten, die Hysterie des allgegenwärtigen Verrats weiter grassierte und die Lage immer brenzliger wurde, verstaatlichte man gewissermaßen die Willkürgewalt. Revolutionsführer Georges Danton äußerte zu ihrer Legitimierung: »Seien wir schrecklich, damit es das Volk nicht sein muss.« Es war ein extremer Akt, Republik und Revolution zu schützen, indem im Inneren mittels Terror Ruhe hergestellt und der Staat handlungsfähig gehalten werden sollte, um den Herausforderungen zu begegnen. Überwachungsausschüsse wurden berufen und Volksvertreter mit weitgehenden Vollmachten in die Departements entsandt. Vor allem das Revolutionstribunal in Paris, aber auch die Spezialtribunale vieler Städte machten tatsächlichen oder vermeintlichen Gegnern der Republik den Prozess. Ein Gesetz vom 10. Juni 1794 verschärft die Willkür noch, der Revolutionshistoriker François Furet sprach von einer »galoppierenden Repression«. Bevor die Schreckensherrschaft endlich beendet wurde, weil Regierungsmitglieder um ihr eigenes Leben fürchteten, fiel ihr noch seine Symbolfigur zum Opfer: »der Unbestechliche« Maximilien Robespierre.

In Deutschland wandten sich eben noch enthusiastische Beobachter wie Goethe oder Schiller schockiert ab. Der englische Dichter William Wordsworth beklagte in Versen voll Entsetzen, dass unterschiedslos Freund und Feind, Menschen aller Richtungen, Alter und Ränge verschwanden. Ein Kopf nach dem anderen rollte, und doch genügte das Blut jenen nie, die sie rollen ließen. Die Bilanz des Großen Terrors fällt in der Tat grauenhaft aus: Allein im Frühsommer 1794 wurden nur in Paris rund 1400 Hinrichtungen vollstreckt und die höchst effektive Guillotine derart beansprucht, dass man auf weitere Arten der Urteilsvollstreckung zurückgriff. Im Ganzen dürfte die Schreckensphase 17000 Menschenleben gefordert haben (davon über 2600 in Paris), bei rund einer halben Millionen Inhaftierten.

Die Phase des *Terreur* gilt aber weithin nicht nur als Makel der Revolution, ja als Verrat der Revolutionäre an der eigenen Sache. Noch weiter geht die Einschätzung vieler Historiker, es habe sich dabei nicht etwa nur um einen bedauerlichen Fehltritt gehandelt, sondern um eine notwendige, wenn auch tragische Konsequenz, ein grundlegendes Element der Französischen Revolution und in ihr gewissermaßen angelegt. Danach entblößte die Terrorherrschaft des Wohlfahrtsausschusses gewissermaßen die fundamentalistische Fratze der Revolution.

Es ist allerdings nicht so, dass die Revolution von Anfang an mit dem Ziel begonnen hätte, ihre Gegner allesamt unter die Guillotine zu bringen und die Blutorgie mit dem Königsmord zu krönen. Ludwig XVI. wurde erst im Januar 1793 hingerichtet – dreieinhalb Jahre nach Beginn des Umsturzes und unter dem Eindruck einer aus dem Ausland gesteuerten Verschwörung gegen die Revolution. Zuvor ging die Entwicklung vielmehr in Richtung einer konstitutionellen Monarchie nach englischem Vorbild. Erst die begründete Befürchtung einer Invasion aus dem Ausland setzte die Radikalisierung in Gang; die Flucht der königlichen Familie nach Varennes Ende Juni 1791 war gewissermaßen der Startschuss dafür. Dann allerdings gewann Robespierre die Oberhand und machte den Fanatismus zum Programm. Er betonte, Tugend sei das Mittel der Wahl für Friedenszeiten, in Zeiten der Revolution aber müsse sie mit *terreur*, mit Schrecken, ergänzt werden, weil sie sonst zahnlos sei. Bemerkenswert ist, dass die Jakobiner sich in der Ausführung ihrer Schreckensherrschaft auf Polizei und Armee stützen konnten und nicht, wie spätere Diktaturen, einen eigenen Terrorapparat aufbauen mussten. Die Vorstellung, die Guillotine sei ohne Unterlass mit bedauernswerten Opfern geradezu gefüttert worden, hat das Bild von dieser Phase der Revolution so sehr geprägt, dass es scheint, als habe in ihr keine wirkliche Politik mehr stattgefunden. Dabei beschäftigten den Staat die heiklen Brotpreise mehr als die Erstellung von Todesurteilen, die zudem nicht so vollends wahllos ergingen wie zumeist dargestellt. Als im September 1792 in Paris Vertreter von Adel und Klerus verhaftet wurden, kam nur ein geringer Teil von ihnen aufs Schafott, die Mehrheit wurde wieder freigelassen.

Zu Beginn der 1790er-Jahre befand sich das revolutionäre Frankreich in überaus prekärer Lage: umzingelt von den europäischen Monarchien, die in ihrer Angst, umstürzlerische Gedanken und Aktionen könnten auf ihr Land übergreifen, in grimmiger Entschlossenheit planten, die Französische Revolution Episode werden zu lassen, bevor sie Geschichte schreiben konnte. Selbst England, das ein Jahrhundert zuvor selbst eine Revolution durchlaufen hatte und ein starkes Parlament besaß, stellte sich auf die Seite der Gegner Frankreichs. Die Folge der Isolation waren steigende Lebensmittelpreise und Hungerproteste – reinstes Gift für eine etablierte Revolution, der aus Wut über ebensolche Zustände die Menschen zugelaufen waren. Es gab nicht nur die Verschwörung des Auslands gegen Frankreich, auch im Land selbst mehrten sich die Anzeichen für konterrevolutionäre Umtriebe, blutige Machtkämpfe entbrannten. Die Vorstellung von der gefährdeten Republik mochte übertrieben gewesen sein – unbegründet war sie keineswegs. Wären die Zersetzungsprozesse weitergegangen, hätte das feindliche Ausland ein sehr viel leichteres Spiel gehabt, Frankreich zu besiegen.

Mit einer Revolution in der Revolution riss der Wohlfahrtsausschuss schließlich die Macht an sich – und man könnte meinen, die nun folgende Radikalisierung war die Cholera, während ein innerer Zerfall die Pest bedeutet hätte: Invasion des Auslandes und Wiederherstellung der Monarchie. Der Historiker Heinrich August Winkler bezeichnete die nun folgende Terrorherrschaft in diesem Sinne als »prekäre Antwort auf eine extreme Herausforderung«.

In dieser Lage stellt der Terror bei aller Brutalität und Willkür den verzweifelten Versuch dar, Republik und Revolution zu retten. Ihn vergleichbar der Heimsuchung einer Honigwiese zu verstehen, lässt außer Acht, dass diese »Honigwiese« keine war und zudem in den umliegenden Höfen die Sensen längst geschliffen wurden.

Dass die Frage der historischen Beurteilung eine Sache des Images ist, zeigt der Vergleich der Französischen mit der Amerikanischen Revolution, die wenige Jahrzehnte früher einen kaum weniger schrecklichen Blutzoll forderte, aber milder beurteilt wurde. Von der Französischen Revolution setzte sich hingegen das Bild durch, mit innerer Logik und bei zunehmender Verrohung und Verrat an der eigenen Sache habe sie sich auf einer schiefen Ebene zum Terror hinaufgeschaukelt. Diesem Urteil ging eine überaus produktive ausländische Propaganda voraus, die vor Übertreibungen, Entstellungen und Lügen nicht zurückschreckte. Darauf folgten Stellungnahmen von Intellektuellen, beginnend bereits 1790 mit Edmund Burkes *Betrachtungen über die Französische Revolution*, die im französischen Geschehen wenig Gutes erkennen. Durch das 19. Jahrhundert hindurch taten es ihm Autoren in vielen Ländern nach. Gerade in Europa blieb diese Sicht lange Zeit Mainstream – schon gar nach der Restauration im Wiener Kongress, als die alten Mächte die Uhr so weit wie nur möglich zurückdrehten. In den politischen Debatten Frankreichs reduzierten Monarchisten, auf denen die Hypothek des Ancien Régime lastete, die Revolution auf das Jahr der Schreckensherrschaft. Im 20. Jahrhundert war es dann der stalinistische Terror, der die Französische Revolution diskreditierte. Nach 1945 schließlich waren es der Eindruck der verheerenden Weltkriege und des Totalitarismus sowie die ideologischen Grabenkämpfe der

Historiker in Ost und West. In der Summe gab es stets einen Grund, das Kind namens Revolution mit dem Bade des Terrors auszuschütten.

Eine Revolution mit Maßstäben von Vernunft und Menschlichkeit zu beurteilen, auch wenn sie die Vernunft und Menschlichkeit auf ihre Fahnen geschrieben hat, ist ein zweifelhaftes Unterfangen. Wie die Politik insgesamt ist auch Revolution stets ein schmutziges, meist auch blutiges Geschäft. Friedliche Revolutionen, von denen das ansonsten überaus brutale 20. Jahrhundert zu seinem Glück einige erlebte, sind die Ausnahme – wie zuletzt die Revolutionen der arabischen Welt im 21. Jahrhundert erwiesen. Gewalt und Terror gehören also zur Geschichte der Französischen Revolution, aber sie waren nicht ihr Ziel. Der britische Historiker David Andress befand, der Terror sei vor allem die Konsequenz aus dem Bürgerkrieg, aus dem Mangel an Konsens und der äußeren Bedrohung geworden. Und doch: In ihrer Bedeutung für die Gegenwart mögen die Verdienste der Französischen Revolution ihre Verirrungen und Monstrositäten überstrahlen. Kann aber jemals Terror gerechtfertigt sein? Für die bedauernswerten Opfer der anderthalbjährigen Schreckensherrschaft machte es wenig Unterschied, warum sie ihr Leben lassen mussten: aufgrund von fanatischer Verblendung oder weil nur so das Überleben der Revolution und ihrer Ideale gesichert werden konnte.

Das Heilige Römische Reich ging 1806 sang- und klanglos unter – IRRTUM!

Im Hochsommer 1806 ging ein Tausendjähriges Reich unter: das Heilige Römische Reich, das mit der Kaiserkrönung Karls des Großen im Jahr 800 begründet worden war und seit 962, als der Sachsenherzog Otto I. in Rom zum Kaiser gekrönt wurde, ununterbrochen bestand. Es war ein eigenartiges Gebilde, das bis heute Schüler verzweifeln lässt, weil es in seiner Struktur nicht leicht fassbar ist: keine festen Grenzen, kein souveränes Oberhaupt, nicht einmal ein lockerer Staatenbund, keine eigene Armee und lange Zeit nicht einmal eine Verfassung. Schwer begreiflich auch, wieso es sich im Namen auf Rom bezog, wenn doch der Kaiser zumeist in Wien saß, und seit dem 15. Jahrhundert noch den Zusatz »deutscher Nation« erhielt, wenn es doch über den deutschsprachigen Teil Europas weit hinausreichte. Am ehesten hilft noch die vage Definition, dass hier mit Hilfe der Aura des antiken Römischen Reiches und mit tatkräftiger Unterstützung des römischen Papsttums das Alte ideell fortgeführt wurde, um etwas Neues zu schaffen und dem Kontinent eine einende Klammer zu geben. Dafür, dass es sich bei diesem Reich um kein fixes Gebilde handelte, hat es eine erstaunliche Lebensdauer an den Tag gelegt und die Lebensumstände eines Großteils Mitteleuropas über lange Jahrhunderte geprägt.

Es war ein Ende nach langem Siechtum. Seit Mitte des 18. Jahrhunderts, seit 1740 in Wien Maria Theresia und in Berlin Friedrich II. ihre Regierung antraten, hatte sich abgezeichnet, dass dem komplexen, ehrwürdigen Gebilde kein langer Bestand mehr vergönnt sein würde. Das katholische Österreich, seit Jahrhunderten unangefochten im Besitz der Kaiserkrone, sah sich einem aufstrebenden protestantischen Preußen gegenüber, das Wien die Vormachtstellung im Reich streitig machen wollte. Dass Preußen nach drei Kriegen tatsächlich in die Reihe der europäischen Großmächte aufgestiegen war, brachte das fragile Gleichgewicht im Reich gehörig durcheinander. Vor allem die beiden Großen vernachlässigten aus Eigeninteresse das Wohl des Reiches, die kleineren Territorien konnten dem nur zusehen. Es zeichnete sich ab, dass die beiden Großmächte für ihren Machtegoismus notfalls das Reich opfern würden.

Aber das war, wenn auch ein gewichtiger, so doch nicht der einzige Grund für den Niedergang des einst so stolzen Gebildes. Zu viel hatte sich in ihm und darum herum verändert. Mit der Reformation und ihren politischen Auswirkungen galt die Bindung an die römische Kirche nur noch für einen Teil des Reiches, die militärischen und gesellschaftlichen Kämpfe der Konfessionen drohten das Gefüge zu sprengen. Auch waren die Zeiten andere, das Heilige Römische Reich erschien manchem Zeitgenossen als überkommen und antiquiert. In den letzten Jahrzehnten häuften sich Verstöße gegen die Reichsverfassung seitens der großen Mächte, und schließlich wurde das Ausgreifen der Französischen Revolution dem alten Staatengebilde zum Verhängnis.

Napoleon war es schließlich, der dem Reich das Totenglöcklein läutete – ihn deshalb aber als allein Schuldigen zu bezeichnen, wäre angesichts der langen Vorgeschichte verfehlt. Maßgebliche Totengräber waren zweifellos die Monarchen in Berlin und vor allem in Wien, und das Siechtum dauerte ja bereits an. Dann aber brachte der »Kaiser der Franzosen« die alte europäische Ordnung gehörig durcheinander und schickte sich an, unter französischer Vorherrschaft den Kontinent neu zu ordnen. Der Kleinstaaterei machte er ein Ende, achtete bei der Neuverteilung des Landes aber tunlichst auf den eigenen Vorteil, indem er die größer gewordenen Mittelmächte an sich band und damit Puffer zwischen sich und Österreich bzw. Preußen setzte.

Dabei musste das Heilige Römische Reich über die Klinge springen, das der unverbesserliche Spötter Voltaire einmal als weder heilig noch römisch noch reich bezeichnet hatte. Und sonderlich laut beklagt wurde sein Ende auch nicht, so jedenfalls lautet die noch immer verbreitete Meinung. Es war ja seit Langem erwartet worden, selbst der römische Kaiser hatte sich schon vorsorglich eine zweite Kaiserkrone zugelegt, denn im August 1804 hatte er Österreich zu einem eigenen Kaiserreich befördert. Am 6. August 1806 schließlich erklangen von der Wiener Jesuitenkirche »Zu den neun Chören der Engel« Fanfaren, die dem Reichsherold bei der Verlesung der letzten Erklärung des Kaisers des Heiligen Römischen Reiches deutscher Nation assistierten: Er verkündete das Ende, weil Franz II., der letzte einer langen Reihe römischer Kaiser, seine Krone niederlegte, das Reich auflöste und fortan als Franz I. das Kaisertum Österreich pflegte, nachdem er für knapp zwei Jahre zwei Kaisertitel auf sich vereint hatte.

Unter Historikern war lange Zeit die Annahme vorherrschend, die Menschen im Reich hätten die historische Wende gleichgültig über sich ergehen lassen. Johann Wolfgang von Goethe, zum Zeitpunkt gerade von Karlsbad nach Jena unterwegs, notierte lapidar: »Auch fanden wir bey unserer Rückreise durch Hof in den Zeitungen die Nachricht: das deutsche Reich sei aufgelöst.« Seine Mutter vermerkte den Moment, als zum ersten Mal im Gottesdienst Kaiser und Reich in den Fürbitten nicht mehr vorkamen. Sie vergleicht den Zustand des Alten Reiches mit dem eines alten, kranken Freundes. Der Historiker Treitschke schrieb Ende des 19. Jahrhunderts, die Deutschen hätten das Ende »stumm und kalt« hingenommen. Auch spätere Geschichtswissenschaftler benutzen Formulierungen wie »sang- und klanglos«, »achselzuckend« oder »keine Emotionen«, wenn es um die Reaktionen in der Öffentlichkeit geht.

Aber so sang- und klanglos, wie im Allgemeinen beschrieben, ging das Reich 1806 eben nicht unter. Dass keiner ihm eine Träne nachweinte, ist schlichtweg falsch. Immerhin endete eine Epoche, und das nahmen die Menschen damals sehr wohl wahr – auch wenn sie in bewegten Zeiten lebten und die epochalen Nachrichten sich häuften. Das Reich aber war über Jahrhunderte die wichtigste Konstante der deutschen Geschichte gewesen, schon wegen der territorialen und konfessionellen Zersplitterung des Territoriums, das es umfasste. Nunmehr gab es ein Davor und ein Danach, dazwischen lag die Auflösung des Reiches 1806.

Tatsächlich herrschten in der Bevölkerung Entsetzen und Betroffenheit, ebenso Erschütterung und Scham – quer durch alle Schichten. Die Bürger Wiens beispielsweise reagierten schockiert, von »Gemütsbeklemmung« spricht ein Beobachter. Von ostentativer Trauerkleidung wird berichtet. An den Orten der dezentral verteilten Reichsbehörden fürchtete man die wirtschaftlichen Konsequenzen der Ereignisse, reichsweit rechneten Bürger mit erheblichem Statusverlust, die Kirchen erlebten allerorten einen sommeruntypischen Zulauf. In Berlin äußerten sich die patriotischen Gefühle und Enttäuschungen in spontanen Reaktionen im Verlauf von Theateraufführungen. Und auch Goethe, inzwischen nach Weimar zurückgekehrt, ließen die Ereignisse keineswegs unbeeindruckt: Er schreibt von einer »großen Schwankung der Gemüter« und der Mühe, »sich selbst im Gleichgewicht zu halten«. In einem Brief spricht die Herzogin von Sachsen von tiefer Trauer und dass sie ihn eigentlich auf einem Bogen mit Trauerrand hätte schreiben müssen.

Allerdings jagte in dieser Zeit eine schlechte Nachricht die nächste, sodass mitunter schwer zu gewichten war, welche Hiobsbotschaft die größere darstellte. Angesichts der sich überstürzenden Ereignisse sah man außerdem eher davon ab, sich per Brief zu verständigen: Die ohnehin sehr lange Beförderungsdauer der Postsendungen verzögerte sich aufgrund der Ereignisse noch zusätzlich. Dass ein großer Schock wie der des Reichsendes von einem noch größeren abgelöst wurde, nämlich der militärischen Niederlage der drei Großmächte Russland, Österreich und Preußen gegen Frankreich in Austerlitz und Jena/Auerstedt, macht aus dem zweitgrößten Schock noch keine Kleinigkeit.

Was die Menschen empfanden, war überwiegend stummes Entsetzen, das sich in den Berichten naturgemäß viel weniger niedergeschlagen hat, als es dem Erleben entsprach. Viele Stimmen lauteten unisono, man könne sich vor lauter Schreck gar nicht äußern. So schrieb der Dichter Christoph Martin Wieland in einem Brief an seine alte Jugendliebe: »Ich scheine ruhig, weil ich schweige, weil die Zeit vorbei ist, wo reden etwas helfen konnte – aber nichts geholfen hat ...« Goethe empfand offensichtlich ähnlich, wenn er äußerte: »Die Umwendung der Dinge steht einem noch zu nahe, alles was man sagt, ist unzulänglich oder unzuverlässig, und so schweigt man lieber oder nimmt sich zurück, als dass man spräche.« Solches sind private Äußerungen, wie es sie häufig gab, während der Öffentlichkeit gegenüber unter den Intellektuellen Sprachlosigkeit vorherrschte. Das entsetzte Schweigen der meisten Publizisten des Reiches sprach aber ebenso Bände, weil es ungewohnt war, unerhört – und unüberhörbar. Diese Zurückhaltung lässt sich leicht fehlinterpretieren, was Historiker denn auch taten.

Zudem wirkte die Vergangenheitsbewältigung am Ende der bewegten Zeiten, als der Wiener Kongress nach Napoleons schließlicher Niederlage dem Kontinent wieder eine Ordnung gab, aber eben nicht die alten Verhältnisse wieder einsetzte, in dieser Richtung. Die Schmach des Zusammenbruchs der alten Ordnung und des Reiches vor Napoleon wurde unter den Teppich gekehrt, die Nachfolgestaaten betonten stattdessen das Positive: den Triumph über den Franzosenkaiser, zumal sie vom Ende des Reiches profitierten. Und alle versuchten, ganz unabhängig vom Ausmaß des Profits durch das napoleonische Gewitter, sich als dessen Opfer zu stilisieren, und missachteten das eigentliche Opfer komplett: das abgewickelte Reich. Der pragmatischen Geschichtsklitterung bediente sich schließlich ebenso die später vorherrschende nationale Geschichtsschreibung preußischer Prägung nach der Gründung eines weiteren Reiches, des Deutschen Kaiserreiches 1871. Denn mit dem Wiedererstarken Preußens wie Phönix aus der Asche nach dem blamablen Untergang ließ sich die »preußische Sendung« bei der Gründung des ersten deutschen Nationalstaats historisch noch besser überhöhen. In dieser Auffassung der Entwicklungen begann die jüngere ruhmreiche Geschichte mit den antinapoleonischen Befreiungskriegen und führte geradewegs zur Reichsgründung 1871, die den preußischen König zum deutschen Kaiser machte – nachdem in der »kleindeutschen« Lösung Österreich, einst Träger der Reichskrone, verabschiedet worden war. Diese tendenziöse Lesart übernahm die Geschichtsschreibung in weiten Teilen selbst dann noch, als auch das nächste Reich untergegangen war. Tatsächlich aber war es so, wie der Historiker Wolfgang Burgdorf vor einigen Jahren schrieb: »Anders als bisher angenommen, wurde das Ende des Reiches massenhaft als bestürzend erlebt.« Alles andere wäre auch gar zu merkwürdig gewesen, denn für die Menschen im vormaligen Heiligen Römischen Reich lag auf der Hand, dass sich damit ihre Lebensverhältnisse grundlegend veränderten, da nicht mehr galt, was eben noch selbstverständlich gewesen war.

Andreas Hofer war ein verdienter Freiheitsheld Tirols – IRRTUM!

Volkshelden sind eine feine Sache. Man kann ihnen Denkmäler setzen, geschichtliche Abläufe personalisieren und mit ihnen den Geschichtsunterricht ein wenig packender gestalten. Man kann sie identitätsstiftend einsetzen, als Kronzeugen besserer Zeiten oder enttäuschter Hoffnungen nutzen. Allerdings werden Volkshelden gerne auch instrumentalisiert und dabei nicht selten missbraucht oder in ihrer historischen Substanz und Bedeutung entstellt.

Für das Tiroler Freiheitsjahr 1809 steht wie kein Zweiter der Gastwirt, Wein- und Pferdehändler Andreas Hofer aus St. Leonhard im Südtiroler Passeiertal. Sein Gasthof, der Sandwirt, liegt südlich vom Dorfzentrum und ist heute ein Museum nebst Denkmal und Kapelle, gleichwohl aber noch immer Wirtshaus. Dort wurde Hofer, jüngstes Kind und erster Sohn des Gastwirtspaares, am 22. November 1767 geboren und tags darauf getauft. Es waren die mittleren Regierungsjahre der Kaiserin Maria Theresia, die Familie war seit einhundert Jahren im Besitz des Gasthofes. Noch halbwüchsig, verlor er nacheinander beide Eltern, übernahm im Jahr der Französischen Revolution den väterlichen Besitz und heiratete. Andreas Hofer war sehr fromm, wenngleich als guter Wirt einem Glas selten abgeneigt, er galt als gutmütig, aber auch mal zu einer Rauferei aufgelegt, wirtschaftlich war er nur mäßig erfolgreich. Von großer Statur, trug er einen enormen Vollbart, den er bis zu seinem Tod nicht ablegte.

Die Französische Revolution von 1789 entfaltete eine ungeheure Dynamik. Nicht nur verbreiteten sich die Ideen von Freiheit, Gleichheit, Brüderlichkeit in ganz Europa, Revolutionstruppen versetzten außerdem die Fürsten des alten Europa in Angst und Schrecken, zumal nachdem 1793 ihr Pariser Kollege Ludwig XVI. und schließlich seine Frau Marie Antoinette,

Tochter der Wiener Kaiserin Maria Theresia, der eben erfundenen Guillotine zum Opfer gefallen waren. Anstatt dass die Koalitionstruppen der alten Mächte die französische Monarchie wieder einzusetzen vermocht hätten, rückten die Revolutionäre über den Rhein nach Osten vor. Der junge General Napoleon Bonaparte mischte mit seiner Südarmee den Kontinent ordentlich auf.

Tirol gehörte seit mehr als vier Jahrhunderten zu den habsburgischen Besitzungen, zuvor war es lange bayrisch gewesen. Innerhalb des Habsburgerreiches genoss Tirol einigen Spielraum und legte Wert auf das gewohnte Maß an Unabhängigkeit. Man war kirchentreu und konservativ – das, was man heute abfällig als »mittelalterlich« bezeichnet. Allen Reformbestrebungen unter Maria Theresia und deren Sohn Joseph II. hatte man sich erfolgreich verweigert.

Wie andere fromme und habsburgtreue Tiroler lehnte Andreas Hofer die französische Umwälzung, die einer österreichischen Prinzessin das Leben genommen und eine stramm antikirchliche Politik verfolgte, rundheraus ab. Trotz vereinzelter Sympathieäußerungen für die Ideale der Revolution in den Städten ließen sich Habsburgs Untertanen mehrheitlich nie dafür begeistern. Die Tiroler erwiesen sich in ihrer Kirchentreue durch die kraftvolle österreichische Gegenreformation und jesuitische Volksmission als überaus standfest. Als die Auswirkungen der Revolution im Frühsommer 1796 ihr Land in Form des Krieges erreichten, verweigerten sie die Unterwerfung unter Napoleon, auch wenn dieser versprach, nur in Richtung Wien durchziehen zu wollen. Gemeinsam widerstanden die österreichische Armee und die Tiroler Schützen den napoleonischen Truppen. Andreas Hofer war unter dem Aufgebot der Passeirer im Kampf gegen die Franzosen, spätestens 1797 als Kommandant. Aber weitere Kriege folgten, die politische Landkarte veränderte sich und Tirol wurde zu einem gefährdeten Gebiet, das an die französische Einflusssphäre grenzte. Kaiser Franz II. musste in den Friedensschlüssen von Campo Formio 1797 und Lunéville 1801 die Neuordnung Italiens akzeptieren und die österreichischen Niederlande aufgeben, auf linksrheinische Gebiete verzichten und geistlichen Besitz zur Disposition stellen sowie französische Satrapenstaaten in Holland, Italien und der Schweiz hinnehmen.

Aus dem revolutionären Frankreich wurde nach mehreren Häutungen wieder eine Monarchie mit Napoleon als »Kaiser der Franzosen«, und der römische Kaiser Franz II. proklamierte das Kaiserreich Österreich, dem er als Franz I. vorstand, womit er für knapp zwei Jahre der einzige Doppelkaiser der Geschichte war, bis er 1806 die Reichskrone ablegte. 1805 kam es im dritten Koalitionskrieg zum erneuten Zusammengehen von England, Russland und Österreich – nur konnte man Napoleon ein weiteres Mal nicht bezwingen. Die Schlacht bei Austerlitz am 2. Dezember 1805 geriet zur krachenden Niederlage der Koalitionäre, der folgende Friedensschluss zu Pressburg war für Österreich verheerend. Wien verlor erheblich an Land, unter anderem ging Tirol an Bayern, das inzwischen ein treuer Gefolgsstaat Napoleons geworden war – schon weil es am kommenden Neujahrstag 1806 zum Königreich aufstieg. Bayern wollte Tirol radikal modernisieren – mehr noch, als es die Habsburger versucht hatten, nämlich im radikalen Stil der napoleonischen Neuordnung. Dazu gehörte, dass zugunsten einer allgemeinen Wehrpflicht Tirol das Recht auf eine eigene Landesverteidigung verlor. Noch dazu mussten die jungen Landeskinder befürchten, auf französischer Seite gegen Österreich ins Feld zu ziehen. Selbst seinen Namen sollte Tirol verlieren und fortan, in drei bayrische Landkreise aufgeteilt, Südbayern heißen.

Auch ein weiterer österreichischer Versuch, Napoleon die Stirn zu bieten, schlug fehl: Nach anfänglichem Sieg in diesem fünften Koalitionskrieg verlor Erzherzog Karl bei Wagram im Sommer 1809, Österreich lag am Boden. Nicht aber Tirol: Dort gelang ein Aufstand gegen den neuen Landesherrn und Verbündeten Napoleons, Bayerns ersten König Maximilian I. Joseph. Zu Wut und Ärger der konservativen Tiroler hatten nicht zuletzt kirchenpolitische Maßnahmen geführt, außerdem die Einführung der Wehrpflicht. Zum Propagandisten und Anführer des Aufstands stieg Andreas Hofer auf. Während im Mutterland Erzherzog Karl gegen Frankreich ins Feld zog, nahm das Tiroler Landaufgebot mit österreichischer Assistenz Innsbruck ein und behauptete sich im Frühjahr und Sommer 1809 gleich zweimal am Bergisel. Die Bayern mussten sich den ungeheuer motivierten Tirolern geschlagen geben, schon weil die Rebellen erfolgreich eine Partisanentaktik anwandten.

In dieser kurzen Zeit des Triumphes wurde Hofer Oberkommandant des Landes Tirol, das er im Namen Franz' I. verwalten wollte und dies von der Innsbrucker Hofburg aus nach traditionellen, ständisch-konservativen Grundsätzen tat. Nach dem Abzug der Bayern herrschte dort regelrecht Anarchie, und Hofer hatte alle Hände voll zu tun, die öffentliche Ordnung wiederherzustellen. Aus Wien sandte der Kaiser Geld, eine Ehrenmedaille und das Adelspatent – Letzteres lehnte Hofer dankend ab: »Den Adel brauch ich nicht.« Doch eine lange Zeit war ihm für sein patriarchalisch-hemdsärmeliges Wirken nicht vergönnt, denn nach der Aufteilung Tirols rückten abermals bayrische und napoleonische Truppen ein: Die unbotmäßigen Untertanen, in Bayern als »unkultiviertes Volk ohne Verstand und Vernunft« und »insurgierte Tollköpfe« angesehen, sollten zur Räson gebracht werden. In einem letzten verzweifelten Versuch kam es zur vierten Bergisel-Schlacht, die die Widerständler verloren. Weil aber Bayern allein den Aufstand nicht hatte niederzwingen können, wurde Tirol nunmehr unter Italien, Bayern und den neu gegründeten Illyrischen Provinzen, die Gebiete der Adriaküste und der Ostalpen umfassten, aufgeteilt. Hofer floh vor den Bayern, die ein Kopfgeld von 1500 Gulden auf ihn ausgesetzt hatten, wurde jedoch Ende Januar 1810 auf der Pfandleralm festgesetzt und wenige Wochen später in Mantua zum Tode verurteilt und hingerichtet. Er bestand darauf, stehend zu sterben, und hielt ein Kruzifix in den Händen.

Andreas Hofer war zum Märtyrer im antinapoleonischen Kampf geworden, aber die gedemütigten Tiroler hatten einstweilen andere Sorgen. Dort dauerte es noch mehr als ein halbes Jahrhundert, bis der aufständische Gastwirt zum Volkshelden wurde. Anders im Ausland: Die preußische Königin Luise verherrlichte Hofer noch vor seinem Tod und unter dem Eindruck der katastrophalen Niederlage, die Napoleon ihrem Land beigebracht hatte, als vorbildhaften Helden. In anderen napoleonfeindlichen Ecken Europas tat man es ihr nach, vor allem in England, wo die Bergisel-Kämpfe schon mal als erste Schlachten der Befreiungskriege bezeichnet wurden, die ja bekanntlich erst 1813 begannen. Die Tiroler galten fortan als freiheitsliebendes Volk, dem sich zahlreiche Dramen und Romane widmeten. Als in den Befreiungskriegen Volkswehren in den Kampf gegen Napoleon geschickt wurden, diente Hofer als Heldenfigur, der Aufstand als Vorbild, und die Tiroler galten als besonders wehrhaftes Völkchen. Nach dem Wiener Kongress und der abermaligen Neuordnung Europas blieb Andreas Hofer der strahlende Held, auch im Verständnis der wiedererstarkten Monarchie – zumal der kaisertreue Rebell sicher nicht zu jenen Kräften gehört hätte, die Demokratisierung statt Restauration forderten.

Andreas Hofer starb zweifellos im Kampf gegen die bayrische Herrschaft, mochte die auch angesichts der politischen Veränderungen durch Napoleon rechtmäßig sein. Berücksichtigt man den früheren grundsätzlichen Widerstand der Tiroler gegen politische und gesellschaftliche Reformen, so war der Aufstand gegen die bayrische Herrschaft zwar entschlossen, ist aber kaum als spontan zu bezeichnen – denn in der Sache widerstanden die Tiroler ähnlichen Maßnahmen wie zuvor, nur eben jetzt gewaltsam. Vor allem aber wurde dabei ein Kampf gegen Modernisierung geführt, nicht einer für Freiheit an sich, und seine Träger waren die Verlierer der neuen Verhältnisse. Denn statt Freiheitskampf handelte es sich um einen Befreiungskampf von Bayern, dessen Herrschaft die Tiroler zwar abschütteln wollten, aber nur, um sie wieder gegen Habsburgs Oberhoheit einzutauschen – übrigens unter einem Kaiser, der inzwischen absolut regierte. Hofer bezeichnete sich selbst als »vom Haus Österreich erwählter Kommandant«, Ziel war die Wiedervereinigung mit dem Kaiserreich und die Rückkehr zu den Zuständen der Zeit vor 1805. Der Aufstand gegen das napoleonische Bayern wurde auch nicht von ganz Tirol getragen, insbesondere in Südtirol stand man dem Ansinnen mindestens kritisch gegenüber. Und die Adeligen Tirols verfolgten den von Bauern getragenen Aufstand sowieso misstrauisch.

Andreas Hofer war, wiewohl Märtyrer im Kampf gegen die bayrische Herrschaft, nicht einmal Held im militärischen Sinn, denn er zeichnete sich weder durch besonderen Heldenmut noch durch Fortüne als Kommandant aus. »Er war in der Einschätzung von Einsatz und Reserve völliger Laie, er hatte kaum eine Ahnung von der Artillerie und erwies sich leider auch als schlechter Organisator bei der Verteilung von Nachschub und Munition«, schrieb ein Biograph. Gleichwohl trug er mit seinem Charisma und bester Vernetzung, mit Entschlossenheit und Mut wesentlich zur Vorbereitung der Tiroler Erhebung bei und war im entscheidenden Moment deren maßgeblicher Führer.

Ludwig II. von Bayern war ein apolitischer König – IRRTUM!

Bayerns Märchenkönig Ludwig II. ist international der vielleicht berühmteste deutsche Monarch, und jedes Jahr zieht es Millionen Besucher in seine Schlösser, die damit dem bayrischen Freistaat ein hübsches Sümmchen bescheren. Dass es mit dem Märchenhaften des vorletzten Bayernkönigs eine eher zweifelhafte Bewandtnis hat, ist weithin bekannt: Ludwigs unglückliches, zerrissenes Leben fand ein unglückseliges Ende im Starnberger See, nachdem er unter dem zweifelhaften Befund des Wahnsinns staatlicherseits eingesperrt worden war. Das Prädikat »märchenhaft« ist also wohl kaum zutreffend, so märchenhaft auch die selbst geschaffene Kulisse seiner Schlösserschar war, in die er sich vor seinem Volk und der Politik zurückzog.

Aber mag auch die Legende vom Märchenkönig ausgedient haben – die vom unpolitischen König, der bayrische Interessen verriet und sich mit schnöden Regierungsgeschäften nicht gemein machen wollte, hat weiterhin Konjunktur. Danach war der vergeistigte, schwärmerische Wittelsbacher für sein hohes Amt kaum geeignet, weil er sich lieber mit Schlösslebau und Wagner-Opern, mit strammen Burschen und Mittelalterromantik befasste. Insbesondere Ludwigs manische Bautätigkeit, die den bayrischen Fiskus belastete, gilt als Beleg für seine Weltvergessenheit – mit dem weithin bekannten unrühmlichen Höhepunkt, dass der König des zweitgrößten Landes in Deutschland sich vom größten, nämlich Preußen, für Geld den Schneid nehmen ließ. Denn als Kanzler Otto von Bismarck die Weichen stellte, um das zu gründende Deutsche Reich unter preußische Vorherrschaft und den preußischen König als deutschen Kaiser zu stellen, zweigte er aus windigen Kanälen etwas Geld ab und erkaufte sich damit Ludwigs Zustimmung, der damit die Finanzierung seiner Schlösserleidenschaft einstweilen sichern konnte. Zunächst ging es auch weiter seinen unerquicklichen Gang, bis die bayrische Staatsregierung die Notbremse zog und dem königlichen Treiben ein Ende setzte. Aber auch hier ist die Geschichtsschreibung einer politischen Lesart gefolgt, die mit der historischen Wahrheit kreativ umgeht. Die angebliche unpolitische Haltung Ludwigs, seine vorgebliche Indifferenz den Staatsgeschäften gegenüber diente als ein gutes Argument, den Monarchen aus dem Verkehr zu ziehen – anschließend konnte man ihn so gleichzeitig bedauern und ein gewichtiges Aber anfügen, das besagte, er sei nun mal seiner Aufgabe nicht gewachsen gewesen. Und über dieses Argument ließ sich auch besser reden als über die homosexuellen Aktivitäten, die den Staat nach Ansicht seiner Vertreter zunehmend in die Bredouille brachten.

Ludwig wurde als Sohn des dritten bayrischen Königs Maximilian II. 1845 geboren und bestieg bereits mit achtzehn Jahren den Thron. Die Zeit seiner Regierung ist die eines grundlegenden Wandels bayrischer Politik: Mit Hilfe Napoleons Königreich geworden, litt Bayern unter der Vormacht Österreichs und Preußens, obwohl es unter den übrigen deutschen Staaten der größte war. Zumal nach dem Ausscheiden Österreichs aus der deutschen Politik vermochte man dem Hohenzollernreich und dessen Kanzler Bismarck nicht mehr viel entgegenzusetzen, wovon die Reichsgründung unter preußischer Vorherrschaft eindrucksvolles Zeugnis ablegte. Ludwigs Möglichkeiten waren zudem sehr eingeschränkt, weil die bayrische Verfassung dem Monarchen Fesseln anlegte. Mit den Idealen des jungen Königs von unumschränkter, absoluter Herrschaft hatte das nicht mehr viel zu tun, und dieses Unbehagen an der beschnittenen Stellung in der konstitutionellen Monarchie teilte er mit anderen Herrscherkollegen dieser Zeit. Und doch stürzte sich Ludwig voller Zuversicht in die Regierungsarbeit, und eine Fülle von Belegen illustrieren beredt sein Interesse an Staatsgeschäften und seine Versuche, im Rahmen des Möglichen seiner Regierung eine Agenda zu geben.

Herzstück seiner Politik war, unter den schwierigen Umständen dieser Umbruchzeit, die Bewahrung eines größtmöglichen Maßes an Eigenständigkeit und Bewegungsspielraum für Bayern. An politischem Scharfsinn und wacher Beobachtungsgabe mangelte es ihm keineswegs, wohl aber am Format, im Rahmen des Möglichen ein Optimum zu erreichen. Das mag auch an seinem jugendlichen Alter bei der Thronbesteigung gelegen haben. Ludwigs grundlegender, leidenschaftlich empfundener Widerwillen gegen die Einschränkungen, denen er unterworfen war, führte dazu, dass er nicht den nötigen Pragmatismus entwickeln konnte, um die verbliebenen Möglichkeiten auszureizen. Einige Selbstüberschätzung war auch im Spiel, etwa wenn er mittels Staatsstreich in Bayern wieder den Absolutismus einführen wollte oder den Plan verfolgte, anderswo ein Königreich nach seinem Geschmack zu errichten – er hoffte schließlich auf Erwerb der Kanarischen Inseln.

Wenngleich Ludwig deutschlandpolitisch keineswegs der Einzige war, der an der politischen und diplomatischen Genialität Bismarcks scheiterte, litt er für den Rest seines Lebens darunter, dass er dem Verlust der bayrischen Souveränität nicht wirksam hatte entgegentreten können. Das muss man in Rechnung stellen, wenn man dem glücklosen König vorwirft, dass er sich der Öffentlichkeit nach 1875 verweigerte. Aber selbst dann noch verfolgte er aufmerksam das politische Geschehen, betrieb zuverlässig die ihm obliegende Aktenarbeit und drang beispielsweise darauf, dass Bayern durch mancherlei Initiative im Bundesrat auf dem föderalen Charakter des Deutschen Reiches bestand. Gänzlich entrückt und in einer tiefen persönlichen Krise gefangen war Ludwig erst ganz am Ende seines Lebens, als er zugunsten seiner Bauwut alles andere vernachlässigte und den Technokraten seiner Regierung schließlich den Vorwand zu seiner Absetzung lieferte.

Wenn das vernichtende Urteil über den scheinbar realitätsfernen und an der Tagespolitik desinteressierten Bayernkönig gefällt wird, werden im Allgemeinen zwei Hauptargumente ins Spiel gebracht: der Kaiserbrief, in dem Ludwig seinem Onkel, dem preußischen König Wilhelm I., die deutsche Kaiserkrone antrug, sowie sein bauliches Vermächtnis, das als steinerner Ausdruck seiner Ignoranz und mangelnden Eignung gilt.

Die Handlung größter Tragweite in Ludwigs 22-jähriger Regierungszeit stellt zweifellos der Kaiserbrief dar, der Ende 1870 aus München an den preußischen König erging, zähneknirschend unterzeichnet von Ludwig höchstselbst. Die Initiative dazu kam natürlich aus Berlin, offiziell wurde die Idee im September 1870 an Ludwig herangetragen. Die Angelegenheit war überaus heikel, denn rasch erwies sich, dass Bayern bei aller Opposition zur sich abzeichnenden Reichsgründung nicht in der Lage war, Preußens Vorgehen zu verhindern. Ludwig musste also gute Miene zum bösen Spiel machen, tat dies aber mit dem Willen, dann wenigstens das Meiste und Beste für Bayern herauszuholen. An seinen Onkel Prinz Luitpold schrieb er damals: »... ich sehe durchaus nicht ein, warum ich noch dieses in der Tat sehr entwürdigende Anerbieten stellen muß, um erst dann die uns nötigen Konzessionen zu erlangen. O diese schändliche, falsche preußische Politik; Du kannst Dir denken, lieber Onkel, welch schmerzerfüllte, sorgenvolle Stunden ich erlebe, auch ist die hiesige Münchner sowie die Mehrzahl der bayrischen Bevölkerung überhaupt von dem wahnsinnigen deutschen Kaiserschwindel angesteckt. Es ist ein Jammer!« Überhaupt hielt Ludwig wenig von den mächtigeren Verwandten, von der »räuberischen Hohenzollern-Bagage, jenes preußische Gesindel«, wie er später schrieb. Bismarck hingegen schätzte er durchaus, betrachtete er doch den »Eisernen Kanzler« als Bayern gewogen.

Als Konzessionen hatte Ludwig Gebietsgewinne im Sinn, namentlich ging es ihm darum, die einstmals bayrischen Teile der Pfalz seinem Land wieder zuzuschlagen. Dies gelang nicht, sehr viel mehr als das Recht einer eigenständigen bayrischen

Außenpolitik, den Erhalt der bayrischen Staatspost und ein Sonderstatus für militärische Angelegenheiten – eher Symbolisches also – sprang am Ende nicht heraus. Die mit den Preußen in Versailles verhandelnden Minister gaben trotz größerer Forderungen ihres Königs dem Druck aus Berlin nach, zumal unter den anderen deutschen Staaten Bayern in gefährliche Isolation geraten war. Was schließlich den Vorwurf der Bestechlichkeit betrifft, der Ludwig bis heute anhängt, so handelt es sich dabei um eine doch recht bös- und eigenwillige Auslegung der Ereignisse, vielleicht auch ein nützliches Scheinargument, um die Rolle der Minister und die Zwänge Bayerns ein wenig vergessen zu machen. Längst konnte nachgewiesen werden, dass Ludwig dem Kaiserbrief bereits zugestimmt hatte, als es um Zahlungen für seinen Schlösserbau ging, für die Bismarck auf den Welfenfonds zurückgriff, eine Art »schwarzer Kasse« auf Grundlage des beschlagnahmten Vermögens des hannoverschen Königshauses. Auch hat er danach noch (vergeblich) versucht, Bayerns Position im Reich zu stärken, beispielsweise durch einen Kaisertitel, den abwechselnd ein Hohenzoller und ein Wittelsbacher tragen sollte. Ebenfalls erst Monate nach dem ergangenen Kaiserbrief und nach der Reichsgründung zu Versailles sagte Bismarck finanzielle Zuwendungen zu.

Die biographische Rolle der ludovizischen Prachtbauten verdient nicht minder einen prüfenden Blick. Wenn Regieren Königspflicht war, so war das Bauen ihre Kür, der viele Herrscher mit großer Leidenschaft nachgingen. Der Großvater Ludwig I. verwandelte München in eine stattliche Residenzstadt, und auch Ludwigs Vater Maximilian tat sich in seiner kurzen Regierungszeit als Bauherr hervor. Für Ludwig bedeutete das Bauen eine Möglichkeit, seiner Vorstellung des Königtums Ausdruck zu verleihen, wenn sie doch schon politisch als anachronistisch keine Chancen auf Umsetzung besaß. Ob Herrenchiemsee oder Neuschwanstein: Ludwigs Schlösser schufen die Kulisse einer unumschränkten Herrschaft, die er so schmerzlich vermisste. Seiner zunehmenden Enttäuschung und Weltentfremdung gemäß und wegen seiner persönlichen Abneigung gegen die Stadt München baute er weit weg vom politischen Geschehen. Mag das Image des unglücklichen Märchenkönigs und glücklosen Monarchen für Ludwig II. auch durchaus zutreffen, das Bild des unpolitischen und politikuntauglichen Königs tut es keineswegs.

Mata Hari war die größte Spionin des 20. Jahrhunderts – IRRTUM!

Im Dezember 1920 wurde in Paris ein Ballettstück von Maurice Ravel uraufgeführt: La Valse, das man als Kurzbiographie des Wiener Walzers verstehen kann oder als Abgesang auf die Belle Époque, die im Kanonendonner des Ersten Weltkriegs untergegangen war. Beide Interpretationen widersprechen sich auch nicht notwendigerweise, in jedem Fall begleitet Ravel musikalisch etwas an sein Ende, sei es die Kultur eines Tanzes oder eine Zeitspanne. Im Verlauf des Stücks treten immer mehr Dissonanzen auf und der Dreivierteltakt kämpft mit dem drohenden Abgrund. Im Zusammenhang mit dem Untergang einer glanzvollen Epoche im Ersten Weltkrieg ist oft vom Tanz auf dem Vulkan die Rede gewesen, vom Ritt auf Messers Schneide, den man rückblickend in den Jahren vor 1914 erkennen kann.

Einer Niederländerin gelang dieser Tanz über Jahre recht erfolgreich, auch wenn es sich in ihrem Fall nicht um Walzer, sondern um orientalische Tanzdarbietungen handelte, mit denen sie ihren aufwendigen Lebensstil zu Teilen finanzierte: Margaretha Geertruida Zelle aus Leeuwarden in der Provinz Friesland, ungleich berühmter unter ihrem Künstlernamen Mata Hari. 1876 als Tochter eines zunächst wohlhabenden, später verarmten Hutmachers geboren, ging sie mit 21 Jahren die Ehe mit einem Kolonialoffizier ein, der in Niederländisch-

Indien, dem heutigen Indonesien, stationiert war. Viel später sollte sie vor einem Gericht kundtun, sie habe stets eine große Schwäche für Offiziere gehegt. Diese Verbindung jedoch war keine glückliche, trotz zweier Kinder und der Übersiedlung nach Java und schließlich nach Sumatra. In Indonesien fühlte sich Margaretha MacLeod in der militärischen Umgebung kolonialer Kreise wohl und erregte sowohl das Interesse anderer Männer als auch die Eifersucht ihres Gatten. Daneben faszinierten sie die fernöstliche Kultur und Sinnlichkeit. 1902, der Sohn war zweijährig gestorben und der Mann pensioniert, kehrte die Familie in die Niederlande zurück, wo die Ehe bald zerbrach. Major MacLeod gestand seiner Frau weder das Sorgerecht für die Tochter noch Unterhaltszahlungen zu.

Das unangefochtene Zentrum der Belle Époque ist Paris, und dorthin zieht es die junge, gerade geschiedene Frau. Bald nennt sie sich Mata Hari (»Auge des Orients«) und reüssiert in orientalischen Kostümen mit geheimnisvollen Tänzen, die sie als originale indische Tempelriten ausgibt. Stimmigerweise erfolgt ihr offizielles Debüt 1905 in einem Privatmuseum eines reichen Sammlers von Asiatica, dem Musée Guimet am Trocadéro. Denn ihre Darbietungen ergänzen vermeintlich sachkundige Erläuterungen, was der lasziven Seite der Auftritte etwas Ernsthaftes entgegensetzen soll. Mit ihrer Mischung und persönlichen Ausstrahlung gelingt Mata Hari der Einzug in die höheren Kreise – nicht nur als Künstlerin, sondern auch als Lebedame, die Liaisons mit hochgestellten Persönlichkeiten unterhält. Ihr Erfolg bringt sie auf Bühnen in Madrid, Monte Carlo und Mailand, nach Wien und Rom, Berlin und Amsterdam. Sie profitiert von der orientalischen Mode jener Zeit – wie sie zu früheren Zeiten einmal den Kaffee hoffähig machte –, wird fürstlich entlohnt und findet sich schließlich auf Zigarettenschachteln und Keksdosen abgebildet wieder.

Als mit zunehmendem Alter der Erfolg nachlässt, profitiert Mata Hari weiter von ihrer Sinnlichkeit und lebt von großzügigen Zuwendungen reicher Liebhaber in verschiedenen Städten, darunter Botschafter und Minister, aber natürlich auch zahlreiche Offiziere. Bei einem solchen hält sie sich auf, als 1914 der Erste Weltkrieg ausbricht: Alfred Kiepert, preußischer Rittmeister und Gutsbesitzer bei Berlin. Nunmehr ändern sich in Europa die Verhältnisse grundlegend: Die Operette, in der Mata Hari auftreten soll, wird abgesagt. Das Reisen in Europa ist mit einem Mal kompliziert, anfangs darf sie auch als Staatsbürgerin der neutralen Niederlande Berlin gar nicht verlassen, kann aber einige Wochen nach Kriegsausbruch nach Amsterdam zurückkehren. Und ein kosmopolitischer Lebensstil in wechselnden Metropolen ist angesichts des Kontinentalkrieges mitsamt nationalistischen Klimas und allseitiger Propaganda mit einem Mal verdächtig, zumal wenn dazu vielseitige Kontakte zu Männern verschiedener Nationalitäten kommen. Eine regelrechte Spionagehysterie hat die verfeindeten Länder schon vor Kriegsbeginn ergriffen, von Sensationsberichten der hungrigen Presse genährt. Nun sind Ausländer mehr als zuvor schon prinzipiell verdächtig, zumal Frauen mit zweifelhaftem Lebenswandel. In die Vorstellung einer Femme fatale, die wie eine Spinne ein Informationsnetz aufbaut und gegen Geld dem Feind zur Verfügung stellt, passt Mata Hari vortrefflich, deren Biographie noch dazuviel Projektionsfläche für Fantasien vielerlei Art bietet. Für Geheimdienstler kommt hinzu, dass sie als Bürgerin eines neutralen Landes trotz des Krieges eine vergleichsweise große Bewegungsfreiheit genießt.

Die Niederländerin begeht den folgenschweren Fehler, sich für die Dauer des Krieges nicht etwa zurückzuhalten, um nicht zwischen die Fronten zu geraten. Auf dem Seeweg, da direktes Reisen unmöglich geworden ist, gelingt ihr Ende 1915 die vorübergehende Rückkehr in die französische Hauptstadt, wobei sie erstmals ins Visier der Behörden gerät, weil nunmehr als verdächtig eingestuft. Als nachteilig sollte sich später auswirken, dass zu ihren Gönnern auch deutsche Diplomaten und Geheimdienstler gehören, die sie zumindest ermutigen, Beobachtungen weiterzugeben. 1916 kommt sie wieder nach Paris und wird jetzt vom Deuxième Bureau, dem französischen Nachrichtendienst, überwacht. Ein Bericht bestätigt die Erwartungen des Geheimdienstchefs Georges Ladoux: Prostitution mit in- und ausländischen Militärkreisen, Verdacht auf Spionagetätigkeit für den Feind. Diesen Verdacht bestätigt Mata Hari in einem Gespräch mit Ladoux freimütig – so behauptet er jedenfalls später. Sie dient sich den Franzosen an, die darauf eingehen. Welche Absichten das Deuxième Bureau dabei verfolgte, bleibt im Unklaren. Die folgenden amourösen Kontakte zu deutschen und französischen Diplomaten und die finanziellen Nöte werden Mata Hari zum Verhängnis. Nach weiteren Aufenthalten in Madrid und London (unfreiwillig, sie wird wegen des Spionageverdachts auf der Schiffsreise nach Amsterdam festgesetzt) kehrt Mata Hari Anfang 1917 nach Paris zurück und wird sechs Wochen später in einem Hotel in der Avenue des Champs-Élysées verhaftet. Längst hat sie sich bei den Nachrichtendiensten dreier Länder verdächtig gemacht: Außer Franzosen und Engländern vermuten auch die Deutschen hinter der Edelkurtisane eine feindliche Spionin.

Zu dieser Zeit war die Angst vor einer französischen Niederlage größer denn je und die Nerven in der Hauptstadt zum Zerreißen angespannt. Der zermürbende Krieg wollte kein Ende nehmen, schon gar kein siegreiches, und der französische innenpolitische Burgfrieden, die »Union sacrée«, drohte zu zerbrechen. Der uneingeschränkte U-Boot-Krieg hatte eingesetzt, der Verbündete Russland fiel seit der Februarrevolution mehr oder weniger aus, die USA beteiligten sich noch nicht auf alliierter Seite. Die Stimmen für einen sofortigen Friedensschluss mit Deutschland wurden immer lauter.

Für Meutereien in der Armee, Defätismus an der »Heimatfront« und Streikaktionen mit der Beteiligung Hunderttausender angesichts der vielerorts dramatisch schlechten Versorgungslage wurde feindliche Agitation verantwortlich gemacht, was die Spionagehysterie abermals befeuerte. Da kam der Prozess gegen eine mutmaßliche Spionin, noch dazu eine so verruchte und schillernde Frau wie Mata Hari, der Regierung ebenso gelegen wie der sensationshungrigen Presse. Der ermittelnde Richter Pierre Bouchardon sollte nach dem Krieg auch den früheren Premierminister Joseph Caillaux, der sich für einen Verhandlungsfrieden mit dem Deutschen Reich eingesetzt hatte, hinter Gitter bringen. Aus französischer Blickrichtung lag das feindliche Deutschland sozusagen in Richtung Orient, und dessen »Auge« Mata Hari wurde zur Waffe des Feindes stilisiert, die es auszuschalten galt. Äußerste Härte schien angebracht, ebenso wie man schon gegen Meuterer und Streikende im eigenen Land brutal und schonungslos vorgegangen war. Ihr Ankläger vor dem Pariser Kriegsgericht ging so weit, Mata Hari zur »mutmaßlich größten Spionin unseres Jahrhunderts« zu erklären, die »unermesslichen Schaden« angerichtet habe – da war das 20. Jahrhundert noch sehr jung.

Am 24. Juli begann, nach monatelanger Untersuchungshaft und wochenlangen Verhören, unter Ausschluss der Öffentlichkeit der nur zweitägige Prozess, in dem es vor allem um Geld ging, das Mata Hari von ihren Liebhabern erhalten hatte, darunter von Mitgliedern des deutschen Geheimdienstes. Das Deuxième Bureau hatte entsprechende Telegramme des deutschen Militärattachés in Madrid nach Berlin abgefangen. Mata Hari bestritt die Zahlungen nicht, sie sei schließlich die Geliebte des Attachés gewesen. Dass er allerdings das Geld seiner Berliner Zentrale in Rechnung gestellt habe, sei schändlich für ihn. Sie gab außerdem zu, in einer Pariser Bank Geld in Empfang genommen zu haben, und ebenso, vom deutschen Konsul in Amsterdam bezahlt worden zu sein, um in Paris Informationen zu sammeln. Eine solche Tätigkeit habe sie aber nie im Sinn gehabt, sondern vielmehr die Summe als Entschädigung für die Pelze verstanden, die bei Kriegsbeginn in Berlin beschlagnahmt worden seien. Kaum hilfreich war wohl ihr ungeschicktes Auftreten vor Gericht und ihre Selbstdarstellung als Kosmopolitin, die Frankreich gegenüber keine Loyalität zeigen müsse und auch mit Bürgern feindlicher Länder befreundet sein dürfe – in der aufgeladenen Atmosphäre eines Landes, das sich in die Ecke gedrängt sieht, ein klares Eigentor. Ihr Verteidiger und früherer Geliebter agierte kaum glücklicher, zumal er keinerlei Erfahrung mit Militärstrafprozessen besaß. Auch ihre zahlreichen hochkarätigen Bekanntschaften eilten ihr nicht zu Hilfe – nur zwei mutige der zahlreichen Exliebhaber sagten zu ihren Gunsten aus.

Der Spionage für schuldig befunden wurde Mata Hari aufgrund ihrer Beziehungen zu den deutschen Diplomaten in Madrid und Amsterdam. Eigentlich konnte man ihr nicht mehr nachweisen als diese Feindkontakte, denn für die Weitergabe von Informationen oder tatsächliche Spionagetätigkeit wurde kein Beweis erbracht. Gleichwohl erkannte das Kriegsgericht auf die Todesstrafe, die am 15. Oktober vollstreckt wurde. Ohne Augenbinde und mit auf den Rücken gefesselten Händen wurde sie in der Festung Vincennes vor Paris von einem Erschießungskommando ins Visier genommen, dann gab ihr ein Militärarzt einen Gnadenschuss ins Ohr. Von den letzten Stunden und Minuten ihres Lebens verbreitete sich die Kunde, sie habe vor ihrem Bewacher getanzt, dem Erschießungskommando mit ihren Handschuhen zugewinkt oder ihre Brust entblößt, um die Soldaten zu verwirren. Die französischen Zeitungen schrieben von Genugtuung für Frankreich und einem Sieg der Justiz. Aber auch die deutsche Propagandamaschine griff den Fall sogleich auf, um gegen Frankreich zu agitieren.

Weder im Allgemeinen noch im besonderen Fall der Mata Hari stehen das allseitige Spionagefieber und die nachfolgende Legendenbildung in irgendeinem Verhältnis zur Zahl eingesetzter Informanten und vor allem nicht zum Erfolg der Aufklärung während des Ersten Weltkriegs. Der größte Teil der Informationen war falsch oder wertlos; andererseits gab es solche, deren Bedeutung man schlichtweg in Abrede stellte. So taten es die Franzosen mit ihren akkuraten Informationen über den Schlieffen-Plan, mit dem der deutsche Generalstab im Kriegsfall gen Westen vorzugehen beabsichtigte. Die Deutschen wiederum verkannten den Wert von Vorabinformationen zum alliierten Plan für die Schlacht an der Somme oder über die neuartige Waffe namens Panzer. Mata Hari leistete nicht einmal einen relevanten Beitrag für den deutschen Geheimdienst, wie selbst in Frankreich zugegeben wurde – allerdings erst 1932. Als damals der Vorsitzende des Kriegsrats Oberst Lacroix sich die Akte Mata Hari noch einmal ansah, befand er, darin sei keinerlei »konkreter, greifbarer, absoluter, unwiderlegbarer Beweis«. Das hatte einige Jahre zuvor auch ein Angehöriger des deutschen Nachrichtendienstes, Generalmajor Kempp, zu Protokoll gegeben: »Mata Hari hat gar nichts für den deutschen Geheimdienst geleistet. Ihr Fall ist über die Maßen aufgebauscht worden.« Im selben Jahr 1929 schrieb der Berliner Sexualforscher Magnus Hirschfeld, bei Mata Hari habe es sich um eine »große Liebeskünstlerin« und »kleine Dilettantenspionin« gehandelt, »die deshalb erschossen wurde, weil man im Herbst 1917 eine international große Geste brauchte«.

Zumindest die Popkultur hat der angeblichen Meisterspionin mehr Ehre angetan: Nicht nur gibt es mehrere Verfilmungen über den Fall Mata Hari, die darin unter anderem von Greta Garbo verkörpert wird, auch Ballett, Theater, Film und Musical gingen an der Belle-Époque-Kurtisane nicht vorbei. In Computerspielen, Fernsehserien und Comics dient ihr Name als Symbol für Verruchtheit, Verführung und todgeweihtes Laster, Szenekneipen und eine Absinthmarke nutzen ihren Namen. Bei Asterix und Obelix erhielt sie ebenso ein Plätzchen wie in Songs von Madonna oder Ofra Haza, von den »Ärzten« oder in einem norwegischen Grand-Prix-Beitrag. Da fällt kaum ins Gewicht, das Ravels *La Valse* nur sehr indirekt mit ihr zu tun hat.

Kaiser Wilhelm II. war schuld am Ersten Weltkrieg – IRRTUM!

Für Historiker umfassen Jahrhunderte selten genau einhundert Jahre – und das 20. Jahrhundert gehört zu den kurzen. Es endet mit dem Fall der Berliner Mauer am 9. November 1989 und beginnt am 28. Juni 1914 mit dem Attentat auf den österreichischen Thronfolger Erzherzog Franz Ferdinand im bosnischen Sarajevo bzw. mit dem Ausbruch des Ersten Weltkriegs einen Monat darauf. Der verheerende Krieg wurde mit einiger Berechtigung als »Urkatastrophe des 20. Jahrhunderts« bezeichnet: weil es sich um den ersten »totalen« Krieg handelte, weil er die Verhältnisse in Europa zuoberst kehrte, weil große Reiche zu existieren aufhörten, weil sein misstönender Nachhall noch lange zu vernehmen war und das politische Klima des Kontinents vergiftete – und weil Europa bis heute von seinen Ergebnissen geprägt ist. Sein Ende fand der Krieg in den Pariser Vorortverträgen, in denen die großen Mächte unter den Siegern dem erschütterten Kontinent wieder eine Ordnung gaben. Der bekannteste von ihnen ist der Versailler Vertrag, auf dessen Inhalt der Verlierer, das Deutsche Reich, so gut wie keinen Einfluss nehmen konnte. Als die überaus harten Bedingungen in Deutschland bekannt wurden, waren das Entsetzen ohne Beispiel und eine innenpolitische Krise die Folge. Aber auch der Vertrag von Saint-Germain-en-Laye, der die Donaumonarchie Österreich-Ungarn Geschichte werden ließ, war von größter Bedeutung für den europäischen Kontinent nach dem Krieg.

Die Siegermächte sahen die Schuld an der großen Katastrophe allein auf der Seite der Mittelmächte. Deutsches Reich und Österreich-Ungarn waren damit in keiner Position zu verhandeln, vielmehr mussten sie empfindliche Gebietsverluste und eine erdrückende Reparationslast hinnehmen – die Donaumonarchie wurde sogar ganz aufgelöst. In Deutschland erwuchsen aus den harten Friedensbedingungen massive wirtschaftliche Probleme und ein Gefühl der übermäßigen Demütigung, was als einer der Gründe für den Aufstieg des Nationalsozialismus angesehen werden darf, der wiederum Europa in einen neuen, noch verheerenderen Krieg stürzte. Abgesehen vom Ausmaß der militärischen Niederlage der Mittelmächte und ihrer Verbündeten stand für den Großteil der Bevölkerung der Siegermächte fest, dass das Deutsche Reich als Verantwortlicher für den verheerenden Krieg zur Rechenschaft zu ziehen war. Ihre Vertreter auf der Anfang 1919 eröffneten Pariser Friedenskonferenz sahen das kaum anders. Nicht zuletzt, um die Deutschland auferlegten empfindlichen Gebietsverluste und eine erdrückende Reparationslast zu rechtfertigen, wurde dem Versailler Vertrag eine Mantelnote zur Seite gestellt, die dem Deutschen Reich die Hauptverantwortung am Krieg zuschrieb. Berlin habe »einen in Abhängigkeit gehaltenen Bundesgenossen« (gemeint ist Österreich-Ungarn) zum Krieg ermuntert und diplomatische Verhandlungen zu seiner Verhinderung vereitelt. Gleichzeitig ist vom »verbrecherischen Charakter des von Deutschland angefangenen Krieges« die Rede: »Deutschland ist in gleicher Weise für die rohe und unmenschliche Art, auf die er geführt wurde, verantwortlich.« Der vormalige Kaiser Wilhelm II., inzwischen im niederländischen Exil, sollte an die Siegermächte ausgeliefert und vor Gericht gestellt werden.

Die Sache scheint also klar, und der Sturm der Entrüstung in Deutschland zwar verständlich, aber in der Sache nicht wirklich ernst zu nehmen. Die Reichsregierung sah sich ja ohnehin gezwungen, den Vertrag anzunehmen; nur sehr geringe Abmilderungen konnten noch erreicht werden. Wieso wurden dann aber seither ganze Bibliotheken mit Untersuchungen und Abhandlungen darüber gefüllt, wer die Schuld am Ersten Weltkrieg trägt?

Beginnen wir bei der Pariser Konferenz. Dass dort das Deutsche Reich so ausdrücklich und unmissverständlich als Hauptverantwortlicher benannt wurde, ist auch der deutschen Verhandlungsdelegation unter Graf von Brockdorff-Rantzau zuzuschreiben. Zwar wurde nicht mit, sondern über den Kriegsverlierer verhandelt, aber der Außenminister machte die Schuldfrage zu einem wichtigen Thema, weil er Deutschlands Alleinschuld nicht akzeptierte. Das erst veranlasste die Siegermächte, eine eindeutige und einseitige Schuldzuweisung vorzunehmen und schriftlich niederzulegen. Die Mantelnote ist jedoch nicht Teil des Vertragswerks. Die Regelungen zur »Wiedergutmachung« des Friedensvertrages beginnen mit dem Artikel 231, der als »Kriegsschuldartikel« Berühmtheit erlangte, obwohl er diese Frage gerade nicht beantwortet. Dort heißt es zur Begründung der Deutschland auferlegten Wiedergutmachungsbestimmungen: »Die alliierten und assoziierten Regierungen erklären, und Deutschland erkennt an, daß Deutschland und seine Verbündeten als Urheber für alle Verluste und Schäden verantwortlich sind, die die alliierten und assoziierten Regierungen und ihre Staatsangehörigen infolge des ihnen durch den Angriff Deutschlands und seiner Verbündeten aufgezwungenen Krieges erlitten haben.« Dieser Satz wurde wortgleich und auf Österreich-Ungarn bezogen auch in den Vertrag von Saint-Germain übernommen. Es geht hierbei um die juristische Haftung der Achsenmächte für die Kriegsschäden, weil die Kriegserklärungen von Österreich-Ungarn an Serbien vom 28. Juli 1914 sowie von Deutschland an Russland (1. August 1914) und Frankreich (3. August 1914) den Ersten Weltkrieg ausgelöst haben. Da die Urheberschaft aber nicht automatisch die Schuldfrage beantwortet, wurde über diese seither viel gestritten, geforscht und geschrieben. Denn die Sache ist alles andere als einfach.

Der Versailler Vertrag sah außerdem vor, dass Kaiser Wilhelm II., der inzwischen im holländischen Exil lebte, vor einem alliierten Gericht zur Rechenschaft gezogen werden sollte.

Doch wie genau sieht es mit seiner Verantwortung aus? Wie weit reichte seine Macht, gingen deutsche Entscheidungen auf ihn zurück? Der letzte deutsche Kaiser war zweifellos ein schwieriger, getriebener und überheblicher Zeitgenosse, dessen Auftreten national wie international ordentlich Porzellan zerschlug und für viel Irritation sorgte. Seine Großmannssucht, sein Geltungsdrang und seine »Nibelungentreue« zu Österreich-Ungarn wiegen schwer. Gerade auf dem wohlgeölten Parkett der internationalen Diplomatie und zumal in krisenhaften Zeiten richtete er einigen Schaden an. Er gilt deswegen auch heute noch als gewissermaßen personifizierte Schuld am Desaster des Ersten Weltkriegs. Aber so gern Wilhelm sich sein »persönliches Regiment« zugutehielt und als Dreh- und Angelpunkt internationaler Politik verstand und verstanden sehen wollte, so begrenzt war seine Macht in Wirklichkeit. Bei allen markigen Sprüchen erwies sich Wilhelm außerdem als Leisetreter, sobald es ernst zu werden drohte, wie es bei mehreren Gelegenheiten bis hin zur Julikrise unmittelbar vor Kriegsausbruch der Fall war. Ohnehin regierte der deutsche Kaiser nicht absolut, und das Auswärtige Amt mit seinem umfangreichen Apparat verfolgte nicht stets dieselben Ziele wie das Staatsoberhaupt. Insbesondere im Vorfeld der Kriegserklärungen, als Europa im Juli 1914 am Abgrund entlangtänzelte, war Wilhelms Einfluss auf die deutsche Diplomatie gering.

Auch die beiden anderen gekrönten Häupter der Großmächte (nur Frankreich war eine Republik) herrschten keineswegs unumschränkt: der englische König mit erheblich weniger, der russische Zar mit mehr Spielraum als der deutsche Kaiser. (Die drei waren übrigens Cousins.) Die maßgeblichen Politiker der Länder und ihre innen- wie außenpolitischen Grundsätze und Absichten – und deren Einschätzungen, ob das Risiko eines Krieges akzeptabel sei – spielten also durchaus eine wichtige Rolle. Ohnehin machten die Monarchen zu unterschiedlichen Zeiten unterschiedlichen Gebrauch von ihren Möglichkeiten: Während der britische König Georg V. seit seiner Thronbesteigung 1910 wenig Initiative zeigte, begann in jenen Jahren Zar Nikolaus II. auf die Außenpolitik seines Landes Einfluss zu nehmen, allerdings wenig zielgerichtet. Wilhelm II. schließlich beklagte sich intern, und durchaus nicht zu Unrecht, bei außenpolitischen Entscheidungen umgangen zu werden – was seine Regierung mit gutem Grund tat, weil der Kaiser mitunter irrlichterte. Der österreichische Kaiser Franz Joseph schließlich war ebenfalls nicht die treibende Kraft der Wiener Außenpolitik.

In den europäischen Hauptstädten kamen zu den Monarchen und maßgeblichen Ministern politische Parteiungen, die außenpolitisch bestimmte Richtungen vertraten, sowie die Diplomaten, die mitunter erstaunlichen Spielraum und Einfluss besaßen. Schon die Entscheidungsträger sind also nicht so genau auszumachen, hinzu kommen Wechsel in den Ämtern – in Paris gaben sich die Minister die Klinke geradezu in die Hand. Aber auch in Berlin und Sankt Petersburg wurde nicht immer dieselbe außenpolitische Linie verfolgt, zumal sich die Koordinaten verschoben, etwa durch Kriege und andere Konfrontationen. Ganz insgesamt gaben weder Politiker noch Diplomaten noch die gekrönten Häupter allzu viel darauf, den europäischen »Laden« zusammenzuhalten, sondern verfolgten vornehmlich Einzelinteressen.

Alles in allem bestimmte ein überaus komplexes Geflecht von Bedingungen die europäische Politik in den Jahren vor Kriegsausbruch. Keineswegs war es so, dass die europäischen Mächte ihre Politik allein nach Deutschland ausrichteten, weil sie es als Bedrohung ansahen. In England zum Beispiel gab es durchaus gewichtige Stimmen, die Russland als die eigentliche Bedrohung ausmachten und sich für eine Annäherung an das Deutsche Reich aussprachen. Als Kolonialmacht verstand man auf den Britischen Inseln Russland und Frankreich als die größeren Rivalen, selbst die deutsche Aufrüstung fiel da lange Zeit gar nicht so sehr ins Gewicht. Russland wiederum war uneins hinsichtlich seiner geopolitischen Ausrichtung: Die einen sahen Asien als wichtigsten Wirkungsraum, den anderen waren der

Schauplatz Balkan und das Ideal panslawischer Politik wichtiger. Selbst in Frankreich, wo die Rückgewinnung der 1870/71 an das eben gegründete Kaiserreich verlorenen Provinzen Elsass und Lothringen auf der Agenda ganz oben stand, gab es auch eine Fraktion für eine Annäherung an den östlichen Nachbarn. Der deutsche Drang zur Weltgeltung wurde ohnehin keineswegs überall grundsätzlich abgelehnt und die außenpolitischen Einlassungen des Kaisers nicht übermäßig hoch gehängt – da war der mediale Flurschaden oft größer als der politische. Überhaupt spielte Ostasien, wo das Kaiserreich China schwächelte und Japan aggressiv auftrat, eine wachsende Rolle für die europäische Politik. Zugleich zeichnete sich der Zerfall des mächtigen Osmanischen Reiches ab, was natürlich in vielen Hauptstädten Begehrlichkeiten weckte und Planungen für das Kommende nötig machte.

Aber nicht nur die Großmächte, auch die kleineren Staaten verfolgten ihre Interessen, zumal die jungen auf dem Balkan, insbesondere Rumänien, Bulgarien und Serbien. Daher war Bosnien-Herzegowina, dessen Annexion Wien 1908 für dauerhaft erklärt hatte, keineswegs ein Nebenschauplatz: Vor allem spekulierte Serbien auf den Zerfall der Donaumonarchie, um sich territorial bereichern zu können, was wiederum Russland als selbst ernannter Mentor der Südslawen nicht unberührt ließ. Destabilisierung zum Beispiel in Bosnien war für Belgrad eine verlockende Option, sodass die Frage, welche Rolle Serbien beim Attentat auf den österreichischen Thronfolger spielte, eigentlich nicht nur Wien hätte beschäftigen müssen. Aber das Attentat von Sarajevo war bereits der Funke, der die Lunte entzündete, die zwar noch vier Wochen brauchte, bis sie das Pulverfass erreicht hatte. Doch da sich niemand ernsthaft die Mühe machte, die glimmende Lunte rechtzeitig auszutreten, kam es zur Katastrophe.

Weil mit dem Ersten Weltkrieg das alte Europa unterging, neigt man gerne zur Meinung, die Welt davor sei einfacher zu durchschauen gewesen als die neue. Die Konstellationen europäischer Politik waren in den beiden Jahrzehnten aber im Gegenteil ausgesprochen undurchsichtig und so vielfältig, dass monokausale Herleitungen des Krieges nicht weit führen. Zuletzt hat der britische Historiker Christopher Clark auf breiter Quellenbasis untersucht, wie es zum Krieg kommen konnte. Er betitelte seine Studie *The Sleepwalkers*, weil die europäischen Staatsmänner eine ganze Weile lang ziemlich unverdrossen wie Schlafwandler auf dem Dachfirst balancierten, ohne den unter ihnen befindlichen Abgrund zu sehen oder sehen zu wollen. Als die Kämpfe schließlich begannen, fühlten sich alle Kriegsteilnehmer als Angegriffene.

Zarentochter Anastasia überlebte das Massaker an den Romanows – IRRTUM!

Am Abend des 17. Februar 1920 fischten Berliner Polizisten am heutigen Verteidigungsministerium in der Dunkelheit eine junge Frau aus dem Landwehrkanal. Sie hatte sich in offenbar selbstmörderischer Absicht von der Bendlerbrücke ins eiskalte Wasser gestürzt. Die Frau überlebte und schwieg fortan auf alle Fragen, die man ihr zu ihrer Herkunft stellte. Wochen später wurde sie in die städtische Irrenanstalt im Norden der Stadt eingeliefert, wo sie zwei Jahre blieb. Dort brachten eine Mitpatientin und Pfleger das Gerücht auf, die mysteriöse junge Dame sei keine der üblichen in der Großstadt Gestrandeten, sondern in Wahrheit eine der russischen Zarentöchter, genauer: die Jüngste von ihnen, Anastasia. Sie habe das Massaker an ihrer Familie überlebt und fliehen können.

Weltweit hatte die Ermordung der Zarenfamilie im Gefolge der Russischen Revolution für Aufsehen und Bestürzung, vielerorts aber auch für Befriedigung gesorgt. Das alsbald aufgekommene Gerücht, nicht alle Familienmitglieder seien erschossen worden, gab Zeitungen und Illustrierten Stoff für eine umfassende Berichterstattung, denn die Welt des Glamour war damals noch vornehmlich in den höchsten Adelskreisen zu Hause. Nach ihrer Entlassung aus der Irrenanstalt bezeichnete sich die verhinderte Selbstmörderin dann selbst als Zarentochter Anastasia und begann eine bemerkenswerte Karriere, die sie auf Adelssitze im In- und Ausland und bis in die USA brachte. Die Spekulationen und Diskussionen um die Frage, ob es sich wirklich um die Zarentochter handelte oder nicht, bewegten ganz Europa, und die Pressemedien nutzten den Fall zur Steigerung von Auflage und Profit. In allen Details wurde der Fall der Anastasia ausgebreitet, eine Phalanx an mehr oder weniger verlässlichen Zeugen und Gutachtern aufgeboten. Als willige Kollaborateure dienten die mittlerweile über ganz Europa verstreut lebenden Mitglieder des einst umfänglichen Hofstaates. Die Tatsache, dass die mutmaßliche Zarentochter nicht gewillt oder in der Lage war, Russisch zu sprechen, diagnostizierte man als Trauma infolge der dramatischen Ereignisse, ebenso die Lücken ihrer Erinnerung. Viele weitere Merkwürdigkeiten – dass sie beispielsweise das Kreuzzeichen in der Kirche wie eine Katholikin machte, nicht aber nach russisch-orthodoxem Brauch – fielen für ihre Fürsprecher naturgemäß wenig ins Gewicht. Eine umfassende Untersuchung aber, die weniger aufgrund des öffentlichen Interesses, sondern wegen erbschaftsrechtlicher Fragen durchgeführt wurde, ergab schließlich 1927, dass es sich bei der Dame nicht um die russische Prinzessin, sondern um die polnische Arbeiterin Franziska Schanzkowski handelte.

Der Faszination am Fall der angeblichen Zarentochter tat das jedoch keinen Abbruch. Sie erfuhr weiterhin Unterstützung wichtiger Adeliger, wenn auch nicht der maßgeblichen Romanow-Verwandtschaft, die das Ganze 1928 rundheraus als, wenn auch wünschenswertes, Märchen bezeichnete. Immer wieder wurde die Angelegenheit untersucht, bis Ende der Sechzigerjahre, als »Fräulein Unbekannt« bereits in die USA übergesiedelt war. In Virginia starb die angebliche letzte Zarentochter 1984 als Anna Manahan, begraben wurde sie am Chiemsee in Oberbayern.

Auch Hollywood blieb von der anrührenden Geschichte nicht unberührt, am bekanntesten ist die Verfilmung von 1956 mit Ingrid Bergman in der Titelrolle, die dafür einen Oscar erhielt. Diese Franziska Schanzkowski alias Anna Tschaikowski alias Anderson alias Manahan alias Anastasia Romanow sollte nicht die Einzige bleiben, die behauptete, die letzte Zarentochter zu sein – neben der Berühmtheit winkte da ja auch die Aussicht auf ein einträgliches Erbe. Kein Wunder also, dass überall in Europa angebliche Überlebende der verschiedenen Massaker an Mitgliedern der Familie Romanow wie Pilze aus dem Boden schossen. Im Ganzen gab es rund ein Dutzend Wiedergängerinnen der russischen Prinzessin, unter denen die Berliner Anastasia die bekannteste blieb. Was aber hat es mit der Geschichte der Zarentochter Anastasia wirklich auf sich?

Nach der russischen Februarrevolution 1917 hatte Nikolaus II. am 15. März abgedankt und stand fortan mit seiner Familie unter Hausarrest im Alexanderpalast von Zarskoje Selo bei Sankt Petersburg, bevor man sie im August nach Tobolsk in Westsibirien deportierte. Nach der Oktoberrevolution, die die Bolschewiki an die Macht brachte, erfolgte ihre Verbringung nach Jekaterinburg am Uralgebirge, Hochburg der Bolschewiken. Sicherheitsfragen waren ausschlaggebend: jedoch nicht die Sicherheit der Zarenfamilie, sondern Vorkehrungen gegen ihre Befreiung. Die Romanows wurden in der Villa des Händlers Ipatjew interniert, die man mit hohen Zäunen umgab und streng bewachte. Vier Räume wurden ihnen dort zur Verfügung gestellt, das Gebäude betitelt als »Haus zur besonderen Verwendung«. Dort lebten nun, zusammen mit dem arg verkleinerten Hofstaat und unter denkbar ungewohnten Umständen, Nikolaus, seine Frau und die fünf Kinder: der vierzehnjährige ehemalige Thronfolger Alexej und seine vier Schwestern Olga, Tatjana, Maria und Anastasia. Das jüngste der Mädchen, die siebzehnjährige Anastasia, war ein wenig fülliger als die Schwestern, galt als eigensinnig und nicht übermäßig lernfreudig.

Die Sowjetregierung in Moskau war zunächst unentschieden, was das weitere Schicksal der Festgesetzten betraf. In den Zeitungen kursierten immer wieder Gerüchte, die Zarenfamilie sei bereits ermordet worden. Zweieinhalb Monate nach der Ankunft der Romanows in Jekaterinburg wurde beschlossen, kein Gerichtsverfahren gegen Nikolaus anzustrengen, sondern mit der gesamten Familie kurzen Prozess zu machen. Ob diese Entscheidung in Moskau fiel oder von den besonders radikalen Bolschewiki Jekaterinburgs getroffen wurde, ist umstritten. Angesichts innenpolitischer Probleme und außenpolitischer Bedrohung mag die Moskauer Führung sich entschieden haben, ein kraftvolles Zeichen der Initiative zu setzen. Was Jekaterinburg betraf, so stand zu befürchten, dass es in absehbarer Zeit von antibolschewistischen Truppen erobert werden würde, denen Nikolaus keinesfalls in die Hände fallen sollte – man fürchtete offenbar den starken Symbolcharakter einer solchen Befreiung der Zarenfamilie.

Jakow Jurowski, Kommissar der lokalen Geheimpolizei, Mitglied des Exekutivrats des Sowjets des Uralgebiets und Befehlshaber im »Haus zur besonderen Verwendung«, wurde zum Kommandeur des Erschießungskommandos und schrieb später einen Bericht darüber. Danach wurden Nikolaus, seine Frau Alexandra Fjodorowna, ihre fünf Kinder sowie vier enge Vertraute in der Nacht zum 17. Juli 1918 in den Keller des Hauses gebracht, angeblich zu ihrem Schutz, weil es in der Stadt unruhig zu werden drohte. Der Befehl zur Exekution ging laut Jurowski am 16. Juli frühmorgens telegraphisch aus Perm ein. Ob darüber hinaus der Befehl direkt vom Obersten Sowjet in Moskau kam, ist umstritten und lässt sich nicht mehr abschließend klären. Auch wenn immer wieder behauptet wird, Lenin höchstselbst habe diese Anweisung gegeben – und das sehr gut möglich ist –, so fehlt doch ein eindeutiger Beweis.

Dass sie umgebracht werden sollten, erfuhren die Romanows nur Sekunden bevor das Feuer eröffnet wurde. Die Erschießung war zwar gut vorbereitet und jeder der Schützen hatte genauen Befehl, wen er zur Strecke bringen sollte. Der Regierung war daran gelegen, die Sache rasch über die Bühne zu bekommen, aber das gelang nicht recht. »Alexej, drei seiner Schwestern und Botkin (der Leibarzt der Familie, der freiwillig bei ihnen geblieben war) lebten noch. Sie mussten aus nächster Nähe erschossen werden.« Wie Jurowski weiter berichtet, wurde es ein grausames Gemetzel, in dem auch Bajonette zum Einsatz kamen, die ihre liebe Mühe hatten mit den Korsagen, in die Edelsteine eingenäht waren. Die Leichen wurden zunächst in den Schacht eines aufgelassenen Bergwerks bei dem Dorf Koptiaki nordöstlich von Jekaterinburg gebracht, tags darauf jedoch geborgen. Zwei Leichen wurden verbrannt, die anderen, mit Schwefelsäure unkenntlich gemacht, im Waldboden vergraben.

Im Moskauer Rat der Volkskommissare unter Lenins Leitung war die Nachricht aus Jekaterinburg am Abend des 18. Juli nur eine kurze Unterbrechung wert, bevor man sich wieder einem neuen Gesundheitsgesetz zuwandte. Am 20. Juli wurde die Erschießung des Zaren, nicht aber der gesamten Familie, offiziell bekannt gegeben. Zarin und Kronprinz seien an einen sicheren Ort gebracht worden, hieß es da, während die vier Töchter nicht einmal erwähnt wurden. Das geschah vermutlich mit Rücksicht auf das Ausland, insbesondere des Deutschen Reiches, da die Zarin eine gebürtige Prinzessin von Hessen-Darmstadt war. Diese Desinformation und weitere Umstände ließen über Jahrzehnte Raum für Spekulationen und Gerüchte aller Art.

Prompt wurde Alexandra von verschiedenen Zeugen gesehen, auch zusammen mit ihren Kindern. Besonders beliebt aber war die Geschichte einer verletzten und verwirrten jungen Frau, die sich als Zarentochter bezeichnete. Mal war sie ihren Mördern entkommen, weil der eingenähte Schmuck sie geschützt hatte und sie beim Transport der Leichen in den Wald hatte fliehen können, mal hatte sie vor der Hinrichtung aus der Villa Ipatjew fliehen können, mal war sie auf der Zugfahrt nach Perm entwischt. Als Jekaterinburg eine Woche nach den Ereignissen in die Hände der Gegenrevolutionäre geriet und der Fall Nikolaus amtlich untersucht wurde, ließen die Berichte die Möglichkeit offen, dass allein der Zar und möglicherweise sein Sohn getötet, die Frauen der Familie aber verschont worden waren. Und die Information, zwei der Leichen seien verbrannt worden, bot ebenfalls Raum für Spekulationen: Hatte Jurowski damit erklären wollen, wieso das Grab nicht alle Leichen enthielt? Waren also tatsächlich zwei der Opfer gar nicht tot, waren geflohen, weshalb der Kommandeur des Erschießungskommandos aus Verlegenheit behauptet hatte, die fehlenden Leichen seien verbrannt worden?

Einstweilen ging der Untergang der Romanows weiter. Großfürst Michail, den jüngeren Bruder des Zaren, hatte man zusammen mit seinem britischen Sekretär bereits im Juni in der Nähe von Perm im Ural erschossen, tags darauf einige seiner Vertrauten sowie Zeugen. Am Tag nach der Ermordung der Zarenfamilie waren in Alapajewsk nahe Jekaterinburg weitere Romanows an der Reihe sowie Ende Januar 1919 in Petrograd, wie Sankt Petersburg nunmehr hieß, vier Großfürsten. Im Ganzen fielen der Ermordung durch die Bolschewiki achtzehn Mitglieder der vormaligen Herrscherfamilie zum Opfer.

Sich zur Zeit der Sowjetunion mit dem Schicksal der Zarenfamilie zu befassen oder sich gar auf die Suche nach den Gräbern zu machen war kaum ratsam. Das Ipatjew-Haus wurde Ende der Siebzigerjahre abgerissen – wie es hieß, habe es nur geringe historische Bedeutung. Heute befindet sich dort die Kathedrale auf dem Blut, eine Wallfahrtskirche für Anhänger der Monarchie. Ein Museum erinnert an die Zarenfamilie, die von der russisch-orthodoxen Kirche im Jahr 2000 heiliggesprochen wurde.

Das Grab mit den neun Leichen wurde erst 1991, ein halbes Jahr vor dem Ende der Sowjetunion, geborgen und untersucht. Mit Hilfe von DNA-Proben von Verwandten konnten die Identitäten des Zaren, seiner Frau und drei seiner vier Töchter zweifelsfrei festgestellt werden. Dass zwei der Toten fehlten, gab alten Gerüchten neue Nahrung: nämlich dass zwei Romanows das Gemetzel wegen des eingenähten Schmucks überlebt hatten und geflohen waren. Erst im August 2007 entdeckte man ein weiteres Grab mit den Überresten zweier weitgehend verbrannter Leichen, die 2008 von verschiedenen Instituten für Gerichtsmedizin zweifelsfrei als die Überreste des Thronfolgers Alexej und seiner Schwester Maria identifiziert wurden. Auch die sterblichen Überreste der vermeintlichen Anastasia aus dem Berliner Landwehrkanal wurden übrigens untersucht: Eindeutig konnte per DNA-Analyse festgestellt werden, dass Anna Anderson keine geborene Romanow war, sondern Franziska Schanzkowski aus Pommern.

Ernst Thälmann war ein würdiger Held der Arbeiterklasse – IRRTUM!

Ernst Thälmann ist im Deutschland des frühen 21. Jahrhunderts noch immer ein höchst präsenter Mann. Zumindest auf dem Gebiet der früheren DDR tragen Straßen und Plätze vieler Städte und Gemeinden weiterhin seinen Namen, in Berlin steht noch immer das riesige Bronzedenkmal Lew Kerbels, das dem Namenspatron eines Vorzeige-Wohnbauprojekts im Osten der Stadt gewidmet wurde. Allerdings gibt es heute weder die vielen Thälmann-Gedenkstätten wie zu Lebzeiten der DDR, noch erhält der Mann das Maß an Aufmerksamkeit, das er im sozialistischen Deutschland genoss, als blutjunge Thälmann-Pioniere fröhlich marschierten und der Satz des dänischen Dichters Andersen Nexö noch etwas galt: »Keinem zweiten Opfer der Bestialität klopfen die breiten Herzen der breiten Schichten derart mit Liebe entgegen wie ihm.«

Als brennender Kommunist und KPD-Vorsitzender war der gebürtige Hamburger Ernst Thälmann unermüdlicher Kämpfer für die kommunistische Sache und gegen die Nationalsozialisten, deren Opfer er schließlich 1944 im KZ Buchenwald wurde. In der DDR wurde er als strahlender Held der Arbeiterklasse und leuchtendes Vorbild für die junge Generation regelrecht vermarktet und bedenkenlos vereinnahmt. Noch Ende der Achtzigerjahre befand Staats- und Parteichef Erich Honecker, das sozialistische Deutschland habe Thälmanns Vermächtnis erfüllt. Für den Kult ihres wichtigsten Helden trieb die DDR erheblichen Aufwand, neun Biographien erschienen in den vier Jahrzehnten ihres Bestehens, ein heroisches Filmepos in zwei Teilen kam hinzu. Thälmann tritt daraus als nobler Arbeiter hervor, der im Dienste der Wahrheit gegen seine Gegner streitet, stets um das Beste bemüht und im Falle eines falschen Weges in der Lage, den Fehler rechtzeitig zu erkennen und umzukehren. Schulkinder merkten sich, dass der Mann schon als Halbwüchsiger eine edle Gesinnung erkennen lässt, wenn er hungrigen Kameraden seine Pausenbrote gibt. Ihn kennzeichnet, was den idealen Kommunisten ausmacht: proletarische Herkunft, Arbeiter mit Verstand, ideologisch unbeirrbar und der Sache treu bis in den Tod. Doch während die biographischen Eckdaten ideal sind, müssen viele Details passend gemacht werden.

Die proletarische Vita Ernst Thälmanns ist zweifellos ohne Makel. 1886 in Altona geboren, arbeitet der Sohn eines Gastwirts und Kolonialwarenhändlers als Kutscher, Hafenarbeiter, Transport- und Landarbeiter. Aber die Fälschungen einiger Biographen begannen schon beim Elternhaus, das zwar proletarisch war, aber keineswegs sozialistisch. Auch Thälmanns Engagement kurz vor Ausbruch des Ersten Weltkriegs gegen den drohenden Waffengang gerät nicht so strahlend wie später dargestellt, und nicht einmal die eigenen Anhänger lassen sich davon beeindrucken – die Kriegsbegeisterung hat alle Schichten ergriffen. Nicht recht zusammen passen auch die verschiedenen soldatischen Auszeichnungen zu seinem angeblichen Widerstand gegen den verhassten »Krieg der Reichen« noch an vorderster Front. Zwar gibt es Hinweise auf soldatische Bummelei, jedoch nicht, wie später behauptet, auf Agitation bei den Kameraden; wohl aber verlässt Thälmann die Truppe im selben Rang eines Gefreiten, in dem er Anfang 1915 eingezogen wurde. Nach dem Krieg tritt er den Unabhängigen Sozialdemokraten (USPD) bei, einer Parteineugründung ehemaliger SPD-Mitglieder. Rasch steigt er nach der Vereinigung von USPD und KPD in der Partei auf, bis er 1924 Reichstagsabgeordneter und 1925 KPD-Vorsitzender wird sowie mehrmaliger Kandidat für das Amt des Reichspräsidenten. In seinen Parteiämtern setzt er sich für eine enge Gefolgschaft zu Moskau und der Kommunistischen Internationale (Komintern) ein. Kurz nach dem Reichstagsbrand 1933 verhaftet, sitzt er zwölf Jahre in Einzelhaft in Berlin, Hannover und Bautzen, bevor er ins KZ Buchenwald kommt, wo er ein Jahr vor Kriegsende auf persönlichen Befehl Hitlers ermordet wird.

Die offiziöse Sicht der DDR-Propaganda auf den populären Arbeiterführer bestand keineswegs nur darin, Elemente aus seinem Leben zu überhöhen, um über ein taugliches Vorbild für kommende Generationen zu verfügen. Damit man ein überzeugendes Heldenbild ohne Makel erhielt, wurde zudem nicht nur manches unterschlagen, sondern sogar glatt gefälscht. Das betrifft insbesondere Thälmanns Rolle im missratenen Hamburger Aufstand 1923. Voll revolutionärer Gesinnung hatte er bei Besuchen in Moskau die dortige KP-Führung und die Komintern in ihrer Hoffnung auf einen baldigen »roten Oktober« im von Reparationswirtschaft und Inflation schwer gebeutelten Deutschen Reich bestärkt. Die Sowjetunion hoffte auf Deutschland als nächstes schwaches Glied in der Kette fallender Regime, die Wirklichkeit jedoch entsprach diesem Wunschdenken ganz und gar nicht.

Es ist schwer, in nicht revolutionärer Zeit Revolutionär sein zu wollen – Thälmann gehörte zu denen, die kurzerhand die Zeit zu einer revolutionären erklären. Wie Moskau gab er sich der Hoffnung hin, ein kommunistischer Umsturz in seinem Heimatland werde endlich die ersehnte Weltrevolution entfesseln. Eine deutschlandweite Erhebung wurde anberaumt, dann vertagt – und schließlich wegen mangelnder Erfolgaussichten abgesagt. In Hamburg jedoch begann dessen ungeachtet im Oktober 1923 der bewaffnete Aufstand und endete desaströs: Dilettantisch vorbereitet und unzureichend bewaffnet, dauerte er kaum einen Tag und brach am dritten Abend komplett zusammen. Auf die große Mehrheit der Hamburger Arbeiterschaft wirkte er eben nicht ansteckend – hatte aber Hunderte Menschen das Leben gekostet. Die Verantwortung dafür trug Ernst Thälmann. Er hatte vom Beschluss der KPD gewusst, die Revolution in Deutschland einstweilen doch noch nicht anzustoßen. Ihm aber, Revolutionär um jeden Preis, war der eigene Ruhm wichtiger als das Schicksal derer, die er zum Losschlagen anstachelte. Hätte er das Ohr so nah an der Arbeiterschaft gehabt, wie er selbst und die Legende behaupteten, hätte er die Sache noch rechtzeitig abblasen müssen, um Blutvergießen zu vermeiden. Stattdessen ließ er die wackeren Kämpfer im Glauben, die Arbeiter der anderen deutschen Städte würden ebenso losschlagen wie sie, was die Aussichten auf revolutionären Erfolg natürlich in bedeutend besserem Licht erscheinen ließ und daher unverzichtbar zur Motivation war.

Die offizielle DDR-Legende stellte die Sachlage anders dar: Ihr zufolge wurden die Hamburger Genossen kalt erwischt, da sie von dem wichtigen Beschluss der KP-Führung gar keine Kenntnis erlangt hatten. Die DDR-Historiographie zeichnete überdies das Bild des unbeirrbaren Anführers, dessen Mut und Geschick es zu verdanken gewesen sei, dass ein heldenhafter Kern von 200 Männern trotz übermächtiger Polizei noch erfolgreich standhalten konnte, als der übrige Aufstand zu Ende war. Nur war Thälmann gar nicht der militärische Leiter des Aufstands, überhaupt nahm er bei den eigentlichen Kämpfen gar keine so zentrale Rolle ein, dass die Hamburger Staatsanwaltschaft ihn explizit deswegen hätte verfolgen können. Für eine Anklage musste man sich mit anderen Vorwürfen behelfen.

Mit Moskauer Hilfe wurde Thälmann 1925 Vorsitzender der KPD und sollte zu einem den großen russischen Kommunisten ebenbürtigen Führer aufgebaut werden. Man traute ihm mehr als den intellektuellen Kommunisten, die zu einem eigenen Kopf neigten und sich weniger gut von der Komintern-Zentrale aus lenken ließen. Ein echter Proletarier und moskautreuer Parteisoldat war das, was den Sowjetgenossen am besten schien, um in Deutschland den Boden für einen Umsturz zu bereiten. Für das DDR-Heldenbild bedeutete das, Thälmann als denjenigen Kommunistenführer zu stilisieren, der frühzeitig wusste, dass nur der Weg an der Seite Moskaus zum Erfolg führen konnte. Allerdings erwies sich die enge Bindung an Moskau und die Gleichsetzung von NSDAP und SPD, die Thälmann als Zwillinge bezeichnete, als Hauptgegner, als fatale Schwächung im Abwehrkampf gegen den Nationalsozialismus.

Eine überaus unrühmliche Figur gab Thälmann 1928 in

einer KPD-Parteiaffäre ab. Einen persönlichen Vertrauten aus Hamburg, der Parteigelder veruntreut hatte, um sich einen besseren Lebensstil zu gönnen, hielt Thälmann im Amt, bis es nicht mehr ging und das Zentralkomitee den Genossen ausschloss. Dann stolperte der Vorsitzende selbst über die Sache, Moskau aber wollte auf Thälmann als treuen Statthalter in Deutschland nicht verzichten und befahl dessen Wiedereinsetzung in alle Ämter. Nach offizieller Lesart war der wackere Kämpfer, der nur im Sinn gehabt habe, das Wohl der Partei nicht zu gefährden, das Opfer einer Intrige geworden – ein weiterer Mosaikstein der Thälmann-Legende. Der solcherart direkt von Stalin protegierte Funktionär konnte sich seiner Macht in der Partei nunmehr sicherer sein denn je, was er die Genossen auch spüren ließ. Unerbittlich setzte er seine Linie gegen alles »Versöhnlerische« durch und schürte Cliquenbildung und Hahnenkämpfe, wenn sie ihm nützten. Nach sowjetischem Vorbild wurde ein Personenkult um Thälmann in Szene gesetzt und »unser Teddy« in der Parteipresse als »unser Führer« hochgelobt. Das kam nicht nur der Partei zugute, die dem Führerkult um Hitler etwas entgegensetzen wollte, sondern auch dem Gefeierten, der zunehmend selbstherrlicher wurde. Dem Bild vom noblen Arbeiterführer entsprach das allerdings nicht.

Die Ausformung des Thälmann-Kultes in der DDR spiegelte stets die Erfordernisse der Tagespolitik und jeweiligen ideologischen Schwerpunktsetzung wider, und so war Thälmanns unkritische Bewunderung für Stalin beispielsweise naturgemäß kein Thema mehr, nachdem der sowjetische Diktator – mit einiger Verzögerung zu den sozialistischen Bruderstaaten – auch in der DDR posthum in Ungnade gefallen war. Übrigens hatte Stalin für den deutschen Gefolgsmann in NS-Gefangenschaft keinen Finger gerührt: Thälmann hoffte nach Abschluss des deutsch-sowjetischen Nichtangriffspakts 1939 vergeblich auf eine Moskauer Intervention zu seinen Gunsten.

Nach dem Machtwechsel von Walter Ulbricht zu Erich

Honecker 1971 erstarrte mit der Neuausrichtung staatlicher Geschichtsauffassung die offizielle Sicht auf die Figur Ernst Thälmann in Glorifizierung. Die Geschichte der KPD wurde, unter Verzicht auf eine eingehende Darstellung anderer Funktionäre und unterschiedlicher Meinungen und Strömungen innerhalb der Partei, nunmehr ganz auf Thälmann zugeschnitten. Unter seiner Parteiführung seit 1925 seien die deutschen Kommunisten endlich ganz und unumkehrbar auf den einzig richtigen, nämlich bolschewistischen Kurs der Moskauer Genossen eingeschwenkt. Dass die Abwehr des Faschismus dennoch gescheitert war, wurde ohne jede Selbstkritik allein der Sozialdemokratie angelastet. Honecker forcierte, dass das Standbild des Arbeiterführers Thälmann aufpoliert wurde, bis kein Makel mehr an ihm haftete. 1979 erschien eine neue Biographie, in der der Parteichef und seine Linie als unfehlbar dargestellt, die unterschiedlichen Strömungen im deutschen Kommunismus hingegen weitgehend ausgeblendet wurden. Die Vorbildfunktion des sowjetischen Kurses für die KPD bzw. deren Nachfolgerin SED wurde erst mit der Reformpolitik Gorbatschows wieder kritikwürdig – als Honecker im Festhalten am Gewohnten die Moskauhörigkeit notgedrungen aufgab.

Trotz aller Heldenstarre entwickelte der Kult um Ernst Thälmann in der DDR ein bemerkenswertes Eigenleben: In bewusster Umgestaltung der offiziellen Legende, aber unter Festhalten an deren akzeptablen Elementen widmeten vom eigenen Staat enttäuschte Genossen den Kult kurzerhand um. Der aufrechte Arbeiterführer wurde zur Projektionsfläche für politische Sehnsüchte, die die DDR nicht erfüllte. Selbst Wolf Biermann dichtete: »Mir träumte von Teddy Thälmann die Nacht einen schönen Traum …«

Die deutschen Karnevalisten widerstanden dem Naziregime IRRTUM!

Gleichzeitig Instrument zur Durchsetzung und Ausdruck der totalen NS-Herrschaft im Inneren war die Gleichschaltung des gesamten öffentlichen Lebens, die nach Regierungsübernahme, Reichstagsbrand (der 1933 ausgerechnet in der Rosenmontagsnacht stattfand) und »Ermächtigungsgesetz« rücksichtslos durchgesetzt wurde. Aus wichtigen oder exponierten Positionen in Kultur und Verwaltung wurden Unliebsame und »Nicht-Arier« nach und nach entfernt, Vereine, Gewerkschaften und andere Organisationen – Voraussetzungen einer lebendigen pluralistischen und streitbaren Gesellschaft – wurden verboten oder unter nationalsozialistischen Vorzeichen neu aufgestellt. In jedem Bereich des gesellschaftlichen Lebens bis weit ins Private hinein sollte der Triumph der hitlerschen Ideologie unübersehbar das Ruder übernehmen. Diese Gleichschaltung war ungeheuer erfolgreich und unabdingbar für den Erfolg der Diktatur.

Aber reichte der braune Arm wirklich bis in jeden Bereich des gesellschaftlichen Lebens, bis in den letzten Winkel der Gesellschaft? Es war schwer, sich ihm zu entziehen, und die übergroße Zahl der Deutschen ließ sich willig blenden und machte mit. Wer sich einen eigenen Kopf bewahrte, aber nicht auswandern konnte oder wollte, der begab sich in die sogenannte innere Emigration. Nur sehr wenige entschieden sich für den aufrechten Gang, weil der lebensbedrohlich war. Zu diesen Aufrechten, die mit Witz widerstanden und sich eine gewisse Narrenfreiheit erlaubten, gehören nach landläufiger Ansicht die deutschen Karnevalisten.

Der deutsche Karneval hat seine Hochburgen am Rhein, in München, im Alemannischen und im Thüringischen. Er gehört zum ältesten Brauchtum, auch wenn mögliche heidnische oder römische Wurzeln nicht mehr nachzuweisen sind. Im Mittelalter half die Fastnacht, die überaus streng reglementierte christliche Fastenzeit zwischen Aschermittwoch und Karfreitag zu ertragen, indem direkt vorher Festschmaus und anarchisches Treiben toleriert, ja regelrecht institutionalisiert wurden – dazu gehörte viel Lärm, mit dem man den dunklen Winter effektvoll vertreiben wollte. Mehr als ohnehin nutzte man die Freiheiten, um sich über die »Pfaffen« lustig zu machen, unter denen man so oft zu leiden hatte. Da war es doch eine feine Sache, sich unter einer Mönchskutte zu verstecken und aktiv das zu betreiben, was man den Kirchenleuten nicht immer zu Unrecht unterstellte: dass sie unter dem Deckmantel der Keuschheit nach Kräften Unzucht trieben. Das Verkleiden war auch deshalb beliebt, weil das Mittelalter ansonsten strenge Kleiderordnungen kannte, damit jedes Menschen Rang und Wertigkeit sogleich erkennbar waren.

Traditionell regnen bei den Kappensitzungen und den Karnevalsumzügen alljährlich nicht nur Bonbons und Konfetti auf die Festgemeinde, ebenso wird gegen die Mächtigen ordentlich gekübelt. Narrenfreiheit bedeutet, dass ausnahmsweise einmal Spott und Kritik erlaubt werden, die sonst unstatthaft oder verboten sind. In früheren Jahrhunderten waren kirchliche und weltliche Fürsten, in den Bistümern Mainz und Köln ohnehin in Personalunion, Zielscheibe der munteren Verunglimpfungen. Bis ungefähr zur Mitte des 19. Jahrhunderts kamen obrigkeitskritische Töne am gestrengen Preußenregiment noch häufiger vor, so noch in den Revolutionszeiten 1848/49, dann aber ergriff der nationale Taumel im preußisch-militaristischen Gewand im Gefolge der Einigungskriege und schließlich der Reichsgründung auch die Narren. Treu für Kaiser und Reich rühmte man um die Jahrhundertwende zum Karneval auch das Gemetzel deutscher Truppen bei der Niederschlagung des Boxeraufstandes in China.

Auch die Nazis suchten die Nähe zum deutschen Karneval, den sie massiv förderten. Als Massenereignis war er für die Inszenierung unter NS-Vorzeichen bestens geeignet. Gauleiter und die Propagandaabteilungen der NSDAP kümmerten sich überall im Reich darum, der Partei gestaltenden Einfluss auf das Karnevalsgeschehen zu ermöglichen. Mitte der 1930er-Jahre nahm sich die allseits präsente, riesige staatliche Freizeitorganisation KdF (Kraft durch Freude) des Karnevals an. Nach und nach wurden die jüdischen Karnevalisten auf der Grundlage der Nürnberger Rassengesetze von 1935 aus den Vereinen verdrängt.

Besonders gut gelang die Vereinnahmung, wenig erstaunlich, in der »Stadt der Bewegung« München. In Köln kam es hingegen 1935 zur sogenannten »Narrenrevolte«, als die örtlichen Vereine gegen die Gründung eines zentralen »Vereins Kölner Karneval« unter NS-Regie aufbegehrten – dass sie sich durchsetzen konnten, lag nicht zuletzt am wohlkalkulierten Schweigen des NSDAP-Gauleiters Grohé, dem die Sache gelegen kam, konnte er so doch seine eigene Stellung in der Domstadt stärken. Einen politischen Hintergrund hatte diese Revolte aber keineswegs, und der Widerstand der Jecken gegen die Gleichschaltung dient ebenso wenig als geeigneter Nachweis einer NS-kritischen Haltung wie sonstige Reibereien zwischen Parteiorganisationen und Karnevalsvereinen. Überhaupt waren die Kölner erstaunlich duldsam: Selbst den Ersatz der traditionell männlichen Funkenmariechen und der »Jungfrau« durch echte Frauen nahmen sie 1938 hin. Die Partei wollte keinen Mann in Frauenkleidern mehr dulden, schließlich verfrachtete man Transvestiten und Homosexuelle ins KZ. Nach dem Krieg wurde nur die »Jungfrau« wieder von einem Mann dargestellt, die tanzenden Garnisonstöchter hingegen blieben biologisch weiblich – zum Ergötzen der männlichen Karnevalsgemeinde.

Immerhin erst 1937 aber konnte das bunte Treiben mit Hilfe des neu gegründeten »Bundes Deutscher Karneval« zur Gänze im Sinne des Regimes beeinflusst werden. Nunmehr wurde strikt darauf geachtet, dass die Jecken nicht etwa unter das »Heimtückegesetz« zu fallen drohten: Die kurz nach der Machtübernahme erlassene »Verordnung zur Abwehr heimtückischer Angriffe gegen die Regierung der Nationalen Erhebung« sollte Schaden von Führer und Staat abwenden. Bei den Umzügen war strenge Rücksicht auf die Würde der staatlichen Institutionen und Würdenträger zu nehmen, NS-Uniformen durften auf Faschingsveranstaltungen nicht getragen werden – und vor allem hatten Regierungs- und Parteikritik zu unterbleiben. Erlaubt war hingegen alles, was den politischen Gegner im In- und Ausland durch den Schmutz zog. Und an diese staatstragenden Vorgaben hielten sich die Karnevalisten ganz überwiegend. Dass die unverfrorene Vereinnahmung des Karnevals durch die Nationalsozialisten keineswegs als eine Art feindlicher Übernahme betrachtet wurde, belegt insgesamt der ungeheure Aufschwung, den er in den Dreißigerjahren erlebte.

Eigentlich ist es nicht weiter verwunderlich, dass dieser gesellschaftliche Bereich nicht mehr Freiheitsbeharren an den Tag legte als alle anderen: Wie sich die Deutschen insgesamt mal widerwillig, mal enthusiastisch vom Regime und seiner Ideologie vereinnahmen ließen, setzten auch die deutschen Karnevalisten dem NS-Staat wenig Widerstand entgegen, ja sie ließen sich großenteils instrumentalisieren. Dem kam entgegen, dass sie von der »Zugewandtheit« des Regimes in nicht geringem Maße profitierten. Ohnehin dominierte längst der bürgerliche Mittelstand den deutschen Karnevalismus und prägte ihm seine duldende bis euphorische Haltung dem Regime gegenüber auf. Zudem hatten die Gewerbetreibenden der Karnevalshochburgen, die vom wachsenden Tourismus profitierten, wenig Probleme mit dem staatlichen Zugriff auf ein einstmals eher anarchisches Fest.

Spott und Häme der Karnevalisten erging nunmehr gegen als feindlich angesehene Nationen und deren Politiker, gegen die UNO-Vorläuferorganisation Völkerbund, aus der das Deutsche Reich 1933 mit viel Getöse ausgetreten war, gegen den vorgeblich degenerierten russischen Bären, den französischen »Erbfeind« und »Kriegstreiber« sowie die britische Kolonialmacht, gegen die angebliche jüdische Weltverschwörung im Allgemeinen oder als »jüdisch« identifizierte Politiker wie den New Yorker Bürgermeister LaGuardia im Besonderen. Die Juden im In- und Ausland wurden ganz allgemein zum beliebten Objekt von Büttenreden und Karikaturen, ganze Säle johlten antisemitische Gassenhauer, auf Umzugswagen wurden die »letzten Auswanderer« gen Palästina verunglimpfend verabschiedet. In Nürnberg gröhlte die Menge, als 1938 auf einem Wagen die Figur eines am Galgen baumelnden Juden vorbeigezogen wurde.

Immerhin: Vollständig gleichschalten ließen sich Narren und Jecken vom NS-Staat nicht. Widerstand durch Karneval stellte allerdings eine sehr vereinzelte Art der Opposition gegen das Regime dar. Es gab beispielsweise im gesamten Kölner Jeckenkreis in Karl Küpper nur einen einzigen unerschrockenen Karnevalisten, der 1939 denn auch mit lebenslangem Redeverbot bestraft wurde: weil er den Hitlergruß verhöhnte. Der Düsseldorfer Karneval kann sich eines Mannes rühmen, der nicht zuletzt aufgrund seiner Tätigkeit während der närrischen Tage von der Partei schlecht gelitten war und 1943 wegen defätistischer Äußerungen von Volksgerichtshofpräsident Freisler höchstselbst zum Tode verurteilt wurde. Mit solchen Kronzeugen versuchte der Karneval, sich nach dem Ende des NS-Regimes als möglichst nazifern darzustellen. In Köln kam begünstigend hinzu, dass der einst von den Nazis geschasste Oberbürgermeister und spätere Bundeskanzler Adenauer seiner Stadt den Freibrief ausstellte, weitgehend anständig geblieben zu sein. Man schwieg über das Schlimme und betonte das Wenige, was man an Eigenständigem und Aufmüpfigem über die »dunklen Jahre« bewahrt hatte. Im Schönfärben der jüngsten Vergangenheit erwies sich mancher Karnevalist als ebenso kreativ wie beim Verfassen seiner Büttenrede.

Mit größerem Abstand hat sich die Sicht auf die eigene Vergangenheit aber auch unter den Jecken verbessert. In jüngerer Zeit erschienene Bücher zur Geschichte des Karnevals sparen die Nazizeit zumeist nicht mehr aus oder gehen nonchalant darüber hinweg, auch wenn sich die Chroniken der Karnevalsgesellschaften da noch etwas schwertun. In einer

WDR-Dokumentation zum Thema aus dem Jahr 2008 erklärte aber der Kölner Karnevalist Markus Ritterbach: »Man muss sich wirklich schämen, wenn man sieht, was in der NS-Zeit etwa im Kölner Rosenmontagszug den Leuten präsentiert wurde.«

Die Deutschen verübten das Massaker von Katyn – IRRTUM!

Im Krieg bleibt als Erstes die Wahrheit auf der Strecke. Diese uralte Strategenweisheit hat sich für die polnische Geschichte mehrfach und auf bis heute wirkmächtige Weise fatal bewahrheitet. Ein tragisches Beispiel dafür ist das Massaker von Katyn zu Anfang des Zweiten Weltkriegs, dessen Tote jahrzehntelang als Opfer Nazideutschlands galten, obwohl in diesem Fall die Deutschen tatsächlich unschuldig waren.

Das kleine Dorf Katyn liegt ganz im Westen Russlands, in der Oblast Smolensk unweit des Dnjepr und an der Bahnstrecke Moskau–Minsk. In einem Wald außerhalb des Ortes wurden zwischen dem 5. April und 12. Mai 1940 4421 Menschen ermordet: polnische Offiziere, jeder mit einem Schuss in den Hinterkopf hingerichtet. Die Kugeln stammten aus deutschen Pistolen.

Als Hitler mit dem Überfall Polens im September 1939 den Zweiten Weltkrieg begann, konnte er darauf rechnen, dass Stalin ihn gewähren lassen würde, denn kurz zuvor hatten Moskau und Berlin den berüchtigten Nichtangriffspakt geschlossen. Dieser Vertrag enthielt ein geheimes Zusatzprotokoll, in dem sich die beiden Diktatoren über ihre jeweiligen Einflusssphären in Europa verständigten. Deren Grenze verlief mitten durch Polen, das damit zur Disposition stand. Nach Kriegsbeginn besetzte die Sowjetunion den Osten des Landes, was Moskau seither als Schutzmaßnahme im polnischen Interesse gegen Nazideutschland verkaufte, während es für Polen den Beginn der sowjetischen Einflussnahme darstellte. Das Land war ohnehin gebranntes Kind im Verhältnis zu den beiden großen Nachbarn, die es schon seit Langem als Objekt ihrer Großmachtpolitik betrachtet und zusammen mit Österreich den polnischen Staat Ende des 18. Jahrhunderts sogar von der Landkarte radiert hatten. Die Freude über das staatliche Wiedererstehen nach dem Ersten Weltkrieg war stets getrübt durch die andauernde Bedrohung aus Ost und West. Der deutsche Überfall bot Moskau die Möglichkeit, im Sinne des Zusatzprotokolls in Polen im eigenen Interesse tätig zu werden. Zweieinhalb Wochen nach Kriegsbeginn marschierte nach der Wehrmacht auch die Rote Armee in Polen ein, und kurz darauf verlor das Land im deutsch-sowjetischen Grenzvertrag seine Staatlichkeit ein weiteres Mal. Die Warschauer Regierung floh nach London ins Exil, Westpolen wurde dem Deutschen Reich einverleibt, der mittlere Teil fiel als »Generalgouvernement« unter deutsche Besatzung, das östliche Polen wurde unter der Roten Armee gewaltsam sowjetisiert und vom Geheimdienst NKWD terrorisiert. Beide Seiten wüteten grausam, rund sechs Millionen Polen, darunter drei Millionen Juden, wurden bis 1945 ermordet, Millionen deportiert, zur Zwangsarbeit nach Deutschland oder in Lager in Sibirien und Zentralasien verbracht. Nicht zuletzt zielte die Politik beider Besatzungsmächte darauf ab, die polnische Führungsschicht möglichst weitgehend zu eliminieren, um das Land ins Mark zu treffen. Stalin war fest entschlossen, auf Kosten Polens vom Krieg zu profitieren, und kehrte zu dieser Politik wieder zurück, als sich der Krieg zuungunsten Deutschlands entwickelte – dazwischen aber, als der Vormarsch der Wehrmacht nach Osten unaufhaltsam schien, kamen auch das restliche Polen und immer mehr russisches Gebiet unter deutsche Besatzung.

Als die Deutschen im Sommer 1941 in Katyn auf erste Hinweise der Ermordungen stießen, nahm Berlin davon zunächst wenig Notiz; genauere Untersuchungen der Massengräber erfolgten erst fast zwei Jahre später. Als aber Anfang April 1943 Propagandaminister Joseph Goebbels davon erfuhr, ließ er sich diese goldene Gelegenheit nicht entgehen. In seinem Tagebuch hielt er am 9. April fest: »Ich veranlasse, dass die Massengräber von neutralen Journalisten aus Berlin besucht werden. Auch lasse ich polnische Intellektuelle hinführen. Sie sollen dort einmal durch eigenen Augenschein davon überzeugt werden, was ihrer wartet, wenn ihr vielfach gehegter Wunsch, dass die Deutschen durch die Bolschewisten geschlagen würden, tatsächlich in Erfüllung ginge.« Am 13. April 1943 berichtete Radio Berlin vom Fund der Massengräber in Katyn mit den sterblichen Überresten Tausender polnischer Offiziere, die aufgrund ihres mumifizierten Zustandes sowie der noch vorhandenen Uniformen und Ausweispapiere gut zu identifizieren seien. Rotes Kreuz und internationale Mediziner, ausländische Journalisten und polnische Delegationen wurden vor Ort geladen, um ihnen die Ergebnisse der Ermittlungen und Obduktionen zur Kenntnis zu bringen. In der heiklen Lage nach der Niederlage von Stalingrad Anfang 1943 und dem einsetzenden Rückzug der Wehrmacht sollte die Nachricht eines sowjetischen Massakers an polnischen Militärs das Ansehen Moskaus schädigen und als Spaltpilz für die Anti-Hitler-Koalition dienen. Auch die polnische Exilregierung in London sollte der Sowjetunion entfremdet werden, was tatsächlich gelang: Weil die Vertreter Polens der Sache nachgehen wollten, fielen sie bei den Alliierten in Ungnade. Im Inland diente die Nachricht ebenfalls dazu, die antideutsche Koalition als verbrecherisch hinzustellen. Goebbels notierte: »Ich gebe Anweisung, dieses Propagandamaterial in weitestem Umfang auszunutzen. Wir werden davon einige Wochen leben können.«

Stalin reagierte prompt und ließ am 15. April über Radio Moskau den Kriegsgegner der Propagandalüge bezichtigen: Vielmehr seien die Deutschen selbst die Urheber der Erschießungsaktion gewesen. Diese Version der Ereignisse wurde aber nicht nur vom Kreml behauptet, sondern blieb von Stalins Bündnispartnern unwidersprochen, wollten diese doch keine Schwächung des unverzichtbaren Waffenbruders und der gemeinsamen Anti-Hitler-Koalition riskieren. Die Indizien sprachen zwar für die deutsche Version, aber die Erfahrung lehrte, dass der Propaganda des Dr. Goebbels nicht zu trauen war. Außerdem sollte der vereinte Kampf gegen Hitlerdeutschland so lange in größtmöglichem Einvernehmen harmonisch bewerkstelligt werden, bis das Naziregime gestürzt war.

Dieser Verrat des Westens an Polen setzte sich nach dem Krieg noch fort, als Großbritannien und die USA die polnische Exilregierung fallen ließen und Polen der Sowjetunion als Einflussgebiet zugestanden. Aus polnischer Perspektive wechselte damals nur die Natur der Diktatur, aber die Fremdherrschaft blieb bestehen, bis sich Polen in den Achtzigerjahren nach und nach von ihr befreien konnte. Als die Rote Armee bei ihrem Vormarsch in Richtung Berlin nach Katyn zurückkehrte, wurde abermals eine Kommission eingesetzt, die erwartungsgemäß bestätigte, dass die Morde auf das Konto der Deutschen gingen und sowieso erst im Herbst 1941 stattgefunden hatten. Es wurden allerlei fingierte Beweise ins Spiel gebracht sowie aus der Tatsache Nutzen gezogen, dass die Opfer mit deutschen Waffen erschossen worden waren.

Tatsächlich hatte aber der sowjetische Geheimdienst NKWD die polnischen Offiziere auf dem Gewissen, der damit einen Befehl des Moskauer Politbüros vom 5. März 1940 ausführte. Stalin höchstpersönlich setzte seine Unterschrift unter die Befehle, weil die Polen »allesamt eingefleischte, unverbesserliche Feinde der Sowjetmacht« seien. Mit der Organisation betraut wurden NKWD-Chef Lawrenti Beria und sein Stellvertreter Wsewolod Merkulow. Der Geheimdienst verfügte seit Jahren über das abgesperrte Waldgelände und hatte es schon öfter genutzt, um unliebsame Personen zu liquidieren, mehrere Tausend Russen waren bereits in den Dreißigerjahren während der stalinistischen »Säuberungsaktionen« im Wald von Katyn umgebracht worden. Ihre Gräber wurden nach dem Ende der Sowjetunion gefunden, als Polen Grabungen unternehmen durfte. Dem russischen Staat kam das ungelegen, Unterstützung blieb aus, und im Unterschied zu den polnischen Offizieren wurden nicht einmal die Namen der Ermordeten ermittelt. Stattdessen schloss man die Akten – die eigenen Toten unter den Terroropfern Stalins erfahren bis heute nicht die verdiente Würdigung.

Die in Katyn erschossenen Offiziere waren nicht die einzigen Polen, die zu Beginn des Zweiten Weltkriegs im Zuge des russischen Vormarschs getötet wurden: Fast 22000 Armeeangehörige und Beamte, Priester und Intellektuelle wurden im blutigen Frühjahr 1940 ohne ordentliche Gerichtsverfahren exekutiert. Bis heute aber steht Katyn symbolisch für den Versuch, der polnischen Nation mit der Ermordung ihrer Eliten einen tödlichen Schlag zu versetzen.

Fast fünf Jahrzehnte lang galt die Geschichtsfälschung als Tatsache, an der nicht gerührt werden durfte. Nach dem Krieg richtete der NKWD auf dem Erschießungsgelände eine Feriensiedlung für Geheimdienstmitarbeiter ein – Angehörigen der Toten wurde der Zutritt verweigert. Später durften offizielle Delegationen aus Polen der ermordeten Offiziere gedenken, aber stets unter Achtung der offiziellen Wahrheit vom Täter Nazideutschland. Die Sowjetunion gestand erst 1990 ein, dass die Erschießungen von Katyn auf das russische Kriegskonto gehen. Im Zuge der neuen Politik Michail Gorbatschows entschloss sich Moskau zu mehr Offenheit im Umgang mit der eigenen Geschichte. Gorbatschow übergab dem polnischen Staatspräsidenten eine Liste der Ermordeten von Katyn und bezeichnete das Massaker als »eines der schwersten Verbrechen des Stalinismus«. Die Anerkennung der sowjetischen Urheberschaft im nachsowjetischen Russland erwies sich als weiterhin überaus schwierig, von einer Aufarbeitung kann dabei nicht die Rede sein, auch wenn zögerliche Schritte in dieser Richtung gemacht wurden. Den Angehörigen der Opfer wurde der Zugang zu russischen Unterlagen immer wieder verwehrt. Russland tut sich schwer mit seinem Erbe der einstigen Großmacht Sowjetunion, was zuvorderst am immer wieder aufkommenden Streit darüber erkennbar ist, welche Rolle Stalin und seiner Politik im russischen Geschichtsbild zukommt. Immerhin erklärte das Moskauer Parlament 2010 unmissverständlich, dass das Massaker von Katyn auf Stalins direkten Befehl zurückging. Heute gibt es im Wald von Katyn eine internationale Gedenkstätte, die sich auch um die polnisch-russische Aussöhnung bemüht. Und als Polen 2010 sein zweites Trauma von Katyn erlebte, als Präsident Kaczynski und zahlreiche Spitzenpolitiker des Landes bei einem Flugzeugabsturz nahe Smolensk ums Leben kamen, als sie sich auf dem Weg zur Teilnahme an einer Gedenkveranstaltung zum siebzigsten Jahrestag des Massakers befanden, kam mit Bezug auf Katyn 1940 wenigstens vorübergehend Bewegung ins polnisch-russische Verhältnis.

Das Volkswagenwerk musste nach Kriegsschäden bei null neu beginnen – IRRTUM!

Nach dem Ende des Zweiten Weltkriegs mit seinen verheerenden Folgen für ganz Europa lag nicht nur das vormalige Deutsche Reich danieder, sondern auch dessen Wirtschaft und damit auch die Kraftfahrzeugbranche. Wer brauchte auch Autos, wenn es fürs Erste ums nackte Überleben in einem besiegten, zerstörten Land ging? Von den vier Millionen Vorkriegs-Pkw hatten nur 300000 den Krieg überstanden, und selbst für die fehlten Treibstoff und Reifen. Die als »Straßen des Führers« verherrlichten Autobahnen dienten dem Marsch der deutschen Kriegsgefangenen in die Gefangenschaft, die nicht selten auf der Gegenfahrbahn die motorisierten Truppen der Alliierten sahen. Und doch nahmen die Kölner Fordwerke noch im Mai 1945 die Fahrzeugfertigung wieder auf, und auch in Eisenach begann BMW trotz großer Schäden wieder Pkw zu produzieren; man griff dafür zunächst auf Vorkriegsmodelle zurück. Andere Hersteller hatten mit Demontagen zu Reparationszwecken zu kämpfen, so Auto-Union in Zwickau und Chemnitz, Opel in Rüsselsheim, aber auch Daimler-Benz, deren Fabriken außerdem massive Bombenschäden erlitten hatten. Die Mutterfirmen Ford und General Motors gaben dem deutschen Markt einstweilen sowieso wenig Chancen und zeigten geringen Ehrgeiz, die Produktion anzukurbeln. Im Potsdamer Abkommen verfügten die Siegermächte ohnehin, dass die deutschen Autobauer nur ein Sechstel ihrer Produktion von 1936 fertigen dürften – diese Vorgabe verwarf man wenige Jahre später zugunsten des wirtschaftlichen Wiederaufbaus.

Aber in all dem automobilen Elend erhob sich wie Phönix aus der Asche das riesige Automobilwerk in Wolfsburg, das seit Mai 1945 Volkswagenwerk hieß. Dabei blieb zunächst unklar, was mit dem Werk in der ehemaligen »Stadt des KdF-Wagens« geschehen sollte: Privatisierung? Demontage, und falls ja: ganz oder teilweise? Zunächst nutzten die Siegermächte das Werk für Wartung und Reparatur ihrer Fuhrparks, was größere Demontagen einstweilen verhinderte. Aber waren die Produktionsanlagen nicht weitgehend zerstört? Wurde das spätere Volkswagenwerk nicht sprichwörtlich auf Kriegstrümmern wieder neu errichtet? So lautet die verbreitete Meinung über die Anfänge von Volkswagen nach dem Zweiten Weltkrieg. Und diese Ansicht unterstützte die Führung des Autobauers auch nach Kräften, denn der Wiederaufstieg sollte nicht durch verständliche Ressentiments gegen eines von Hitlers Lieblingsprojekten vereitelt werden.

Der glühende Autofan Adolf Hitler bekundete gerne, das Auto habe ihm die schönsten Stunden seines Lebens geschenkt. Dank guter Beziehungen fuhr er schon seit 1923 zumeist kostenlos zur Verfügung gestellte Mercedes. Spätere Bilder von ihm im »Führer-Mercedes«, den man sogar als Spielzeugmodell kaufen konnte, gehören zum kollektiven Erinnerungsgut. Die Nationalsozialisten versprachen Wohlstand – und dazu sollte ein »Volkswagen« gehören, wie er schon seit den 1920er-Jahren gefordert wurde. Der sollte 1938 auf den Markt kommen, sein offizieller Name lautete »KdF-Wagen« – benannt nach der das Projekt tragenden Freizeitorganisation »Kraft durch Freude« –, die Produktionsstätten dafür errichtete man nach US-Vorbild. Gleich neben diesen Fabriken am Mittellandkanal nahe dem niedersächsischen Fallersleben begann der Bau einer nationalsozialistischen Musterstadt: das heutige Wolfsburg. Man dachte in großen Dimensionen, denn für das Volksauto war ein reißender Absatz vorgesehen: Dereinst sollten in der größten Autofabrik der Welt jährlich anderthalb Millionen Wagen vom Band rollen. Bis zum geplanten Termin konnte der deutsche Volksgenosse immerhin an einer Ansparaktion teilnehmen und sozusagen designierter Autobesitzer werden: »5 Mark die Woche musst du sparen, willst du im eignen Wagen fahren!« Die allgegenwärtige Werbung konnte fast vergessen machen, dass das Modell noch gar nicht vom Band lief, wie die Exil-SPD feststellte: »Diese durch das Propagandaministerium geschickt laufend genährte und gelenkte Autopsychose hält die Masse von der Beschäftigung mit der trostlosen Gegenwart fern. Bei dem Autosparer hat Hitler innerpolitischen Kredit bis zur einstigen Wagenauslieferung. Es ist bekannt, dass der Mensch während der Zeit, wo er auf ein bestimmtes Gut hin spart, sich über manche Entbehrung leicht hinwegsetzt.« Die über 250 Millionen Reichsmark, die nach und nach dabei anfielen, kamen dem Staat zudem sehr gelegen.

Dann aber begann Nazideutschland den Zweiten Weltkrieg, und von Hitlers Vorgaben, der »KdF-Wagen« müsse wahlweise drei Erwachsene mit Kind oder drei Soldaten mit Maschinengewehr und Munition aufnehmen können, wurde letztere Wirklichkeit. Ein Flüsterwitz aus Norddeutschland hatte dieses Kalkül beim Projekt »Volkswagen« ohnehin längst thematisiert: Fietje arbeitet in einer Fabrik, in der das Gefährt hergestellt wird. Er trifft Hein, der ihm empfiehlt, doch jeden Tag ein Stück davon in der Tasche mit nach Hause zu nehmen. Fietje antwortet: »Das habe ich schon die ganze Zeit getan.« Darauf Hein: »Und trotzdem hast du noch immer kein Auto?« Fietje: »Nein, ich habe das alles schon drei- bis fünfmal zusammengebaut, aber es geht einfach nicht.« Hein: »Nanu, das ist ja merkwürdig.« Fietje: »Ja, weißt du, da kommt jedes Mal eine Kanone beim Zusammensetzen heraus!« In Berlin lautete der unvermeidliche Spitzname für das in Aussicht gestellte Volksauto »Bomberwagen«. Im späteren Wolfsburg stellte man sich zwar auf Rüstungsproduktion ein – gleichwohl war, allen Annahmen zum Trotz, weder die Fabrik von vornherein als Rüstungsschmiede noch das Auto für den Armeegebrauch konzipiert worden. Der ab 1940 gefertigte »Kübelsitzwagen« erwies sich trotzdem als robust und zuverlässig. Dass er zur beliebten Beute der Kriegsgegner wurde, mag seine Nachkriegskarriere begünstigt haben.

Als der Krieg zu Ende war, machte sich Volkswagen zunutze, dass die Konkurrenz den Neuanfang verzögerte – und profitierte von der erstaunlichen Tatsache, dass trotz der unübersehbaren und auf den ersten Blick verheerend wirkenden Bombentreffer auf das Werk nur acht Prozent der Maschinen zerstört waren, weil man den Großteil rechtzeitig ausgelagert oder zur Sicherheit eingemauert hatte. Vieles war unversehrt, der Rest wurde alsbald repariert. Bombentreffer hatte es ohnehin erst gegen Ende des Krieges gegeben, vor allem im Hochsommer 1944. Überaus akkurate Untersuchungen der »United States Strategic Bombing Survey« bestätigen das von anderer Seite: Insgesamt wurden 2182 Bomben über den Fabrikanlagen abgeworfen, von denen aber nur 263 auf Gebäude fielen und wiederum ein Großteil gleich unter dem Dach explodierte, anstatt weiter unten maßgebliche Zerstörung anzurichten. Bei der schlechten Bombenbilanz mag mitgespielt haben, dass man sich im späteren Wolfsburg während des Krieges große Mühe gab, den Schaden von vornherein zu begrenzen: Zur Desorientierung der Bomberpiloten wurden der Mittellandkanal abgedeckt, Vernebelungsanlagen installiert und sogar ein Scheinwerk errichtet. Von den vier Produktionshallen war lediglich eine zu zwei Dritteln zerstört, insgesamt ein Fünftel der baulichen Anlagen war kaputt.

Angesichts dieser erträglichen Schadensbilanz machte man sich ans Werk. Zudem zahlte sich nunmehr aus, dass die Fabrik vor dem Krieg auf dem neusten Stand der Technik errichtet und mit eigener Stromversorgung ausgestattet worden war. Das hitlersche Volksauto, von Ferdinand Porsche entworfen und für unter 1000 Reichsmark seit Jahren beworben, das im Krieg als Kübelwagen reüssiert hatte, wurde nun für die britische Besatzungsmacht und deutsche Behörden gefertigt. Das erwies sich als ein weiterer Vorteil, weil die britische Militärbehörde aus diesem Grund das Werk förderte und Demontagen verhinderte. Bereits im März 1946 konnte man den tausendsten Volkswagen gebührend feiern, ein halbes Jahr später waren es bereits zehntausend. Verkauft wurden sie zunächst ins Ausland, in Deutschland mangelte es noch bis zur Währungsreform 1948 an Nachfrage. Und auch dann blieben Fahrrad und Motorrad für einige Zeit die Volksvehikel der bescheidenen Möglichkeiten – erstmals 1957 überstieg die Zahl der Autos die der Motorräder.

Volkswagen erhielt zudem 1947 in Heinrich Nordhoff, ein vormaliger Opel-Mann, einen gewieften Chef, der sich auf das Modell Käfer konzentrierte und so den beispiellosen Aufstieg des heute weltweit größten Autokonzerns einleitete. Dass 1956 die junge Bundesrepublik zum größten Autoexporteur der Welt wurde, war dem Erfolg des VW Käfer zu verdanken, der im Jahr darauf zwei Millionen Mal produziert wurde. Zunächst stiegen Kanadier und Brasilianer in den Kleinwagen mit dem charakteristischen Buckel, dann Autofahrer in den USA, Südafrika, Australien und schließlich sogar in Frankreich. Als Inbegriff des wirtschaftlichen Wiederaufstiegs in Westdeutschland verlieh man dem Käfer und seinem Heimatwerk die unbefleckte Aura eines Newcomers. Dass der Wagen, der nun weltweit als sympathisches Freiheitsvehikel angepriesen wurde, einst für eine totalitäre Gesellschaft und ihre gleichgeschalteten Volksgenossen entworfen worden war, ließ man tunlichst unter den Tisch fallen. Und dazu gehörte die Legende, 1945 wie der Rest des Landes bei null angefangen zu haben. Dem kam zupass, dass die Fabrik ausweislich zahlreicher Fotos mehr als ramponiert wirkte und externen Berichten auch ausländischer Beobachter zufolge die Fabriken größtenteils zerstört waren – auch wenn in diesem Fall der Augenschein trog. Dennoch: VW-Chef Nordhoff höchstpersönlich bestätigte die allgemeine Ansicht, seiner Aussage zufolge war die tatsächliche Zerstörung total.

Sogar ein Roman über die Geschichte des Werkes wurde verfasst, in dem der Autor Horst Mönnich den Käfer verherrlichte, um ihn seiner zweifelhaften Herkunft als »KdF-Wagen« zu entheben: »Es war ein Zusammenfall genialer Ideen an einem Grenzpunkt technischer Entwicklung. Das bewies es jetzt. Mit wunderbarer Selbständigkeit schüttelte es die Asche verbrannter Hirngespinste von den Schultern, machte erst ein paar unsichere Schritte, bekam Boden unter die Füße, und die fremden Ammen, die herbeigeeilt, um es schnell zu ersäufen, drückten es an ihre schwere, breite Milchbrust, stärkten es, und über Schutthalden hin machte es erst an ihrer Hand, dann allein seine anfangs kurzen, dann immer ausgedehnteren Spaziergänge, bis es alle Zeichen von Unterernährung abgelegt hatte.«

Ganz unwidersprochen blieb die frisierte Biographie aber nicht: In den USA erschien die »Ode an einen Herrenvolkswagen«, in der es heißt:

Heil du, Geschäft des Jahrhunderts,
Herrenvolkswagen, kurz VW.
Vom Führer selbst so benannt, wie's heißt.
Ursprünglich nur fürs Herrenvolk gedacht,
Jetzt für jedermann, einschließlich Nicht-Arier,
und sogar für Juden und Neger zu haben.

Solche ebenso bissigen wie berechtigten Einwände gegen die Erfolgsgeschichte Volkswagen konnten aber wenig ausrichten, die Eigen-PR des Autobauers war erfolgreicher. Längst aber steht der Volkswagenkonzern zu seiner Vergangenheit – mehr als sechs Jahrzehnte nach Kriegsende besteht auch keine Notwendigkeit mehr, die Ursprünge des Volkswagenwerks unter den Teppich zu kehren.

Die Organisation Odessa ermöglichte Nazis nach 1945 die Flucht nach Südamerika – IRRTUM!

2012 stieß auf den Internationalen Filmfestspielen Berlin, der Berlinale, die Premiere einer finnisch-australisch-deutschen Koproduktion auf ein geteiltes Echo: *Iron Sky* des Regisseurs Timo Vuorensola. In der abstrus-absurden Science-Fiction-Komödie geht es um überlebende Nazis, die nach dem Zweiten Weltkrieg auf der erdabgewandten Seite des Mondes Zuflucht finden und dort über Jahrzehnte unentdeckt leben und eine ganze Stadt errichten. Als sie zufällig von US-Astronauten aufgespürt werden, beschließen sie, natürlich das Ziel der Weltherrschaft vor Augen, die Rückkehr von hinter dem Mond auf die Erde, mittels eines Raumschiffs namens »Götterdämmerung«. Zu den Klischees, mit denen der Streifen so unbekümmert spielt, gehört das von hochrangigen SS- und Gestapo-Angehörigen, die sich beim Zusammenbruch ihres Regimes rechtzeitig in Sicherheit bringen konnten. Die hartnäckigste Theorie über diese »letzten Nazis« besagt, sie seien mit Hilfe einer Fluchtorganisation namens Odessa (»Organisation *d*er *e*hemaligen *SS-A*ngehörigen«) nach Südamerika gelangt. Und während *Iron Sky* mit der Frage, wo denn nach 1945 die geflüchteten Nazis abgeblieben seien, Schabernack treibt, wird die Existenz der Fluchthilfe-Organisation Odessa bis heute immer wieder ernsthaft behauptet. Was steckt also dahinter?

Natürlich ist die Vorstellung einer Geheimorganisation, die Naziverbrechern hilft, weniger unglaubwürdig als die einer Nazikolonie hinter dem Mond, so sinnfällig dieses Bild auch sein mag. Es ist schließlich durchaus vorstellbar, dass führende Nazis in Erwartung von Niederlage und Zusammenbruch des Deutschen Reiches im Zweiten Weltkrieg und drohender Verhaftung sich Gedanken über die Zukunft ihrer Leute machten. Warum also sollten sie nicht eine entsprechende Hilfsorganisation aufbauen, noch dazu mit den riesigen Vermögenswerten, die Nazideutschland den europäischen Juden vor deren Ermordung abgeknöpft hatte? Und würde dann nicht die Wahl auf Südamerika fallen, weit weg vom traumatisierten Europa und in den weit geöffneten Armen nazifreundlicher Regierungen? Wäre es denn so unwahrscheinlich, Fluchtpläne auszuarbeiten, dorthin zu fliehen und ein neues Netzwerk aufzubauen, um mit vereinten Kräften nicht nur über die Runden zu kommen, sondern auch die zurückgebliebenen Getreuen und nachfolgende Nazigenerationen zu unterstützen, um eines fernen Tages wieder die Macht an sich zu reißen? Gab es in den von der Wehrmacht besetzten Ländern überall in Europa nicht genug Kollaborateure, die bei der Flucht der Nazigrößen behilflich sein würden? Würde die katholische Kirche nicht aus eigener Verstrickung, Kommunistenhass und Nächstenliebe ihre Netzwerke nutzbar machen? Und würde nicht eine rechtsautoritäre Regierung wie die argentinische im »ideellen«, aber ebenso im wirtschaftlichen Interesse ihrerseits alles nur Mögliche tun, um hochkarätige Vertreter des NS-Regimes ins Land zu holen? So in etwa lautet die durchaus plausible Theorie. Aber Plausibilität allein ist kein Beweis, und eben Beweise gibt es keine für die Existenz von Odessa. Wie bei jeder guten Verschwörungstheorie stehen Hinweise nebeneinander, die sich gegenseitig bestätigen – nur besitzt keiner der Hinweise eine belastbare Verankerung in der Wirklichkeit. Deshalb wabert die Idee einer Nazi-Fluchthilfeorganisation ohne jede Bodenhaftung wie ein Ring aus Zigarrenqualm durch die Welt.

Denn hinter Odessa steckt zwar eine Menge – aber keinerlei Substanz. So sehr die Gerüchte um eine solche Organisation auch faszinieren mögen, ihre historische Bedeutung liegt einzig und allein darin, dass sie zu verschiedenen Zwecken immer wieder instrumentalisiert wurden und dabei einen bemerkenswerten Bekanntheitsgrad erlangten; gegeben hat es sie nicht. In unabhängigen Untersuchungen sind die Historiker Daniel Stahl und Heinz Schneppen dem Mythos auf den Grund gegangen und haben akribisch ermittelt, woher die Nachricht von der Nazi-Organisation Odessa eigentlich stammt und welchen Weg sie genommen hat. Für den Ursprung der Legende muss man auf die Zeit vor Ende des Zweiten Weltkriegs zurückgehen, als sich Argentinien und die Vereinigten Staaten beharkten. Vorderhand ging es um den Verdacht, die argentinische Regierung unter Ramón Castillo sei den Nazis wohlgesinnt, ebenso die 1943 putschenden Militärs, und in Erwartung der Niederlage würden führende Nazis im großen Stil Geld nach Argentinien bringen. Diese Annahmen nutzten die Befürworter einer US-amerikanischen Kriegsbeteiligung im innenpolitischen Streit mit den Isolationisten, die ein Engagement an der Seite Großbritanniens und der Sowjetunion ablehnten, denn so ließ sich eine Bedrohung durch den Faschismus über Europa hinaus glaubhaft machen, und noch dazu in Lateinamerika, direkt vor der Tür der Vereinigten Staaten. Zudem gab es seit Anfang 1945 Meldungen über die Flucht führender SS-Angehöriger nach Südamerika, die allerdings auf Gerüchten beruhten. Der Vorwurf, nazifreundlich zu sein, wurde ebenso gegen Juan Perón erhoben, als er 1946 das argentinische Präsidentenamt anstrebte, denn Washington unterstützte dessen politische Gegner. Man ging sogar so weit zu behaupten, seit 1942 hätten sich alle Regierungen darum bemüht, aus Argentinien einen faschistischen Staat zu machen.

Natürlich ließen sich solche Anschuldigungen nicht ohne jede Grundlage erheben. Die nötigen Informationen stammten von einem windigen Nazigegner namens Heinrich Jürges, der im südamerikanischen Exil lebte und schon früh eine Nazitätigkeit in Argentinien ausgemacht hatte, ohne dafür aber stichhaltige Beweise liefern zu können. Zurückgekehrt fütterte Jürges nunmehr aus Nachkriegsdeutschland den argentinischen Oppositionsführer Santander mit Informationen über angebliche Naziverstrickungen Peróns und seiner glamourösen Frau Evita. Als später genauer hingesehen wurden, stellten sich die Informationen als falsch und die angeblichen Dokumente als gefälscht heraus. Auch diesmal blieb Jürges Beweise schuldig, was aber weder die US-Regierung noch die argentinische Opposition davon abhielt, die Gerüchte politisch weiter zu instrumentalisieren. Einstweilen war die Organisation Odessa aber noch nicht Gegenstand des breiten Interesses.

Das änderte sich in den Sechzigerjahren, als nach der Entführung des Naziverbrechers Adolf Eichmann aus Argentinien 1960, dem anschließenden aufsehenerregenden Prozess in Tel Aviv und seiner Verurteilung und Hinrichtung zwei Jahre später der Verbleib erfolgreich geflüchteter NS-Verbrecher zu einem großen Thema wurde. Die Gegner eines Endes der westdeutschen Nazitäter-Strafverfolgung nutzten die angebliche Organisation als Argument gegen Verjährungsfristen. Auch der berühmte Nazijäger Simon Wiesenthal wurde auf Odessa und Heinrich Jürges aufmerksam und, überzeugt von der Existenz der Geheimorganisation, verschaffte ihr international einen bemerkenswerten Bekanntheitsgrad, wobei ihn unter anderem die israelische Regierung unterstützte. Ebenso nährte die DDR-Staatssicherheit die Gerüchte, die ihr zur erhofften Destabilisierung des westdeutschen Konkurrenzstaates dienlich schienen. Schließlich hielten es immer mehr Menschen für eine Tatsache, dass das NS-Regime von höchster Stelle und lange vor Kriegsende begonnen hatte, seine Leute mit gefälschten Papieren die Flucht und durch Geldtransfers nach Südamerika deren Unterstützung vorzubereiten. Angeblich hätten sich 1944 im Straßburger Hotel »Maison Rouge« Vertreter der deutschen Industrie getroffen, um die Verschiebung großer Vermögenswerte ins sichere Ausland in die Wege zu leiten. Wie der Historiker Heinz Schneppen feststellte, hat dieses Treffen allerdings nie stattgefunden – schon weil einige der angeblichen Teilnehmer zum fraglichen Zeitpunkt bereits tot oder im KZ inhaftiert waren. Auch wäre der Geld- oder Goldtransfer zu diesem Zeitpunkt bereits unmöglich gewesen, war Deutschland doch längst komplett isoliert. Im Übrigen stießen die Alliierten nach Kriegsende auf das legendäre »Nazigold«, also die Goldvorräte der Reichsbank.

Zu den Schlüsselfiguren der Odessa gehörten nach Überzeugung Wiesenthals neben Adolf Eichmann der NS-Arzt Josef Mengele und der Hitler-Stellvertreter Martin Bormann. Nach seinen Informationen reichten die Aktivitäten der Organisation aus Südamerika bis zurück in die Bundesrepublik, wo sie Neonazis bei ihrer Sabotagearbeit gegen die junge westdeutsche Demokratie unterstützte. Noch populärer wurde das schillernde Thema durch den Roman *Die Akte Odessa* des britischen Bestsellerautors Frederick Forsyth, in dem die Geheimorganisation von Argentinien aus eifrig an einer zweiten Machtergreifung in Deutschland und der Vernichtung Israels arbeitet. Einen weiteren Schub an Popularität verschaffte Odessa Anfang der Siebzigerjahre die antifaschistische Aktivistin Beate Klarsfeld bei ihrer rastlosen Suche nach dem untergetauchten Naziverbrecher Klaus Barbie. In diesem Zusammenhang verbreiteten weitere windige, mitunter geschäftstüchtige Charaktere die Behauptung, führende Odessa-Vertreter hätten sogar noch einige Jahre nach Kriegsende im spanischen Marbella eine regelrechte Konferenz abgehalten, und lieferten gar den Namen einer Tarnfirma, in deren Namen die Geheimorganisation in Argentinien unbehelligt operiere. Bei einer zweiten Verjährungsdebatte Ende der Siebzigerjahre in der Bundesrepublik ging es ein weiteres Mal um Odessa, und ebenso in den Neunzigerjahren, als wieder einmal nach den Vermögenswerten gesucht wurde, die die Nazis den europäischen Juden geraubt hatten. Die inzwischen geöffneten US-Archive förderten Dokumente aus den Vierzigerjahren zutage, die sich auf die engen Verbindungen zwischen Nazideutschland und Argentinien bezogen und die Existenz von Odessa zu beweisen schienen. Nur handelte es sich um dieselben Fälschungen und unbewiesenen Vermutungen, die bereits seit den letzten Kriegsjahren immer wieder herangezogen wurden, ohne deshalb echter geworden zu sein. Aber sie passten ins Kalkül ihrer Nutzer – so wie diese Behauptungen seit dem Zusammenbruch des Dritten Reiches mit schöner Regelmäßigkeit bestimmten Interessen in die Hände gespielt hatten und aufgegriffen worden waren, ohne mit größerem Wahrheitsdrang nach ihrer Substanz zu fragen. Schon wegen des Sensationsgehalts von jeglichen Vermutungen und Gerüchten, die sich auf das Weiterleben von NS-Führern und NS-Strukturen beziehen, war damit auch stets eine beachtliche Aufmerksamkeit zu erzielen. Das hat dazu geführt, dass es Historiker bis heute überaus schwer haben, der breiten Öffentlichkeit begreiflich zu machen, dass es niemals handfeste Hinweise, geschweige denn Beweise für die Existenz einer Organisation Odessa gegeben hat.

Der westdeutsche Wirtschaftsaufschwung nach dem Zweiten Weltkrieg war ein Wunder – IRRTUM!

Damit war wohl kaum zu rechnen gewesen: Das Land, das den Zweiten Weltkrieg entfesselt und ganz Europa mit Terror und Zerstörung überzogen hatte, das seinerseits mit Zerstörung, empfindlichen Gebietsverlusten und Teilung bestraft worden war, vollzog in seinem westlichen Staatenteil nur wenige Jahre nach dem Zusammenbruch einen rasanten wirtschaftlichen Aufstieg. Da lag es nahe, dieses unerwartete Wiedererstehen als Wirtschaftswunder zu beschreiben. Und wie ein Mysterium muss es auf die Westdeutschen gewirkt haben, die in noch immer kriegsversehrten Städten ihre Nasen an den Schaufensterscheiben platt drückten, denn nach der Währungsreform 1948 füllten sich plötzlich die Auslagen und das allmählich steigende Lohnniveau seit den frühen Fünfzigerjahren ermöglichte es, als Konsument davon zu profitieren. Oder die voller Stolz verfolgten, dass deutsche Produkte in Ländern, gegen die man eben noch unerbittlich Krieg geführt hatte, schon wieder gefragt waren. Aber ebenso überraschend kam der westdeutsche Wiederaufstieg auch im Ausland an, das den deutschen Zusammenbruch als in jeder Hinsicht total erlebt und es für ausgemacht gehalten hatte, dass die Erholung davon lange Zeit beanspruchen würde.

Das »Wunder« kann ziemlich genau datiert werden: Im Sommer 1952 schnellten mit einem Mal die Wachstumsraten der westdeutschen Wirtschaft nach oben, der Handelsüberschuss blieb beständig, und bei bleibend niedriger Inflationsrate stieg der Lebensstandard spürbar an. Aber kam diese Entwicklung wirklich so plötzlich und unerwartet, wie es viele Zeitgenossen wahrgenommen haben?

Einer der Erklärungsansätze für eine tatsächlich gar nicht so verwunderlich verlaufene Entwicklung bezieht sich paradoxerweise auf eben den Aspekt, der zur Wahrnehmung als Wunder besonders viel beitrug: der deutsche Zusammenbruch und die »Stunde null«. Denn weil das Ende NS-Deutschlands 1945 in jeder Hinsicht als total wahrgenommen wurde und angesichts eines weitgehend zerstörten Landes schien eine Erholung vom Totalzusammenbruch ja besonders schwierig. Die sogenannte Tabula-rasa-Hypothese jedoch versteht das Kriegsende als Chance des totalen Neuanfangs, weil zwar quasi mit nichts angefangen werden musste, aber damit auch der Aufbau einer modernen Wirtschaftsinfrastruktur möglich war, der langfristig einen Standortvorteil nach sich zog. Und auch der politische und gesellschaftliche Neuanfang barg nach dieser Lesart ein enormes Potenzial, weil keine behindernden Verkrustungen mehr im Wege standen, sondern zupackend, spontan und kalkuliert entschieden werden konnte.

Diese Hypothese ist einerseits plausibel und durchaus reizvoll, wurde aber gleichwohl immer wieder angegriffen, weil sie doch ein wenig vereinfachend argumentiert. Ganz allgemein ist der Mythos der Stunde null in die Jahre gekommen, denn der Neuanfang war in vielerlei Hinsicht nicht so radikal, wie der Begriff nahelegt. Das gilt auch für den wirtschaftlichen Bereich.

Deutschland erschien komplett zerstört. Weltweit zeigten Wochenschauen lange Kamerafahrten durch endlose Trümmerwüsten, in denen man sich kein Leben mehr vorstellen mochte. Tatsächlich aber verdeckten der Augenschein und die grimmige Befriedigung der Alliierten über die verheerende Wirkung ihrer enormen Anstrengungen, dass das eigentliche Ziel des massiven Bombenkrieges völlig verfehlt worden war. Die Wohngebiete deutscher Städte waren in der Tat zu großen Teilen zerstört oder stark beschädigt. Die sogenannten strategischen Zerstörungen der Industrieanlagen aber, auf die die Bombardements anfangs vor allem abgezielt hatten, fielen sehr viel geringer aus als geplant, und die Kriegswirtschaft produzierte vielerorts noch bis kurz vor Kriegsende bei hohem Ausstoß. Weil Deutschland in seiner industriellen Substanz weniger getroffen war als vermutet, folgte im Sommer 1945 dem faktischen Stillstand der Produktion fast überall im Land deren baldige Wiederaufnahme. Der entbehrungsreiche und düster stimmende Eiswinter 1946/47, der ins Arsenal kollektiver Erinnerung einging, ist dabei keineswegs ein Beleg für die siechende deutsche Nachkriegswirtschaft. Vielmehr erwies er sich als wirtschaftslähmend aufgrund der zerstörten Verkehrsinfrastruktur und der zugefrorenen Wasserwege, nicht wegen eines Stillstands in den Fabriken. Während im Ruhrgebiet die Kohlenhalden anwuchsen, froren in anderen Landesteilen die Menschen.

Trotz der enormen Verluste an Menschen gab es auch keinen Mangel an Arbeitskräften, denn acht Millionen Flüchtlinge aus den abgetrennten Teilen des Deutschen Reichs füllten die Lücken zahlenmäßig wieder auf. Allerdings waren die Arbeitskräfte anfangs oft nicht dort verfügbar, wo sie gebraucht wurden. Ebenso hatten die nach und nach ankommenden knapp drei Millionen Flüchtlinge aus Ostdeutschland ihren Anteil am Wirtschaftsaufbau, außerdem von dort abwandernde Firmen. Die Rolle der Vertriebenen ist ohnehin als erheblich anzusetzen, so in Bayern, wo ganze Branchen aus Schlesien oder Pommern wieder zusammenfanden, sich am Wiederaufbau beteiligten und wesentlich dazu beitrugen, aus einem weitgehenden Agrar- ein florierendes Industrieland zu machen.

Alles in allem waren die Voraussetzungen also nicht so schlecht wie angenommen, und doch dauerte es, bis der Wiederaufbau Erfolg zeitigte und in einen dauerhaften Aufschwung überging. Anfänglich wirkte sich die Aufteilung Deutschlands in mehrere Besatzungszonen hemmend aus, weil die Siegermächte nicht dieselbe wirtschaftliche Strategie für Deutschland verfolgten und die Zonen durch Grenzen voneinander getrennt waren. Außerdem verhielten sich die Alliierten wirtschaftspolitisch eher zögerlich, was sich hemmend auswirken musste.

Aber bereits das Jahr 1947 sah Entscheidungen und Entwicklungen, die eine baldige wirtschaftliche Konsolidierung ermöglichten. Mit der Zusammenlegung der US-amerikanischen und britischen Zonen zur westdeutschen Bizone im Januar 1947 und schließlich der Gründung »Trizonesiens« unter Einschluss der französischen Zone im Jahr darauf wurden die Voraussetzungen dafür geschaffen; ein Weiteres tat der einsetzende Außenhandel seit 1948, den die Exportbranche zu nutzen verstand. Gleichzeitig bewogen die weltpolitischen Entwicklungen die US-Regierung, die bisherige zögerliche Wirtschaftspolitik in Deutschland durch mehr Einsatz zu befördern – um so zu verhindern, dass auch Westdeutschland unter sowjetischen Einfluss geriet. Deutschland wurde zum Schlüsselland für die US-amerikanischen Anstrengungen zum Wiederaufbau Europas. Der Schwerpunkt lag fortan auf der Wiederherstellung einer leistungsfähigen Verkehrsinfrastruktur: eine weitere Voraussetzung für den folgenden Aufschwung. Ab Herbst 1947 gewann die Produktion an Schwung – was den Menschen aber einstweilen nicht zugutekam, weil die Waren zunächst gehortet wurden und erst nach Einführung der D-Mark in die Läden kamen. Zum Mythos D-Mark und Wirtschaftswunder trug maßgeblich bei, dass sich im wahrsten Sinne des Wortes die Schaufenster über Nacht wieder füllten – ein Kalkül des späteren Wirtschaftsministers und Kanzlers der Bundesrepublik, Ludwig Erhard, damals Direktor des Wirtschaftsrats der Bizone.

Letzte, aber kaum weniger wichtige der hausgemachten Voraussetzungen für den Aufschwung waren schließlich die Währungsunion, die in den Westzonen 1948 durchgeführt wurde, denn mit der neuen Währung und freier Preisbildung erhielt die wirtschaftliche Entwicklung eine solide Basis, und die Einführung der sozialen Marktwirtschaft, die ebenfalls nicht »wie Manna vom Himmel fiel«, wie der Wirtschaftshistoriker Werner Abelshauser betonte, sondern seit der Weltwirtschaftskrise 1929 als Reformkonzept entwickelt worden war. Damit und mit der Gründung der Bundesrepublik ging außerdem der staatliche bzw. alliierte Einfluss auf die Wirtschaft stark zurück. Jetzt gewann die Wirtschaft ihrerseits politischen Einfluss und konnte diesen für sich nutzen, schließlich hatte man gemeinsame Ziele: Stabilität und Wohlstand, und zog dafür an einem Strang. Überschätzt wird hingegen der Einfluss des Marshallplans als Initialzündung für den wirtschaftlichen Aufschwung. Von Volumen und Ausrichtung her konnte er gar nicht so kraftvoll wirken wie gemeinhin angenommen, zumal er erst richtig anlief, als die Konsolidierung im westlichen Nachkriegsdeutschland bereits ein gutes Stück vorangekommen war. Sein durchaus beachtliches Verdienst liegt eher im politischen und ideellen Bereich, nicht zuletzt durch seine wirtschaftsliberalen Vorgaben und als Voraussetzung der Gründung der Bundesrepublik im Juni 1949.

Anfang der Fünfzigerjahre spielten schließlich weltpolitische Entwicklungen bei der weiteren wirtschaftlichen Konsolidierung eine entscheidende Rolle. Die ideologische Spaltung der Welt im Kalten Krieg, in Deutschland spätestens seit der Berlinkrise und -blockade Bestandteil des Alltags, vertiefte sich durch den Koreakrieg (1950–53), als der kommunistische Norden sich das demokratische Südkorea einverleiben wollte, was sich zur Machtprobe zwischen den Supermächten USA und UdSSR auswuchs. In Deutschland wirkte der Konflikt in Ostasien ökonomisch segensreich: Mitte 1952 vollzog sich der Durchbruch zu einem sich selbst tragenden Wirtschaftsaufschwung, weil im Gefolge des Krieges der Export boomte und die westdeutsche Wirtschaft die Kapazitäten bereitstellen konnte, um davon zu profitieren. Ein Weiteres tat die Wiedergutmachungspolitik der Regierung Adenauer, da sie eine wichtige Voraussetzung dafür schuf, dass die Bundesrepublik in den Kreis international respektierter Staaten wieder Aufnahme fand – kein unerheblicher Standortvorteil für die Wiedereingliederung in die Weltwirtschaft.

So nachhaltig der Boom sein mochte: Der vermeintlich dramatische Zuwachs bei den Produktionszahlen zu Anfang der Fünfzigerjahre ist ein weiterer Teil des Mythos Wirtschaftswunder, denn er geht auf statistisch unsaubere Befunde zurück. Sorgsam bereinigt, ergibt sich ein weniger drastisches Bild, denn die Produktionszahlen der westdeutschen Wirtschaft stiegen schon seit 1947 stetig, aber gleichmäßig. Und schließlich war der Wirtschaftsaufschwung keineswegs auf die besiegten Länder Westdeutschland und Österreich beschränkt, sondern ergriff in den Fünfzigerjahren den Großteil Westeuropas, das sich vom Zweiten Weltkrieg zunehmend erholte. Allerdings war die Bundesrepublik das erste der westeuropäischen Länder, in dem der Aufschwung spürbar wurde.

Ein Wunder ist etwas, das man nicht erklären kann, und genau so musste der schließlich einsetzende Aufschwung auf die meisten Beobachter wirken. Tatsächlich aber hatte das vermeintliche Wunder einen mehrjährigen Vorlauf und sogar einige ältere Wurzeln – und lässt sich lückenlos herleiten, mögen die Fachleute auch über manchen Einfluss streiten. Gleichwohl blieb der Begriff Wirtschaftswunder, Mitte der Fünfziger aufgekommen, in aller Munde, und der Mythos wirkte fort – selbst da, wo man erklärtermaßen ganz andere Wege ging: 1968 beispielsweise erschien in Ostberlin das Buch *Wirtschaftswunder DDR*, das den Nachweis zu erbringen versuchte, der ostdeutsche Weg der Planwirtschaft sei eine Erfolgsspur. Und beim Weg in die Wirtschafts- und Währungsunion im Sommer 1990 vertrauten viele westdeutsche Politiker und Wirtschaftsfachleute darauf, das Wunder der Fünfziger ließe sich durch den Impuls der westdeutschen Marktwirtschaft für die Noch-DDR rasch wiederholen. Beide Versuche, das Wirtschaftswunder der Fünfzigerjahre als Wiederholungstat für sich zu reklamieren, gingen bekanntlich daneben und hinterließen einen schalen Nachgeschmack.

Die DDR war ein konsequent antifaschistischer Staat – IRRTUM!

Staaten berufen sich gern auf mehr oder weniger berechtigte Gründungs- oder Neugründungsmythen, doch so mancher Staat geht äußerst kreativ mit seiner Vergangenheit um. Bei der DDR handelte es sich ihrem eigenen Selbstverständnis zufolge um eine Staatsgründung aus dem Geist des Antifaschismus, in der die Widerstandskräfte gegen Hitlerdeutschland eine natürliche Heimat finden sollten. Die Deutungshoheit über den Antifaschismus beanspruchten die deutschen Kommunisten seit den 1920er-Jahren und in Abgrenzung selbst zur Sozialdemokratie; mit der Gründung der Deutschen Demokratischen Republik 1949 aber wurde sie zu einer staatstragenden Ideologie erhoben. Die Vorstellung, die Kämpfer gegen Hitler und die Nazis hätten sich zusammengefunden, um endlich ihr Ziel des »richtigen« deutschen Staates zu verwirklichen, besaß zudem den Vorteil, von den eigentlichen Geburtshelfern der DDR abzulenken: der Kalte Krieg im Allgemeinen und die Sowjetunion im Besonderen.

Das Problem der Konkurrenz zum anderen deutschen Staat, der Bundesrepublik, der sich unter günstigeren Voraussetzungen bildete und mit größerem Erfolg entwickelte, beschäftigte die DDR bis zu ihrem Ende. Als hilfreicher Aspekt in der Auseinandersetzung mit der Bundesrepublik und gleichermaßen als Instrument der internen Legitimierung erschien das antifaschistische Erbe, das dementsprechend in Abgrenzung zum Westen in Anschlag gebracht wurde. Während der ostdeutsche Staat, so die offizielle Lesart, *Tabula rasa* machte und bei null neu anfing, erkannte man im Westen eine fatale Kontinuität zur Zeit vor 1945: Nicht nur beging man dort, so die Sichtweise, den Fehler, ein zweites Mal auf die parlamentarische Demokratie zu setzen, an der doch schon die Weimarer Republik offensichtlich so kläglich gescheitert war. Die Bundesrepublik griff überdies auf alte Strukturen und vor allem das Personal aus der NS-Zeit zurück.

In der Tat erleichterte die Bundesrepublik der ersten Jahrzehnte diesen schematischen Blick auf den Umgang mit dem braunen Erbe. Zweifellos geriet die Entnazifizierung in den Westzonen rasch zur Farce, und statt auf gründliche Aufarbeitung der Vergangenheit setzte man auf Wiederaufbau. Dafür nutzte man personelle Kontinuitäten: Bis in die oberen Etagen der Entscheidungsträger in Politik, Wirtschaft und Gesellschaft waren NS-kontaminierte Personen vertreten, was Glaubwürdigkeit und Außenwirkung des jungen Staates teilweise beschädigte. Erst spät stellte sich die Bundesrepublik der problematischen Fortsetzung von alten Strukturen über die Stunde null hinaus – und einige Historikerkommissionen sind noch immer dabei, fatale Kontinuitäten in der Geschichte von Ministerien oder Bundesbehörden zu erforschen.

Drei entscheidende Merkmale wies der offizielle DDR-Antifaschismus auf: Er gründete sich auf eine klare Unterscheidung von Gut und Böse, wobei das Gute östlich der innerdeutschen Grenze zu finden war; er erhob einen Alleinvertretungsanspruch; und er wurde überhöht zum ständigen Kampf – als sozusagen vermeintlich aktive Spielwiese einer revolutionären Gesellschaft, die in einem doch eher starren und autoritären System lebte. Die scharfe Trennung von Gut und Böse bedeutete, das westliche Deutschland im Unterschied zur antifaschistischen DDR als nach wie vor faschistisch anzusehen – ähnlich wie Stalin einst die SPD als faschistisch eingeordnet hatte. Die Kampfbegriffe faschistisch und kapitalistisch wurden dabei ebenso inflationär gebraucht, wie sie austauschbar waren. Und was das Erbe des antifaschistischen Kampfes betraf, reklamierte die DDR eine klare Vorrangstellung des kommunistischen Widerstands gegenüber anderen Formen von Verfolgung und Widerstand, die sich sogar Diffamierungen gefallen lassen mussten. Die DDR hatte das Erbe des heroischen Widerstands gegen den Faschismus angetreten und die »Sieger der Geschichte« unter Zirkel und Ährenkranz vereint; nicht kommunistischer Widerstand dagegen galt als minderwertig. Diese Sichtweise des »besseren Deutschland« lieferte zudem ein geeignetes Argument im ewigen Wettstreit der ungleichen Brüder, bei dem die DDR häufiger schlechter abschnitt. Aus heutiger Sicht erscheint diese Selbstdarstellung überaus durchsichtig, damals aber zeigte sie durchaus Wirkung, nicht zuletzt bei Kindern und Jugendlichen, die mit gut präparierten Geschichten über die Helden des antifaschistischen Widerstandes Idole an die Hand bekamen.

Die Ideologie des Antifaschismus wurde jedoch zu einem zunehmend erstarrten Ritual und zum argumentativen Reflex. In strenger ideologischer Sichtweise musste die Berliner Mauer die offizielle Bezeichnung »antifaschistischer Schutzwall« erhalten, weil sie die Existenz des Staatssozialismus vor westlicher Aggression schützte. Nur war der Bevölkerung durchaus bekannt, dass die Grenzanlagen klar darauf abzielten, dem eigenen Volk den Weg nach Westen zu verwehren. Zuvor war bereits der Aufstand des 17. Juni 1953 als »faschistische Provokation« erkannt worden. Wie erstarrt der Antifaschismus als Staatsideologie schließlich war, erwies sich in der Spätphase der DDR, als Neonazis im Land zwar verschwiegen, aber geduldet wurden – im ohnmächtigen Versuch zu ignorieren, was im antifaschistischen Modellstaat DDR mit seiner engagierten antifaschistischen Erziehung ja gar nicht hätte vorkommen dürfen.

Und doch werden die klare antifaschistische Haltung der DDR und ihr konsequenter Umgang mit Naziverbrechern bis heute als Aktivposten des DDR-Erbes verbucht. Aber wie war es um das Verhältnis zu den eigenen Altnazis bestellt? Entsprach er dem selbst erhobenen Anspruch, ein wahrhaft antifaschistischer Staat zu sein, der völlig neu anfing?

In der Tat brach die junge DDR zunächst radikaler mit der deutschen Vergangenheit, weil rigoroser als im Westen die Führungsschicht ausgetauscht und die Entnazifizierung durchgeführt wurde. Den Neubeginn verstand man in der Sowjetischen Besatzungszone als »antifaschistisch-demokratische Umwälzung«, die dem Aufbau eines Systems nach sowjetischem Vorbild diente. Die große Zahl rasch frei werdender Stellen ermöglichte den Aufstieg einer neuen Elite, in der allerdings die Exilanten aus Moskau gegenüber den im Land gebliebenen Widerstandskämpfern und den in westlichen Ländern Exilierten, die sich zu einem erheblichen Teil für die Rückkehr in den Osten entschieden, eine klare Führungsrolle reklamierten. Allerdings handhabte man Entnazifizierung und Enteignung nötigenfalls auch pragmatisch, etwa hinsichtlich der Enteignung von Großgrundbesitzern, die dem nicht kommunistischen Widerstand angehört hatten, oder bei der Rücknahme von NS-Enteignungen jüdischer Vermögen, wenn sich deren Besitzer als politisch nicht auf Linie erwiesen. In Internierungshaft gerieten auch nach 1945 Unschuldige, die der neuen Ordnung im Weg standen. Die antifaschistisch-demokratische Umwälzung bestand nicht nur darin, den Boden von Nazi-Altlasten zu befreien, sondern ihn so zu bestellen, dass dem Aufbau eines sozialistischen Staates nach sowjetischem Vorbild möglichst wenig entgegenstehen würde.

Wie im Westen auch erlahmte der Eifer der Entnazifizierung – im Osten war bald weniger von Bedeutung, wie es jemand mit den Nazis gehalten hatte, als vielmehr, wie loyal er sich nunmehr gegenüber dem neuen System zeigte. Das ist bei näherer Betrachtung nicht so weit entfernt von der Vorstellung in der Bundesrepublik, Altnazis könnten sich beim Wiederaufbau rehabilitieren. In der DDR wurde der Tatbestand der Nazi-Verstrickung überdies kreativ gehandhabt. So rigoros unmittelbar nach Kriegsende NSDAP-Mitglieder aus der Verwaltung entlassen wurden, so gleichgültig zeigte man sich bei offensichtlich überzogenen Maßnahmen, etwa wenn sich Beschuldigungen später als haltlos erwiesen. Dagegen wurde die große Zahl der ankommenden Flüchtlinge von der Entnazifizierung kaum erfasst, was vielen Altnazis den Neuanfang ermöglichte. Zudem ergaben Untersuchungen im Zuge der Archivöffnungen nach der Revolution von 1989, dass auch viele höhere Positionen von Menschen mit Nazivergangenheit bekleidet wurden, und zwar mit Wissen der Staatssicherheit. So war von den 1958 über die Einheitsliste der SED in die DDR-Volkskammer gewählten Abgeordneten jeder siebte ein ehemaliges NSDAP-Mitglied, etwas höher war der Anteil von ehemaligen NSDAPlern unter den SED-Parteimitgliedern. Ähnliches galt für andere wichtige DDR-Gremien und Ministerposten; selbst an Schulen und Universitäten lehrten schon bald viele frühere Nazis.

Politischer Pragmatismus prägte also auch östlich der Elbe den Umgang mit der NS-Vergangenheit: Der seinerzeitige KPD-Funktionär und spätere Staatsratsvorsitzende Walter Ulbricht wies bereits Ende 1945 darauf hin, dass in den Betrieben die Arbeiter mit Nazivergangenheit möglichst zu integrieren seien, da sonst zu befürchten sei, sie würden sich mit den neuen Machtverhältnissen nicht anfreunden können – er bezeichnete sie als »Arbeiter, die betrogen sind«. Die weichere Strategie rührte nicht nur daher, dass die Betriebe funktionsfähig bleiben sollten, sondern auch von der Angst, die Betreffenden an die SPD zu verlieren, zu der einstweilen noch ein Konkurrenzverhältnis bestand, bis zu deren mehr oder weniger freiwilligem Zusammenschluss mit der KPD zur Sozialistischen Einheitspartei Deutschlands. »Die große SED als Freund des kleinen Nazis«, fasste der Volksmund die milde Haltung der Partei gegenüber Mitläufern zusammen, und bereits kurz nach der Gründung der DDR forderte die Einheitspartei mit Ausnahme von Verurteilten die »völlige rechtliche Gleichstellung« ehemaliger Mitglieder von NSDAP und Wehrmacht – bis in oberste Ränge. Wer sich besann und auf die Linie der SED einschwenkte, konnte darauf rechnen, zum Antifaschisten reingewaschen zu werden. Die DDR-Schriftstellerin Christa Wolf beschrieb das 1989 so: »Eine kleine Gruppe von Antifaschisten, die das Land regierte, hat ihr Siegesbewusst sein zu irgendeinem nicht genau zu bestimmenden Zeitpunkt aus pragmatischen Gründen auf die ganze Bevölkerung übertragen.«

Die Propaganda der DDR verwandte in den ersten Jahrzehnten nach Gründung der beiden deutschen Staaten viel Energie darauf, die Altnazis an den Schaltstellen der Bundesrepublik auszumachen und zu denunzieren, wofür das Ministerium für Staatssicherheit (MfS) eigene Leute beschäftigte. Westdeutsche Aktivisten wie Beate Klarsfeld erfuhren für ihre Arbeit viel konkrete Unterstützung aus Ostberlin, unter anderem in Form von wertvollem Archivmaterial. Die Stasi erforschte aber auch die Vergangenheit eigener Leute, nutzte belastende Erkenntnisse jedoch sehr selektiv, beispielsweise um sie zur Mitarbeit mit dem MfS zu zwingen. Andere ließ man wissen, was man wusste, um so auf subtile Weise Wohlverhalten zu erzwingen. Von Anklagen sah man, zumal wenn Fall oder Tatbestand nicht spektakulär genug erschienen, in den meisten Fällen ab: Dem antifaschistischen Staat war sehr daran gelegen, den eigenen Mythos nicht revidieren zu müssen. Beispielsweise wurde im Prozess gegen den in der DDR lebenden ehemaligen SS-Obersturmbannführer Heinz Barth wegen seiner Beteiligung am Massaker von Oradour 1944 der Angeklagte zwar überführt und schuldig gesprochen, weitere Verdächtige wurden jedoch verschont, weil zu viele Kriegsverbrecher dem »besseren« Staat allzu schlecht zu Gesicht gestanden hätten. Tausende juristisch verwertbare Ermittlungsergebnisse zu Kriegsverbrechen verblieben ungenutzt in den Archiven, selbst in sozialistischen Bruderstaaten begangene Taten wurden trotz eindeutiger Beweise nicht geahndet, so im Fall von Polizei-Mordaktionen während des Zweiten Weltkrieges in Polen und der Sowjetunion. Ebenso bedeutete die Verstrickung ins Euthanasie-Programm der Nazis noch lange nicht, dass ein DDR-Bürger dafür vor Gericht gestellt worden wäre. Selbst im Fall der Waldheimer Prozesse gegen Nazis 1950 kamen zahlreiche Verurteilte trotz hoher Haftstrafen schon bald wieder frei, ohne dass die Öffentlichkeit davon hätte Notiz nehmen können. Mancher Kriegsverbrecher ging in den Westen und wurde dort ein weiteres Mal verurteilt.

Der Umgang der beiden deutschen Staaten in Sachen Vergangenheitsbewältigung war also gar nicht so verschieden: Beide Seiten verfuhren im eigenen Sinne pragmatisch mit belasteten Personen in den eigenen Reihen.

Die Pille löste die Sexuelle Revolution aus – IRRTUM!

Die Sache ist doch klar: Nachdem in den USA 1957 die Antibabypille auf den Markt kam – zunächst als Mittel gegen Menstruationsbeschwerden und seit 1960 zugelassen als Verhütungsmittel –, war der Weg zur berühmten Sexuellen Revolution der Sechzigerjahre nicht mehr weit. Das eine bedingte das andere: Die Möglichkeit, ohne die Gefahr einer Schwangerschaft Sex zu haben, ließ die Hemmungen schwinden, sich sexuell ein wenig umfassender zu betätigen. So lautet die herrschende Meinung seit Jahrzehnten, in der Öffentlichkeit und der Fachwelt gleichermaßen. Wie so viele andere Trends und Entwicklungen setzte sich »die Pille«, wie sie schon bald genannt wurde, mit ein paar Jahren Verzögerung auch im Rest der westlichen Welt und schließlich darüber hinaus durch. In der Bundesrepublik kam sie 1961 heraus, ebenso in Großbritannien. Die Niederlande folgten 1964, die DDR zog 1965 nach, Frankreich 1967.

In den Vereinigten Staaten wird die Sexuelle Revolution mit den Sechzigerjahren verbunden, seit deren mittleren Jahren bei jungen Leuten die Zahl der Sexualkontakte mit unterschiedlichen Partnern anstieg. Nicht überraschend, dass die mehrfach ausgezeichnete US-amerikanische Fernsehserie *Mad Men* diesem Zusammenhang denn auch viel Aufmerksamkeit widmet. Mit einiger Verspätung erreichte die Entwicklung zu mehr sexueller Freiheit und Selbstbestimmung auch Europa und wird hier gleichermaßen mit dem allseits gerühmten Segen der Antibabypille in Verbindung gebracht. Uwe Wesels Buch über die westdeutschen 68er, *Die verspielte Revolution*, setzt die seit Anfang des Jahrzehnts verfügbare »Pille« in direkten Zusammenhang zum freieren Sexualverhalten. Dort ist vom Glück für die Revolte die Rede, »in einer Bundesrepublik zu entstehen, die nicht nur auf dem Höhepunkt ihres Wirtschaftswunders angekommen war, sondern seit einigen Jahren auch schon die Antibabypille kannte und noch nicht die Gefahren von Aids. Und die alten Nazis mit ihren lustfeindlichen Ideen waren auch noch da …« Im Westdeutschland der Nachkriegszeit galt vielen Kritikern die strenge Sexualmoral weniger als ein Zeichen jahrhundertelanger kirchlicher Prägung und nachwirkender wilhelminischer Prüderie als vornehmlich einer repressiven Sexualität aus der Nazizeit. Das Gegengift machte jedenfalls Spaß: »Wer zweimal mit derselben pennt, gehört schon zum Establishment.«

Tatsächlich jedoch begann, mindestens in den USA, aber mit einiger Wahrscheinlichkeit auch anderswo, die Sexuelle Revolution ein volles Jahrzehnt früher, weil andere Gefahren im Zusammenhang mit Sexualität eingedämmt werden konnten: 1943, mitten im Zweiten Weltkrieg, erkannte man Penicillin als geeignet zur Behandlung von Syphilis. Das machte die Behandlung bedeutend billiger und einfacher und senkte die Risiken dieser gefürchteten sexuell übertragbaren Krankheit.

Die Geschlechtskrankheit Syphilis entfaltete in Europa seit dem späten 15. Jahrhundert ihren Schrecken, und bald stand auch fest, dass sie durch Sexualkontakte übertragen wurde. Bis zur Entwicklung einer wirksamen Behandlung vergingen aber noch mehrere Hundert Jahre, schon weil der Erreger überhaupt erst Anfang des 20. Jahrhunderts in Berlin isoliert werden konnte. Dann ging es rasch, bald darauf wurde eine Serumdiagnose entwickelt, und die Suche nach einer heilsamen Arznei setzte ein.

Die medikamentöse Behandlung von Syphilis begann der Berliner Arzt und Pionier der experimentellen Chemotherapie Paul Ehrlich 1909, im Jahr darauf kam seine Arznei Salvarsan auf den Markt, eine organische Arsenverbindung. Die Behandlung erwies sich als zeitaufwendig, aber wirksam. Trotzdem war damals die Empörung groß, weil eine Heilung der Syphilis für Kritiker der verwerflichen Tat gleichkam, dem moralischen Verfall Tür und Tor zu öffnen. Selbst der Reichstag sah sich veranlasst, die Angelegenheit zu debattieren.

Salvarsan blieb für vier Jahrzehnte das Mittel der Wahl zur Behandlung der Syphilis. 1928 jedoch entdeckte der schottische Bakteriologe Alexander Fleming das antibakterielle Potenzial von Penicillin – Startschuss für die Behandlung mit Antibiotika. Das war auch vielen Leidtragenden zu wünschen, denn die Epidemie breitete sich weiter aus. In den Vereinigten Staaten starben allein 1939 etwa 20000 Menschen an den Folgen einer Syphiliserkrankung. Aber erst im Zweiten Weltkrieg geriet die Sache in Bewegung, weil die Armee mit einer regelrechten Epidemie massiv zu kämpfen hatte. Gegen Ende des Krieges förderte eine Erhebung von Musterungsdaten zutage, dass schon unter den Männern, die noch gar nicht an die Front geschickt worden waren, fünf Prozent an Syphilis litten. Dass im Laufe des Einsatzes diese Zahl kräftig stieg, belegten die erschreckenden Infektionszahlen unter den Soldaten im Dienst. Die Behandlung mit Salvarsan brachte allerdings den für die Truppen bedeutsamen Nachteil mit sich, dass sich die Gesundung über mehrere Monate hinzog, in denen die Lücken in den Reihen der Armee anderweitig aufgefüllt werden mussten. Ein anderes, schneller wirksames Mittel lag also nicht zuletzt im Interesse des Militärs, das bekanntlich quer durch die Geschichte immer wieder wichtige Innovationen beförderte.

1941 wurde Penicillin in Oxford erstmals klinisch eingesetzt, 1943 begann die Behandlung von Syphilis-Patienten mit dem Wundermittel, die nicht nur sehr erfolgreich verlief, sondern innerhalb von maximal zwei Wochen beendet war. Natürlich blieb die Behandlung nicht auf das Militär beschränkt, sodass seit Ende der Vierzigerjahre in den Vereinigten Staaten die Infektionszahlen mit Syphiliserregern insgesamt signifikant sanken, bis ein Jahrzehnt später ein sehr niedriges Niveau erreicht wurde: Die Zahl der Infektionen war 1957 um 95 Prozent, die der Todesfälle um drei Viertel zurückgegangen. Abermals jedoch war der Jubel über den medizinischen Triumph keineswegs grenzenlos. Ein spanischer Arzt bemängelte noch 1961, durch Penicillin könne man ungestraft sündigen, weil es den Stachel der Sünde entferne, und bezog sich weiterhin höchst katholisch auf das Neue Testament, wo Paulus im *Römerbrief* vom Tod als »der Sünde Sold« spricht. Die überkommene Auffassung, Geschlechtskrankheiten seien eine Strafe für sündiges Handeln, besteht ja teilweise bis heute.

Parallel zur Behandlung von Syphilis veränderte sich das Sexualverhalten merklich, wie Forschungen gezeigt haben. Sie bezogen sich einstweilen nur auf die USA und standen vor dem Problem, dass die Datengrundlage schwierig war, weil es zum Sexualverhalten keine nutzbaren Erhebungen gab. Auch der berühmte *Kinsey-Report*, für den der Sexualforscher Alfred Kinsey, eigentlich promovierter Zoologe, 1948 und 1953 Tausende US-Amerikaner über ihre sexuellen Gewohnheiten ausfragte und mit den damals erstaunlichen Ergebnissen einen Skandal auslöste, bot wenig Hilfe, weil das Material aus einer nicht repräsentativen Erhebung stammte. Also wurde auf Umwegen ermittelt, ob sich das Sexualverhalten der US-Amerikaner schon vor der Zeit veränderte, die man gemeinhin als die der Sexuellen Revolution ansieht. Die Forscher nutzten statistische Daten der US-Gesundheitsbehören über Fälle, die mit dem Sexualverhalten in Zusammenhang stehen und deren Umfang auf Veränderungen hindeutet: die Zahl der Erkrankungen an Gonorrhoe, die Zahl unehelicher Geburten und die Zahl von Teenager-Schwangerschaften.

Es stellte sich heraus, dass im Untersuchungsraum dieser Studie die Fälle von Gonorrhoe seit 1957 stark zugenommen hatten. Bereits seit Mitte der Fünfzigerjahre wurde ein Anstieg der Zahl unehelicher Geburten verzeichnet, und auch die Zahl der Teenagerschwangerschaften schnellte seit Mitte der Fünfziger steil nach oben, und das dramatisch. Diese Zahlen legen nahe, dass lange vor dem Zeitraum, der im Allgemeinen mit der Sexuellen Revolution identifiziert wird, die US-Amerikaner sich zunehmend häufiger bei außerehelichem Sex vergnügten. Und da im gleichen Zeitraum die Syphilis ihren Schrecken verlor, weil seit den Vierzigerjahren die Todesrate infolge einer Erkrankung drastisch sank und die Ansteckungsrate schließlich 1957 auf ein Allzeittief fiel, ist der Zusammenhang beider Entwicklungen zwingend.

Die sogenannte Sexuelle Revolution kam also bereits mit der Syphilisbehandlung durch Penicillin ins Rollen und nicht erst mit der Einführung der Antibabypille. Die »Pille« trug aber durchaus weiter zur sexuellen Liberalisierung bei, sie verstärkte deren Entwicklung, weil sie durch abnehmende Risiken neue Freiheiten schuf. Und natürlich wurde die sexuelle Liberalisierung nicht allein durch medizinische Entwicklungen ausgelöst und gefördert, sondern ebenso von einem veränderten gesellschaftlichen Klima und einer neuen Offenheit im Umgang mit und im Reden über Sexualität. Dabei ist die Vorstellung einer »Revolution« im Zusammenhang mit Sexualverhalten, gerade im größeren Rahmen betrachtet, übrigens ziemlich umstritten. Es gab zu verschiedenen Zeiten immer wieder Veränderungen im Umgang mit Sexualität, die alle möglichen Ursachen haben konnten. Zudem ist Gegenstand von Debatten in der Fachwelt, ob solche Veränderungen nun revolutionären oder nicht eher evolutionären Charakters sind, ob sie plötzlich oder allmählich auftreten, ob auf lange Sicht die Entwicklung kontinuierlich verlief oder die Vorzeichen sich auch wieder änderten. Die Antibabypille ist also ein wichtiges Puzzlestück des sich verändernden Umgangs mit Sexualität, aber nicht der Auslöser der Sexuellen Revolution.

General Pinochet ließ den chilenischen Präsidenten Allende ermorden – IRRTUM!

Im 20. Jahrhundert machte Lateinamerika schwierige Zeiten durch. Spätestens seit der Weltwirtschaftskrise 1929, die für die Länder Süd- und Mittelamerikas einschneidender war als der Zweite Weltkrieg, wirkten sich die enormen wirtschaftlichen Probleme direkt auf das politische Klima aus, wurden zu ihrer Behebung doch verschiedenste Strategien zwischen den Extremen autoritäre Diktatur oder Sozialismus angepriesen. Mit der Kubanischen Revolution 1959 geriet die Region ins Zentrum des Kalten Krieges zwischen den Supermächten Sowjetunion und Vereinigte Staaten. Washington wollte dem Rivalen Moskau in seinem »Hinterhof« keinen Einfluss zugestehen, andererseits versuchten lateinamerikanische Politiker immer wieder, sich der mitunter erdrückenden wirtschaftlichen wie politischen Einflussnahme der USA zu entziehen. Gewaltige soziale Probleme und wirtschaftliche Schwierigkeiten ließen in vielen Ländern immer wieder neue Politiker auf den Plan treten, die Großes versprachen, aber meist nicht einzuhalten verstanden. In schwierigen Zeiten und mit dem Modell eines revolutionären Staates vor der Haustür wurden politische Fragen vornehmlich ideologisch beantwortet. Die daraus folgende Radikalisierung war einer geruhsamen Entwicklung nicht eben förderlich.

In Chile wurde seit Ende der Fünfzigerjahre politisch experimentiert, mit wechselnden Rezepten sollte das Land modernisiert und auf Erfolgskurs gebracht werden: eine liberale Wirtschaftspolitik mit Blick auf den Weltmarkt unter dem unabhängigen Konservativen Jorge Alessandri, sodann engagierte Wachstumspolitik nebst Armutsbekämpfung unter dem Christdemokraten Frei. Man war sich einig über die Notwendigkeit von Reformen, aber leidenschaftlich zerstritten über deren Charakter, auch innerhalb der Parteien.

Unter dem Eindruck der Kubanischen Revolution neigte die chilenische Linke immer stärker radikalen Veränderungen zu, im Volk wuchs die Unzufriedenheit, vor den Wahlen 1970 stieg die Nervosität. Zu der trat zum vierten Mal Salvador Allende als Kandidat der Sozialisten an. Es wurde ein schmutziger Wahlkampf, in dem die einen die Gefahr eines zweiten Kuba als Bedrohung an die Wand malten, während die anderen den drohenden übermächtigen Einfluss der USA geißelten.

Allende, der aus Kuba und Moskau Unterstützung erfuhr, gewann knapp, aber eindeutig. Dass es aber politisch schwierig werden würde, deutete sich sogleich an, als Allendes Gegner seine Wahl zum Präsidenten durch das Parlament noch zu verhindern suchten. Als das misslang, verlangten die Christdemokraten von Allende vorab Garantien. Dann kam es zu einem Putschversuch der äußeren Rechten, unterstützt vom US-Geheimdienst CIA, bei dem der verfassungstreue Armeechef Schneider zu Tode kam. In den USA drängten Firmen mit chilenischen Interessen die Regierung zum Eingreifen, und Washington befürchtete, nach Chile könnten weitere südamerikanische Staaten sozialistisch werden, mit Ansteckungsgefahren gar für das westliche Europa. Und schließlich zogen Gegner der neuen Regierung in einer massiven Kapitalflucht ihr Geld aus dem Land ab. Die Ausgangsbedingungen der ersten sozialistischen Regierung, die in freien Wahlen an die Macht gekommen war, standen also denkbar schlecht.

Allendes Regierung war ein Bündnis zwischen Sozialisten und Kommunisten unter Regierungsbeteiligung vier weiterer Parteien, das sich nichts weniger zum Ziel setzte, als den Weg zum Sozialismus einzuschlagen. Die wichtigsten Wirtschaftszweige sowie die Kupferbergwerke, die achtzig Prozent des Exportaufkommens ausmachten, und die Banken sollten verstaatlicht, die Macht der Großgrundbesitzer gebrochen und zugunsten der armen Schichten die Einkommen gerechter verteilt werden. Die Arbeiter sollten an Entscheidungen ihrer

Betriebe und der Politik direkt beteiligt werden, gleichzeitig wollte man nach dem Prinzip der Kybernetik mit Hilfe von Computern eine objektive und effektive Wirtschaftssteuerung ermöglichen. Vor allem aber sollte es eine Art sozialistischer Revolution mit rechtsstaatlichen Methoden werden: stets auf gesetzlicher Grundlage.

In Europa hätte man Allende zur Toskanafraktion oder der Kaviarlinken gezählt, denn er war ein bürgerlicher Bonvivant und auch unter den Linken nicht unumstritten. Politisch folgte er dem Modell der internationalen Blockbildung und darin der sozialistischen Ideologie: Die Welt bestehe aus kapitalistischen, sozialistischen und Dritte-Welt-Staaten, zu denen er Chile zählte. Um diesen Kreis zu verlassen, müsse sich Chile aus der kapitalistischen Umklammerung befreien, die vor allem im Zugriff multinationaler Unternehmen auf die Rohstoffe des Landes bestand und die er als Hauptgrund für die chilenische Misere ansah. Allende trat in diplomatische Beziehungen zu allen bösen Buben unter den sozialistischen Staaten ein und versuchte, mit gleichgesinnten Regierungen des Kontinents ein Gegengewicht zum dominierenden politischen und wirtschaftlichen Einfluss der USA zu schaffen. Gütliche Kompromisse mit Washington, insbesondere bei der Verstaatlichung von Branchen, in denen US-Firmen engagiert waren, ging er nicht ein, schon weil die radikalen Sozialisten das nicht zuließen.

Das Scheitern der Regierung Allende hat viele Gründe: Zunächst fehlte dem Regierungschef die uneingeschränkte Unterstützung der eigenen Partei, was für einen Erfolg seiner ehrgeizigen und heiklen Agenda unverzichtbar war. Hinzu kam die Notwendigkeit, sechs Partner ohne parlamentarische Mehrheit bei der Stange zu halten, sowie nach einem vielversprechenden Start wachsende wirtschaftliche Probleme, die keineswegs nur hausgemacht waren. Und schließlich ermutigte die grundlegende politisch-gesellschaftliche Umgestaltung seine Widersacher zu kaum weniger radikalen Gegenmaßnahmen, in deren Folge das parlamentarische System erodierte. Ebenso nahm die Radikalisierung und Gewalt in der Bevölkerung zu, ob für oder gegen das sozialistische Experiment. Mit einem Fernfahrerstreik im Oktober 1972, der sich zur Arbeitsniederlegung von 600000 Arbeitern mit lähmenden Folgen für die Wirtschaft auswuchs, wurde die Situation in Chile immer prekärer. In ihrer Not beteiligte die Regierung das Militär an der Regierung, aber die Wirtschaft geriet weiter außer Kontrolle und die wenigen Versuche, zwischen den unversöhnlichen Gegnern in Politik und Bevölkerung zu vermitteln, fruchteten nicht. Schließlich entpuppte sich das Militär entgegen der Überzeugung der meisten Politiker als nicht verfassungstreu und putschte am 11. September 1973 gegen die Regierung Allende. Schlüsselfiguren des Putsches waren die Kommandeure von Kriegsmarine und Luftwaffe, zum Hauptnutznießer aber wurde der erst im Sommer neu ernannte Oberbefehlshaber des Heeres Augusto Pinochet, der Allendes Macht übernahm und bis 1990 Chile regierte – länger als jeder andere Diktator Lateinamerikas.

Der Putsch verlief ungeheuer brutal, obwohl die Gefahr eines Bürgerkriegs gar nicht bestand, weil die Arbeiterschaft kaum bewaffnet war. Das aber sahen die Militärs anders, die politisch nicht weniger polarisiert waren als der Rest des Landes und es als ihre Mission betrachteten, dem Marxismus in Chile eine nachhaltige Niederlage zu bereiten. Eine solche Welle der Gewalt hatte das Land trotz einiger Erfahrung noch nicht gesehen, und sie mündete in ein brutales Regime. Tausende Unterstützer der Regierung Allende wurden im Nationalstadion von Santiago zusammengepfercht, Massenerschießungen, Folter und Scheinhinrichtungen folgten. In den Jahren der Pinochet-Diktatur wurden über 3000 Chilenen ermordet, Zehntausende inhaftiert und gefoltert, andere ins Exil gezwungen.

Präsident Allende wurde am frühen Morgen des 11. September mit der telefonischen Nachricht geweckt, die Kriegsmarine habe den Hafen von Valparaíso besetzt. Keiner der

Oberbefehlshaber war erreichbar. Allende begab sich mit den engsten Vertrauten in den Regierungspalast und versuchte, den Verteidigungsminister anzurufen, aber der war bereits von den Militärs festgesetzt worden. In einer Rundfunkerklärung weigerte er sich zurückzutreten. Angebote zur Flucht, ein Flugzeug stand bereit, schlug er aus. Panzer umstellten den Regierungspalast, dann griff, wie zuvor im Radio von den Putschisten angekündigt, die Luftwaffe das Gebäude an, kurz darauf Bodentruppen. Zu dieser Zeit waren beim Präsidenten zwei seiner Töchter, einige Minister, Allendes Leibarzt und sein Sekretär sowie seine Leibwächter und siebzehn Polizisten der präsidialen Schutztruppe.

Über Telefon gab Allende seine letzte Erklärung ab, ein Maschinengewehr in der Hand und mit Stahlhelm auf dem Kopf. Die Putschisten stellten das Ultimatum, der Präsident müsse bis 11 Uhr aufgeben, sonst würde bombardiert, was pünktlich erfolgte. Aus Düsenjägern fielen Sprengbomben auf das Gebäude, um 13.30 Uhr schließlich stürmte die Infanterie den Palast. Allende und einige letzte Vertraute verschanzten sich in der Unabhängigkeitshalle, dann forderte er seine Begleiter auf zu gehen. Als um 14.20 Uhr Soldaten die Halle einnahmen, saß Allende tot in einem Lehnstuhl. Die neuen Machthaber gaben seinen Selbstmord bekannt.

Als Drahtzieher des Putsches wurden bis heute immer wieder die Vereinigten Staaten verantwortlich gemacht, aus deren Blickwinkel ein Umsturz als beste Lösung des Problems Chile erscheinen musste. Die polarisierte, unversöhnliche internationale Atmosphäre zwischen Ost und West trug dazu bei, und die USA hatten bereits in anderen lateinamerikanischen Ländern eingegriffen, wenn sie ihre Interessen bedroht sahen, so 1954 in Guatemala. Aber nicht für jede Washington zufriedenstellende Lösung war Washington notwendigerweise selbst verantwortlich. Allerdings unterstützten die Vereinigten Staaten Allendes Gegner und waren erklärte Feinde seiner sozialistischen Politik, die nicht nur US-Interessen schädigte, sondern auch in Gefahr stand, auf andere Länder Südamerikas ansteckend zu wirken. Die CIA finanzierte alle möglichen Programme, die Allendes Position schwächen sollten, und übte außenpolitisch und wirtschaftlich Druck aus, wo es nur ging. Das Ziel war eindeutig: Allendes Sturz. Dass jedoch der Putsch nicht in Chile selbst geplant und in eigener Regie ausgeführt wurde, sondern von Washington zu verantworten ist, ließ sich bislang nicht beweisen. Aber unabhängig von der Frage, ob das chilenische Militär in der Lage war, einen Putsch durchzuführen (was ihr unheilvolles späteres Wirken in der Diktatur bewies), oder ob sie dafür die Unterstützung der USA brauchten: Wer war für den Tod des Präsidenten verantwortlich?

Für seine Anhänger hatten die Putschisten nicht nur die sozialistische Sache Chiles, sondern auch ihre Galionsfigur Allende auf dem Gewissen. Die Brutalität des Regimes sowohl in den Tagen des Umsturzes als auch in den Jahren danach schien das nur zu bestätigen. Zudem schrie die schmähliche Niederlage geradezu nach einem geeigneten Märtyrer – und der war besser ermordet worden, anstatt in auswegloser Lage Selbstmord zu begehen. Der kubanische Staatschef Fidel Castro, für den der Freitod eines Revolutionärs unehrenhaft gewesen wäre, beschrieb mit blumig-revolutionärem Pathos, wie Allende im Kampf gegen die Putschisten gefallen sei, aber Augenzeugen berichteten das Geschehen anders. Der im Präsidentenpalast anwesende Arzt Patricio Guijón erklärte, dass Allende sich umbrachte, er habe es selbst gesehen. Andere der allerletzten Getreuen bestätigten das. 1990, nach dem Ende der Pinochet-Diktatur, ergab die Autopsie der Leiche, dass keinerlei Anzeichen für eine Fremdtötung vorlagen. Trotzdem hielten sich weiter Gerüchte, der Präsident sei ermordet worden. Sie wollten auch dann nicht verstummen, als Chile wieder demokratisch geworden war. Um die kontroverse Angelegenheit ein für alle Mal zu klären, wurden im Mai 2011 Allendes sterbliche Überreste abermals exhumiert und untersucht. Dabei wurde zweifelsfrei festgestellt, dass er den Freitod wählte, als die aufständischen Truppen im Begriff waren, den Regierungspalast einzunehmen. Die Autopsie ergab, dass zwei Kugeln aus ein und demselben Gewehr Allende töteten. Das hatte er zwischen den Beinen festgehalten und auf sein Kinn gerichtet. Die Beteiligung einer zweiten Person konnte definitiv ausgeschlossen werden.

Die DDR gehörte zu den zehn größten Industriestaaten der Welt – IRRTUM!

Manche Legenden halten sich hartnäckig, obwohl sie der Wirklichkeit und den historischen Entwicklungen so offenkundig widersprechen. Eine solche ist die bis heute weitverbreitete Ansicht, die DDR habe vor ihrem Zusammenbruch zu den zehn wichtigsten Industrienationen weltweit gehört. Dem entgegen steht der rasche Zusammenbruch der ostdeutschen Wirtschaft nach Eintritt in die Währungs- und Wirtschaftsunion zwischen Bundesrepublik und DDR zum 1. Juli 1990, drei Monate vor der staatlichen Wiedervereinigung. War der nun einer maroden sozialistischen Staatswirtschaft geschuldet oder der aggressiven Strategie der Westunternehmen, die ihren Einflussbereich ohne störende Konkurrenz nach Osten ausweiten wollten? Dass bei der Beantwortung dieser Frage politische und ideologische Überzeugungen sowie verständliche Empfindlichkeiten mit ins Spiel kommen, macht die Sache nicht nur vertrackt, sondern auch heikel. Aber wie stark oder schwach war die DDR tatsächlich?

Es ist immer eine Frage des Vergleichs. 1980 hatte die DDR ein Wohlstandsniveau erreicht, welches im staatssozialistischen Wirtschaftsraum des Rates für gegenseitige Wirtschaftshilfe (RGW) seinesgleichen suchte und auch das des sowjetischen Vorbilds übertraf. Das ließ sich an den Konsumzahlen ebenso ablesen wie am Neid in den »sozialistischen Bruderstaaten«. Die Versorgung mit Autos beispielsweise übertraf alle anderen RGW-Länder, nirgendwo sonst jenseits des Eisernen Vorhangs verfügten mehr Menschen über eigene vier Räder, etwas mehr als die Hälfte der Haushalte. Diese eindrucksvolle Bilanz aber wirkte kläglich im Vergleich zu den westlichen Ländern mit ihrer funktionierenden Marktwirtschaft. Gegen das freie Spiel der Märkte, gegen den ordnenden Einfluss von Angebot und Nachfrage, gegen ein gesundes Preisbildungssystem und den Anreiz an die Produktivität gekoppelter Löhne konnte die starre sozialistische Planwirtschaft nur schlecht aussehen. Die DDR-Bürger aber verglichen ihren Lebensstandard vorzugsweise mit dem ihrer Landsleute aus dem Westen, wie sie ihn von Verwandten oder aus dem Westfernsehen kannten. Ebenso war für die Politiker der wohlstandsgesättigte dicke Bruder im Westen das Maß aller Dinge.

Dabei waren bei Kriegsende die wirtschaftlichen Ausgangsbedingungen in beiden Teilen Deutschlands durchaus vergleichbar gewesen. Dem leichten Vorteil der Sowjetischen Besatzungszone in Form von etwas geringeren Kriegszerstörungen stand entgegen, dass der Osten traditionell mehr auf gesamtdeutsche Wirtschaftsstrukturen angewiesen war als der Westen. Die faktische Trennung in zwei Wirtschaftsräume schuf in der SBZ also die größeren Probleme. Rasch aber schlug die schonungslose Reparationspolitik der Besatzungsmacht Sowjetunion, die ganze Fertigungsanlagen nach Russland verladen ließ, für die spätere DDR negativ zu Buche. In dieser schwierigen Lage wurde die Wirtschaft gemäß sozialistischer Lehre auf Plan getrimmt – mit dem Ziel rascher Modernisierung nebst Produktionssteigerung. Dem Ideal nach sollten objektiv erstellte Vorgaben auf alle Bereiche der Wirtschaft einwirken und wie bei einem präzisen gesamtwirtschaftlichen Uhrwerk alle Zahnräder exakt ineinandergreifen, um zum Wohl der sozialistischen Gesellschaft optimale Ergebnisse zu erzielen. Die Lenkung durch Staat und Partei mit dem Instrument der Staatlichen Plankommission (SPK) war ein Credo staatssozialistischer Wirtschaftspolitik und als solches nahezu unangreifbar.

Die ideologisch bedingte und unflexible Wirtschaftspolitik nach sowjetischem Vorbild lähmte die Entwicklung in der jungen DDR – dynamische Wirtschaftsentwicklung ist in einem engen staatlichen Korsett nicht möglich. Hinzu kam, neben den Belastungen infolge der bis in die Fünfzigerjahre anhaltenden Reparationsentnahmen, ein forcierter Aufbau der Schwerindustrie zu Lasten der Konsumgüterproduktion. Aber spätestens seit dem Aufstand des 17. Juni 1953, dessen Anlass der

Unmut über die Lebens- und Arbeitsbedingungen war, musste die DDR-Regierung Kompromisse eingehen, weil die Menschen nur mit einem gewissen Maß an Konsummöglichkeiten zufrieden- oder wenigstens ruhigzustellen waren. SED-Chef Ulbricht hatte Vorleistungen der Bevölkerung verlangt, um den Lebensstandard zu heben, doch diese Strategie war nicht aufgegangen. Neben anderen Konsumartikeln wurden nunmehr auch die Weichen für eine Automobilproduktion gestellt – bald kam der Trabant auf den Markt. Ein Mehr an Konsumgütern aber beschränkte die Mittel für dringend nötige Investitionen in andere Sparten.

Als weiterer Hemmschuh erwies sich das Ideal der Vollbeschäftigung in Verbindung mit gleichzeitigem Arbeitskräftemangel und unzureichender Mobilität, was dazu führte, dass oft genug Arbeitskräfte am richtigen Ort fehlten. Desgleichen stellte der faktische Wirtschaftsboykott des Westens infolge des Kalten Krieges die DDR vor Probleme, denn westliche Spitzentechnologie stand auf der Embargoliste. So recht kam ein Aufschwung also nicht in Gang, und die wachsende Unzufriedenheit schlug sich in steigenden Flüchtlingszahlen nieder. Die Staatsführung sah sich schließlich gezwungen, mit dem Bau der Mauer 1961 dem Exodus radikal entgegenzuwirken.

Danach versuchte es Staats- und Parteichef Walter Ulbricht im »Neuen Ökonomischen System« (NÖS) mit Wirtschaftsreformen, die so allerdings nicht genannt werden durften, und gab gar die Parole aus, den Westen zu »überholen, ohne einzuholen«. Es war der ambitionierte Versuch, den Teufel in der Planwirtschaft mit dem kapitalistischen Beelzebub auszutreiben, indem ein »System ökonomischer Hebel« zum Einsatz gebracht wurde. Aber der Durchbruch gelang trotz anfänglich beachtlicher Erfolge nicht. Claus Krömke, damals wissenschaftlicher Assistent der SPK, benannte das Kernproblem: »Dass die Widersprüche zwischen dem im Primat der Politik zum Ausdruck gebrachten Machtanspruch der Partei und den ökonomischen Zwängen unlösbar waren, daran eben dachte damals keiner der Reformer. Sie glaubten fest daran, dass diese sozialistische Gesellschaft so stark sei, dass sie Anleihen an das kapitalistische System nicht zu fürchten brauche, wenn man nur alles fest unter Kontrolle der Partei haben würde.« Entsprechend konnte die Reform kein großer Wurf werden, und so blieben auch die erhofften Erfolge aus.

Den Dogmatikern der Partei waren die marktwirtschaftlichen Elemente, die das Plansystem dynamischer gestalten sollten, von Anfang an nicht geheuer. Die Preise nicht mehr als starre Rechengröße anzusehen, sondern marktwirtschaftlich als regelnden Faktor in der Wechselwirkung zwischen Produzent und Verbraucher, war aus ideologischer Sicht blankes Teufelszeug. Als Leistungsmaßstab der Wirtschaft statt Produktion den Gewinn anzusetzen war kaum besser. Und den Betrieben mehr Entscheidungsspielräume zu gewähren widersprach dem Postulat einer straffen zentralistischen Wirtschaftsführung. Die Hardliner stemmten sich gegen ein Abweichen vom sowjetischen Vorbildmodell und brachten die Reformen zu Fall, sobald es ging – was der niedergeschlagene Prager Frühling ermöglichte, in dessen Folge Reformen des sozialistischen Systems zum Tabu wurden. 1970 machten die Gegner dem Bemühen, der Planwirtschaft kapitalistische Beine unterzuschnallen, ein Ende, und ein Jahr später löste Erich Honecker als neuer Parteichef Walter Ulbricht ab. In der Zwischenzeit lag ein parteiinterner Machtkampf, dem die Wirtschaftspolitik als Thema diente.

Der neue starke Mann griff auf die alten planwirtschaftlichen Regeln zurück und verfolgte eine andere Strategie als sein Vorgänger, die aber ebenso ins Leere lief: Honecker baute darauf, mit sozialen Wohltaten und größerem Konsumangebot eine steigende Zufriedenheit der Bevölkerung in höhere Produktivität umzumünzen. Verbesserte Lebensumstände sollten zu mehr Leistungsbereitschaft führen. Im Zentrum stand die Wohnungsbaupolitik, die große Zeit des Plattenbaus begann. Allerdings war der Preis dafür höher als der wirtschaftliche Gewinn – am Ende war die DDR pleite. Denn die Bürger nahmen das verbesserte Angebot an, ohne sich deswegen dem Staat gegenüber in der Schuld zu sehen. Folglich verschlang Honeckers »Einheit von Wirtschafts- und Sozialpolitik« bald mehr Geld, als das Land erwirtschaftete, und der Anreiz zu mehr Leistung blieb weitgehend folgenlos. Die Schere zwischen Konsumausgaben und Produktionseinnahmen ging immer weiter auf. Seit 1984 sanken die Produktionszuwächse kontinuierlich, bis Ende der Achtzigerjahre die DDR um zwei Drittel hinter der Bundesrepublik lag – damit hatte sich der Abstand seit Gründung der beiden deutschen Staaten mehr als verdoppelt. Gleichzeitig sank stetig die für eine dynamische, sich entwickelnde Wirtschaft unerlässliche Investitionsquote, die Infrastruktur wurde vernachlässigt, das Land zehrte von seiner Substanz. Wo in den Achtzigerjahren investiert wurde, scheiterte man, so bei der ehrgeizigen, aber absurd teuren Mikroelektronik oder in der Automobilindustrie. Der Kfz-Bestand überalterte zusehends, auf einen Neuwagen wartete man bis zu siebzehn Jahre. Selbst das Wohnungsbauprogramm blieb erheblich hinter den gesteckten Zielen zurück.

Von Mahnern im Politbüro ließ Honecker sich nicht beirren, stattdessen wurde die Auslandsverschuldung der DDR in die Höhe getrieben, und bald stand der Import in keinem Verhältnis zum Export. Die Zuwächse der Subventionen für preisgebundene Güter, Wohnungen, Kultur, Gesundheitswesen etc. überstiegen regelmäßig die des Nationaleinkommens. Waren bei Honeckers Machtantritt noch jährlich 8 Milliarden Mark in Subventionen geflossen, betrug die Summe Ende der Achtzigerjahre bereits rund 50 Milliarden. Davon diente schließlich rund die Hälfte für Preissubventionen von Waren, deren Endpreise aus sozialpolitischen und ideologischen Gründen konstant gehalten wurden. Das Konsumwarenangebot sank trotzdem, während durch steigende Löhne der Kaufkraftüberhang ständig wuchs – Quelle erheblicher Frustration, weil der Nachfrage kein genügendes Angebot gegenüberstand.

Entsprechend stieg die Verschuldung der DDR im »nicht sozialistischen Ausland«, zu dem auch die Bundesrepublik zählte, von rund 2 Milliarden auf rund 20 Milliarden Valutamark im Jahr 1989, was einem Fünftel des Bruttoinlandsproduktes entsprach. 1988 mussten mehr als fünfzig Prozent des Staatshaushalts aus geliehenem Geld bestritten werden. Längst überstiegen also die Aufwendungen für den Schuldendienst die Einnahmen, die DDR hatte also immer neue Kredite aufzunehmen. Da waren es dann auch nicht mehr nur Rohstoffe und Konsumgüter, die beim Klassenfeind teuer eingekauft werden mussten, sondern selbst Getreide, Steinkohle, Dünger- und Futtermittel. Schon 1982 war die DDR so gut wie zahlungsunfähig, und aus der Patsche half ihr mit rettenden Bürgschaften nicht Moskau, sondern Bonn, was Honecker allerdings nur auf kurze Sicht rettete. Ohne Westkredite ging nichts mehr, aber die Bundesrepublik nutzte die Gläubigerrolle, um humanitäre Forderungen durchzusetzen. Darunter waren Reiseerleichterungen, die nunmehr eine größere Zahl DDR-Bürger, in den Westen brachte, die als Rückkehrer von den Verhältnissen im nicht sozialistischen Ausland berichteten. Die DDR-Währung verfiel – zwar war sie nicht konvertibel, aber die inoffizielle Zweitwährung D-Mark wurde immer wichtiger. Jede siebte Mark im Umlauf war schließlich Westgeld, die Sparguthaben mitgerechnet lag der D-Mark-Anteil in der DDR schätzungsweise sogar bei annähernd zwei Drittel.

Dass die DDR-Wirtschaft trotz allem vier Jahrzehnte durchhielt, erklären Fachleute mit dem Zusammenspiel mehrerer Faktoren. Beispielsweise wurden Schwächen des Plansystems immer wieder dadurch aufgefangen, dass mit seinen Schlupflöchern die starren Vorgaben teilweise umgangen werden konnten. Der sogenannte »graue Markt« der Betriebe untereinander schuf einen gewissen Spielraum. Der allgegenwärtige Mangel erzeugte nicht nur im Privatleben, sondern auch in den Betrieben eine bewundernswerte Flexibilität im Management des Machbaren. Sodann wurde die DDR subventioniert – vor allem von der Sowjetunion, die jedoch in den Achtzigerjahren ausfiel, sowie seit den Siebzigerjahren von der Bundesrepublik. Und schließlich gründete die ostdeutsche Wirtschaft auf weit entwickelte Industriestrukturen der Vorkriegszeit.

Am Ende aber konnten die wirtschaftlichen Defizite nicht mehr aufgefangen werden. 1988 gab der Chef der Planungskommission Gerhard Schürer Staatschef Honecker ein dringliches Warnsignal: Ohne grundlegende Wirtschaftsreformen und einen strikten Sparkurs drohte das Land ökonomisch gegen die Wand zu fahren. Honecker wies die Vorschläge zurück – sie lagen außerhalb seines Vorstellungsvermögens, und das nicht nur, weil sie der herrschenden Parteilehre zuwiderliefen, er hätte zudem auch seinen wachsenden Realitätsverlust überwinden müssen. Zwar beauftragte die Parteiführung die Plankommission, die Krise zu beheben, verweigerte ihr aber die dafür notwendigen Maßnahmen zum Strukturwandel. In der Folge ging es weiter bergab, bis im Herbst 1989 die DDR zwar noch nicht bankrott war, aber ohne die notwendige wirtschaftliche Rosskur geradewegs auf die Pleite zusteuerte.

In die exklusive Riege der größten Industriestaaten der Welt gehörte die DDR also zu keiner Zeit. Der Grund für die falschen Annahmen hinsichtlich der ostdeutschen Wirtschaftspotenz lag in gezielter Desinformation, die zu Teilen auf den Nährboden westlichen Wunschdenkens fiel. DDR-Wirtschafts-Parteisekretär Günter Mittag musste daran gelegen sein, bei steigender Verschuldung vor allem bei den Schuldnern im Westen die Bonität aufrechtzuerhalten, um kreditwürdig zu bleiben. Da nur der Staat über alle ökonomischen Daten verfügte, war es ihm ein Leichtes, die Angaben entsprechend zu frisieren. Im Parteiorgan *Neues Deutschland* schrieb Mittag beispielsweise in der Adventszeit 1988, dass die DDR zu den Top Ten der führenden Wirtschaftsnationen gehöre. In seinen Nachwende-Memoiren fand er diese Einschätzung hingegen nicht erwähnenswert. Aus Mangel an unabhängig erstellten Zahlen übernahmen westdeutsche Fachleute die offiziellen Angaben, darunter insbesondere der Sachverständigenrat der Bundesregierung und das Deutsche Institut für Wirtschaftsforschung mit Sitz in Westberlin. Von dort kamen die Zahlen ins Bundeskanzleramt und wirkten auf interne Berichte der

Ständigen Vertretung der Bundesrepublik, wie die Bonner Quasi-Botschaft in Ostberlin hieß, ebenso ein wie auf offizielle Publikationen des Bundesministeriums für innerdeutsche Beziehungen, in denen schon mal die »wirtschaftliche Erfolgsbilanz« der DDR gelobt wurde.

Diese Fehleinschätzung der ostdeutschen Wirtschaftskraft war fatal für die Wirtschaftspolitik der Bundesregierung nach der Revolution von 1989. Das Wagnis der Wirtschafts- und Währungsunion ging die Regierung Kohl 1990 keineswegs freihändig und allein politisch motiviert ein, vielmehr bestätigten die beratenden Ökonomen diesen wohlwollenden Blick auf die Wirtschaftskraft des zweiten deutschen Staates. Bald stellte sich jedoch heraus, dass die ostdeutsche Wirtschaft viel maroder war als angenommen und die DDR keineswegs unter die stärksten Volkswirtschaften der Welt zu zählen war. Bundeskanzler Helmut Kohl nannte die »Chimäre« von der DDR als Wirtschaftsmacht trotz Hemmschuh Planwirtschaft und unübersehbarer Mangelwirtschaft einen der »gigantischsten PR-Tricks der Neuzeit«. Das oft verspottete und längst sprichwörtlich gewordene Versprechen des Kanzlers zum Auftakt der Währungs- und Wirtschaftsunion am 1. Juli 1990, man werde »schon bald wieder blühende Landschaften« erblicken, war zwar vor allem eine klassische Politikeraussage, die das Licht am Tunnelausgang in trügerische Nähe rücken sollte. Es stützte sich aber nicht zuletzt auf die Annahme, die wirtschaftliche Substanz der DDR sei einigermaßen intakt und daher mit einem Bonner Vitaminschub rasch auf Westniveau zu hieven.

Der rumänische Diktator Ceauşescu wurde von der Revolution hingerichtet – IRRTUM!

Neunzig Kugeln verschossen drei Soldaten der Fallschirmjägereinheit Boteni am Nachmittag des 25. Dezember 1989 vor einer Kasernenmauer in Targoviste, dann lagen der Diktator und seine Frau tot am Boden: Nicolae und Elena Ceauşescu. Die Soldaten waren an diesem kalten Weihnachtstag abkommandiert worden, ohne zu wissen, worum es ging. Sie flogen per Hubschrauber nach Targoviste und wurden vor Ort von General Victor Stanculescu, stellvertretender Verteidigungsminister, eingewiesen. Wenige Minuten vorher hatte ein Gericht nach gut einer Stunde Verhandlung und Beratung in Rekordzeit einstimmig das Todesurteil gefällt, dem alten Paar blieb gerade noch Zeit, den gemeinsamen Tod zu fordern und die »Internationale« anzustimmen, aber die Kugeln kamen, bevor das Lied beendet war. Ein Kameramann, der die Hinrichtung filmen sollte, kam zu spät, weil sein Kabel nicht reichte – um die Welt gingen daher keine Bilder der Hinrichtung, wohl aber des Prozesses und der Leichen. Besiegt, vor Gericht gestellt und hingerichtet von einer der Revolutionen, die 1989 über Mittel- und Osteuropa hinwegsausten und dem Staatssozialismus ein Ende setzten. Mehr als vier Jahrzehnte hatte Nicolae Ceauşescu Rumänien mit eiserner Hand regiert, das steinerne Vermächtnis war eine Bauruine in Bukarest: ein gigantischer Palastkomplex, den weiterzubauen die folgenden Regierungen sich genötigt sahen. Der »geliebte Conducator« hatte sich damit ein Denkmal setzen wollen.

Das Regime des Conducators (»Führer«) Ceauşescu konnte sich länger behaupten als die Machthaber anderer kommunistischer Staaten – längst war selbst Erich Honecker entmachtet worden, die Mauer geöffnet und damit der Eiserne Vorhang quer durch Europa Geschichte. Die überaus beschwerlichen Siebziger- und Achtzigerjahre, darunter eine katastrophale Versorgungslage, die zeitweise zu Hungersnöten führte, hatten viele Rumänen apathisch gemacht, das enorm wirkungsvolle repressive System des Geheimdienstes Securitate tat ein Weiteres. Die wenigen mutigen Dissidenten wurden unerbittlich verfolgt und drangsaliert. Und noch im November verkündete der Staatschef ungerührt und frohgemut, den »goldenen Traum der Menschheit« namens Kommunismus verwirklichen zu wollen.

Dann aber ging es im Dezember 1989 umso schneller: Anlässlich der Strafversetzung des oppositionellen ungarischen Pfarrers in Temeswar László Tőkés kam es zu Protesten, die sich immer mehr ausbreiteten. Die staatlichen Medien enthielten die Nachrichten darüber dem restlichen Land vor, und Ceauşescu reiste kurz darauf ungerührt zu einem Staatsbesuch in den Iran. In der Zwischenzeit schoss die Armee im siebenbürgischen Temesvar auf Demonstranten, es gab erste Tote, was aber den Protest nur befeuerte, anstatt ihn zu ersticken: Temesvar wurde die erste freie Stadt Rumäniens.

Ceauşescu, im festen Glauben an eine aus dem Ausland gesteuerte Verschwörung, hielt bei seiner Rückkehr am 20. Dezember eine Rundfunkansprache, in der er als Urheber der Proteste Faschisten und Hooligans, Terroristen und ausländische Kräfte, vor allem Ungarn, verantwortlich machte. Damit erfuhr erstmals das ganze Land von den Vorkommnissen. Am nächsten Tag schickte die Regierung Arbeiter-Schlägertrupps nach Temesvar, um dem Aufruhr ein Ende zu bereiten – allerdings verbrüderten sich die Menschen, anstatt aufeinander loszugehen. Ebenso scheiterten mehrere Versuche des Diktators, das Volk persönlich zu beruhigen. Nach dem letzten dieser Auftritte am 22. Dezember, der Ausnahmezustand war bereits ausgerufen, warf die aufgebrachte Menge zunächst Steine und stürmte dann den Sitz des Zentralkomitees der Rumänischen Kommunistischen Partei. Das Ehepaar Ceauşescu rettete sich aufs Dach und brachte sich im Hubschrauber vor dem eigenen Volk in Sicherheit. Dann wurden auch das staatliche Radio und Fernsehen besetzt und der Dichter und Oppositionelle Mircea Dinescu verkündete den Triumph der Revolution: »Der Tyrann ist geflohen, das Volk hat gesiegt!« Die Ceauşescus wurden nach einer verzweifelten Flucht in gekaperten Autos gefasst und nach Targoviste gebracht – die Stadt, die Ceauşescu einst zur neuen, glanzvollen Hauptstadt Rumäniens hatte ausbauen wollen.

In Bukarest bildet sich unterdessen aus dem Kreis, der nunmehr das Fernsehen kontrolliert, eine Übergangsregierung, die »Front zur nationalen Rettung«, unter Ion Iliescu, seit 1953 Mitglied der Kommunistischen Partei, aber längst von Ceauşescu wegen Aufsässigkeit entmachtet. Iliescu kündigt im Fernsehen an, die Armee habe den Befehl erhalten, sich zurückzuziehen. Trotzdem schießen bewaffnete Einheiten der Securitate weiter auf das Volk, was der Übergangsregierung langfristig in die Hände spielt, aber noch mehr Todesopfer fordert, als bisher ohnehin schon zu beklagen waren. Vor dem 22. Dezember, also vor der Machtübernahme der neuen Regierung, werden bei den Unruhen 144 Menschen getötet, aber 889 sollen noch folgen, die bei Weitem meisten davon in der Hauptstadt Bukarest. (Von den insgesamt 1033 Revolutionstoten sind 352 unter dreißig und 187 jünger als zwanzig.)

Die andauernde Gewalt liefert der Nationalen Rettungsfront ein Argument für den kurzen Prozess: Wenn der abgesetzte Staatschef von unbelehrbaren Getreuen befreit zu werden droht, ist Gefahr im Verzug. Die neue Regierung beschließt, das Ehepaar Ceauşescu vor ein Militär-Sondergericht zu stellen, das mit eigenen Leuten besetzt ist – und dessen Urteil vorab feststeht. Das Politbüro der Staatspartei wird verhaftet, die Securitate aber nicht etwa entwaffnet und aufgelöst, sondern dem Verteidigungsministerium unterstellt.

Auch wenn die Ceauşescus im Rahmen der rumänischen Revolution zu Tode kamen, so geschah dies nicht im Namen der Revolution und auch nicht durch die eigentlichen Revolutionäre. Denn es war nicht die Revolution, die das Diktatorenpaar so schmählich und ohne jede Möglichkeit, das Urteil des kurzen Prozesses anzufechten, töten ließ. Die Entscheidung, sich der Ceauşescus zu entledigen, traf die alte Riege, die sich zum Zwecke des Machterhalts neu formiert und gegen ihren einstigen Führer gestellt hatte. Noch während der Volksaufstand im Gange war, führte ein Teil dieser Machtelite einen Staatsstreich durch, den sie seither zu kaschieren suchte – mit einigem Erfolg. In der Folge gelang es ihr, alle Schuld an der rumänischen Misswirtschaft, an der staatlichen Unterdrückung allein Ceauşescu anzulasten und die eigenen Leute zu revolutionären Helden zu erheben, wofür man sogar Zertifikate ausgab. Auch die Beteiligten an dem Prozess gegen das Conducatorenpaar machten rasch Karriere. Gleichzeitig wich man einer umfassenden Bestandsaufnahme der Verfehlungen des kommunistischen Systems und der politischen Klasse aus. Zwar wurden die Revolution zum Sieger ausgerufen und vordergründig Maßnahmen getroffen, mit denen das Land grundlegend umgestaltet werden sollte. Aber ähnlich wie ein knappes Vierteljahrhundert später in Ägypten sahen sich die eigentlichen revolutionären Kräfte, die ihr Leben eingesetzt hatten, um die Revolution betrogen. Das durch den Umsturz entstandene Machtvakuum füllten rasch alte Kräfte, alte Strukturen blieben erhalten. Der kurze Prozess und schnelle Vollzug des Todesurteils wurden damit begründet, man habe so weiteres Blutvergießen vermeiden wollen, da die Kräfte der Securitate nicht aufzugeben gewillt gewesen seien.

Die Forderung der Revolutionäre, gegen die rumänische KP vorzugehen – was auch die meisten Mitglieder der Übergangsregierung betroffen hätte –, wurde zwar angenommen, schon Wochen später aber wieder aufgehoben, ohne großes Aufhebens davon zu machen. Ion Iliescu nutzte seine Popularität und stilisierte sich zum Helden, auch weil er von Ceauşescu einst wegen seiner Kritik an dessen Wirtschaftspolitik geschasst worden war. Zwar konnte sich die neue Regierung in den Revolutionstagen mit den Namen einiger der Allerbesten der Opposition schmücken, die der eiskalt kalkulierenden alten Garde zunächst auf den Leim gegangen waren – die meisten von ihnen aber verließen die »Rettungsfront« schon Anfang 1990.

Die Übergangsregierung hatte zudem keineswegs die Absicht, nur rein provisorisch im Amt zu bleiben. Auch die wirkungsvollsten und berüchtigtsten Werkzeuge des alten Regimes, Armee und Securitate, wurden keiner Aufarbeitung unterzogen, ihre Entscheidungsträger vor kein Gericht gestellt. Nur ein paar Symbolfiguren machte man den Prozess. Als Ende April Studenten in Bukarest einen wochenlangen Dauerprotest begannen, der die ausbleibende Auseinandersetzung mit der kommunistischen Vergangenheit geißelte, bezeichnete sie Staatschef Iliescu als Strolche. In der ersten Wahl seit dem Ende der Ära Ceauşescu erreichte Iliescu sein Ziel: Gut 85 Prozent wählten ihn zum Präsidenten. Um den Protest der Studenten auf dem Universitätsplatz zu beenden, holte die Regierung drei Wochen nach der Wahl Minenarbeiter aus ganz Rumänien in die Hauptstadt, die auf die Demonstranten losgingen und die Büros der Opposition kurz und klein schlugen. Die neue Regierung verkaufte sich als Hüter einer wehrhaften Demokratie, obwohl es legitimer Protest war, gegen den sie rücksichtslos vorging.

Zu einem wirklichen Machtwechsel, zu einer echten Opposition kam es in Rumänien erst mit den Wahlen vom November 1996, als die CDR (Demokratische Konvention Rumäniens) an die Regierung gelangte und Emil Constantinescu Präsident wurde. Der bezeichnete in seiner Antrittsrede die neue Regierung als erste demokratisch gewählte seit 1937 und betonte, 1989 sei »zwar die Machtpyramide geköpft (worden), aber alle Machtstrukturen blieben intakt«, nun müsse endlich die Vergangenheitsbewältigung beginnen. Bald darauf nahm erstmals ein rumänischer Präsident an den Gedenkveranstaltungen zur Erinnerung an den Ausbruch der Revolution in Temesvar teil. Die alten Seilschaften aber verteidigen ihren Staatsstreich und anschließende Camouflagetätigkeit weiter, als hätten sie seinerzeit im Dienste des Volkes und seiner Revolution gehandelt – die sie, ganz im Gegenteil, betrogen hatten.

Die US-Regierung steckte hinter den Anschlägen vom 11. September – IRRTUM!

Verschwörungstheorien sind ein uraltes Phänomen, doch in der modernen Mediengesellschaft, durch Globalisierung und unbegrenzte Zugangsmöglichkeiten zum Internet erleben sie einen enormen Aufschwung. Erklärungen für die Entstehung von Verschwörungstheorien gibt es viele: Autoritäre Gesellschaften scheinen dafür anfälliger zu sein, ebenso solche, die sich bedroht sehen oder als Opfer. Ihre einfachen, attraktiven Erklärungsmuster bedienen in der entzauberten Moderne – darin ähnlich der Esoterik, aber fast ausschließlich auf negative Weise – den Wunsch nach höheren Wahrheiten, ein Mangel an Bildung begünstigt sie, weil sie eine immer komplexere Welt zu erklären scheinen. Welche Gemengelage auch immer diese Mythen im Einzelnen hervorbringt: Dramatische Ereignisse laden zu ihrer Entstehung ein. Das gilt für einige der bekanntesten Verschwörungstheorien des 20. Jahrhunderts wie die »wirklichen« Hintergründe der Ermordung des US-Präsidenten John F. Kennedy 1963 oder die angeblich inszenierte Mondlandung 1969.

Das ebenso plötzliche wie folgenreiche Gewaltereignis der Terroranschläge vom 11. September 2001 – bei aller Erschütterung sogleich als Mediendrama präsentiert – brachte unweigerlich seine eigenen Verschwörungstheorien hervor, zumal die

Vereinigten Staaten schon immer besonders anfällig für solche Konstrukte waren. Die Theorien zum 11. September sind Legion, wurden in zahlreichen Büchern und Pamphleten ausgebreitet und von der Medienberichterstattung verzückt ausgewaidet; zahllose Websites und Internetforen widmen sich ihnen – seltener mehr und häufiger weniger seriös. Viele der zahllosen, weltweit veröffentlichten Bücher zur »Wahrheit« hinter den Anschlägen wurden Bestseller. Zum in den USA beliebten Spiel, Staat und Regierung zu demontieren, kam neben der Masse von rund um den Globus produzierten Verschwörungstheorien eine Welle von Erklärungsversuchen aus der arabischen Welt, die im Fokus der Frontstellung »Islam gegen den Westen« ebenso die US-Regierung im Visier haben. Es würde den Rahmen dieses Buches sprengen, auf alle herumschwirrenden Theorien erschöpfend einzugehen, aber andererseits darf das Ereignis Nine-Eleven als reich sprudelnde Quelle von Irrtümern, Legenden und Mythen um ein historisches Ereignis nicht fehlen.

In einer einzigartigen Attacke, die die Vereinigten Staaten bis ins Mark erschütterte und oft als epochemachend bezeichnet wird, gelang ein von langer Hand geplantes Unternehmen: Im Auftrag des islamistischen Terrornetzwerks al-Qaida unter Osama bin Laden ließen sich mehrere Männer zu Piloten ausbilden, reisten Anfang September 2001 unerkannt in die USA ein und entführten am Morgen des 11. September vier Passagiermaschinen. Zwei davon steuerten sie in New York in die Zwillingstürme des World Trade Center, ein weiteres ins US-Verteidigungsministerium in Washington, während das vierte nach einem Gegenangriff der Bordpassagiere über Pennsylvania abstürzte. Fast 3000 Menschen starben, darunter alle Fluginsassen inklusive der Hijacker, rund 2000 Angestellte der Firmen, die im World Trade Center Büros unterhielten, sowie mehr als 400 Feuerwehrmänner, Polizisten und Einsatzkräfte. Während die Schäden im Pentagon vergleichsweise gering waren, stürzten die Zwillingstürme des World Trade Center ein. Zu den Anschlägen bekannte sich al-Qaida.

Die Theorien zu den Hintergründen des 11. September wucherten ab dem Moment, als Millionen Fernsehzuschauer weltweit, aufgeschreckt von Eilmeldungen, dem Einschlag der zweiten Maschine in das World Trade Center atemlos und entsetzt live zusahen, gefolgt von Milliarden Menschen, die die endlosen Wiederholungen in den Stunden, Tagen und Wochen danach schauten. Noch heute weiß ein erklecklicher Teil der Weltbevölkerung, wo und wie er von dem Anschlag erfuhr. Wochenlang beherrschte das Thema die Berichterstattung, und die politischen Folgen bestimmen die Weltlage bis heute. Als direkte Reaktion rief die NATO zum ersten Mal in ihrer Geschichte den Bündnisfall aus, die Anschläge wurden als militärischer Angriff auf den Verbündeten USA angesehen. Die Regierung der Vereinigten Staaten verkündete den »Krieg gegen den Terror« und vertrieb das islamistische Taliban-Regime aus Afghanistan, weil es die Auslieferung bin Ladens verweigerte, und fand 2003 damit in Zusammenhang stehende Gründe für den zweiten Irakkrieg zum Sturz Saddam Husseins. Bin Laden und al-Qaida waren für Jahre in aller Munde, und als der Kopf der Terrororganisation knapp zehn Jahre später gefasst und getötet wurde, erhielt das Thema erneut große Aufmerksamkeit.

Schon weil die weltpolitischen Auswirkungen bis heute andauern und immer wieder Kritik an der Antiterror-Strategie der US-Regierung geübt wird, haben Theorien zum 11. September bis heute Konjunktur. Ein anderer Grund dafür ist die Entwicklung des Internets, das zu dieser Zeit zunehmend interaktiver wurde, sodass sich die selbst ernannten Wahrheitsjünger vortrefflich vernetzen und austauschen sowie ihre Ergebnisse verlinken konnten. Viele Amateurfilme wurden produziert und im Internet veröffentlicht, als deren bekanntester und einflussreichster *Loose Change* gilt. Darin konstruierte der 22-jährige Dylan Avery aus dem Bundesstaat New York eine riesige Verschwörung hinter den Anschlägen.

Es waren nicht nur die Größenordnung des Weltereignisses, die zu Spekulationen einlud, sondern auch die vielen Fragen, die sogleich auftauchten. Warum reagierte Präsident Bush so ruhig, als er vom Anschlag erfuhr? Weshalb ignorierten US-Behörden die Warnungen vor einem bevorstehenden Terrorangriff? Wieso stürzte Flug 93 über Pennsylvania ab? Wie konnten die Zwillingstürme so schnell und außerdem in sich zusammenstürzen? Und wieso kollabierte auch ein Gebäude, das von den Türmen einhundert Meter entfernt stand? Wie konnte das brennende Kerosin den Gebäudestahl zum Schmelzen bringen, wo doch Stahl einen viel höheren Schmelzpunkt hat? Da die offizielle Version des Terrorangriffs und seiner Hintergründe nicht alles zu erklären und die offizielle Informationspolitik zweifel- und lückenhaft schien, behielt die faszinierende Frage ihren Reiz: Was, wenn alles ganz anders war?

In den USA und weltweit entwickelten Zweifler Theorien und suchten nach Hinweisen für eine alternative und ihrer Meinung nach richtige Lesart der Geschehnisse. Sie bezeichnen sich als Mitglieder einer »Wahrheitsbewegung«, bei der sich zwei Gruppen unterscheiden lassen: die MIHOP- und die LIHOP-Vertreter. MIHOP steht für *made it happen on purpose* (»führte es absichtlich herbei«); LIHOP bedeutet *let it happen on purpose* (»ließ es absichtlich geschehen«). Der Unterschied besteht also darin, ob die US-Regierung selbst für die Anschläge verantwortlich gewesen sei oder ob sie den Tod der Tausenden Opfer bewusst in Kauf genommen habe. Die gewissermaßen gemäßigte LIHOP-Gruppe behauptet, führende Regierungspolitiker hätten vorab vorliegende Hinweise auf drohende Terrorangriffe ignoriert, weil sie sich von erfolgreichen Anschlägen auf die USA Vorteile versprachen. Zur Schuldlast gehört, je nach Fraktion, dass die US-Regierung selbst die Attentäter anwarb, die Luftabwehr an diesem Tag mit Manövern ablenkte, die Twin Towers präparierte sowie nach dem Anschlag selbst Beweismaterial in großem Umfang zurechtfälschte – bis hin zum Bekennervideo bin Ladens, der darin gar nicht zu sehen sei.

Eine der frühesten Theorien, die untereinander große Schnittmengen aufweisen, besagt, es habe sich gar nicht um einen Terrorangriff gehandelt, sondern um eine Verschwörung von US-Militärs, um mit dem Argument einer angeblichen Bedrohung das Verteidigungsbudget in die Höhe zu treiben und ein Militärregime zu errichten. Vor allem der französische Journalist und linke Aktivist Thierry Meyssan tat sich mit dieser Interpretation hervor, bezeichnete bin Laden als US-Agenten und wurde vom US-Verteidigungsministerium prompt mit einem Einreiseverbot belegt. Eine weitere Theorie, zum Teil als Ergänzung der ersten verwendet, machte als Urheber die US-Regierung selbst aus, die ihre Gegner in Verruf bringen wollte, um gegen sie losschlagen bzw. den Weltmachtstatus der Vereinigten Staaten sichern zu können. Andere Theorien beschuldigen die CIA, mitunter im Verbund mit dem israelischen Geheimdienst Mossad. Der kanadische Computerspezialist Alexander Dewdney behauptete ebenfalls, Washington stecke hinter den Anschlägen: Man habe drei leere Maschinen ferngesteuert in World Trade Center und Pentagon rasen lassen, die dokumentierten Telefongespräche aus den Flugzeugen seien gefälscht worden. Eine andere Theorie besagt, eine Rakete sei ins Pentagon geschossen worden, denn ein Flugzeug hätte einen größeren Krater in das Gebäude reißen müssen. Oder es wird behauptet, die beiden Türme des World Trade Center hätten in Folge der Flugzeugtreffer nicht von selbst einstürzen können, es sei mit vorher angebrachten Sprengladungen nachgeholfen worden. All diese Mutmaßungen wurden längst widerlegt, was natürlich nicht verhindert, dass sie weiterhin vertreten werden.

Auch der US-amerikanische Theologieprofessor David Ray Griffin hat in mehreren Büchern seine Theorie an den Mann gebracht: Seine Version der Ereignisse nimmt Bezug auf den Einsturz des dritten Gebäudes, das am Nachmittag des 11. September wegen statischer Probleme infolge der Flugzeugeinstürze kollabierte, obwohl es einhundert Meter weit weg stand. Dieser Einsturz müsse zum Zwecke der Beweisvernichtung manipuliert gewesen sein, allein aufgrund der Brandschäden hätte der Turm nicht einstürzen können und erst recht nicht auf die erfolgte Weise: bei minimalen Auswirkungen auf das unmittelbare Umfeld.

Einige Vertreter der »Wahrheitsbewegung« argumentieren deutlich antisemitisch: So wurden angeblich Tausende jüdische Mitarbeiter der Firmen im World Trade Center vorgewarnt, weil Israel (wahlweise auch eine jüdische Weltverschwörung) hinter den Anschlägen steckt, um so den islamischen Staaten eins auszuwischen. Das ist nachweislich ebenso erfunden wie andere antijüdische Verdächtigungen im Zusammenhang mit den Anschlägen. Als haltlos hat sich beispielsweise auch die absurde Behauptung erwiesen, der Anteil umgekommener Juden sei auffällig gering. Im größeren Kontext wird hinter den Anschlägen eine »jüdisch-imperialistische« Verschwörung ausgemacht – entsprechend einem alten Klischee ohne jede Substanz.

Für jede dieser und alle weiteren Verschwörungstheorien zum 11. September gibt es eingehende Beweisführungen, die ihre Haltlosigkeit belegen. Und doch zeigen Umfragen, dass beispielsweise in den USA ein Drittel der Bevölkerung überzeugt ist, die Bush-Regierung habe die Anschläge inszeniert oder zumindest geschehen lassen. Hier soll es aber nicht um Behauptung und Gegenbeweis gehen, sondern um den Konstruktionsmangel solcher Verschwörungstheorien im Allgemeinen. Denn die Verschwörungstheorien um die Terroranschläge vom 11. September 2001 scheitern aus denselben Gründen wie andere Verschwörungstheorien auch. Vordergründig knüpfen sie eine möglichst lückenlose Kette angeblicher Beweise, deren Glieder sich aber als bloße Indizien entpuppen. Diese Indizien bestätigen sich zwar gegenseitig, der Indizienring aber wabert ohne gesicherte Verbindung zur Realität hoch über den bewiesenen Tatsachen. Angebliche seriöse Referenzen entpuppen sich als Luftnummern. Zweifel an der Tragfähigkeit der Theorien werden mit dem Argument zu entkräften versucht, die Lücken erklärten sich aus der Verschleierungstaktik der wirklichen Urheber. Gegenbeweise werden dagegen bezweifelt oder gleich ganz unterschlagen. Zu den Indizien gehört, neben dem großen Anteil bloßer Mutmaßungen wie die eben genannten, die Frage, wer den größten Nutzen aus dem Geschehen ziehen konnte – was nach Überzeugung der 9/11-Verschwörungstheoretiker die Bush-Regierung war. Im Grunde zerlegen die Theorien das Geschehen, also Vor- und Ablauf der Terroranschläge, in seine Einzelteile und setzen sie neu zusammen: Das Bild, das dabei entsteht, hat zwar mit der Wirklichkeit nicht mehr viel zu tun, aber es wirkt in sich stimmig.

Als Motivation der Verschwörungstheoretiker dient bestenfalls, frei nach den Panzerknackern aus Entenhausen, die Überzeugung, dass da »mehr dahintersteckt«, als die offizielle Erklärung hergibt – schlimmstenfalls aber der Versuch, aus Falschdarstellungen konkrete Vorteile zu ziehen. Richard A. Clarke, zur Zeit der Anschläge Mitglied des Nationalen Sicherheitsrats der USA, bemängelte die innere Widersprüchlichkeit der Theorien: Einerseits halten sie die Regierung für so dumm, mit schlechter Planung und vermeintlichen Ungereimtheiten die Glaubwürdigkeit der eigenen Version zu gefährden. Andererseits trauen sie ihr zu, einen Betrug dieser Größenordnung auf die Beine zu stellen. Der US-amerikanische Linksintellektuelle Noam Chomsky sieht gar eine veritable Verschwörungsindustrie am Werk. Aber das erinnert fast schon wieder an eine eigene Verschwörungstheorie …

Irrtümer in der Geschichte haben die verschiedensten Ursachen, wie die 50 Beispiele dieses Buches gezeigt haben. Mal kommt es eher zufällig dazu, mal durch Nachlässigkeit, mal durch üble Nachrede. Mal ist die Klarheit eines theoretischen Modells attraktiver als die komplizierte Wirklichkeit. Dann wieder wird aus verschiedensten Gründen, seien es Hass, politische Vorteilsnahme oder ideologische Interessen, die Realität wider besseres Wissen passend gemacht. Moderne Verschwörungstheorien aber sind besonders perfide, weil sie eine rückhaltlos hinterfragende Haltung mimen, die sich der Wahrheit verpflichtet gibt, dann aber überaus kreativ und selektiv mit ebendieser umgehen.

Vergangenes lässt sich nicht lückenlos aufklären, egal, ob soeben geschehen oder vor Jahrtausenden. Denn das Gesamtbild jedes Moments übersteigt alles Fassungsvermögen, kein Betrachter, ob zeitgenössisch oder rückblickend, kann seinen Blick absolut objektiv und unbefangen darauf richten. Das darf aber Historiker nicht davon abhalten, mit einem Höchstmaß an Integrität die weitestgehende Rekonstruktion zu versuchen und bei immer neuen Versuchen zu immer neuen Erkenntnissen zu gelangen. Geschichte willentlich oder fahrlässig zu verfälschen, ist hingegen ziemlich schändlich.

Literaturhinweise

Matriarchat

Eller, Cynthia: *Gentlemen and Amazons. The Myth of Matriarchal Prehistory, 1861–1900*, Berkeley 2011.

Fehlmann, Meret: *Die Rede vom Matriarchat. Zur Gebrauchsgeschichte eines Arguments*, Zürich 2011.

Mertens, Eva-Maria: »Der Mythos vom friedlichen Matriarchat«, Antje Hilbig/Claudia Kajatin/Ingrid Miethe (Hg.): *Frauen und Gewalt. Interdisziplinäre Untersuchungen zu geschlechtsgebundener Gewalt in Theorie und Praxis*, Würzburg 2003, S. 33–46.

Röder, Brigitte/Juliane Hummel/Brigitta Kunz (Hg.): *Göttinnendämmerung. Das Matriarchat aus archäologischer Sicht*, München 1996, Königsförde 2001.

Wesel, Uwe: *Der Mythos vom Matriarchat. Über Bachofens Mutterrecht und die Stellung von Frauen in frühen Gesellschaften*, Frankfurt/M. 1980.

Stonehenge

Aveni, Anthony: *People and the Sky. Our Ancestors and the Cosmos*, New York 2008.

Hawkes, Jacquette: »God in the Machine«, *Antiquity* 51 (1967), S. 174–180.

Mahlstedt, Ina: *Die religiöse Welt der Jungsteinzeit*, Darmstadt 2004.

Maier, Bernhard: *Stonehenge: Archäologie, Geschichte, Mythos*, München 2005.

Müller-Beck, Hansjürgen: *Die Steinzeit. Der Weg der Menschen in die Geschichte*, München 2004[3].

Müller-Karpe, Hermann: *Religionsarchäologie. Archäologische Beiträge zur Religionsgeschichte*, Frankfurt/M. 2009.

Ruggles, Clive: *Ancient Astronomy. An Encyclopedia of Cosmologies and Myth*, Santa Barbara 2005.

König Kroisos

Cahill, Nicholas D. (Hg.): *The Lydians and their World* (Ausst.-Kat.), Istanbul 2010.

Herodot: *Das Geschichtswerk* (= Griechische Reihe), 2 Bde., Berlin 1967.

Marek, Christian: *Geschichte Kleinasiens in der Antike*, München 2010.

Roosevelt, Christopher H.: *The Archaeology of Lydia. From Gyges to Alexander*, Cambridge 2009.

Weissbach, F. H.: »Kroisos«, *Paulys Realenzyklopädie der klassischen Altertumswissenschaft*, Suppl. 5 (1931), Sp. 455–472.

Perserkriege

Balcer, Jack Martin: *The Persian Conquest of the Greeks, 545–450 B.C.* (= Xenia. Konstanzer Althistorische Vorträge und Forschungen, 38), Konstanz 1995.

Brosius, Maria: *The Persians. An Introduction* (= Peoples of the Ancient World), New York 2006.

Fehling, Detlev: *Die Quellenangaben bei Herodot. Studien zur Erzählkunst Herodots* (= Untersuchungen zur antiken Literatur und Geschichte, 9), Berlin 1971.

Meyer, Erich: *Geschichte des Altertums*, Bd. 4,1: Bis zum Vorabend des Peloponnesischen Krieges, Stuttgart 1944.

Morrison, John Sinclair/John F. Coates: *Die athenischen Triere. Geschichte und Rekonstruktion eines Kriegsschiffs der griechischen Antike* (= Kulturgeschichte der antiken Welt, 44), Mainz 1990.

Wallinga, H. T.: *Xerxes Greek Adventure. The Naval Perspective* (= Mnemosyne), Leiden 2005.

Wiesehöfer, Josef: »›Griechenland wäre unter persische Herrschaft geraten …‹ Die Perserkriege als Zeitenwende?«, S. Sellmer/ H. Brinkhaus (Hg.): *Zeitenwenden. Historische Brüche in asiatischen und afrikanischen Gesellschaften*, Hamburg 2002, S. 209–232.

Young, T. Cyler jr.: »480/479 B.C. – A Persian Perspective«, *Iranica Antiqua* 15 (1980), S. 213–239.

Athenische Demokratie

Balot, Ryan K. (Hg.): *A Companion to Greek and Roman Political Thought*, Chichester 2009.

Bengtson, Hermann: *Geschichte der Alten Welt*, Frankfurt/M. 1989.

Bleicken, Jochen: *Athenische Demokratie*, Paderborn 1995[4].

Gschnitzer, Fritz: »Von der Fremdartigkeit griechischer Demokratie«, Konrad H. Kinzl (Hg.): *Demokratia. Der Weg zur Demokratie bei den Griechen* (= Wege der Forschung, 657), Darmstadt 1995, S. 412–431.

Ober, Josiah/Charles Hedrick (Hg.): *Dēmokratia. A Conversation on Democracies, Ancient and Modern*, Princeton 1996.

Osborne, Robin: *Athens and Athenian Democracy*, Cambridge 2010.

Raaflaub, Kurt A.: »Contemporary Perceptions of Democracy in fifth-century Athens«, *Classica et Mediaevalia* 40 (1989), S. 33–70.

Roberts, Jennifer Tolbert: »Athenian Equality: A Constant Surrounded by Flux«, Josiah Ober/Charles Hedrick (Hg.): *Dēmokratia. A Conversation on Democracies, Ancient and Modern*, Princeton 1996, S. 187–202.

Olympische Spiele

Lämmer, Manfred: »Der sogenannte Olympische Friede in der griechischen Antike«, *Stadion* 8/9 (1982/83), S. 47–83.

Rudolph, Werner: *Olympische Spiele der Antike*, Leipzig 1975.

Sinn, Ulrich: *Olympia. Kult, Sport und Fest in der Antike*, München 1996.

Weeber, Karl-Wilhelm: *Die unheiligen Spiele. Das antike Olympia zwischen Legende und Wirklichkeit*, Zürich 1991.

Wegner, Ulrich: *Olympische Götterspiele. Wettkampf und Kult*, Ostfildern 2004.

Weihnachten

Demandt, Alexander: »Der Ursprung des Weihnachtsfestes«, ders., *Sieben Siegel. Essays zur Kulturgeschichte*, Köln 2005, S. 1–18.

Förster, Hans: *Die Anfänge von Weihnachten und Epiphanias. Eine Anfrage an die Entstehungshypothesen*, Tübingen 2007.

Förster, Hans: *Die Feier der Geburt Christi in der Alten Kirche. Beiträge zur Erforschung der Anfänge des Epiphanie- und des Weihnachtsfestes* (= Studien und Texte zu Antike und Christentum, 46), Tübingen 2000.
Mussies, G.: »The Date of Jesus' Birth«, *Journal for the Study of Judaism* 29 (1998), S. 416–437.
Ratzinger, Josef: *Der Geist der Liturgie. Eine Einführung*, Freiburg 2002⁶.

Varusschlacht

Bemmann, Klaus: *Arminus und die Deutschen*, Essen 2002.
Timpe, Dieter: »Die Schlacht im Teutoburger Wald: Geschichte, Tradition, Mythos«, Schlüter, Wolfgang/Rainer Wiegels: Rom, *Germanien und die Ausgrabungen von Kalkriese* (= Osnabrücker Forschungen zu Altertum und Antike-Rezeption, 1), Osnabrück 1999, S. 717–737.
Wiegels, Rainer (Hg.): *Die Varusschlacht. Wendepunkt der Geschichte?* (= Archäologie in Deutschland, Sonderheft), Stuttgart 2007.
Wolters, Reinhard: *Die Schlacht im Teutoburger Wald. Arminius, Varus und das römische Germanien*, München 2008.
2000 *Jahre Varusschlacht*, 3 Bde. (Ausst.-Kat.), Stuttgart 2009.

Kaiser Caligula

Barrett, Anthony A.: *Caligula. The Corruption of Power*, London 1989.
Bellen, Heinz: »Caligula, 37–41«, Manfred Clauss (Hg.): *Die Römischen Kaiser. 55 historische Portraits von Caesar bis Justinian*, München 1997, S. 63–67.
Holl, Karl/Hans Kloft/Gerd Fesser: *Caligula – Wilhelm II. und der Caesarenwahn. Antikenrezeption und wilhelminische Politik am Beispiel des »Caligula« von Ludwig Quidde*, Bremen 2001.
Ronning, Christian: »Zwischen *ratio* und Wahn. Caligula, Claudius und Nero in der altertumswissenschaftlichen Forschung«, Aloys Winterling (Hg.): *Zwischen Strukturgeschichte und Biographie. Probleme und Perspektiven einer neuen Römischen Kaisergeschichte, 31 v. Chr. – 192 n. Chr.* (= Schriften des Historischen Kollegs, Kolloquien 75), München 2011, S. 253–276.

Sommer, Michael: *Die römischen Kaiser. Herrschaft und Alltag*, Mainz 2010.
Winterling, Aloys: *Caligula. Eine Biographie*, München 2003, Freiburg 2007.
Yavetz, Zvi: »Caligula, Imperial Madness and Modern Historiography«, *Klio* 78 (1996), S. 105–129.

Kaiserin Messalina

D'Ambra, Eve: *Roman Women*, Cambridge 2007.
Ehrhardt, C.: »Messalina and the Succession to Claudius«, *Antichthon* 12 (1978), S. 51–71.
Fagan, Garrett G.: »Messalina's Folly«, *Classical Quarterly* 52 (2002), S. 566–579.
Heldmann, Konrad: *Sine ira et studio. Das Subjektivitätsprinzip der römischen Geschichtsschreibung und das Selbstverständnis antiker Historiker* (= Zetemata, 139), München 2011.
Kolb, Anne (Hg.): *Augustae. Machtbewusste Frauen am römischen Kaiserhof?*, Berlin 2010.
Meise, Eckhard: *Untersuchungen zur Geschichte der Julisch-Claudischen Dynastie*, München 1969.
Temporini-Gräfin Vitzthum, Hildegard (Hg.): *Die Kaiserinnen Roms. Von Livia bis Theodora*, München 2002.
Temporini-Gräfin Vitzthum, Hildegard: »Frauen und Politik im antiken Rom«, P. Kneissl/V. Losemann (Hg.): *Imperium Romanum. Studien zur Geschichte und Rezeption* (Fs. Karl Christ), Stuttgart 1998, S. 705–732.
Timpe, Dieter: »Claudius und die kaiserliche Rolle«, Volker Michael Strocka (Hg.): *Die Regierungszeit des Kaisers Claudius, 41–54 n. Chr. Umbruch oder Episode?*, Mainz 1994, S. 35–43.
Wood, Susan Elliott: *Imperial Women. A Study in Public Images, 40 B.C – A.D. 68*, Leiden 1999.

Brot und Spiele

Connolly, Peter: *Colosseum – Arena der Gladiatoren*, Stuttgart 2005.
Coulston, J./H. Dodge (Hg.): *Ancient Rome. The Archaeology of the Eternal City*, Oxford 2000.

Dyson Stephen L.: *Rome. A Living Portrait of an Ancient City*, Baltimore 2010.
Horsfall, Nicholas: *The Culture of the Roman »Plebs«*, London 2003.
Köhne, Eckart/Cornelia Ewigleben (Hg.): *Gladiatoren und Caesaren. Die Macht der Unterhaltung im antiken Rom*, Mainz 2000.
Mouritsen, Henrik: *Plebs and Politics in the Late Roman Republic*, Cambridge 2001.
Potter, D./D. Mattingly: *Life, Death, and Entertainment in the Roman Empire*, Ann Arbor 2010².
Rickman, Geoffrey: *The Corn Supply of Ancient Rome*, Oxford 1980, 1996.
Veyne, Paul: *Brot und Spiele. Gesellschaftliche Macht und politische Herrschaft in der Antike*, Frankfurt/M. 1988.
Wiedemann, Thomas E.: *Kaiser und Gladiatoren. Die Macht der Spiele im antiken Rom*, Darmstadt 2001.

Katakomben

Nicolai, Vincenzo F./Fabrizio Bisconti/Danilo Mazzoleni: *Roms christliche Katakomben*, Regensburg 1998.
Osborne, J.: »The Roman Catacombs in the Middle Ages«, *Papers of the British School of Rome* 53 (1985), S. 278–328.
Pietri, Luce (Hg.): *Die Geschichte des Christentums. Religion, Politik, Kultur*, Bd. 1 u. 2, Freiburg 2003.
Stevenson, James: *Im Schattenreich der Katakomben. Entstehung, Bedeutung und Wiederentdeckung der frühchristlichen Grabstätten*, Bergisch Gladbach 1980, Köln 1990.
Testini, Pasquale: *Die christlichen Katakomben in Rom*, Rom 1964.
Webb, Matilda: *The Churches and Catacombs of Early Christian Rome. A Comprehensive Guide*, Brighton 2001.

Vandalen

Berndt, Guido M./Roland Steinacher (Hg.): *Das Reich der Vandalen und seine (Vor-)Geschichten* (= Forschungen zur Geschichte des Mittelalters, 13), Wien 2008.
Castritius, Helmut: *Die Vandalen*, Stuttgart 2007.

Merrills, A. H.: *The Vandals* (= The Peoples of Europe), Malden 2010.
Das Königreich der Vandalen. Erben des Imperiums in Nordafrika (Ausst.-Kat.), Mainz 2009.

Mayakalender

Aveni, Anthony F.: *Dialog mit den Sternen*, Stuttgart 1995.
Aveni, Anthony F.: *Skywatchers: A Revised and Updated Version of Skywatchers of Ancient Mexico*, University of Texas Press, 2001.
Aveni, Anthony: *The End of Time: The Maya Mystery of 2012*. Boulder 2009.
Grube, Nikolai: *Der Dresdner Maya-Kalender. Der vollständige Codex*, Freiburg 2012.
Gutberlet, Bernd Ingmar: *Der Maya-Kalender. Die Wahrheit über das größte Rätsel einer Hochkultur*, Bergisch Gladbach 2009.
Rice, Prudence M.: *Maya Calendar Origins. Monuments, Mythistory, and the Materialization of Time*, Austin 2007.
Schele, Linda/David Freidel: *Die unbekannte Welt der Maya. Das Geheimnis ihrer Kultur entschlüsselt*, München 1999.
Sharer, Robert J./Loa P. Traxler: *The ancient Maya*, Stanford 2006[6].

Kalif von Bagdad

Clot, André: *Harun al Rashid. Kalif von Bagdad*, München 2001.
Halm, Heinz: *Die Araber. Von der vorislamischen Zeit bis zur Gegenwart*, München 2010[3].
el-Hibri, Tayeb: *Reinterpreting Islamic Historiography: Harun al-Rashid and the Narrative of the Abbasid Caliphat*, Cambridge 1999.
Irwin, Robert (Hg.): *Islamic Cultures and Societies to the end of the eighteenth century*, Cambridge 2010.
Die Erzählungen aus den Tausenundein Nächten, 6 Bde., Leipzig o.J.
Syndram, Karl Ulrich: »Der erfundene Orient in der europäischen Literatur vom 18. bis zum Beginn des 20. Jahrhunderts«, Gereon Sievernich/Hendrik Budde (Hg.): *Europa und der Orient, 800–1900* (Ausst-Kat.), Gütersloh 1989, S. 324–341.
Walther, Wiebke: *Tausendundeine Nacht. Eine Einführung*, München 1987.

Nowgorod

Angermann, Norbert/Klaus Friedland (Hg.): *Novgorod. Markt und Kontor der Hanse* (= Quellen und Abhandlungen zur Hansischen Geschichte, N.F. 53), Köln 2002.

Beljaev, Ivan N.: *Razkazy iz" Russkoi istorii*, Bd. 2, Moskau 1864.

Birnbaum, Henrik: *Novgorod in Focus. Selected Essays*, Columbus 1996.

Granberg, Jonas: *Veche in the chronicles of medieval Rus: a study of functions and terminology* Göteborg 2004.

Janin, Valentin L.: »Novgorod – die soziale Struktur«, Norbert Angermann/Klaus Friedland (Hg.): *Novgorod. Markt und Kontor der Hanse* (= Quellen und Abhandlungen zur Hansischen Geschichte, N.F. 53), Köln 2002, S. 69–78.

Richard Löwenherz

Fischer, Robert-Tarek: *Richard Löwenherz, 1157–1199. Mythos und Realität*, Köln 2006.

Görich, Knut: »Verletzte Ehre. König Richard Löwenherz als Gefangener Kaiser Heinrichs VI.«, *Historisches Jahrbuch* 123 (2006), S. 65–91.

Kessler, Ulrike: *Richard I. Löwenherz. König, Kreuzritter, Abenteurer*, Graz 1995.

Krohn, Rüdiger: »Richard Löwenherz. Der Löwenherz-Mythos in Mittelalter und Neuzeit«, Müller, Ulrich/Werner Wunderlich (Hg.): *Herrscher, Helden, Heilige* (= Mittelaltermythen, 1), St. Gallen 1996, S. 133–153.

Deutscher Orden

Boockmann, Hartmut: *Der Deutsche Orden. Zwölf Kapitel aus seiner Geschichte*, München 1982^2, 1994^4.

Labuda, Gerard: »Über die angeblichen und vermuteten Fälschungen des Deutschen Ordens in Preußen«, *Fälschungen im Mittelalter*, Bd. 4 (= MGH Schriften 33, IV), Hannover 1988, S. 499–521.

Labuda, Gerard: »Die Urkunden über die Anfänge des Deutschen

Ordens im Kulmerland«, Josef Fleckenstein (Hg.): *Die geistlichen Ritterorden Europas*, Sigmaringen 1980, S. 299–316.
Mentzel-Reuters, Arno: »Max Perlbach als Geschichtsforscher« *Preußenland* 45 (2007), S. 39–53.
Sarnowsky, Jürgen: *Der Deutsche Orden*, München 2007.

Marco Polo

Haeger, John W.: »Marco Polo in China? Problems with internal evidence«, *The Bulletin of Sung and Yüan Studies.* 14 (1978), S. 22–30.
Münkler, Marina: *Marco Polo. Leben und Legende*, München 1998.
Ohler, Norbert: *Reisen im Mittelalter*, München 1986.
Rachewiltz, Igor de: »Marco Polo Went to China«, *Zentralasiatische Studien* 27 (1997), S. 34–92.
Schütte, Hans-Wilm: *Marco Polo. Reisen in das Reich der Mitte*, München 2012.
Vogel, Hans Ulrich: *Marco Polo Was in China. New Evidence from Currencies, Salts and Revenues*, Leiden 2013.
Wood, Frances: *Marco Polo kam nicht bis China*, München 1995.

Inquisition

Buschbell, Christina: *Die Inquisition im Hochmittelalter. Wurzeln, Bedeutung, Missbräuche*, Hamburg 2010.
Decker, Rainer: *Die Päpste und die Hexen. Aus den geheimen Akten der Inquisition*, Darmstadt 2013.
Dossat, Yves: *Les Crises de l'Inquisition toulousaine au XIIIe siècle (1233–1273)*, Bordeaux 1959.
Schwerhoff, Gerd: *Die Inquisition: Ketzerverfolgung in Mittelalter und Neuzeit*, München 2004, 2009³.
Segl, Peter (Hg.): *Die Anfänge der Inquisition im Mittelalter*, Köln 1993.
Shannon, Albert Clement: *The Medieval Inquisition*, Washington 1983.

Pest

Bergdolt, Klaus: *Der schwarze Tod und Europa. Die Große Pest und das Ende des Mittelalters*, München 2000[4].

Bos, Kirsten I. u. a.: »A draft genome of Yersinia pestis from victims of the Black Death«, *Nature* 478 (2011), S. 506–510.

Cohn, Samuel K.: *Der Schwarze Tod und die Verwandlung Europas*, Berlin 2007.

Davis, David E.: »The Scarcity of Rats and the Black Death«, *Journal of Interdisciplinary History* 16 (1986), S. 455–470.

McCormick, Michael: »Rats, Communications, and Plague: Toward an Ecological History«, *Journal of Interdisciplinary History* 34,1 (2003), S. 1–25.

Sloane, Barney: *The Black Death in London*, Stroud 2011.

Vasold, Manfred: *Die Pest. Ende eines Mythos*, Darmstadt 2003.

Skanderbeg

Elsie, Robert: *Historical Dictionary of Albania*, Lanham 2010[2].

Majer, H. G. (Hg.): *Die Staaten Südosteuropas und die Osmanen* (= Südosteuropa-Jahrbücher, 19), München 1989.

Hemming, Andreas: »Die Rolle Skanderbegs im albanischen politischen Selbstverständnis. Zur politischen Mythologie in Albanien«, Peter Tepe/Yves Bizeul (Hg.): *Politische Mythen im 19. und 20. Jahrhundert in Mittel- und Osteuropa* (= Tagungen zur Osteuropa-Forschung, 24), Würzburg 2006, S. 349–365.

Hodgkinson, Harry: Scanderbeg, London 1999.

Hösch, Edgar: *Geschichte der Balkanländer. Von der Frühzeit bis zur Gegenwart*, München 1993[2].

Schmidt-Neke, Michael: »Skanderbegs Gefangene: Zur Debatte um den albanischen Nationalhelden«, *Südosteuropa. Zeitschrift für Politik und Gesellschaft* 58, 2 (2010), S. 273–302.

Schmitt, Oliver Jens: *Skanderbeg. Der neue Alexander auf dem Balkan*, Regensburg 2009.

Islamisierung Bosniens

Čuvalo, Ante: *Historical Dictionary of Bosnia and Herzegovina* (= European Historical Dictionaries, 25), Lanham 1997.

Friedman, Francine: *The Bosnian Muslims. Denial of a Nation*, Boulder 1996.

Hösch, Edgar: *Geschichte der Balkanländer. Von der Frühzeit bis zur Gegenwart*, München 1993[2].

Malcolm, Noel: *Geschichte Bosniens*, Frankfurt/M. 1996.

Pinson, Mark (Hg.): *The Muslims of Bosnia-Herzegovina. Their Historic Development from the Middle Ages to the Dissolution of Yugoslavia* (= Harvard Middle Eastern Monographs, 28), Cambridge/Mass. 1996[2].

Pedro Cabral

Bitterli, Urs: *Die Entdeckung Amerikas. Von Kolumbus bis Alexander von Humboldt*, München 2006[2].

Burns, E. Bradford: *A History of Brazil*, New York 1970.

Disney, Anthony R.: *A History of Portugal and The Portuguese Empire*, Bd. 2, Cambridge 2009.

Goodman, Edward J.: *The Explorers of South America*, Norman 1992.

Morison, Samuel Eliot: *The European Discovery of America. The Southern Voyages A.D. 1492–1616*, Oxford 1974.

Newitt, Malyn: *A History of Portuguese Overseas Expansion*, London 2005.

Wallisch, Robert (Hg.): *Das Schreiben über die Entdeckung Brasiliens. Das Schreiben des Pêro Vaz de Caminha an König Manuel von Portugal*, Frankfurt/M. 2001.

Bauernkrieg

Blickle, Peter: *Der Bauernkrieg. Die Revolution des Gemeinen Mannes*, München 2006[3].

Blickle, Peter: *Die Revolution von 1525*, München 2004[4].

Gabel, Helmut/Winfried Schulze: »Folgen und Wirkungen«, Horst Buszello, Peter Blickle/Rudolf Endres (Hg.): *Der deutsche Bauernkrieg*, Paderborn 1995[3], S. 322–349.

Klein, Thomas: »Die Folgen des Bauernkriegs von 1525. Thesen und Antithesen zu einem vernachlässigten Thema«, *Hessisches Jahrbuch für Landesgeschichte* 25 (1975), S. 65–115.
Klueting, Harm: *Das Konfessionelle Zeitalter. Europa zwischen Mittelalter und Moderne*, Darmstadt 2007.

Taj Mahal

Begley, Wayne E./Z. A. Desai (Hg.): *Taj Mahal. The Illumined Tomb*, Cambridge/Mass. 1989.
Begley, Wayne E.: »The Myth of the Taj Mahal and a New Theory of its Symbolic Meaning«, *The Art Bulletin* 61 (1979), S. 7–37.
Gutberlet, Bernd Ingmar: *Die Neuen Weltwunder. In 20 Bauten durch die Weltgeschichte*, Köln 2010.
Koch, Ebba: *The Complete Taj Mahal and the Riverfront Gardens of Agra*, London 2006.
Kulke, Hermann/Dietmar Rothermund: *Geschichte Indiens. Von der Induskultur bis heute*, München 2006.
Nath, Ram: *Private Life of the Mughals of India (1526–1803 A.D.)*, New Delhi 2005.
Verma, Nirmala: *History of India. Mughal Period*, Jaipur 2006.

Friedrich I. von Preußen

Clark, Christopher: *Preußen. Aufstieg und Niedergang 1600–1947*, Stuttgart 2007[3].
Göse, Frank: *Friedrich I. (1657–1713). Ein König in Preußen*, Regensburg 2012.
Gutberlet, Bernd Ingmar: *Friedrich der Große. Eine Reise zu den Orten seines Lebens*, Darmstadt 2011.
Kunisch, Johannes: *Dreihundert Jahre Preußische Königskrönung. Eine Tagungsdokumentation* (= Forschungen zur Brandenburgischen und Preußischen Geschichte N.F., Beih. 6), Berlin 2002.
Neumann, Hans-Joachim: *Friedrich I. Der erste König der Preußen*, Berlin 2001.
Stollberg-Rilinger, Barbara: »Honores regii. Die Königswürde im zeremoniellen Zeichensystem der Frühen Neuzeit«, Johannes Ku-

nisch: *Dreihundert Jahre Preußische Königskrönung. Eine Tagungsdokumentation* (= Forschungen zur Brandenburgischen und Preußischen Geschichte N.F., Beih. 6), Berlin 2002, S. 1–26.

Peter der Große

Duchhardt, Heinz: *Europa am Vorabend der Moderne, 1650–1800* (= Handbuch der Geschichte Europas, 6), Stuttgart 2003.
Hughes, Lindsey: *Peter the Great and the West. New Perspectives*, Basingstoke 2001.
Reinalter, Helmut/Harm Klueting (Hg.): *Der aufgeklärte Absolutismus im europäischen Vergleich*, Wien 2002.
Stadelmann, Matthias: *Die Romanovs*, Stuttgart 2008.
Torke, Hans-Joachim (Hg.): *Die russischen Zaren 1547–1917*, München 1995, 2005[3].
Winkler, Heinrich August: *Geschichte des Westens. Von den Anfängen in der Antike bis zum 20. Jahrhundert*, München 2009.

Englands Sonderweg

Asch, Ronald G./Heinz Duchhardt (Hg.): *Der Absolutismus – ein Mythos? Strukturwandel monarchischer Herrschaft in West- und Mitteleuropa (ca. 1550–1700)* (= Münstersche Historische Forschungen, 9), Köln 1996.
Cosgrove, Richard A.: »Reflections on the Whig Interpretation of History«, *Journal of Early Modern History* 4,2 (2000), S. 147–167.
Freist, Dagmar: *Absolutismus* (= Kontroversen um die Geschichte), Darmstadt 2008.
Henshall, Nicholas: *The Myth of Absolutism. Change and Continuity in Early Modern Europe Monarchy*, London 1993.
Königsberger, Helmut G.: »Dominium Regale or Dominium Politicum et regale? Monarchies and Parliament in Early Modern Europe«, Karl Bosl (Hg.): *Der moderne Parlamentarismus und seine Grundlagen in der ständischen Repräsentation*, Berlin 1977, S. 43–68.
Schilling, Lothar (Hg.): *Absolutismus, ein unersetzliches Forschungskonzept? Eine deutsch-französische Bilanz*, München 2008.

Jesuiten

Fischer, Heinz-Joachim: *Der heilige Kampf. Geschichte und Gegenwart der Jesuiten*, München 1987.

Ganns, H. G.: »The Jesuits and Tyrannicide«, *The American Catholic Quarterly Review* 27 (1902), S. 334–351.

Hanke, René: »Pombal und die Jesuiten«, Helmut Reinalter/Harm Klueting (Hg.): *Der aufgeklärte Absolutismus im europäischen Vergleich*, Wien 2002, S. 129–155.

Livermore, H. V.: *A New History of Portugal*, Cambridge 1966, 1976[2].

Oliveira Marques, A. H. de: *Geschichte Portugals und des portugiesischen Weltreichs*, Stuttgart 2001.

Friedrich der Große

Corni, Gustavo: »Absolutistische Agrarpolitik und Agrargesellschaft in Preußen«, *Zeitschrift für historische Forschung* 13 (1986), S. 285–313.

Gutberlet, Bernd Ingmar: *Friedrich der Große. Eine Reise zu den Orten seines Lebens*, Darmstadt 2011.

Krausch, Heinz-Dieter: »Die Einführung der Kartoffel in Brandenburg. Legenden und Wirklichkeit«, *Mitteilungsblatt der Landesgeschichtlichen Vereinigung für die Mark Brandenburg* 109,3 (2008) S. 82–87.

Kuczynski, Jürgen: *Geschichte des Alltags des deutschen Volkes*, Bd. 2, Berlin 1981.

Ordnung, Werner: *Die Entwicklung des feldmäßigen Kartoffelanbaus in den Fürstentümern Bayreuth und Brandenburg* (= Heimatbeilage zum Oberfränkischen Schulanzeiger, 330), Bayreuth 2007.

Ottenjann, Helmut/Karl-Heinz Ziessow (Hg.): *Die Kartoffel. Geschichte und Zukunft einer Kulturpflanze* (= Arbeit und Leben auf dem Lande, 1), Cloppenburg 1992.

Teuteberg, Hans J./Günter Wiegelmann: »Einführung und Nutzung der Kartoffel in Deutschland«, dies.: *Unsere tägliche Kost. Geschichte und regionale Prägung* (= Studien zur Geschichte des Alltags, 6), Münster 1986.

Wiegelmann, Günter: *Alltags- und Festspeisen in Mitteleuropa. Innovationen, Strukturen und Regionen vom späten Mittelalter bis zum 20. Jahrhundert* (= Münsteraner Schriften zur Volkskunde, 11), Münster 2006[2].

Französische Revolution

Andress, David: *The Terror. Civil War in the French Revolution*, London 2005.

Armenteros, Carolina, u.a. (Hg.): *Historicising the French Revolution*, Newcastle 2008.

Furet, François/Mona Ozouf: *Kritisches Wörterbuch der Französischen Revolution*, 2 Bde., Frankfurt/M. 1996.

Paulus, Simone: *François Furet und die Französische Revolution. Monarchie, Aristokratie und Demokratie im 19. Jahrhundert*, Stuttgart 2012.

Pelzer, Erich (Hg.): *Revolution und Klio. Die Hauptwerke zur Französischen Revolution*, Göttingen 2004.

Scurr, Ruth: *Fatal Purity. Robespierre and the French Revolution*, New York 2006.

Heiliges Römisches Reich

Burgdorf, Wolfgang: *Ein Weltbild verliert seine Welt. Der Untergang des Alten Reiches und die Generation von 1806* (= Bibliothek Altes Reich, 2), München 2006.

Gutberlet, Bernd Ingmar: *Die 33 wichtigsten Ereignisse der deutschen Geschichte*, Bergisch Gladbach 2008.

Hufeld, Ulrich (Hg.): *Der Reichsdeputationshauptschluss von 1803. Eine Dokumentation zum Untergang des Alten Reiches*, Köln 2003.

Schmidt, Georg: *Die Geschichte des Alten Reiches. Staat und Nation in der Frühen Neuzeit, 1495–1806*, München 1999.

Wüst, Wolfgang: »Ende statt Anfang? Der 6. August 1806«, Eckart Conze/Thomas Nicklas (Hg.): *Tage deutscher Geschichte. Von der Reformation bis zur Wiedervereinigung*, München 2004, S. 73–98.

Andreas Hofer

Kern, Florian: *Der Mythos Anno Neun: Andreas Hofer und der Tiroler Volksaufstand von 1809 im Spiegel der Geschichtsschreibung (1810–2005)* (= Konsulat und Kaiserreich. Studien und Quellen zum Napoleonischen Zeitalter, 1), Frankfurt/M. 2010.

Magenschab, Hans: *Andreas Hofer. Zwischen Napoleon und Kaiser Franz*, Graz 1984.

Mazohl, Brigitte/Bernhard Mertelseder (Hg.): *Abschied vom Freiheitskampf? Tirol und »1809« zwischen politischer Realität und Verklärung* (= Schlern-Schriften, 346), Innsbruck 2009.
Pizzinini, Meinrad: *Andreas Hofer. Seine Zeit – sein Leben – sein Mythos*, Innsbruck 2008.
Schennach, Martin P.: *Revolte in der Region. Zur Tiroler Erhebung von 1809*, Innsbruck 2009.

Ludwig II. von Bayern

Bonk, Sigmund/Peter Schmid (Hg.): *Königreich Bayern. Facetten bayerischer Geschichte, 1806–1919*, Regensburg 2005.
Botzenhart, Christof: *»Ein Schattenkönig ohne Macht will ich nicht sein«. Die Regierungstätigkeit König Ludwigs II. von Bayern*, München 2004.
Hacker, Rupert: »König Ludwig II., der Kaiserbrief und die ›Bismarck'schen Gelder‹«, *Zeitschrift für Bayerische Landesgeschichte* 65 (2002), S. 911–990.
Häfner, Heinz: *Ein König wird beseitigt. Ludwig II. von Bayern*, München 2008.
Merta, Franz: »›Gottes Licht auf Erden zu verkünden‹. Das Herrscherethos Ludwigs II. von Bayern und die Entstehung des König-Ludwig-Kults«, *Zeitschrift für Bayerische Landesgeschichte* 56 (1993), S. 725–768.
Rall, Hans: *König Ludwig II. und Bismarcks Ringen um Bayern 1870/71. Unter Auswertung unbekannter englischer, preußischer und bayerischer Quellen* (= Schriftenreihe zur bayrischen Landesgeschichte, 67), München 1973.

Mata Hari

Collas, Philippe: *Mata Hari. Ihre wahre Geschichte*, München 2010.
Hirschfeld, Gerhard: »Mata Hari: die größte Spionin des 20. Jahrhunderts?«, Wolfgang Krieger (Hg.): *Spionage und verdeckte Aktionen von der Antike bis zur Gegenwart*, München 2003, S. 151–169.
Knightly, Phillip: *Die Geschichte der Spionage im 20. Jahrhundert. Aufbau und Organisation, Erfolge und Niederlagen der großen Geheimdienste*, Berlin 1990.

Piekalkiewicz, Janusz: *Weltgeschichte der Spionage*, München 1988, S. 306ff.
Schirmann, Léon: *L'affaire Mata Hari. Enquête sur une machination*, Paris 1994.
Shipman, Pat: *Femme Fatale. A Biography of Mata Hari*, London 2007.

Erster Weltkrieg

Angelow, Jürgen: *Der Weg in die Urkatastrophe. Der Zerfall des alten Europa, 1900–1914*, Berlin 2010.
Burgdorff, Stephan/Klaus Wiegrefe (Hg.): *Der Erste Weltkrieg. Die Urkatastrophe des 20. Jahrhunderts*, München 2004.
Clark, Christopher: *The Sleepwalkers. How Europe Went to War in 1914*, London 2012.
Grevelhörster, Ludger: *Der Erste Weltkrieg und das Ende des Kaiserreiches. Geschichte und Wirkung*, Münster 2004.
Kolb, Eberhard: *Der Frieden von Versailles*, München 2005.
Röhl, John C. G.: *Der Weg in den Abgrund, 1900–1941* (= Wilhelm II., 3), München 2009.
Rose, Andreas: *Zwischen Empire und Kontinent. Britische Außenpolitik vor dem Ersten Weltkrieg*, München 2011.

Zarentochter Anastasia

Heresch, Elisabeth: *Zarenmord. Kriminalfall Jekaterinburg 1918 und die verschwundenen Juwelen der Romanows*, München 2009.
Massie, Robert K.: *Die Romanows. Das letzte Kapitel*, Berlin 1995.
Schlögel, Karl: *Berlin – Ostbahnhof Europas. Russen und Deutsche in ihrem Jahrhundert*, Berlin 1998.
Steinberg, Mark D./Vladimir M. Chrustalev: *The Fall of the Romanovs. Political Dreams and Personal Struggles in a Time of Revolution*, New Haven 1995.
Rappaport, Helen: *Ekaterinburg. The Last Days of the Romanovs*, London 2008.

Ernst Thälmann

Bayerlein, Bernhard H. (Hg.): *Deutscher Oktober 1923. Ein Revolutionsplan und sein Scheitern* (= Archive des Kommunismus, 3), Berlin 2003.

Fuhrer, Armin: *Ernst Thälmann. Soldat des Proletariats*, München 2011.

Hoppe, Bert: *In Stalins Gefolgschaft. Moskau und die KPD 1928–1933* (= Studien zur Zeitgeschichte, 74), München 2007.

Leo, Annette: »›Deutschlands unsterblicher Sohn ...‹ Der Held des Widerstands Ernst Thälmann«, Silke Satjukow (Hg.): *Sozialistische Helden. Eine Kulturgeschichte von Propagandafiguren in Osteuropa und der DDR*, Berlin 2002, S. 101–114.

Monteath, Peter (Hg.): *Ernst Thälmann – Mensch und Mythos* (= German Monitor, 52), Amsterdam 2000.

Sabrow, Martin (Hg.): *Geschichte als Herrschaftsdiskurs. Der Umgang mit der Vergangenheit in der DDR* (= Zeithistorische Studien, 14), Köln 2000.

Weber, Hermann: *Der Thälmann-Skandal. Geheime Korrespondenzen mit Stalin*, Berlin 2003.

Karnevalisten

Dietmar, Carl/Marcus Leifeld: *Alaaf und Heil Hitler. Karneval im Dritten Reich*, München 2010.

Euler-Schmidt, Michael/Marcus Leifeld: *Der Kölner Rosenmontagsumzug 1823–2009*, 2 Bde., Köln 2007ff.

Hamelmann, Berthold: *Helau und Heil Hitler. Alltagsgeschichte der Fasnacht 1919–1939 am Beispiel der Stadt Freiburg* (= Alltag und Provinz, 2), Eggingen 1989.

Herzog, Rudolph: *Heil Hitler, das Schwein ist tot. Lachen unter Hitler – Komik und Humor im Dritten Reich*, Frankfurt/M. 2006.

Jeggle, Utz: »Fasnacht im Dritten Reich«, Hermann Bausinger (Hg.): *Narrenfreiheit. Beiträge zur Fastnachtsforschung*, Tübingen 1980, S. 227–238.

Matthaei, Renate: *Der kölsche Jeck. Zur Karnevals- und Lachkultur in Köln*, Köln 2009.

Viertel, Gabriele/Stephan Pfalzer/Uwe Müller: *Der Chemnitzer Fasching von den Anfängen bis in die 50er Jahre*, Chemnitz 2007.

Massaker von Katyn

Fox, John P.: »Der Fall Katyn und die Propaganda des NS-Regimes«, *Vierteljahreshefte für Zeitgeschichte* 30 (1982), S. 462–499.

Kadell, Franz: *Katyn. Das zweifache Trauma der Polen*, 2011.

Kisielewski, Tadeusz: *Katyń. Zbrodnia i kłamstwo*, Poznań 2008.

Sanford, George: »The Katyn Massacre and Polish-Soviet Relations, 1941–1943«, *Journal of Contemporary History* 41 (2006), S. 95–111.

Sanford, George: *Katyn and the Soviet Massacre of 1940. Truth, Justice and Memory*. London 2005.

Zaslawsky, Victor: Klassensäuberung. Das Massaker von Katyn, Berlin 2007.

Volkswagenwerk

Gutberlet, Bernd Ingmar: *Tempo! Wie uns das Auto verändert hat*, Berlin 2007.

Klenke, Dietmar: »Die deutsche Katastrophe und das Automobil. Zur ›Heils‹geschichte eines nationalen Kultobjekts in den Jahren des Wiederaufstiegs«, Salewski, Michael/Ilona Stölken-Fitschen (Hg.): *Moderne Zeiten. Technik und Zeitgeist im 19. und 20. Jahrhundert*, S. 157–174.

Mommsen, Hans/Manfred Grieger: *Das Volkswagenwerk und seine Arbeiter im Dritten Reich*, Düsseldorf 1996.

Reich, Simon: *The Fruits of Fascism. Postwar Prosperity in Historical Perspective*, Ithaca 1990.

Tolliday, Steven: »Enterprise and State in the West German Wirtschaftswunder: Volkswagen and the Automobile Industry, 1939–1962«, *Business History Review* 69 (1995), S. 273–350.

Organisation Odessa

Schneppen, Heinz: *Odessa und das Vierte Reich. Mythen der Zeitgeschichte*, Berlin 2007.

Stahl, Daniel: *Nazi-Jagd. Südamerikas Diktaturen und die Ahndung von NS-Verbrechen*, Göttingen 2013.

Stahl, Daniel: »Odessa und das ›Nazigold‹ in Südamerika. Mythen

und ihre Bedeutungen«, *Jahrbuch für Geschichte Lateinamerikas* 48 (2011), S. 333–360.
Steinacher, Gerald: *Nazis auf der Flucht. Wie Kriegsverbrecher über Italien nach Übersee kamen*, Innsbruck 2008.
Wiesenthal, Simon: *Doch die Mörder leben*, München 1967.

Wirtschaftswunder

Abelshauser, Werner: *Deutsche Wirtschaftsgeschichte seit 1945*, München 2004, Bonn 2005.
Klump, Rainer: »Wirtschaftsordnung und Wirtschaftspolitik in der Bundesrepublik Deutschland (1949–1990)«, Jürgen Schneider/Wolfgang Harbrecht (Hg.): *Wirtschaftsordnung und Wirtschaftspolitik in Deutschland (1933–1993)*, Stuttgart 1996, S. 397–414.
Lindlar, Ludger: *Das mißverstandene Wirtschaftswunder*, Tübingen 1997.
Overy, Richard J.: »State and Industry in Germany in the Twentieth Century«, *German History* 12 (1994), S. 180–189.
Prollius, Michael von: *Deutsche Wirtschaftsgeschichte nach 1945*, Göttingen 2006.
Stokes, Raymund G.: »Technology and the West German Wirtschaftswunder«, *Technology and Culture* 32,1 (1991), S. 1–22.
Tolliday, Steven: »Enterprise and State in the West German Wirtschaftswunder: Volkswagen and the Automobile Industry, 1939–1962«, *Business History Review* 69 (1995), S. 273–350.

DDR-Antifaschismus

Faulenbach, Bernd: »Die DDR als antifaschistischer Staat«, Rainer Eckert/Bernd Faulenbach (Hg.): *Halbherziger Revisionismus. Zum postkommunistischen Geschichtsbild*, München 1996, S. 47–68.
Groehler, Olaf: »Antifaschismus – Vom Umgang mit einem Begriff«, Ulrich Herbert/Olaf Groehler, *Zweierlei Bewältigung. Vier Beiträge über den Umgang mit der NS-Vergangenheit in den beiden deutschen Staaten*, Hamburg 1992, S. 29–40.
Grunenberg, Antonia: *Antifaschismus. Ein deutscher Mythos*, Reinbek 1993.
Kappelt, Olaf: *Braunbuch DDR – Nazis in der DDR*, Berlin 2009.

Leide, Henry: *NS-Verbrecher und Staatssicherheit. Die geheime Vergangenheitspolitik der DDR* (= Analysen und Dokumente, 28), Göttingen 2005.

Melis, van, Damian: »›Der große Freund der kleinen Nazis‹. Antifaschismus in den Farben der DDR«, Heiner Timmermann (Hg.): *Die DDR. Erinnerung an einen untergegangenen Staat* (= Dokumente und Schriften der Europäischen Akademie Otzenhausen, 88), Berlin 1999, S. 245–264.

Waibel, Harry: *Diener vieler Herren. Ehemalige NS-Funktionäre in der DDR*, Frankfurt/M. 2011.

Sexuelle Revolution

Adam, Birgit: *Die Strafe der Venus. Eine Kulturgeschichte der Geschlechtskrankheiten*, München 2001.

Allyn, D.: *Make Love, not War*, Boston 2000.

Francis, Andrew M.: »The Wages of Sin: How the Discovery of Penicillin Reshaped Modern Sexuality«, *Archives of Sexual Behavior* 42,1 (2013), S. 5–13.

May, Elaine T.: *America and the Pill. A History of Promise, Peril, and Liberation*, New York 2010.

Sigusch, Volkmar: *Auf der Suche nach der sexuellen Freiheit*, Frankfurt/M. 2011.

Wesel, Uwe: *Die verspielte Revolution. 1968 und die Folgen*, München 2002.

Salvador Allende

García, Fernando Diego/Oscar Sola (Hg.): *Salvador Allende. Das Ende einer Ära*, Berlin 1998.

Rector, John L.: *The History of Chile*, Westport 2003.

Sater, William F.: *Chile and the United States. Empires in Conflict*, Athens 1990.

Tobler, Hans Werner/Walther L. Bernecker (Hg.): *Lateinamerika im 20. Jahrhundert* (= Handbuch der Geschichte Lateinamerikas, 3), Stuttgart 1996.

Wessel, Günther: *Die Allendes. Mit brennender Geduld für eine bessere Welt*, Frankfurt/M. 2002.

DDR-Wirtschaft

Busch, Andreas: »Die deutsch-deutsche Währungsunion. Politisches Votum trotz ökonomischer Bedenken«, Ulrike Liebert/Wolfgang Merkel (Hg.): *Die Politik zur deutschen Einheit*, Opladen 1991, S. 185–207.

Grosser, Dieter: *Das Wagnis der Währungs-, Wirtschafts- und Sozialunion. Politische Zwänge im Konflikt mit ökonomischen Regeln* (= Geschichte der deutschen Einheit, 2), Stuttgart 1998.

Jenkis, Helmut: »Die Einheit von Wirtschafts- und Sozialpolitik – das Scheitern von Erich Honecker«, Heiner Timmermann (Hg.): *Die DDR – Erinnerung an einen untergegangenen Staat* (= Dokumente und Schriften der Europäischen Akademie Otzenhausen, 88), Berlin 1999, S. 63–88.

Kohl, Helmut: *Erinnerungen*, Bd. 3, München 2007.

Krömke, Claus: »Das Scheitern des Neuen Ökonomischen Systems der Planung und Leitung in der DDR. Subjektives Versagen oder Reformunfähigkeit des Systems?«, Heiner Timmermann (Hg.): *Die DDR – Analysen eines aufgegebenen Staates* (= Dokumente und Schriften der Europäischen Akademie Otzenhausen, 92), Berlin 2001, S. 47–72.

Mittag, Günter: *Um jeden Preis. Im Spannungsfeld zweier Systeme*, Bonn 1991.

Steiner, André: »Zwischen Konsumversprechen und Innovationszwang. Zum wirtschaftlichen Niedergang der DDR«, Konrad H. Jarausch/Martin Sabrow (Hg.): *Weg in den Untergang. Der innere Zerfall der DDR*, Göttingen 1999, S. 153–192.

Steiner, André: *Von Plan zu Plan. Eine Wirtschaftsgeschichte der DDR*, München 2004, Bonn 2007.

Nicolae Ceauşescu

Georgescu, Vlad: *The Romanians. A History*, Columbus 1991.

Kunze, Thomas: *Nicolae Ceauşescu – Eine Biographie*, Berlin 2009.

Oschlies, Wolf: *Ceauşescus Schatten verschwindet. Politische Geschichte Rumäniens 1988–1998*, Köln 1998.

Rau, Milo (Hg.): *Die letzten Tage der Ceauşescus. Dokumente, Materialien, Theorie*, Berlin 2010.

Nine-Eleven

Chomsky, Noam: *The Attack. Hintergründe und Folgen*, Hamburg 2002.
Dunbar, David/Brad Reagan: *Debunking 9/11 Myths. Why Conspiracy Theories can't Stand Up to the Facts*, New York 2006.
Gray, Matthew: *Conspiracy Theories in the Arab World. Sources and Politics*, New York 2010.
Jaecker, Tobias: *Antisemitische Verschwörungstheorien nach dem 11. September. Neue Varianten eines alten Deutungsmusters* (= Politische Theorie und Kultur, 2), Münster 2004.
Olmsted, Kathryn S.: *Real Enemies. Conspiracy Theories and American Democracy, World War I to 9/11*, Oxford 2009.
Poppe, Sandra/Thorsten Schüller/Sascha Seiler (Hg.): 9/11 als kulturelle Zäsur. Repräsentationen des 11. September 2001 in kulturellen Diskursen, Literatur und visuellen Medien, Bielefeld 2009.
Theveßen, Elmar: *Nine Eleven. Der Tag, der die Welt veränderte*, Berlin 2011.

Die beliebte Kolumne aus der Frankfurter Allgemeinen Sonntagszeitung – illustriert von Oliver Weiss

Winand von Petersdorff und
Patrick Bernau
DENKFEHLER, DIE
UNS GELD KOSTEN
Warum wir immer das
Falsche tun und andere
sich ins Fäustchen lachen
352 Seiten
mit zahlreichen
Abbildungen
ISBN 978-3-431-03880-4

Stehen Sie gerade in einer Buchhandlung und überlegen sich, ob dieses Buch etwas für Sie ist? Oder blättern Sie im Onlineshop darin und denken darüber nach, ob Sie es auf Ihren E-Book-Reader laden sollten?

Denken Sie nicht zu lange nach. Das macht Sie nur unglücklich.

Hören Sie also sofort auf damit! Nehmen Sie das Buch und gehen Sie zur Kasse. Kaufen Sie es einfach. Denn es erklärt Ihnen, wie Sie besser einkaufen.

Bastei Lübbe

Sind wir noch zu retten?

Eric T. Hansen
DIE ÄNGSTLICHE
SUPERMACHT
Warum Deutschland
endlich erwachsen werden
muss
256 Seiten
ISBN 978-3-431-03874-3

Seit dem Zweiten Weltkrieg tun die Deutschen alles, um sich klein zu machen: Sie schämen sich, fühlen sich benachteiligt und halten sich raus, wenn die Großen miteinander spielen. Bisher war das okay. Doch die Zeiten ändern sich. Das mächtigste Land der EU muss international Verantwortung übernehmen und seine führende Rolle in Europa akzeptieren – wenn es auch in Zukunft im globalen Wettbewerb bestehen will. Doch ist Deutschland dazu überhaupt in der Lage? Für die Deutschen ist das ein heikles Thema. Zum Glück bin ich Amerikaner.

Bastei Lübbe

Für eine gute Entscheidung ist es nie zu spät!

Heiner Lauterbach
MAN LEBT NUR ZWEIMAL
320 Seiten
mit zahlreichen
Abbildungen
ISBN 978-3-7857-2471-2

Heiner Lauterbach zählt zu Deutschlands beliebtesten und meistbeschäftigten Film- und Fernsehstars. In den letzten Jahren hat sich der einstige Partylöwe im besten Sinne neu erfunden: Als Schauspieler, als Familienvater, als Mensch und Partner. Der Mann, der lange im Leben nichts ausgelassen und dafür manche Quittung verpasst bekommen hat, blickt gelassener und selbstkritischer auf die Dinge, die das Leben ausmachen: Liebe, Erfolg, Gesundheit, Freundschaft und Verantwortung. Persönlich, offen und selbstironisch schreibt Heiner Lauterbach die Autobiografie seines neuen Lebens.

Bastei Lübbe

Nuhr für einen Tag

Dieter Nuhr
DAS GEHEIMNIS DES
PERFEKTEN TAGES
312 Seiten
mit zahlreichen
Abbildungen
ISBN 978-3-431-03861-3

Unnachahmlich charmant stellt sich Dieter Nuhr den elementaren Fragen des Daseins: Wie hat man in der Urzeit gelebt ohne QR-Codes, Wetter-App und Wasserwaage im Smartphone? Wieso treffen sich jedes Jahr Menschen, um den „hässlichsten Hund der Welt“ zu wählen? Gibt es in der eigenen Art nicht genügend abstoßende Exemplare? In diesem Buch nehmen wir teil an 24 Stunden im Lebens eines fragenden, denkenden und vom Irrsinn des Daseins faszinierten Zeitgenossen. Vom Wachwerden bis zum Wiederwegnicken entstehen absurde Gedanken, exakte Beobachtungen und gefühlte Wahrheiten. Und vielleicht erfährt man am Ende sogar das Geheimnis des perfekten Tages. Wer weiß?

Bastei Lübbe